QUAND MONTE LE FLOT SOMBRE

Margaret Drabble est née le 5 juin 1939 à Sheffield. Elle est la deuxième fille de l'avocat et écrivain John F. Drabble et d'une institutrice. Après des études de littérature à Cambridge, elle a rejoint la Royal Shakespeare Company en 1960. Elle a remporté le John Llewellyn Rhys Memorial Prize pour *The Millstone* (1965), et le James Tait Black Memorial Prize pour *Jerusalem the Golden* en 1967. Si elle est essentiellement connue pour ses romans, Margaret Drabble a également écrit plusieurs scénarios, des pièces de théâtre, des nouvelles ainsi que des essais littéraires, les biographies d'Arnold Bennett et Angus Wilson et des études sur William Wordsworth et Thomas Hardy. Margaret Drabble a également supervisé deux éditions de l'*Oxford Companion to English Literature*.

Paru au Livre de Poche :

Un bébé d'or pur

Une journée dans la vie d'une femme souriante
(inédit)

MARGARET DRABBLE

Quand monte le flot sombre

TRADUIT DE L'ANGLAIS PAR CHRISTINE LAFERRIÈRE

CHRISTIAN BOURGOIS ÉDITEUR

Titre original :

THE DARK FLOOD RISES

ISBN : 978-2-253-08816-5 – 1re publication LGF

À Bernardine 1939-2013

Le corps meurt peu à peu et l'âme intimidée voit céder ses assises alors que monte le flot sombre.

D. H. LAWRENCE, « Le Navire de mort[1] »

Tout au long de l'hiver nous invoquons le printemps,
Et tout au long du printemps invoquons l'été,
Et quand les haies généreuses retentissent de chants,
Nous déclarons qu'il n'est rien de mieux que l'hiver ;
Après quoi rien de bon n'est possible
Parce que le printemps n'est pas encore venu –
Et nous ignorons que ce qui trouble notre sang,
C'est qu'il aspire à la tombe.

W. B. YEATS, « La Roue[2] »

---

1. D. H. Lawrence, *Le Navire de mort et autres poèmes*, traduction de l'anglais et présentation par Frédéric Jacques Temple, Paris, La Différence, « Orphée », 1993, p. 101. (Toutes les notes en bas de page sont de la traductrice.)

2. W. B. Yeats, *La Tour*, présenté, annoté et traduit de l'anglais par Jean-Yves Masson, Lagrasse, Verdier, 2002, p. 61.

Elle s'est souvent imaginé que ce qui s'avérera être ses dernières paroles à elle-même et dans ce monde, ce sera : « Espèce de vieille idiote » ; sinon, éventuellement, selon l'humeur du jour ou l'heure de la nuit : « Espèce de conne. » Au moment où la voiture en pleine accélération percutera l'arbre, où la chaudière jamais révisée explosera, où la fumée et les flammes envahiront l'entrée, où le crochet de la gouttière supérieure lâchera, ce seront ses dernières paroles. Elle n'est pas censée savoir avec certitude qu'il en ira ainsi, mais elle le soupçonne. Durant les dernières années de sa vie, elle s'est prise d'intérêt pour la formule : « Nul homme ne peut être dit heureux avant que d'être mort[1]. » Ni nulle femme, d'ailleurs. « *Nulle femme ne peut être dite heureuse avant que d'être morte.* » Assez juste, et le monde antique avait connu des femmes, en plus d'hommes, qui avaient eu une fin malheureuse : Clytemnestre, Didon, Hécube, Antigone. Bien qu'évidemment Antigone, il faut s'en

---

1. Phrase prononcée par le législateur et poète athénien Solon (v. 640 – v. 558 av. J.-C.).

souvenir, se soit réjouie de mourir jeune et pour une bonne cause (certes inutile à nos yeux), évitant par là tous les désagréments de la vieillesse.

Fran elle-même est déjà trop vieille pour mourir jeune et trop vieille pour éviter les oignons et l'arthrite, les taches brunes et les angiomes, l'affaiblissement des poignets, les cataractes naissantes mais non encore soignables, et la fatigue qui gagne du terrain. Elle voit bien qu'avec le temps (et peut-être dans pas très longtemps), tous ces désagréments deviendront tellement fâcheux qu'elle sera prête à entreprendre un de ces actes de folie inconsidérée qui mettra à l'ensemble une fin rapide, peut-être sensationnelle. Mais cette fin rapide annulerait-elle et nierait-elle le bonheur intermittent des premières années, le long combat en vue d'atteindre une forme de maturité, les modestes réussites, le dur travail ? À quoi ressemblerait le bilan, lors du dernier calcul ?

C'est la nécrologie de Stella Hartleap qui a guidé ses pensées vers cette piste actuarielle, tandis qu'elle roulait sur la M1 en direction de Birmingham, à seulement cinq ou six kilomètres à l'heure au-dessus de la vitesse autorisée.

Les nécrologies parues dans les journaux étaient agaçantes, agaçantes et sentencieuses, d'une manière détournée, hypocrite, discriminatoire envers les femmes et les personnes âgées, et elles empestaient la *Schadenfreude*[1]. À l'instant, une autre mention

1. « Joie mauvaise ».

de Stella à l'autoradio, dans ce créneau régulier de Radio 4 consacré aux nécrologies, a ravivé son irritation. Elle n'avait pas très bien connu Stella, l'ayant rencontrée tardivement à Highgate par l'intermédiaire de Hamish, mais elle l'avait connue assez longtemps pour distinguer le baratin et les foutaises. Donc Stella était morte d'avoir inhalé de la fumée, ayant mis le feu à ses draps pendant qu'elle fumait au lit dans sa ferme retirée des montagnes Noires[1], juste après avoir sifflé un verre de Famous Grouse. Et alors ? Une meilleure sortie qu'un décès dans un couloir d'hôpital, en fauteuil roulant, dans l'attente d'une autre dose de chimiothérapie toxique, ce qui avait récemment été le sort lugubre de sa bonne amie Birgit. Au moins, Stella n'avait à s'en prendre qu'à elle-même, et, si les dernières minutes n'avaient peut-être pas été agréables, celles de Birgit ne l'avaient pas été non plus. Pas agréables du tout, de l'avis général, et sans aucun frisson complémentaire d'autonomie.

Birgit n'aurait pas applaudi la fin de Stella Hartleap. Elle aurait peut-être même été sévère à son endroit. Elle était encline à porter des jugements. Mais c'était hors de propos. Nous n'avons pas à être d'accord avec qui que ce soit, jamais.

Sa nouvelle ancienne amie Teresa, qui est gravement malade, ne serait pas sévère, étant donné qu'elle n'est jamais sévère envers quiconque.

Je suis le maître de mon destin. Je suis le capitaine

1. Massif montagneux situé au sud du pays de Galles.

de mon âme. Romain, par un Romain vaillamment vaincu[1].

Il y a un camion, trop près derrière elle, Fran voit ses grands yeux de verre morts, sous-marins et couverts de salissures, qui la menacent dans le rétroviseur. Autrefois, dans des situations comme celle-ci, Hamish pilait en guise d'avertissement. Elle s'était toujours dit que c'était dangereux, mais il ne lui était jamais rien arrivé. Il n'était pas mort au volant. Il était mort de quelque chose de plus insidieux, de moins violent, d'une durée plus cruelle.

Elle choisit l'accélérateur. Il est plus sûr que le frein. Claude, son premier mari, avait cru en l'usage de l'accélérateur et elle s'accordait avec lui sur ce point.

Francesca Stubbs est en route pour un congrès sur les résidences destinées aux personnes âgées, sujet en rapport avec le fil de ses pensées, mais non héroïque en soi. Fran est assez experte en la matière et elle est employée par une fondation caritative qui consacre de généreux fonds de recherche à l'examen et à l'amélioration des conditions de logement des personnes vieillissantes. Elle s'est toujours intéressée

---

1. Les deux premières phrases sont les tout derniers vers d'« *Invictus* », poème de William Ernest Henley (1848-1903). La troisième est une citation *d'Antoine et Cléopâtre*, de Shakespeare, I, IV, 58-59, in *Tragédies II*, traduction par Jean-Michel Déprats et Gisèle Venet, édition publiée sous la direction de Jean-Michel Déprats avec le concours de Gisèle Venet, Paris, « Bibliothèque de la Pléiade », Gallimard, 2002, p. 987.

à toutes les formes de logements sociaux et ce nouveau travail lui convient bien. Elle est intriguée par la façon dont, au début du XXIe siècle, de plus en plus de gens en Angleterre choisissent de vivre seuls. La cohabitation ne semble pas gêner les étudiants, elle leur plaît, même, et on impose cette cohabitation aux malades et aux personnes âgées, mais de plus en plus de gens valides, aux environs de la cinquantaine, choisissent de vivre seuls. Voilà qui, en matière de parc de logements, crée des exigences que les gouvernements successifs ne sont pas capables ni peut-être même désireux d'essayer de satisfaire.

Fran est en faveur de l'impôt foncier. Ça ferait bouger un peu les choses. Mais les Anglais sont extraordinairement attachés à la terre. Ils répugnent à en céder ne serait-ce qu'un mètre. Le terme « propriété foncière inaliénable » a une puissante résonance.

Non, il n'y a rien d'héroïque dans le parc de logements ni dans la politique d'aménagement du territoire, sujets qui occupent actuellement sa vie professionnelle, mais la vieillesse elle-même est un thème d'héroïsme. Elle requiert du courage.

Depuis un âge d'une précocité inopportune, Fran était attirée par la mort héroïque, les dernières paroles célèbres, l'adieu tragique. Ses parents avaient sur leurs étagères un exemplaire du *Dictionnaire des proverbes et dictons* de Brewer, livre que, adolescente, elle compulsait de façon morbide pendant des heures, et l'une de ses sections préférées était

« Dernières Paroles », avec son mélange raffiné de piété, de complaisance, d'apocryphe, de provocation et de chute dans le ridicule. Les artistes avaient bien réussi : Beethoven aurait dit : « Au Ciel, j'entendrai » ; le peintre érotique Etty avait déclaré : « Merveilleuse ! Merveilleuse, cette mort ! » et Keats s'était éteint avec courage, en réconfortant généreusement son pauvre ami Severn.

Ceux qui se trouvaient sur le point d'être exécutés avaient évidemment eu le temps de préparer une dernière pensée raffinée ; parmi elles, c'était la phrase romantique de Walter Raleigh que Fran préférait : « Peu importe dans quelle position repose la tête, pourvu que le cœur soit droit. » Harriet Martineau[1], qui avait beaucoup souffert de la religion dans son enfance, comme Fran l'avait découvert par la suite, avait fait observer stoïquement : « Je ne vois aucune raison pour laquelle il faudrait perpétuer l'existence d'Harriet Martineau », sentimentalisme composé de façon admirable et qui avait attiré l'attention de Fran, enfant, longtemps avant qu'elle n'apprenne qui était Harriet Martineau. Mais elle aimait par-dessus tout les mots d'adieu de Siward le Danois[2], qui avait ordonné à ses hommes : « Soulevez-moi, que je puisse mourir debout et non allongé comme une vache. »

1. Militante, sociologue, journaliste et grande figure du féminisme en Angleterre (1802-1876).

2. Grande figure historique du XIe siècle (v. 1020-1055) ayant succombé à la dysenterie.

Elle ne savait pas pourquoi cette phrase l'attirait si fortement, vu qu'elle avait elle-même très peu de chances de mourir sur un champ de bataille. Cela signifiait peut-être qu'elle avait du sang danois. Eh bien, elle en avait probablement, bien sûr, comme beaucoup, comme peut-être la plupart d'entre nous en Angleterre. Ou peut-être avait-elle aimé la mention de la vache, qu'elle entendait comme étrangement affectueuse et non comme méprisante.

Elle avait bien plus de chances de mourir sur une autoroute que sur un champ de bataille.

Les Vikings n'approuvaient pas le fait de mourir tranquillement et confortablement dans son lit. Contrairement à Claude, son premier mari, qui se mettait à présent aussi à l'aise que possible.

Elle s'est écartée du camion et double à présent une berline familiale marron toute sale, avec un autocollant qui signale son « Bébé à bord ». Il y a désormais une camionnette anonyme blanche toute sale derrière elle. Il ne pleut pas, mais c'est un sale temps, et elle a sur son pare-brise les gouttelettes et éclaboussures crasseuses de février. Il fait un temps bien pire sur la route, prévient le bulletin météo, mais il ne l'a pas encore atteinte. Jusqu'à présent, l'hiver a été lugubre.

Pourquoi diable conduit-elle, d'ailleurs ? Pourquoi n'a-t-elle pas pris le train ? Parce que, comme tous ces gens qui tiennent à vivre sans personne quand ils n'y sont pas obligés, elle *aime* être seule, dans son propre petit espace, et non enfermée avec des inconnus vêtus de manière agressive, qui mangent des chips et des sandwiches, serrent des gobelets de café en polystyrène, débordent plantureusement de l'espace alloué par leurs sièges et bavardent dans leurs portables. Guidée par son GPS et impatiente de dîner, elle fonce joyeusement jusqu'au parking d'un hôtel Premier Inn de la périphérie de Birmingham. Certains autres délégués logent probablement au Premier Inn et elle a hâte de les voir. Elle pourra leur échapper si elle en a envie et partir dans sa chambre anonyme regarder la télévision régionale.

Fran adore la télévision régionale. On découvre tout un tas de choses étranges en regardant la télé régionale d'un bout à l'autre du pays. Elle est contente d'avoir encore l'énergie et la volonté de parcourir l'Angleterre en voiture afin d'inspecter les résidences et foyers d'hébergement pour seniors. C'est une femme qui a de la chance, de la chance dans son travail. Parfois, dans ses instants les plus nobles, elle se dit qu'elle est amoureuse de l'Angleterre, de la longueur et de la largeur de l'Angleterre. L'Angleterre est à présent son dernier amour. Elle veut la voir entièrement avant de mourir. Elle ne pourra pas le faire, mais elle fera de son mieux.

L'institution caritative qui l'emploie ne couvre pas l'Écosse ni le pays de Galles.

Cela ne la gênerait pas de mourir sur la route en faisant le tour du pays, mais elle ne voudrait pas emporter d'innocents avec elle.

La camionnette blanche toute sale est beaucoup

trop près. La mauvaise réputation des conducteurs de camionnettes blanches[1] est bien méritée, selon Fran.

Il y avait une autre section du Brewer intitulée : « Mort due à des causes étranges ». Elle n'était pas aussi bonne que « Dernières Paroles », mais elle avait ses charmes. Des récits de morts mémorables, survenues pour la plupart dans l'Antiquité et qui comprenaient l'ingestion de poils de chèvre, de pépins de raisin, de guinées et de cure-dents. Selon Pline, Ésope aurait été tué par la chute d'une tortue. Beaucoup ont été tués par des cochons. Certains meurent en s'étouffant de rire. Personne, à ce qu'elle sait, n'a encore songé à faire le total des camionnettes blanches, qui doit être élevé.

Elle a hâte de revoir son collègue Paul Scobey. Au moment où elle se présente à la réception du Premier Inn, après s'être garée dans l'espace alloué par la cage métallique souterraine, il est là, assis dans le hall sur un canapé orange et violet, il serre contre lui une demi-pinte et regarde un match de football en couleurs haute définition sur un écran géant placé en haut du mur. Quand elle l'aperçoit, il lui fait signe de la main et elle s'approche pour lui dire bonjour en le priant de ne pas s'arrêter de suivre le match. Paul est son ami et son allié. Il est beaucoup trop jeune pour partager sa connaissance immédiate et empathique

---

1. Les conducteurs de ces véhicules entièrement blancs, sans mention de quelque patronyme ou raison sociale que ce soit, sont souvent des escrocs se faisant passer pour des artisans ou des entrepreneurs.

de certains besoins des personnes âgées, mais il a une attitude sardonique plaisante, un détachement dont Fran trouve qu'il est source de compétences. Il n'attend pas des gens qu'ils veuillent ce qu'ils devraient vouloir. Tant de personnes, dans le secteur de la gériatrie, n'arrivent pas à comprendre la perversité des êtres humains, l'attachement ou l'intolérance qu'ils éprouvent envers des aspects irrationnels de leurs vieux logements et de leurs vieux quartiers, leur haine soudaine de membres de leur famille avec lesquels ils ont vécu tant bien que mal sans protester des années durant, leur refus d'admettre qu'ils sont âgés et seront bientôt invalides. Paul, lui, semble extraordinairement tolérant envers les vicissitudes de la nécessité humaine. Il est partisan de la vie en collectivité et des projets coopératifs, mais il comprend ceux qui refusent de réduire leur train de vie et qui ont besoin, pour finir, de mourir seuls dans un édifice de cinq étages en fixant d'un œil glacial la menace d'un impôt sur les résidences de luxe.

« Le bâton et la carotte, dit Paul. Si l'on veut qu'ils sortent, il faut les attirer vers la sortie. »

Fran n'aime pas l'expression « le bâton et la carotte ». Les vieillards ne sont pas des ânes. Mais il a les idées qu'il faut.

Il a une mère qui s'obstine à vivre seule dans la maison où il est né, dans une cité de petits immeubles des années 1950, à Hagwood, en bordure ouest de Smethwick. Il parle d'elle, quelquefois, mais pas très souvent. Il parle plus des avantages et inconvénients des logements sociaux et municipaux que de sa mère, mais Fran sait que ce sont des pensées pour sa mère qui influencent sa réflexion. Et il a aussi une tante d'un certain âge, depuis longtemps démente : Dorothy, la sœur aînée de sa mère, qui vit très près de l'endroit où ils se trouvent actuellement. Une visite à cette tante figure à son programme de deux jours et Fran a accepté d'accompagner Paul afin de voir le petit foyer dans lequel elle vit depuis des années. Il s'agissait de son coin à lui, pas de celui de Fran, bien qu'il habite désormais lui-même au sud, à Colchester.

Paul tapote tout près de lui le canapé, propose à Fran de s'asseoir, donc elle s'assied. La mousse du canapé, résistante, en fibres creuses et ignifugée, s'enfonce profondément sous son modeste poids. Fran va devoir lutter pour se relever.

Paul est de type rouquin, il a les cheveux et les cils roux, la peau d'une pâleur saisissante et légèrement parsemée de taches de rousseur, les traits agréables comme le sont ceux d'un petit garçon au nez retroussé ; il est âgé d'environ quarante-cinq ans, à ce qu'elle suppose, un peu plus jeune que son fils Christopher. Des yeux noisette, pas d'un bleu scandinave. Il avait voulu être architecte, mais la formation durait trop longtemps, il devait commencer à gagner sa vie et avait donc opté pour l'aménagement du territoire et le logement. Ses opinions en matière d'esthétique (peu souvent requises) sont surprenantes. Il a un penchant intime et nostalgique pour le modernisme, mais reconnaît qu'en Angleterre la plupart des personnes âgées détestent le modernisme (non qu'on les questionne beaucoup sur leurs préférences) et préfèrent un mélange postmoderne de pseudo-cottage, bungalow et mini-Tesco. On peut assez facilement inclure toutes ces caractéristiques dans une cité de logements, comme le lui ont appris les avenues et les rues en arcs de cercle de Hagwood.

Sa compétence réside dans l'adaptation. Il sait vraiment, ou croit savoir, comment il faut adapter les caractéristiques d'un logement aux personnes vieillissantes et handicapées, aux personnes de plus en plus vieillissantes et de plus en plus handicapées. Il compte sur Fran, bien plus en avance que lui sur la route du vieillissement (mais encore loin d'être handicapée), pour lui donner des conseils et lui suggérer ses points de vue. Il avait été fasciné par son compte-rendu sur la femme qui était morte faute d'avoir pu ouvrir la porte de la salle de bains. Elle n'avait pas grand-chose qui clochait, si ce n'est qu'elle avait perdu prise. Incapable de tourner la poignée de la porte après une attaque tout à fait mineure, elle n'avait pas réussi à sortir de la pièce pour aller jusqu'au téléphone composer le numéro des urgences et elle était décédée sur le sol froid de sa salle de bains.

Si elle avait eu une poignée de porte de type levier au lieu d'un bouton de porte à l'ancienne, elle serait certainement en vie aujourd'hui. Si elle n'avait pas fermé la porte derrière elle (et à quoi bon faire ça, bon sang, puisqu'elle vivait seule ?), elle serait certainement en vie aujourd'hui.

Tuée par un bouton de porte.

Faute d'un clou la bataille a été perdue.

Il faut faire attention, quand on est vieux.

Et tout ça faute d'un clou de fer à cheval[1].

Fran décline une bière. « Je vous retrouve ici à sept heures », dit-elle. Et voilà qu'elle monte dans sa chambre, envoie valser ses chaussures, s'allonge sur le lit et contemple la riche existence quotidienne du Pays noir[2] et des West Midlands. Le lit est du côté frisquet de sa chambre, il doit y avoir un thermostat quelque part, mais elle n'arrive pas à le trouver. Peu importe, on ne peut pas mourir d'hypothermie dans un Premier Inn.

Elle aime sa chambre. Elle aime la blancheur des oreillers, le violet riche et criard des notices par lesquelles le Premier Inn vante ses équipements fiables et ses remarquables petits déjeuners. Elle est très violette, l'image de marque de Premier Inn.

*

Aux informations régionales, il y a plusieurs nouvelles dont l'intérêt est d'une légèreté réconfortante : un baratin publicitaire, par un fleuriste résolument

---

1. Comptine très ancienne montrant les conséquences fatales d'une négligence : ici, l'absence de clou provoque la perte du cheval, du cavalier et donc la défaite.

2. Région industrielle située à l'ouest de Birmingham, célèbre pour ses mines de charbon.

enthousiaste, au sujet d'un événement le jour de la Saint-Valentin, l'interview d'un bénévole dans une banque alimentaire, un reportage sur une attaque au couteau non fatale à un arrêt de bus de Bilston, et, chose inattendue, une information sur un petit tremblement de terre qui avait frappé Dudley et ses environs à l'aube, ce jour-là. Il avait suscité peu de consternation et la plupart des gens ne l'avaient même pas remarqué, mais une ou deux personnes avaient dit que la vaisselle de leur petit déjeuner s'était entrechoquée ou qu'un lampadaire était tombé. Il n'avait pas plu aux chiens, aux chats ni aux perruches, qui l'avaient judicieusement vu venir, du moins d'après leurs propriétaires. Ce sont des reportages de routine, mais Fran voit son attention attirée par le récit animé d'une jeune femme improbable qui prétend avoir été secouée, sur sa péniche amarrée, par une vague inexplicable et pas si petite que ça. « Ce n'était pas un *tsunami* », dit cette personne fougueuse, aux joues rouges, qui pose de façon pittoresque et sans gêne aucune en bonnet de laine violet, veste matelassée rouge et bottes de cow-boy sur le quai situé juste le long du canal devant le musée en plein air, « mais c'était bel et bien une *vague*, et *moi*, je pensais qu'elle venait des cavernes en calcaire, je pensais que les côtés de la carrière avaient cédé ou que les tunnels miniers s'étaient effondrés, ou peut-être qu'un grand monstre du fleuve était en train de sortir de là, qu'il était là depuis des millénaires et qu'il n'attendait que moi ! »

Cette personne lui plaît beaucoup : Fran admire la

délectation qu'elle éprouve, son imagination et son accent de Wolverhampton, et elle admire la journaliste qui fait l'interview, ainsi que le caméraman, pour avoir compris toute l'excentricité qui fait sa photogénie. « À vrai dire, poursuit cette jeune personne robuste, j'espère tout le temps que quelque chose de vraiment, vraiment terrible est sur le point d'arriver, comme la fin du monde, vous voyez ce que je veux dire ? Et que j'y serai. Vous voyez ce que je veux dire ? » Elle sourit gaiement, puis déclare : « Mais ce n'était qu'un tout petit tremblement de terre, ils disent qu'il était très bas sur l'échelle de Richter, donc ce n'est pas la fin de Dudley, après tout ! Je ne dis pas que j'en *voulais* un plus gros, mais ç'aurait été intéressant. Vous voyez ce que je veux dire ? »

Fran voit exactement ce qu'elle veut dire. Elle aussi a souvent pensé que ce serait amusant d'être là, à la fin, et qu'il n'y aurait aucun mal à cela. On n'aimerait pas être *responsable* de la fin, mais on aimerait éventuellement y être et savoir que tout serait fini, toute cette expérience totalement idiote, sans intérêt et inutilement pénible. Un astéroïde pouvait la provoquer, ou bien un tremblement de terre, ou tout autre acte de violence impartial et inhumain commis par la terre ou l'univers. Elle ne comprend pas le désir qu'a la race humaine de se perpétuer, de continuer de vivre à tout prix. Elle n'a jamais réussi à le comprendre. Son incompréhension n'est pas un simple dépit apparaissant comme effet secondaire de l'âge. Elle est contente de voir que cette jeune personne heureuse et en bonne santé partage un peu de sa révolte métaphysique. C'est une disculpation.

On ne trouverait pas gênant de mourir en raison d'un cataclysme, mais on ne veut pas mourir jeune par erreur, ni peut-être à la suite d'une erreur humaine, comme était morte récemment la dernière compagne de son fils. La mort prématurée tracasse Fran par intermittence, en plus des logements pour les personnes âgées qui refusent de mourir et des dîners de son ex-mari plus ou moins cloué au lit. La glamoureuse Sara, nouvel amour de Christopher, était morte à l'âge de trente-huit ans d'un trouble médical rare et Christopher est convaincu que les médecins l'avaient achevée. Fran n'est pas censée savoir si c'est vrai ou non, vu qu'elle n'a jamais entendu parler de la maladie rare qui avait tué Sara, mais elle a le sentiment que sa tendance actuelle à trouver des coupables ne réussit pas à Christopher. Peut-être en a-t-il besoin pour se remettre. Comme il n'est pas très réconfortant de se dire que, comme Antigone, Sara a échappé au vieillissement en mourant jeune, Fran n'a pas proposé à Christopher cette réflexion palliative : elle ne semble pas appropriée. Sara ne lui avait pas déplu, mais Fran ne peut se dissimuler à elle-même la conscience que c'est pour Christopher qu'elle éprouve du chagrin, et non pour Sara.

C'est comme ça, avec les degrés de parenté et de chagrin. Si ç'avait été son fils Christopher, os de ses os et chair de sa chair, qui était mort, ç'aurait été une autre affaire.

Elle n'était pas certaine que Christopher et Sara avaient un long avenir ensemble, mais elle ne s'était pas attendue à ce qu'il soit aussi bref. Leur passé commun aussi avait été bref. Ils n'étaient pas ensemble depuis longtemps.

Fran ne se mêle pas de la vie de ses enfants, mais ce qu'elle avait vu de Sara lui avait plu. Pourtant, elle soupçonne Sara d'avoir incarné dans la vie de Christopher quelque chose de ce que nous appelons aujourd'hui la « crise de la cinquantaine ». Selon l'opinion vieillissante de Fran, les crises de la cinquantaine sont un luxe, comparées à ce qu'elle a vu des crises de fin de vie. Mais Sara, elle, n'avait même pas eu le temps d'en faire une.

Sara était tombée très brusquement malade, dans un très grand lit d'un vaste hôtel de luxe de Costa Teguise, sur l'île de Lanzarote. Christopher se trouvait dans le lit avec elle, il avait été témoin de la crise et avait dû en assumer les conséquences. On l'avait envoyée d'urgence à l'hôpital d'Arrecife, puis rapatriée dans un hôpital privé de South Kensington, où elle était morte vingt-quatre heures plus tard après avoir reçu, selon Christopher, le mauvais traitement. Il était persuadé qu'elle ne serait pas morte, si elle était restée à Lanzarote, où on lui avait dit que les services médicaux étaient remarquables. En la rapatriant, on avait pris la mauvaise décision. Il ne s'était pas fié aux bons conseils fournis par les habitants de l'île.

Aux Canaries, Sara et Christopher n'étaient pas en

vacances, contrairement à la majorité des visiteurs de ces îles touristiques. Ils travaillaient, mais qui irait croire ça ? Enfin, tous ceux qui connaissaient l'ambitieuse et rigoureuse Sara devaient le savoir, mais il est vrai que Christopher faisait là un voyage à moitié gratis, en compagnon pique-assiette, pendant que Sara était engagée avec son équipe dans des recherches pour un documentaire sur l'immigration clandestine en provenance d'Afrique du Nord. D'une manière plus ou moins fortuite, qui semblait alors heureuse, elle espérait enregistrer une interview sur les objectifs politiques d'une femme venue du Sahara occidental et qui, au moment de leur arrivée, se trouvait faire une grève de la faim sur le carrelage éclatant du hall des départs de l'aéroport d'Arrecife. Elle offrait une vision surprenante, entourée de ses admirateurs dans le hall des départs, et c'était une aubaine pour une cinéaste. Ou du moins était-ce ce que Christopher avait dit à sa mère.

Christopher tenait compagnie à Sara, étant lui-même provisoirement au chômage, et sa présence dans ce lit cette nuit-là au moment de son attaque avait été une bénédiction pour elle, à sa manière. Ç'aurait été pire pour Sara si elle avait été seule. Mais, sur le papier, le rôle de Christopher ne pouvait paraître héroïque.

Fran sait que Christopher est censé retourner sous peu aux Canaries pour découvrir ce qui est arrivé au contingent du Sahara occidental, s'occuper des derniers détails, régler des questions d'assurance médicale, voir certains expatriés qui, disait-il, s'étaient mis en quatre pour prêter main-forte au moment de la crise. Elle croit comprendre qu'il y avait un couple de personnes âgées qui, dans l'urgence, avaient été plus qu'aimables. C'étaient elles qui avaient donné les conseils qu'il aurait dû suivre et n'avait pas suivis.

Au début, Fran n'avait pas réussi à saisir la politique du récit embrouillé qu'avait fait Christopher des protestations de la Sahraouie à l'aéroport, dirigées à l'encontre de la domination soi-disant brutale, par le Maroc, d'un État nord-africain en grande partie méconnu et qui disait s'appeler « République arabe sahraouie démocratique ». Fran n'avait jamais entendu parler de cet État ; elle a du mal à retenir son nom, mais il existe en effet bel et bien. Elle a cherché. C'est une cause de peu d'intérêt pour les Britanniques ou, au départ, pour Fran, mais après la mort de Sara, par respect pour Sara et Christopher, Fran a tenté de s'atteler à la question de son existence méconnue. C'est une histoire de nationalisme et de militantisme politique, dont l'héroïne est une Sahraouie dénommée Ghalia Namarome, qui lutte pour l'indépendance de sa patrie. Sara, la compagne cinéaste de Christopher, spécialisée dans les documentaires sur les droits de l'homme pour une entreprise indépendante du nom de *Falling Water*[1], avait été séduite par la façon dont Namarome avait pris forme sous ses yeux à l'aéroport.

1. Littéralement : « Eau qui tombe ».

Lorsqu'il est au travail, Christopher est – chose plus frivole – un présentateur d'émissions artistiques connu pour ses tenues colorées et son attitude idiosyncratique qui, ces derniers temps, étaient allées un peu trop loin.

La façon dont Namarome avait fini à l'aéroport de Lanzarote était un récit alambiqué, qui comprenait la confiscation de son passeport et son expulsion de l'aéroport de sa ville natale de Laayoune. En arrivant à Laayoune lors de son retour des États-Unis, où on lui avait présenté un genre de prix de la paix, elle avait refusé de cocher la case « Nationalité » qui indiquait : « Maroc ». Elle se présentait comme étant sahraouie et saharienne occidentale, et refusait de reconnaître l'étiquette marocaine. Elle restait donc assise là-bas, dans les limbes, aux Canaries espagnoles, dans un aéroport moderne pour vacanciers, dans le *no man's land*, cette élégante femme qui, derrière ses grosses lunettes noires, vêtue de ses foulards chatoyants et de ses robes turquoise, rose et or, protestait au beau milieu des touristes britanniques, allemands et scandinaves au visage rouge, brûlés par le soleil, en shorts kaki et robes de coton, et qui faisaient la queue en attendant de s'enregistrer pour le vol qui les ramènerait chez eux. Assise sur une mosaïque de tapis orientaux à motifs, de tapis moins que magiques, elle refusait de bouger et n'acceptait aucune nourriture hormis de l'eau sucrée.

Namarome avait le même âge que Sara. Sara était née en Grande-Bretagne, mais elle était descendante d'émigrés égyptiens et parlait arabe. Sara avait été frappée par la martyre en puissance et sa résistance passive. Christopher avait dit à sa mère qu'elles avaient discuté et que Sara avait réussi à filmer un bref entretien. Elles avaient parlé de l'Oasis de la Mémoire, du mur de la Honte. Fran avait appris par Christopher qu'il existe apparemment un grand mur de démarcation fait de sable, de bermes et de briques, construit d'un bout à l'autre de l'Afrique du Nord, assez semblable au mur qui sépare Israël de la rive ouest, mais beaucoup, beaucoup plus long. Peu de gens à l'Ouest savent qu'il existe ou s'en préoccupent.

Il est ironique que Sara, qui avait paru en si bonne santé, soit à présent morte d'une rare tumeur du système nerveux, alors que Namarome s'exposait à une mort en public par sa grève de la faim. Non, « ironique » est un mot trop léger pour ce contraste.

Fran n'est pas du tout sûre de savoir comment se passait la relation de Christopher avec Sara avant cette fin abrupte. Il était avec elle depuis deux ou trois ans, de façon intermittente et quelque peu tumultueuse : sa première liaison durable et publiquement reconnue depuis sa séparation d'avec Ella, longtemps sa première femme. Mais quelque chose dans ses communications les plus récentes, à la fois avant et désormais après sa mort, suggérait qu'ils s'éloignaient déjà l'un de l'autre.

Christopher ne parle pas tant que ça à Fran de sa vie affective, mais il lance des allusions, fait des plaisanteries lugubres. Elle avait senti qu'il n'était pas très heureux avant la mort de Sara, mais il doit sûrement être encore plus malheureux désormais.

Le mélodrame de la situation présente est désagréable, pénible. La mort soudaine et une grève de la faim. Fran est plus à l'aise avec le monde quotidien réel et discret des résidences pour personnes âgées, et cependant elle ne peut nier avoir éprouvé elle aussi une attirance morbide pour l'aspect de martyre public attaché au cas du Sahara occidental. Namarome préparait-elle, avait-elle peut-être déjà proféré ses dernières paroles à la presse ? Rivaliseraient-elles avec celles de Walter Raleigh, de Danton ?

Elle est inquiète au sujet de Christopher, elle est bouleversée au sujet de Christopher, mais elle ne sait pas très bien quelle profondeur atteint sa tristesse. Elle oublie sans cesse cette question. Elle ne saurait dire si c'est bien ou mal, normal ou anormal.

Certains croient que nos émotions diminuent à mesure que nous avançons en âge, que nous nous réduisons à l'os maigre et sec, au squelette de l'égoïsme. C'est l'une des théories du vieillissement généralement admises. Fran se demande souvent si cela lui arrivera, si c'est déjà en train de lui arriver sans qu'elle le remarque. Il semble que ce soit arrivé à Claude, le père de Christopher, Claude, son premier mari, mais pour lui c'est excusable, dans son état physique actuel qui se détériore lentement. Claude s'est retiré dans le confort, la paresse et l'égoïsme. Dans la recherche du confort, qu'il n'arrive pas toujours à trouver, mais il se débrouille mieux que la plupart des gens de son âge. Il a de la chance de ne pas souffrir. Il sait qu'il a de la chance.

Claude ne semble pas avoir pleinement compris ce qui était arrivé à Christopher et il n'a jamais vraiment pris conscience de l'existence haute en couleur, mais distanciée, de Sara.

Squelette n'est pas une bonne métaphore pour Claude, vu qu'il est aujourd'hui assez enrobé, mais c'est en partie dû aux stéroïdes.

Parfois, Fran s'exerce à tenter de se rappeler les émotions passionnées et ridicules de sa jeunesse et de sa cinquantaine, la dépense d'énergie dans un désert de honte[1]. Ou un désert d'embarras, d'envie, d'inquiétude, de vanité blessée. La tentative pour tricher dans la course en sac, la tache de sang toute rouge sur l'arrière de la jupe, le pet sur le podium, le malentendu à propos du billet de dix livres, l'arrivée trop tôt à l'aéroport, l'erreur concernant le visa, la table où il n'y avait pas de nom pour elle, la remarque entendue au passage sur le cardigan inapproprié, l'oubli impardonnable d'un nom important. Elle ne s'inquiète plus de choses dont elle s'inquiétait jadis (elle n'a plus besoin de s'inquiéter des taches de sang sur la jupe, mais elle s'inquiète à présent des taches de soupe sur son cardigan, du jaune d'œuf sur le revers de la robe de chambre), mais elle n'est certainement parvenue à rien qui ressemble à de la

1. L'auteur reprend ici le premier vers du sonnet n° 129 de William Shakespeare.

tranquillité d'esprit. De nouveaux tourments l'assaillent. Ses ruminations incessantes sur l'avancée en âge, la mort et les choses ultimes ne sont pas paisibles du tout. Des vers dits par Macbeth, dans *Macbeth*, se répètent à elle de façon monotone, même s'ils ne sont pas particulièrement applicables à son humble extraction :

Et tout ce qui devrait escorter le grand âge,
Honneur, amour, obéissance, légions d'amis,
Je n'y dois pas prétendre.

Je n'y dois pas prétendre[1].

Quel réconfort seraient-ils pour elle – honneur, amour, obéissance et légions d'amis – lorsque la nuit tomberait ?

La notte e vicina per me[2].

C'étaient les paroles qu'une Italienne plus toute jeune, une vieille bique qui balayait l'escalier, avait dites à Fran quand elle travaillait comme jeune fille au pair à Florence, il y a cent ans de cela.

La notte e vicina per me.

Mais le grand âge a ses réconforts, ses reconnaissances.

Sa carte de transport gratuite est un réconfort, mais on menace de la lui retirer. Fran lui attache

1. V, III, 25-27, *op. cit.*, p. 475.
2. « La nuit est proche pour moi. »

une valeur disproportionnée. C'est une validation du travail, du mérite, de la survie, d'impôts payés bien volontiers une vie durant. C'est son rameau d'or[1], son passeport depuis le monde du travail jusqu'à l'inutilité du grand âge.

Grand âge vénérable. Grand âge estimé.

Mon Dieu, les foutaises et le baratin.

Honneur, amour, obéissance, légions d'amis.

Je n'y dois pas prétendre.

La notte e vicina per me.

Le jaune d'œuf sur le revers de la robe de chambre.

*

La salle à manger du Premier Inn est conçue pour dissiper les appréhensions des personnes plus toutes jeunes et non les renforcer. Elle est bruyante, colorée, pleine de gens énormes d'âge moyen, de l'Angleterre moyenne et d'une époque moyenne, qui parlent fort et mangent des repas très colorés, issus pour la plupart de l'extrémité rouge piment du spectre. Les documents phares de l'hôtel sont violets, mais sa nourriture est rouge, du moins sur le menu de ce mois-ci. Poisson pané rouge orangé, spaghetti écarlates, pizza rouge tomate, crevettes, poivrons et paprika, chili, chorizo et cajun. Après avoir mis en boîte Leila, la serveuse, Paul au teint pâle

1. C'est un tel rameau qu'Énée doit montrer pour pénétrer au royaume des morts.

a commandé une audacieuse bouteille noire de merlot rouge foncé, que Leila sert d'un geste généreux, dans de grands verres à calice rond, aux quatre hôtes réunis à cette table. Il leur faudra une autre bouteille en un rien de temps. Fran s'installe dans son fauteuil et examine le menu en se réjouissant par avance. Elle suivra le mouvement. Elle commande des scampis, des frites et une salade propitiatoire qui, lorsqu'elle arrive, inclut de joyeux fragments chirurgicaux de poivron rouge pas entièrement vidé de ses pépins.

En sirotant son merlot, Fran sent comme une transfusion de la rougeur du sang jeune, qui commence à s'élancer dans ses veines et artères durcies, lui réinsuffle vie et jeunesse, lui empourpre les joues, réchauffe ses doigts raides et ses pieds froids, noueux et affligés d'oignons. Une transfusion de ketchup et de vin, de couleur et de vigueur. Il fait bon être avec les plus jeunes et dans une salle à manger pleine de quinquagénaires qui plantent sans vergogne leurs couverts dans de grandes assiettes de victuailles. Paul lui-même, bien qu'empli d'une énergie infatigable et mû par un cerveau très vif, est en personne plutôt un homme blafard, exsangue, incolore, un homme céleri et endive, mais Graham et Julia, eux, dégagent une lueur physique plus chaude. Poids lourd de cinquante ans et quelques, architecte d'avant-garde venu de Sheffield, Graham est presque répugnant d'une façon assez belle : ses cheveux sont ramenés vers l'arrière en ondulations foncées, désordonnées et vieux jeu, son cou épais gonfle à l'intérieur de sa chemise rouge au col ouvert (héritier de la République socialiste du South Yorkshire, il est plus que vaguement de gauche) et un mouchoir violet à pois dépasse de la poche de sa veste, suggestif et familier. Le travers de porc à la sauce barbecue constitue son plat principal. Julia, âgée de quarante ans, a la lippe rouge et les joues rehaussées par du fard autant que par le vin ; son casque de cheveux bruns épais et luisants a un éclat de henné et ses fossettes sont charmantes. Elle tente d'essuyer de la sauce au curry étonnamment orange, tombée sur son corsage en soie d'un blanc éclatant où elle a éclaboussé son sein gauche, volumineux mais bien galbé. Cet incident n'a guère interrompu son discours animé et accompagné de grands gestes sur la résidence qu'elle avait visitée la semaine précédente, une tour vieillissante qui se glorifiait d'abriter (comme tant d'autres) la plus grande proportion de vieillards piégés et isolés en Europe : l'histoire habituelle, ascenseurs hors d'usage, cages d'escalier non éclairées, handicaps, gangrène, graffitis ; petits-enfants et arrière-petits-enfants tous en prison ; gangs dans le quartier commerçant, des soignants tout sauf soigneux, qui ne venaient pas ou ne restaient pas plus de cinq minutes.

« Ils demandent à être démolis, les Heights[1] », avaient dit certains de ces vieillards, mais d'autres leur étaient loyaux : ils refusaient de bouger, ils aimaient bien la vue sur le nouveau centre commercial et le

1. « Hauteurs ».

cimetière de la fonderie où leurs hommes avaient travaillé. Au bon vieux temps où les hommes *avaient* du travail. La plupart des gens qui restent en rade là-bas sont des femmes : les hommes sont morts tôt, les uns après les autres.

« Les femmes vivent trop longtemps, dit Fran qui plante et remue une queue de scampi dans la sauce tartare. Il nous faut un projet pour nous débarrasser de nous. Un losange magique. »

De manière quelque peu perverse, Fran elle-même vit aujourd'hui dans une tour. Les tours, elle s'y connaît.

« Nous *tous*, on vit trop longtemps, dit Paul poliment, diplomatiquement, tout en grignotant ses ailes de poulet à la mode Buffalo.

— Un losange magique, une cabine à suicide, un aller simple pour la Suisse », approuve gaiement Julia, à qui la vieillesse et la mort sont encore inimaginables, bien qu'elle connaisse tellement plus de théorie sur les soins gériatriques.

Mais les soins, c'est pour les autres, ce ne serait jamais pour elle.

« Que croyez-vous qu'ils mettent là-dedans pour donner cette couleur ? » demande Julia en regardant avec admiration, sur son buste, l'éclaboussure qui résiste à la serviette. Agent orange, jaune soleil, rouge allura, carmoisine ?

— Est-ce que ce sont des mots réels ? » demande Fran, et Julia répond que oui, c'en sont, ce sont les noms des colorants alimentaires, sauf l'agent orange, bien sûr[1], et est-ce que quelqu'un parmi eux a déjà testé le Bilston Chip ? Il y a un restaurant de *fish and chips* à Bilston, qui propose les frites orange les plus colorées qu'on ait jamais vues. Criardes. En Technicolor. Délicieuses. Le meilleur *fish and chips* du Pays noir. On devrait les essayer.

« Pensez-vous que les conservateurs vous font vivre plus longtemps, ou est-ce qu'ils vous tuent ? » demande Fran. Elle s'est souvent posé la question. La réponse écologiquement correcte est qu'ils sont vraiment, vraiment mauvais pour nous, mais peut-être qu'à leur propre manière ils contribuent à notre désastreuse longévité. Les fabricants d'additifs alimentaires doivent être en train de faire des recherches là-dessus, mais ils n'ont pas encore osé commencer à se vanter de leurs découvertes.

Elle tente d'éviter de cuisiner avec des conservateurs et prend soin de fournir à Claude des repas sains.

Fran, qui a bien soixante-dix ans, est à sa grande surprise devenue un genre d'aide à domicile et un genre de fournisseuse pour son mari Claude, dont elle avait divorcé il y a presque un demi-siècle, dans un accès de rage bien-pensante. Elle passe beaucoup de temps à traverser Londres, munie d'assiettes-repas, pour se rendre à l'appartement de Claude. À présent qu'elle attaque ses scampis et ses frites, il doit être en train de savourer une part délicieusement pure de

1. Il s'agit en effet d'un herbicide largement utilisé pendant la guerre du Vietnam.

tourte au poisson sur un lit d'épinards biologiques revenus à feu vif, couvert d'une sauce au persil. Il est probablement en train d'écouter Maria Callas, parce que c'est ce qu'il fait.

*

Cette nuit-là, dans le confortable lit du Premier Inn qui a l'imprudence de garantir à tous les résidents une nuit de sommeil profond, Fran fait un rêve intéressant et curieux au sujet de Tampax. Voilà des dizaines d'années qu'elle n'a pas eu à se souvenir de s'approvisionner en tampons et, ces jours-ci, elle ne leur accorde jamais de pensée consciente, mais dans son rêve elle bataillait pour faire cesser, à l'aide d'un tampon qui n'allait pas, un flux constant, mince, pâle et étonnamment aqueux de sang menstruel : le sang traversait le coton, puis coulait entre ses doigts et sur ses jambes nues. Cette sensation, cette expérience onirique était étrangement peu pénible dans son humeur, sa saveur et sa texture, voire agréable plutôt que désagréable, et quand Fran s'éveille et tente d'en questionner le sens, elle se demande si ce rêve n'a pas été provoqué par la couleur rouge du repas de la veille au soir, ses réflexions à propos de Macbeth, sur l'autoroute, ou un quelconque aspect du temps et de l'expérience du vieillissement, qui serait nouveau et sur le point d'être appréhendé.

Car le vieillissement, se dit-elle hardiment en appuyant sur le bouton de l'ascenseur pour descendre prendre son petit déjeuner, c'est un fascinant voyage vers l'inconnu. Ou du moins est-ce une assez bonne façon de l'envisager. Le mince flux était le sang de la vie, non de la mort, qui lui rappelle qu'elle est toujours la même femme, elle qui, jadis, avait été la jeune fille qui saignait.

*

Au-dessus de son petit déjeuner, sa bonne humeur perdure, voire s'intensifie. Fran a dû tenter d'éviter la pluie pour faire un saut de l'autre côté de la rue et acheter son journal, vu que l'hôtel ne semble pas fournir ce genre d'extra, mais elle aime bien la mini-boutique asiatique, le jeune barbu derrière le comptoir, son étalage raffiné de boissons gazeuses, d'en-cas épicés et de confiseries. Son accueil chaleureux est en soi une petite aventure. Quand elle rentre et s'assied à sa table près de la fenêtre, elle se surprend à être presque totalement heureuse. Papier journal tout frais, bon café, textes variés, des messages sur son BlackBerry, qu'est-ce que le monde moderne peut offrir de plus ? Dans l'immédiat, elle a égoïstement oublié la détresse de Christopher. À mesure que nous vieillissons, oui, c'est vrai, c'est vrai, nous devenons de plus en plus égoïstes. Nous vivons pour nos appétits. Ou du moins est-ce une façon d'envisager le vieillissement. Les personnes âgées sont très égoïstes, très gourmandes.

L'un des messages personnels vient de Teresa, sa vieille amie d'autrefois qui est réapparue dans sa vie après des décennies de séparation et d'oubli, et avec laquelle elle jouit d'une ultime et curieuse phase d'intimité. Teresa se meurt, mais elle se meurt avec une telle élégance et une telle implication que Fran est extrêmement impressionnée et encouragée par ce dernier voyage. Le message vise à confirmer une rencontre dans un délai d'une semaine. Fran a hâte d'y être et répond pour le dire. Oui, elle est disponible pour déjeuner comme convenu et elle apportera des sandwiches.

Teresa vous réchauffe le cœur. Elle n'est pas gourmande, contrairement à Claude, elle est trop malade pour être gourmande, mais elle apprécie tout de même encore un sandwich au saumon fumé et, si Fran trouve le temps, Teresa ferait bon accueil à une petite soupe au poulet faite maison.

La vision du petit déjeuner anglais traditionnel du Premier Inn et de ceux qui le dévorent a quelque chose de robuste et de réjouissant. Il vaut encore mieux que le dîner d'un rouge vif. Fran elle-même ne raffole pas de ce petit déjeuner, mais demande un œuf à la coque et des toasts. Elle aimerait beaucoup aller jusqu'à la desserte faire griller ses propres toasts, mais la jeune femme pas si jeune qui porte un badge au nom de Cynthia, Cynthia au visage blanc comme craie et aux cheveux noir corbeau, est tellement prévenante et désireuse de faire plaisir que Fran capitule et s'autorise à se faire servir. Tout autour de Fran, des gens plus jeunes, trentenaires, quadragénaires et quinquagénaires, se gavent d'œufs frits, de bacon, de haricots blancs à la sauce tomate, de pommes de terre sautées, de champignons, de tomates frites et de pain frit, et manient tous leurs couverts d'un air enthousiaste. Les condiments coulent à flots, le rouge, le brun et celui couleur moutarde, et une bruyante musique d'ambiance résonne. Claude et Hamish auraient tous les deux détesté la musique d'ambiance, mais elle, ça ne la dérange pas du tout.

Quand il arrive, son œuf est une perfection. Le jaune est moelleux, le blanc est ferme.

« Comment est-il, comment est votre œuf, mon ange ? demande avec tendresse la gentille femme pas si jeune que ça.

— Parfait, répond Fran avec énergie. Parfait », répète-t-elle.

Oui, une perfection. Elle lit les gros titres et l'éditorial, passe à la suite de l'éditorial en page deux. Elle éprouve une puissante vague de bonheur, un sentiment que le monde va parfaitement bien, qu'elle est, en cet instant précis, au bon endroit au bon moment. Elle a passé une bonne nuit, confortable, sans douleurs, dans un lit blanc immense de première classe. Et à présent, tandis qu'elle prend une cuillerée de son œuf chaste et parfait, elle ne fait qu'un avec ces gens qui mastiquent, elle trouve plaisir à leur plaisir. Et, par le biais de son ami presque fiable qu'est le journal, elle ne fait qu'un avec toute la diversité des événements du monde qui tourne.

*

Le congrès n'est pas aussi joyeux que le Premier Inn, mais il a ses temps forts. La conférence sur la longue chute constante du droit à l'achat du logement, promu par Thatcher dans les années 1980, et sur le caractère abordable des logements sociaux, l'histoire en dents de scie du choix de leur résidence pour les plus démunis et la motivation des fournisseurs agréés de logements sociaux est une simple routine, et une routine systématiquement déprimante, mais l'exposé sur les nouvelles technologies est drôle, et censé l'être. C'est un moment de détente : l'intervalle comique. Il ignore la finance, le délabrement, la démolition et la mort pour s'attacher à l'avenir. Le conférencier est jeune, plein d'entrain, il a un débit rapide et un accent du nord-est des États-Unis, bien que son CV affirme qu'il est né à Walsall. Il a étudié aux États-Unis et en Corée du Sud, et c'est un passionné de robots. Les robots sauveraient les personnes âgées des tourments de la chair vieillissante. Il passe en revue certains des gadgets rudimentaires les plus connus grâce auxquels les personnes âgées peuvent déjà éviter de mourir de faim au cœur de l'abondance ou de périr sur le carrelage froid du sol de la salle de bains. Couvercles qui se vissent, conserves et pots de confiture, robinets de baignoires et boutons de portes, chaussettes égarées sous le lit, téléphones et télécommandes, tous pourraient être combattus par d'humbles mécanismes à la disposition de tous. Mais, dit Ken, le meilleur des mondes offre des merveilles électroniques et numériques qui pourraient accomplir beaucoup, beaucoup plus.

Sur l'écran de Ken Walker, d'adorables petits grimpeurs verts simiesques, articulés et pas tout à fait anthropoïdes, aux doigts sensibles, agiles et préhensiles, escaladent des murs et retirent des objets d'étagères placées en hauteur, ou bien s'affairent derrière des chaises, des lits et des canapés pour récupérer des objets égarés ou qui seraient tombés (téléphones portables, médicaments, pastilles à la menthe, liseuses électroniques ? Cigarettes, losanges mortels de Nembutal importés du Brésil et sur lesquels figure : « Pour usage vétérinaire uniquement » ? Demi-bouteilles de whisky ?). On montre aux congressistes un paquet traditionnel de cartes à jouer, qui se retrouve libéré et dégagé de sous une bibliothèque par des tenailles, scénario dont émane un message culturel déroutant : il est sûr que plus personne ne joue avec un porte-cartes ces temps-ci ? Une petite soucoupe filante écarlate et discrète au niveau du sol, une soucoupe volante du parquet, s'élance d'un point d'ancrage situé sous un confortable fauteuil inclinable à commande automatique, puis s'affaire autour des plinthes et de la moquette pour ingérer des miettes et des moutons de poussière. Un robot de nettoyage plus sophistiqué, fortement mélaminé, d'un vert tilleul éclatant et à la mine souriante, est vu en train d'aspirer de la poussière dans tous les orifices de l'appartement de standing superbement high-tech et select d'une personne âgée, tandis que cette même personne, allongée en toute sérénité dans son lit, fait un puzzle du château de Windsor sur un plateau. Y a-t-il ici une allusion à l'extraordinaire longévité de la famille royale ? Et nous savons bien que notre pauvre reine aime bien faire des puzzles.

Il existe un robot pour nourrir votre chat ou toiletter votre chien. « Nous sommes tous au courant, dit le jeune Ken, qu'avoir un animal de compagnie ajoute des années à votre existence. On étudie la neuroscience sur ce point à l'heure même où je parle », dit Super-Ken.

*

À ce point de la présentation, Fran a une image très claire de Claude Stubbs, son ex, lourdement installé sur son divan, son superbe chat tigré Cyrus sur un genou. Cyrus est bon pour Claude, mais, comme Fran a un peu pris la responsabilité à la fois de l'homme et du chat, ils sont un souci pour elle. Fran aime bien Cyrus, elle dit d'ailleurs souvent à Claude qu'elle lui préfère Cyrus, et elle aurait voulu avoir un chat loyal à elle ; mais, tout compte fait, elle préfère parcourir sans répit l'Angleterre en voiture, de congrès en congrès, de lotissement en lotissement, de résidence pour seniors en résidence pour seniors, de gadget en gadget, de Premier Inn en Premier Inn, d'œuf à la coque en œuf à la coque. Elle n'est pas encore prête à s'installer, un chat sur un genou.

Elle n'est pas très douée pour se concentrer sur

un sujet à la fois. Elle ne l'a jamais été. Son esprit vagabonde dans un courant de conscience qui n'en finit pas. C'est peut-être ce que fait l'esprit de tout le monde, mais elle soupçonne que non. Certaines personnes ont une capacité de concentration, d'attention. Cette capacité lui manque. À présent, son esprit vagabonde pour revenir à Claude au début de son mariage, puis à une succession sans fin d'assiettes-repas.

Son esprit n'erre jamais ou quasiment jamais plus du côté du sexe, comme il le faisait jadis, mais le fait qu'elle puisse établir ce constat intime signifie qu'elle n'a pas totalement oublié le sexe. Le rêve sur les règles avait été un rappel, un lien avec le passé du sexe et du tampon.

Elle a lu dans les journaux, en fait dans un article de son journal haut de gamme préféré, que, selon des « études », certains hommes, beaucoup d'hommes, pensent au sexe toutes les trois ou quatre minutes de leur vie éveillée, quoi qu'ils puissent être en train de faire. Au travail, au jeu, dans les transports, pendant qu'ils écrivent des comptes-rendus, donnent des conférences en public, étudient en bibliothèque, attendent à table, débouchent des tuyaux, tondent la pelouse, crient à la bourse, mettent de nouveaux pneus à de vieilles voitures, se changent au vestiaire, gravissent des montagnes, à la caisse du supermarché, ils pensent au sexe. Pas à l'amour ni à un être aimé, mais au sexe, au sexe dans l'abstrait, au sexe comme acte, au sexe comme sensation.

Elle ne croit pas avoir pensé au sexe *per se* aussi souvent que ça, même dans ses phases les plus libidineuses. Les femmes sont différentes des hommes, mais nous ne devons pas le dire.

Elle se surprend désormais à penser bien trop souvent à la nourriture. Elle en rejette la faute sur Claude, peut-être injustement.

*

Depuis peu et à répétition, Fran se retrouve fréquemment surprise d'être devenue si tard dans la vie l'aide et la protectrice de Claude. Elle n'arrive guère à croire qu'elle s'est glissée dans ce rôle féminin stéréotypé. Elle avait été si brièvement mariée à Claude et, durant l'essentiel de leur mariage, avec tant d'acrimonie, et ils avaient tous deux vécu tant d'autres vies différentes depuis leurs quatre années ensemble, procréatrices et pleines de difficultés. Pourtant, elle se retrouve empreinte, asservie, *emprisonnée*, et de plus d'une façon. Les habitudes de son corps et de son esprit avaient été marquées à jamais par ces quatre années précoces et brèves.

Non, se dit-elle brusquement tandis qu'elle griffonne des perce-neige et des jonquilles dans la marge des « Notes sur le robot » de Ken, *emprisonnée*, elle ne l'est pas, non, loin de là, mais ce vagabondage sans répit, ce vagabondage inexplicable, elle en doit sûrement une partie à ces quatre années. Empreinte, oui, *emprisonnée*, non.

Claude n'a aucun droit sur elle du tout, rien à exiger d'elle du tout.

Ce sont la cuisine et le ravitaillement qui l'ont achevée. Claude, qui est d'ailleurs physiquement quelque peu emprisonné, pense la plupart du temps à la nourriture, bien qu'il refuse de l'admettre ouvertement. Par conséquent, Fran y pense aussi. Elle a été contaminée par sa dépendance à la gourmandise. Elle pense à la nourriture même maintenant, même en regardant les robots de Ken et en écoutant des statistiques sur les problèmes de mobilité chez les plus de quatre-vingt-dix ans. Elle est exaspérée par la façon dont la nourriture, les courses alimentaires et la préparation des produits qu'elle a achetés ont de nouveau pénétré et envahi sa conscience. Ce n'est pas qu'elle n'aime pas manger, elle avait assez bien aimé ses scampis et elle était amoureuse de son œuf à la coque ; c'est seulement qu'elle ne veut pas être autant préoccupée par la nourriture. Comment cela lui est-il arrivé ? Est-ce la culpabilité, la gourmandise, la réparation, la préparation à sa propre mort, une tentative pour préserver le passé ?

Préparez votre navire de mort car vous en aurez besoin. Préparez-le. Oh ! préparez-le. Approvisionnez-le en aliments et en vins[1].

De la soupe au poulet, si elle a le temps, et un sandwich au saumon fumé pour Teresa.

1. L'auteur s'inspire ici du poème de D. H. Lawrence, « Le Navire de mort », précédemment cité.

Ici, dans le Pays noir, on appelle la bonne nourriture « excellentes vitailles ». « Vitailles » signifie « victuailles ». Bonnes victuailles, excellentes vitailles. Ici, ils ont leur propre langue. On ne la leur a pas encore supprimée.

Les frites orange de Bilston, la lamelle de pomme de terre bien frite, couleur de nasturtium et fluorescente. L'œuf pur et parfait.

Elle s'interroge brièvement sur la grève de la faim de Namarome et ce qui est maintenant en train d'arriver à cette femme. Namarome avait-elle songé à la nourriture avec envie, assise dans une attitude de défi sur le carrelage éclatant de l'aéroport de Lanzarote, à regarder les files de vacanciers venus du nord de l'Europe, très gros pour beaucoup, obèses pour certains, avec leurs sachets en plastique pleins de chips, d'en-cas et de marchandises hors taxes ? Des visions de plats nord-africains délicieusement épicés, de couscous et d'agneau, de chermoula et de harissa, de coriandre, de cumin et de citron confit flottaient-elles devant elle de façon délirante alors qu'elle restait assise là-bas à s'affamer, ou était-elle préoccupée par des sujets plus nobles ?

Fran songe parfois à essayer la cuisine marocaine, mais elle ne sait pas très bien si Claude aimerait ça.

Elle se dit qu'à l'heure qu'il est, Namarome a été expulsée vers le continent espagnol. Christopher avait tenté d'expliquer que Namarome n'avait pas de différend avec l'Espagne. Son différend et celui qu'avait son pays concernaient le Maroc, et non l'Espagne ou les îles Canaries.

Les pensées de Fran papillonnent très vite et très brièvement vers le dernier repas de ceux qui occupent les couloirs de la mort, sujet trop récent et peut-être trop indécent pour être catalogué par Brewer, mais elle suppose qu'il figure peut-être dans le *Livre Guinness des records.* Aussi loin qu'elle s'en souvienne, les cheeseburgers et les pizzas sont en bonne place sur la liste. Vous ne voudriez vraiment pas que votre dernier repas sur terre se compose d'un cheeseburger, tout de même !

La dernière fois que Fran avait rendu visite à Claude, elle lui avait laissé dans le réfrigérateur six assiettes-repas recouvertes de film alimentaire, à manger dans le bon ordre et portant de gros chiffres rouges sur des étiquettes blanches pour sacs de congélation. 1 Poulet à l'estragon. 2 Pommes de terre et anchois cuits au four. 3 Pilaf de poisson et œufs. 4 Ragoût d'agneau. 5. Elle ne sait plus. 6 Pois chiches au lard. Elle n'est pas toujours aussi organisée. Claude ne peut pas tout à fait compter sur sa bonne volonté et sa générosité, et c'est mieux comme ça.

Nul homme ne peut être dit heureux avant que d'être mort. Claude ne peut pas être très heureux ces temps-ci, enfermé comme il l'est, même si elle a parfois soupçonné que quelque chose en lui prend un malin plaisir à pouvoir tyranniser son ex-épouse. Mais ç'avait été une pensée ignoble et quand elle en avait fait part à son amie Josephine, l'une des rares survivantes à l'avoir connue dans le temps, Josephine l'avait rabrouée en lui disant que c'était elle, Fran, au contraire, qui prenait un malin plaisir à pouvoir tyranniser le vieux bonhomme cloué au lit, en jouant les dames pleines de bonté auprès d'un type qui pouvait à peine bouger en raison des stéroïdes et autres médicaments. Et c'était peut-être vrai.

Le rôle de Josephine en tant qu'amie de longue date a impliqué une part de dénigrement de Fran, ce que Fran, la plupart du temps, apprécie et accepte depuis plusieurs années.

Teresa, elle, est à la fois plus ancienne et plus récente dans la vie de Fran. Mais Josephine s'est avérée plus régulière.

Josephine avait fait la connaissance de Fran et de Claude du temps où Claude était interne et où il travaillait pendant les étranges et longues heures tardives, si éprouvantes pour les habitudes de sommeil de Fran, ses plans de carrière, sa vie sociale, sa vie sexuelle et sa digestion. Fran s'indignait des exigences de sa profession avec ce qui lui semble être aujourd'hui une rage disproportionnée, vu que ces horaires n'étaient pas choisis par lui et avaient posé les fondements d'une carrière brillante et lucrative, mais elle se rappelle encore avoir été rendue quasiment folle par la solitude, la claustrophobie et le pouponnage, coincée avec deux nourrissons dans un appartement de Romley et sans être humain aimable à sa portée hormis Josephine, qui était tout aussi isolée avec ses deux petits enfants. Romley était au milieu de nulle part, et ni Claude ni elle n'avaient régulièrement accès à une voiture. Fran adorait ses bébés, comme la plupart des mères (certes, pas toutes), mais ils avaient beau représenter un sacré travail, ils ne remplissaient pas le temps, donc les soirées étaient très longues et très solitaires. On n'avait pas le droit de le dire, mais c'était vrai. L'intensité de ces années l'avait profondément marquée pour la vie, et le fait de voir Claude plus souvent maintenant qu'il est âgé lui rappelle cette intensité, la colère, le sentiment de rupture, la perte d'identité qui donne le vertige, les vagues de terreur et de sentiment d'insuffisance, le fait de se raccrocher à des petites bribes de son être passé, davantage empreint de jeunesse et d'espoir. Ça n'avait pas été une dépression postnatale, non, rien d'aussi médical ni d'aussi facile à nommer que cela : ç'avait été une sorte d'angoisse existentielle, une terreur face à la vie d'adulte. Maintenant, dans les moments de panique – très différents – de la vieillesse, il lui arrive de se consoler en se rappelant qu'elle était encore plus malheureuse, plus intensément malheureuse quand elle était jeune.

C'est une maigre consolation, mais c'est une consolation. Elle ne voudrait pas y retourner, dans ces tempêtes tourbillonnantes, cette turbulence cosmique. Elle doit être rendue plus loin sur le long trajet de l'existence. Elle a dû poursuivre loin de là-bas. Elle *a poursuivi* loin là-bas.

Le Livre des morts tibétain. Il y a une pensée. Une pensée forte. Le chemin du Bardo. Le voyage après la mort. Elle a quelque part un DVD, avec des commentaires de Leonard Cohen, qu'elle a l'intention de regarder depuis longtemps, mais elle appréhende un peu.

Elle ne peut s'empêcher de considérer le temps d'une vie comme un voyage, voire un pèlerinage. Ce n'est pas à la mode, ces temps-ci, mais c'est sa façon de voir. Une vie, ça a une destination, une fin, une dernière parole. Elle est déconcertée et tourmentée par la façon dont aujourd'hui, au XXIe siècle, nous paraissons inventer d'innombrables manières de différer l'impression d'arrivée, l'impression d'arriver à une fin correcte. Ses inspections des modèles changeants d'établissements spécialisés et de foyers pour seniors lui ont fait prendre conscience des retards et des moyens infiniment intelligents, complexes et inhumains que nous créons afin d'éviter et de nier la mort, d'éviter d'accomplir notre destinée et d'arriver à destination. Et, dans de si nombreux cas, le résultat a été que nous y arrivons non pas de bonne humeur, au moment où nous faisons nos derniers adieux et accueillons la vie après la mort, mais inconscients, incontinents, déments, soumis à des traitements au point de sombrer dans l'amnésie, l'aphasie, l'indignité. De vieux imbéciles, qui n'ont pas eu le courage de prendre ce dernier whisky et de mettre le feu à leur literie avec une dernière cigarette.

Julia, Paul et Graham, qui ont la cinquantaine, sont-ils heureux, sont-ils confiants ? Ils en ont l'air. Elle espère qu'ils le sont. Paul est plutôt homme à angoisser pour des broutilles : horaires de trains, ponctualité, bons de toute sorte, ce genre de choses ; mais il sait ce qu'il fait.

Ken avec ses robots ? Ken est un peu maniaque, à son avis.

Peut-être faut-il être un peu maniaque, pour imaginer son genre d'avenir.

Claude est muré dans l'appartement en brique rouge de Kensington qu'il habite depuis plusieurs années, où il vivait au début avec sa seconde épouse et maintenant, pour finir, seul avec Cyrus. Bien nanti, bien rembourré, bien soigné, bien pensionné et bien à l'écart du stress : en proie à l'ennui, à cet ennui inapaisable de la vieillesse inerte, mais à son aise. Ou du moins est-ce la façon dont elle voit Claude, elle qui a la bougeotte. Un homme qui s'est fait lui-même, un homme refait. Si vous rencontriez Claude ces temps-ci, si vous l'aviez rencontré il y a quelques années, dans la fleur de l'âge, vous n'auriez jamais soupçonné le monde de la classe moyenne inférieure dont il était issu. Ç'avait été un travailleur acharné, il s'était transformé en brillant personnage de l'Ouest londonien et mourrait en résident de Kensington. De Kensington aux briques rouges, dans un appartement du deuxième étage d'un immeuble de standing aux parquets cirés et aux ferrures de cuivre, dans lequel les ascenseurs fonctionnaient tout le temps. Ça devait barder, sinon. Avec des charges comme celles que payait Claude, bien sûr que les ascenseurs fonctionnaient. Il y avait un concierge pour veiller à ce genre de choses.

Fait bizarre mais peut-être audacieux, Josephine, la seule amie que Fran ait eue à Romley, a récemment emménagé dans ce que Fran tient pour un lotissement de Cambridge extraordinairement pittoresque, où, dit-elle d'un air de défi, elle est très heureuse et très occupée. C'est une maison de retraite prétentieuse et hors de prix, construite pour donner à ses résidents l'illusion de vivre dans une université de Cambridge. Son architecture est gothique non de manière authentique mais par touches, avec des fenêtres en ogive et à petits carreaux, ainsi que des voûtes. La brique est d'un sobre gris jaunâtre ; la peinture, d'un blanc tout de fraîcheur et de sainteté, et une tour semblable à un clocher s'élève au-dessus d'un complexe de loisirs abritant des appareils de musculation et une piscine couverte. Les jardins sont aménagés comme s'il s'agissait de petites cours ou bien de grandes cours carrées, telles que dans les universités, agrémentés de pelouses proprettes, de saules pleureurs et de parterres aux petites bordures de haies de buis plantées sans trop d'imagination ; au centre de la cour carrée principale, il y a une fontaine en plâtre, imitation pierre, figurant un garçon qui tient un dauphin en train de cracher de l'eau. Apparemment, ce devrait être une copie d'un original de la Renaissance, mais ce n'en est pas une, dit Josephine, cette fontaine est moderne.

L'attitude de Jo envers sa nouvelle résidence est un mélange intéressant de désapprobation hautaine et d'affectueuse fierté. Fran croit et espère que Jo peut bien être heureuse là-bas, d'une façon dont elle-même ne pourrait jamais l'être. Elle a visité Athene

Grange deux ou trois fois, en venant tout droit de sa cachette de Tarrant Towers à Cantor Hill, et elle a été présentée à certains voisins parmi les plus sympathiques, avec lesquels Jo prend de temps à autre un café le matin ou un verre le soir (mais jamais de *repas*, dit Jo avec emphase), et elle a vu la salle de jeux où, pas très souvent, Jo joue au bridge.

Durant l'âge mûr, Josephine et son défunt mari avaient passé dix ans dans l'Amérique moyenne, dans le monde universitaire du Missouri, et Jo déclare avoir été impressionnée par la façon dont les Américains sont tellement plus prêts que les Britanniques à accepter le concept de résidences et de foyers pour personnes âgées. Ils sont beaucoup moins attachés à la propriété et à la vie privée que nous, avait-elle affirmé. Ils changent plus facilement de maison et de chez-soi, ils sont beaucoup plus réalistes quant à leurs besoins. Ils ne s'accrochent pas autant à leur rang et à leur dignité, ils optent pour ce qui est confortable, tout ce qui fonctionne.

« Je suis bien plus à l'aise ici que dans cette grande maison de Norwich, dit Jo. Je n'aimais pas Norwich. Je n'aimais pas l'université, je n'ai jamais eu de vrais amis là-bas. Je connais plus de monde à Cambridge que je n'en ai jamais connu à Norwich. J'ai toujours eu des amis à Cambridge et, dans le temps, j'avais de la famille ici. On passait Noël ici. Je connais Cambridge depuis mon enfance. De toute façon, je ne pouvais plus me permettre de continuer à vivre toute seule là-bas, la maison était trop grande, j'ai réduit mon train de vie et je vis comme je veux. Je suis devenue égoïste pendant ma vieillesse. Je vis comme je veux. »

À Cambridge, certains professeurs à la retraite vivent encore dans le confort et la dignité des édifices universitaires, Fran le sait. Et elle sait que Jo sait qu'Athene Grange imite ce confort et cette dignité. Mais s'il les imite pour son confort et sa dignité à elle, qu'est-ce que ça peut faire ?

Fran raffole de son appartement de Tarrant Towers, bien que ce soit une mauvaise adresse, un mauvais code postal, et que les ascenseurs tombent souvent en panne. Mais la vue est grandiose, la vaste vue sur Londres. Elle aime voir de loin les paysages de nuages qui se rassemblent, les grands galions de cumulus qui voguent dans sa direction sur l'orage approchant ; elle aime les nuages du soir, striés de rouge, les cavernes percées ou déchirées au-delà de l'au-delà du bleu éternel, les trouées, les entailles et les signes avant-coureurs. Elle supporte les gris couverts et menaçants de l'hiver, les ciels ternes et monotones de février, et attend le spectacle inaugural du printemps. Élever, sublimer, transcender, voilà ce que cette vue dit à Fran. Et puis gravir l'escalier de béton une ou deux fois par semaine, c'est bon pour le cœur.

Elle aime Tarrant Towers. Elle aime l'espace insalubre pour se garer. Elle ne pourrait pas se passer de garage. Elle a besoin de sa voiture, elle a besoin de bouger sans cesse.

*

Imaginons Claude Stubbs. Imaginons-le libéré de la vision de contrôle de Fran, si nous le pouvons. Oui, il est là, il occupe son propre espace. Cyrus, le robuste chat tigré, est installé à un bout du divan de Claude, ses pattes antérieures doucement arrondies, leurs extrémités blanches confortablement courbées vers l'intérieur, l'une vers l'autre, dans un geste de soumission légèrement affecté que Claude trouve profondément attachant. Les griffes sont rentrées et largement capitonnées. Cyrus n'est pas un jeune chat et il profite des circonstances de l'enfermement de Claude, il est content que Claude n'aille pas bien. Claude ne sort quasiment plus, en ce moment, si ce n'est pour des incursions à l'hôpital, donc Claude est presque toujours là afin d'être avec Cyrus. Cyrus approuve ce régime. La radio est allumée, la télévision aussi, bien que le son soit éteint, et l'esprit de Claude s'oriente vers la prochaine assiette-repas, dont il pense qu'il s'agit de pommes de terre, œufs et anchois cuits au four, plat qu'il croit avoir été inventé par Fran, mais qui est en fait une version médiocre d'une recette qu'elle a lue jadis dans un livre de Jane Grigson durant les années 1970, à l'époque lointaine où elle espérait un jour apprendre à faire la cuisine.

Claude n'a pas idée de la relation de plus en plus compliquée qu'entretient Fran avec la nourriture. Il n'a jamais eu à cuisiner quoi que ce soit, jamais, à part des toasts et un œuf. Il aime le plat d'anchois au four, donc il ne va pas le prendre au déjeuner : il va le réserver pour le dîner. Quelque chose dont se réjouir par avance. Sa protectrice, qui s'appelle Persephone, est déjà passée le voir et lui a laissé une boîte en plastique contenant du poulet et des sandwiches à l'avocat sur du pain noir, ainsi qu'une salade de fruits tropicaux de chez Marks & Spencer. Claude est censé aimer les mangues et, la plupart du temps, il les aime, mais peut-être pas tout à fait aussi souvent qu'elles apparaissent à son menu. Persephone est une grande Noire à fière allure, aux cheveux or foncé lisses qui doivent lui coûter une fortune. Elle dit venir du Zimbabwe et elle a quarante ans de moins que Fran. Elle lui fait penser au sexe ; mais y penser, c'est tout ce qu'il peut faire. Elle lui a sorti ce matin tout un laïus sur les fleurs que l'un de ses soupirants lui a envoyées pour la Saint-Valentin. Des lis orange et un énorme cœur en métal qui en dépassait. Un peu dangereux, un peu menaçant, pour des *fleurs*, a dit Persephone. Plus comme une arme que comme une offrande d'amour.

Persephone n'est pas idiote.

« Il fait un froid de canard dehors, dit Persephone, vous êtes bien mieux au lit ici. »

Les gens disent souvent à Claude des choses indélicates comme celles-ci. Ça ne le dérange plus autant qu'avant. Il s'y est fait. Il ne voudrait pas mener la vie de Persephone, non, loin de là.

Persephone aime bien Cyrus, ou fait semblant, et ne se plaint jamais d'avoir à changer la litière du chat. Mais elle est bien payée pour faire ce genre de chose. Au moins, elle n'a pas à changer la litière de Claude ni à vider son bassin hygiénique. Pas encore.

Il est assez valide pour se rendre à la cuisine, non sans l'aide de ses béquilles du NHS[1], fournies par l'hôpital Chelsea and Westminster. Il n'est pas au NHS, ou pas totalement, de même qu'il n'était pas totalement au NHS ni totalement dans le privé quand il exerçait. Claude a toujours été un opportuniste. C'est comme patient en consultation externe qu'il a acquis ces béquilles, à un stade plus précoce et moins incurable, et, bien qu'il soit censé les avoir rendues il y a longtemps, il ne l'a pas fait. Elles étaient dans le placard de la chambre d'amis depuis des années. Elles sont devenues utiles, maintenant.

Avec les béquilles, il peut encore, très lentement, aller au petit coin, comme on disait à Romley. Il n'y arrive pas toujours à temps, vu qu'il mésestime parfois l'urgence et les difficultés du trajet, mais il y arrive.

Imaginez Claude en train d'imaginer Francesca, sa première femme. Fran est à un congrès quelque part dans le Nord. Elle est toujours à cavaler dans tout le pays, envoyée par cette ONG quaker et quasi autonome qui l'emploie et s'occupe de logements pour vieillards. ONG quasi autonome, association caritative, ONG, il n'a jamais très bien su ce que c'était, mais cet organisme a quelque chose à voir avec les personnes âgées et lui paie bel et bien un salaire. Fran est une fouineuse, un genre typique

1. *National Health Service*: système de santé publique assurant la gratuité des soins et des services médicaux.

d'assistante sociale bourgeoise et fouineuse. Et aussi civique qu'elle puisse se croire, elle est tout aussi égoïste que quiconque qu'il a jamais connu. Elle est aussi égoïste que tous ses collègues à lui réunis : chirurgiens, oncologues, anesthésistes, spécialistes, directeurs généraux de la santé, professeurs, directeurs de tous les collèges royaux. Chacun est égoïste, et Fran est aussi égoïste que tous les autres. Elle ne travaille pas pour l'intérêt public, mais parce qu'elle aime ça, parce que ça l'occupe, parce que ça lui donne le sentiment d'être importante et de dominer le jeu.

Quel jeu ? À son âge ? C'est tragique, c'est pitoyable.

Il visualise le plat de pommes de terre, œufs et anchois cuits au four. Il aime le sel et sa consommation de sel a peut-être contribué à son état pitoyable du moment. La crème fraîche n'y est probablement pas pour rien non plus. Trop tard, maintenant, pour commencer à s'inquiéter de tout ça.

Fran est peut-être en train d'essayer de le tuer. Elle avait plusieurs fois menacé de l'assassiner, il y a un demi-siècle, mais elle ne serait pas très avancée s'il mourait maintenant. Elle serait dispensée des assiettes-repas, mais l'opinion bien commode de Claude est que, à sa façon masochiste et féminine, ça lui plaît de les préparer.

Elle ignore le contenu de son testament et n'irait jamais le lui demander. Elle ne lui demande même pas quelles dispositions il a prises pour leurs deux enfants et ses petits-enfants. Mais ce qu'elle sait, c'est que Persephone lui est chère et qu'il a une espérance de vie mathématiquement incertaine. Qui sait combien de temps une ribambelle de Persephone et lui-même pourraient survivre avant qu'il ne soit à court d'argent ?

Lui, il le sait ; mais elle, non.

Il va prendre une demi-bouteille, peut-être une bouteille, de très bon chablis avec le plat d'anchois. Il a résolu de boire du vin de grand prix jusqu'à sa mort. Aucune de ses deux femmes ne savait distinguer une bouteille d'une autre, et encore moins une année d'une autre, bien qu'elles aient su toutes les deux les siffler. Il a décidé de profiter de ce qu'il peut le temps qu'il peut.

À présent, Fran occupe seule un appartement municipal dans une tour d'une cité lugubre du nord de Londres, après avoir récemment quitté un appartement de Highgate bien plus agréable, au rez-de-chaussée avec jardin, où elle habitait avec ce type, Hamish. Il n'a jamais vu l'appartement municipal, mais elle le lui a brièvement décrit d'un air provocateur. Il l'a accusée de déchoir, mais elle a nié. Elle a employé des termes élevés pour parler de son nid élevé : « expiation, absolution, amnistie ». Non, aucun de ces termes n'est parfaitement exact, sa mémoire des mots disparaît, mais il est sûr que l'un de ceux qu'elle a employés pour justifier son choix de résidence commence par une voyelle. Et elle avait mentionné la vue, ce qu'elle appelait la « vue panoramique ».

C'est étrange, comme on se rappelle des fragments

de mots, mais pas toujours les mots eux-mêmes. C'est peut-être un mot que lui, et non Fran, a appliqué à ce logement. Quoi qu'il en soit, il commençait par une voyelle. Les noms propres disparaissent en premier, puis les noms abstraits, puis les noms, puis les verbes. Voilà ce qu'on lui a dit.

La vue à Tarrant Towers est sacrément plus jolie qu'à Romley, Chingwell ou Chingford, lui avait-elle affirmé.

Il n'a pas essayé de défendre Romley. Romley avait été dur pour Fran, il le reconnaît, malgré son refus de l'admettre devant elle à l'époque ou maintenant. L'hôpital de Romley avait été un rude apprentissage. Il a été démoli. Il a échappé à la récente vague de scandales concernant le NHS en étant démoli et délocalisé plus loin, dans l'Essex presque rural.

À la télé, il y a un genre de vente aux enchères qui passe, une version bas de gamme d'*Antiques Roadshow*[1], diffusée en journée. Elle échoue bêtement et silencieusement à rivaliser avec Classic FM, chaîne que Claude aime beaucoup. Il a découvert la musique classique à l'adolescence et cette émission quotidienne est conçue pour son niveau. Il sait qu'elle peut agacer les individus sérieusement mélomanes, mais il n'est pas sérieusement mélomane. Culturellement, il a toujours aimé se composer un personnage mystérieux entre le philistin et le

1. Émission montrant des experts qui parcourent la Grande-Bretagne pour évaluer des objets qu'apportent les habitants.

mandarin et, d'une certaine manière, Classic FM ne l'agace pas du tout. Il avait jadis plaisir à l'écouter en conduisant, mais maintenant, il aime bien avoir l'impression d'appartenir à la famille casanière des personnes confinées chez elles, des femmes au foyer, des retraités, des chômeurs, des travailleurs à domicile, de la brigade de ceux qui se détendent parce qu'ils méritent un peu de repos. Les présentateurs s'adressent à lui de manière agréable, avec exactement le juste degré d'intimité polie, mais amicale, enjouée et respectueuse, mais avec une once d'ironie beaucoup moins agaçante que la fausse camaraderie, le mépris et la condescendance à peine voilés de certains parmi les dames sachant parler et les gars intelligents de Radio 3, qui ne semblent pas capables de dire ce qu'il faut, ces temps-ci. Ils sont culturellement à la dérive, à Radio 3, ils ne savent pas qui ils sont. C'est la BBC dans son ensemble qui s'est perdue, voilà l'opinion de Claude, et il se dit qu'il faudrait abolir la redevance. Radio 3 a commis des erreurs ahurissantes, elle a creusé sa propre tombe.

Claude aime bien jusqu'aux annonces publicitaires de Classic FM, qui tentent de lui vendre des assurances automobiles, des produits médicaux, des barbecues, des billets de concerts et des vacances sympathiques dans des comtés anglais assez mornes. Le bulletin de circulation routière, avec ses accidents, ses fermetures de voies et ses travaux d'entretien, est pour lui un réconfort, car il ne conduit plus ni n'est plus conduit, il est hors de danger sur son divan et non coincé sur la voie rapide où l'on n'avance pas, ni en rade sur la bande d'arrêt d'urgence. Les gens en bavent, au volant, dans toute la Grande-Bretagne. Classic FM lui donne le sentiment d'appartenir à la race humaine sans avoir à payer un tarif élevé pour y être inclus.

Il ne conduira plus jamais. Il a triomphé du sentiment que c'est une mauvaise chose. Il n'opérera plus jamais, et c'est un soulagement.

Claude est loin de s'ennuyer autant qu'il le doit selon Fran. Il s'ennuie, mais il a ses ressources. Et l'une d'elles, c'est Classic FM. Elle est tout entière si surprenante, sa perpétuelle disponibilité. Brahms, Rimski-Korsakov, Mahler, Chopin, Berlioz, Gounod, Bernstein. Les présentateurs débordent d'un enthousiasme authentique et bien informé pour leurs produits. Il adore Alan Titchmarsh et John Suchet. Il entend Barenboïm, Menuhin, Nigel Kennedy, Maria Callas. La splendeur se déverse dans l'air et inonde son appartement.

Claude Stubbs est un admirateur passionné de Maria Callas. Il a eu une aventure imaginaire intense avec elle pendant plusieurs années.

Il écoute une demi-heure de CD de la Callas presque tous les soirs. Il la fait généralement coïncider avec la pilule. Il lui faut prendre beaucoup de traitements de routine pour rester en vie, mais la pilule magique semi-légale qu'il se prescrit lui-même, c'est différent. D'autres pourraient l'envisager comme un antidépresseur, mais elle apporte à Claude l'euphorie de la psilocybine. Elle l'élève, brièvement mais infailliblement, vers un état sublime. Elle vaut mieux que tous les médicaments qu'il prenait lorsqu'il était jeune médecin. C'est le métier, ça fait l'affaire.

*

Le congrès est terminé et Fran a pris la parole, de manière compétente mais plutôt ennuyeuse, à son avis, pour faire un rapport sur le soutien continu de la Fondation Ashley Combe à la recherche sur les modèles de résidences pour seniors intégrées à la communauté. Plates-bandes surélevées, loquets de fenêtres bien visibles, valves d'isolation pour les appareils à gaz, coffres à clés pour les soignants à domicile : mélange de propositions et de possibilités, que Fran a inspectées et testées en pratique pour certaines, dont d'autres n'existent encore qu'en théorie, mais dans l'ensemble beaucoup moins futuristes que la gamme fringante de robots de Ken.

Elle séjourne une nuit de plus dans le refuge de l'hôtel, à ses propres frais, étant donné qu'elle ne veut pas refaire tout le trajet jusqu'à Londres dans le noir ni braver le risque de trouver un ascenseur en panne à son arrivée. Elle peut braver l'escalier le matin, mais pas aussi bien le soir. (Un jour, épuisée, elle avait dormi au garage, dans sa voiture.) En outre, Paul lui a demandé de l'accompagner pour aller voir sa tante à Chestnut Court, dans Sandford Road. Pour le soutien moral, a-t-il dit. Il aimerait savoir ce qu'elle pense de Chestnut Court et de sa tante. Deux personnes en visite, ça rend les choses plus faciles qu'une seule, a-t-il dit. Une platitude, a-t-il dit, mais elle sait bien que c'est vrai.

Fran n'est pas gênée par les platitudes. Quelques platitudes de temps à autre, c'est reposant. Elles vous écartent de la lisière des flammes.

Fran était contente d'être sollicitée par le jeune Paul, flattée qu'il apprécie son opinion et sa compagnie. Ils sont devenus bons amis dans le cadre du travail, malgré la différence d'âge. Oui, bien sûr, avait-elle dit, elle serait heureuse de le conduire.

Tout en traversant le réseau à sens unique de Sandwell, non sans l'aide de son GPS, elle pense brièvement à Christopher, à Sara, aux cratères volcaniques et à la mort inattendue. Là, pas de platitudes.

Un petit tremblement de terre avait secoué Dudley.

Les Canaries avaient été formées et transformées par une activité volcanique à très grande échelle.

Sandford Road s'avère être l'une de ces longues rues courbes auxquelles manque toute cohérence architecturale. Dans les années 1970, elle avait été isolée du vieux boulevard commerçant à l'agonie par une route à quatre voies, qu'enjambait une passerelle étroite et pas très solide, aux extrémités en pente raide. Sandford Road s'était retrouvée du mauvais côté de la barrière. Elle avait erré et lutté durant plusieurs décennies de construction et de reconstruction, en juxtaposant des maisonnettes modernes et abordables, des petites « remises à calèches », des rangées de maisons attenantes datant du tournant du siècle et des résidences mitoyennes des années 1930, jadis séduisantes. Rien de grandiose, mais plusieurs variations sur le thème du logement pas cher et correct pour personnes correctes, les bâtiments plus anciens connaissant désormais un lent déclin. Certaines de ces maisons sont en retrait derrière des petits jardins, d'autres font face à la rue. Un ou deux arbres adultes, déjà sans feuilles et qui datent d'une époque antérieure, se dressent avec défi vers la lumière, sur des trottoirs douloureusement tuméfiés et gondolés par leurs racines.

Fran trouve un espace pour se garer devant une rangée de quatre villas attenantes en brique rouge et à trois étages, qui datent de la fin de l'époque édouardienne et avaient été refaites dans un style surprenant, avec des vitraux décoratifs bizarres, sertis dans certaines portes et fenêtres donnant sur la rue, et des portails modernes en fer, aux motifs richement ornés choisis dans les tons doré, turquoise et écarlate. Elle suppose que ces maisons doivent appartenir à un ensemble de familles étendues ou à un groupe issu d'une minorité ethnique, aux opinions excentriques et tranchées en matière de décor, ou bien, en fait, très probablement, à une combinaison des deux. Sur l'une des fenêtres de devant figure l'image d'un cerf pas très anglais en train de courir, entouré de fleurs blanches gravées ou serties. Fran n'arrive vraiment pas à s'imaginer ce qu'il fabrique là. Elle fait remarquer cet animal à Paul, qui n'a pas l'air aussi surpris qu'elle. Tout cela, il l'a déjà vu.

Asiatique ? Européen de l'Est ?

Elle adore ce cerf. Elle adore l'apparence du tout.

Et voici Chestnut Court, le modeste foyer d'hébergement qui se dit spécialisé dans la schizophrénie. Contrairement à l'Athene Grange de Josephine, il n'est évidemment pas conçu à dessein. C'est une maison en mitoyenneté bâtie dans les années 1930, plutôt délabrée, asymétrique et qui part dans tous les sens, qui comprend deux étages et deux vastes pièces en saillie donnant sur la rue, et, au-dessus de l'une de ces pièces, une vaste chambre avec bow-window, la chambre principale, la chambre avec vue. Cette maison n'évoque en rien les autorités locales, bien qu'elle soit en grande partie financée par elles. Elle est silencieuse, elle est calme : un bras mort parmi les vagues changeantes de démolition et de rénovation. Et c'est là qu'habite tante Dorothy, de Brasshouse Lane, encalminée depuis plusieurs années.

Chaque résident a sa propre télévision, sa nourriture faite maison et dont le menu varie toutes les semaines, un accès à l'église du quartier et aux boutiques du quartier, une assistance médicale, un pédicure à domicile. Le tout pour trois cent cinquante-huit à quatre cent vingt livres par semaine. C'est très raisonnable. Comparé aux dépenses de Claude, voilà qui est très raisonnable.

Dorothy est menue. Elle est petite et parfaite. Elle est très âgée, mais elle est parfaite. Sa peau est claire, sans imperfections et presque sans rides, ses yeux sont d'un bleu lumineux, ses lèvres sont roses, avec une nuance parfaite de rouge pâle de jeune fille appliqué avec soin, ses cheveux d'argent sont clairsemés, mais coiffés à la perfection en boucles et ondulations souples et bien ordonnées autour de son front parfait et de son visage en forme de cœur. Une fois tous les quinze jours, on l'emmène en taxi chez le coiffeur pour un shampooing et une mise en plis. Elle a été une beauté. Elle est encore une beauté. Elle est fragile. Elle est délicate, une figurine de porcelaine. Elle est merveilleusement préservée et présentée dans le salon surchauffé et aux fauteuils tapissés de ce foyer très accueillant. Jupe grise, un chemisier couleur crème joliment brodé, un cardigan bleu pâle, des boucles d'oreilles en argent et un collier de perles. Des bagues aux doigts, de vraies bagues, pas de la camelote vendue par correspondance, et un bracelet en argent.

Fran suppose qu'elle a été merveilleusement présentée afin de rassurer Paul, son neveu, mais elle ne peut détecter aucun indice de négligence cachée ou sous-jacente. Chestnut Court est une structure toute petite, une affaire domestique, un « second chez-soi ». Il n'y a que cinq autres résidents, dont deux se trouvent en haut dans leur chambre, pendant que les trois autres, quelque peu avachis et somnolents dans des fauteuils relax à l'autre bout du salon, regardent la télévision en sourdine. Paul, Fran et Dorothy s'assoient bien droits près du petit bow-window, avec leur thé et leurs biscuits sablés, pendant que Dorothy raconte à Fran l'histoire de sa vie. Fran est un public nouveau, qui écoute avec politesse et attention.

Elle ne comprend pas grand-chose au récit de Dorothy. Elle est au courant de diverses formes de démence et de confusion mentale; elle connaît des gens qui ne peuvent pas mener une conversation ni se rappeler une suite de pensées plus de deux ou trois minutes d'affilée. Dorothy, elle, n'est pas comme ça du tout.

Dorothy erre sans accroc du passé au présent, dans un courant de conscience qui décrit des boucles et des cercles, et tourne sur lui-même.

Albion Road, la guerre, les raids aériens, l'éclairage au gaz avec manchon à incandescence, West Bromwich Albion, le pain qu'on trempait dans de la graisse de viande, *mon père, il était toujours tellement furieux*, l'école qui regroupait la maternelle et la primaire, la vieille communale, ses accès de pneumonie, sa tuberculose, sa colostomie (elle tapote affectueusement la poche qui forme une légère bosse sous sa jupe). L'église, le prêtre anglican, la fois où elle a parlé aux obsèques de son amie, son fils qui venait la voir quand il pouvait, son mari – elle l'a épousé à l'âge de dix-sept ans. Son père était furieux. Dieu était si bon envers elle. Ses dispositions pour ses funérailles, ses cantiques préférés, la première fois qu'on l'avait mise à l'hôpital, la directrice Suzette, Claire, employée du salon de coiffure, le nouveau centre commercial, *les moricauds ont tout envahi. Le jour que Vous avez donné, Seigneur, n'est plus. Les moricauds sont partout. Regardez, voici la bague qu'il m'a offerte, mon Charlie, c'est des saphirs et des diamants.* La marelle dans la rue et la danse au son du gramophone. Son père était furieux quand elle faisait l'équilibre sur les mains, il n'aimait pas qu'elle montre sa culotte, il la fouettait avec une lanière de cuir si elle montrait sa culotte, il s'est acheté un manteau au mont-de-piété pour deux livres mais il n'a pas vécu assez longtemps pour le mettre, mais sa mère, elle a vécu jusqu'à quatre-vingt-quatorze ans.

J'espère que je ne durerai pas aussi longtemps mais c'est Dieu qui dispose, on m'aide à changer la poche, il y a toujours quelqu'un de permanence pour aider.

Il n'aimait pas que je montre ma culotte. Moi, j'étais toujours celle qui était jolie ; ma petite sœur Emmie, c'était celle qui était intelligente.

Au moment où elle évoque sa sœur Emmie, elle regarde d'un air perplexe Paul, le fils d'Emmie, comme si elle se demandait qui c'est et quel rapport il entretient avec ce récit.

La station de pompage, elle est entièrement condamnée par des briques, maintenant. Mon père travaillait, il travaillait pour la Compagnie des eaux. Oui, Dieu est très bon, on m'emmène en fauteuil roulant à l'église tous les dimanches. Notre église a cent ans. J'aime lire. J'aime les histoires, on reçoit ces magazines.

C'est une forme de démence très volubile, si c'est de la démence. Les trois résidents à l'autre bout de la pièce ne parlent pas du tout. Ils ont dû entendre les histoires de Dorothy un nombre incalculable de fois.

C'est elle qui cause, elle parle pour eux tous, elle est la mémoire embrouillée de leur génération.

Fran tente de suivre, elle relève le motif récurrent du père furieux, se demande si ce père n'expliquerait pas en soi les raisons pour lesquelles sa fille est ici, année après année, sans vieillir, sans changer, à vivre tout cela jusqu'à la fin.

Mort à quarante-huit ans, qu'il était, c'était ses poumons.

Il devait s'agir du grand-père de Paul.

Au bout d'une heure, Suzette, la directrice, les rejoint pour mettre un terme à cette rencontre : ils se sont consciencieusement acquittés de leur besogne. Dorothy reconnaît tout de suite la nature de cette intervention et ne fait aucune tentative pour retenir ses visiteurs. Elle est bien élevée, docile. Elle leur présente à chacun un cadeau : une carte prise dans une boîte de jeu pour enfants, qu'elle a coloriée en couleurs vives à l'acrylique. L'une d'elles représente un papillon ; l'autre, une maisonnette de campagne. Elle les a travaillées avec soin, sans déborder d'aucune ligne, aucune couleur n'empiétant sur une autre.

Elle semble s'être prise de sympathie pour Fran et lui demande instamment de revenir la voir la prochaine fois qu'elle se retrouvera dans les environs. « Passez donc, dit Dorothy, vous me trouverez toujours ici. »

« Elle adore le coloriage », dit gaiement Suzette en les faisant sortir dans le couloir. Dorothy reste assise à la table, les yeux rivés non sur ses hôtes mais sur la rue, ses frêles mains mauves couvertes de bagues bien repliées sur ses genoux.

Suzette est une femme de soixante ans, blond fauve et douée d'une solide confiance en soi, dont la coiffure courte, nette et provocatrice dessinée au rasoir est tout en piques, pointes et fines mèches décolorées. Pour Suzette, pas de shampooing, de mise en plis ni de bigoudis chauffants sous le casque du séchoir. Elle porte une audacieuse robe moulante en tissu extensible, au col arrondi et aux motifs géométriques noirs et fuchsia. Vivace et pétulante, elle fournit dans la maison le mouvement et l'énergie qui manquent à ceux dont elle a la charge. La poignée de main qui accompagne son au revoir est vigoureuse. C'est une femme forte.

Qui possède les lieux ? Qui se fait de l'argent là-dessus ?

Qui emploie Suzette ? Quelqu'un se fait-il de l'argent là-dessus ? Pour Fran, on dirait plus une situation unique et tout juste rentable. Pas une chaîne, pas un élément d'une série de foyers Chestnut exploiteuse et lucrative, juste cette maison de Sandford Road, accueillante et qui tient bon. Trop discrète pour le scandale. Qui ne fait que survivre du mieux qu'elle peut.

Il y avait eu récemment un scandale dans un foyer de Sandwell beaucoup plus grand. Plusieurs résidents étaient tombés malades en raison d'une intoxication alimentaire, et une auxiliaire de vie âgée de vingt-trois ans avait été arrêtée et retenue dans une unité psychiatrique placée sous haute surveillance. Elle était soupçonnée d'avoir délibérément altéré leur nourriture.

Laisse les fous nourrir les fous, laisse les morts ensevelir les morts[1].

Fran reconduit Paul au Premier Inn, où il dit qu'il va appeler un taxi pour rejoindre Birmingham New Street. Il doit rentrer à Colchester. Elle ne propose même pas de l'emmener à la gare. Elle est beaucoup trop fatiguée.

Quant à Paul, il est morose.

« Ç'a dû être une beauté, suggère Fran.

— Je ne crois pas qu'elle soit malheureuse », répond-il d'un air malheureux.

Plus tôt dans la journée, il avait dit de lui-même qu'en trente ans sa mère n'avait pas vu sa sœur. Elles s'étaient définitivement brouillées. Emmie à Hagwood et Dorothy à Chestnut Court. Leurs maris étaient morts tous les deux. Dorothy a un fils, le fils qu'elle avait mentionné, ce n'est pas un fils imaginaire, comme Fran aurait pu le supposer. Mais il avait émigré en Australie, fait qu'elle ne semble pas avoir saisi entièrement. Il n'était pas bon à grand-chose, son fils Ralph, sur le plan national.

Fran songe aux accès de pneumonie durant l'enfance, à la tuberculose, à l'opération des intestins, à cette poche de colostomie parfois bruyante, à toute la chirurgie spécialisée, tous les soins intensifs, tous les

1. La seconde partie de cette phrase est une citation des Évangiles (Matthieu, 8-22 ; Luc, 9-60).

soins infirmiers et toutes les dépenses mis en œuvre pour que cette vieille femme aux idées embrouillées continue de vivre, sourire, mettre ses bijoux, aller en fauteuil roulant à l'église, faire du coloriage, regarder des photos de mode dans des magazines et errer en douceur dans son esprit. Elle s'aperçoit qu'elle pense à Dorothy comme faisant partie de la génération ultime, de la phalange des personnes vraiment âgées, mais les souvenirs qu'a Dorothy du temps de la guerre l'avaient désignée comme ayant tout juste quelques années de plus que Fran. La guerre, Fran ne se la rappelle qu'approximativement. Dorothy est septuagénaire, pas même octogénaire. Elle pourrait vivre encore vingt ans.

Parfois, Fran se dit qu'elle comprend l'impulsion qui fait désirer à quelqu'un de vingt-trois ans de tuer bon nombre de vieillards inutiles.

Nous pouvons tous nous attendre à vivre plus longtemps, mais l'on a récemment annoncé que la majorité d'entre nous peut s'attendre à passer les six dernières années de sa vie prolongée à souffrir d'une maladie grave, à endurer une forme de douleur et de mauvaise santé.

Fran trouve que cette statistique, vraie ou fausse, est exaspérante. La longévité a foutu en l'air nos pensions, notre équilibre entre vie professionnelle et vie privée, nos services de santé, nos logements, notre bonheur. Elle a foutu en l'air la vieillesse elle-même.

*

Fran ne peut plus entièrement contrôler les mécanismes de sa pensée. Allongée sur son lit qui lui garantit une bonne nuit de sommeil et occupée à regarder le journal du soir tout en mangeant un paquet d'un nouveau genre de mélange salé indien (épicé de manière satisfaisante, mais un peu trop riche en cacahuètes), qu'elle arrose d'une bouteille de blanc espagnol à treize degrés pas tout à fait assez frais, au bouchon qui se dévisse et achetée sur le trottoir d'en face chez l'aimable épicier musulman barbu, elle se surprend à prévoir les menus de Claude pour la semaine prochaine. Elle n'a aucune envie de le faire, mais c'est plus fort qu'elle.

Il va être à court d'assiettes et de boîtes en plastique, il va s'attendre à ce qu'elle débarque assez vite pour lui en apporter d'autres.

Et la soupe ? Elle pourrait faire une soupe de légumes bien épaisse, non, une soupe de légumes avec des petits bouts de lard, non, une soupe aux lentilles avec des morceaux de poulet. Il y a un demi-siècle, Claude disait qu'il n'aimait pas la soupe, mais maintenant, il n'est pas en mesure de ne pas l'aimer, si ? Maintenant, il doit prendre ce qu'on lui donne.

Elle pourrait se procurer un bon poulet, faire suffisamment de soupe à la fois pour Claude et pour Teresa.

Des « lardons ». Voilà le mot qu'elle cherche. Des petits bouts de lard déjà coupés. C'est bon, dans la soupe. La soupe se congèle bien. Il y a encore un autre mot pour désigner les lardons, mais elle n'arrive pas vraiment à le retrouver.

Il rentrait de l'hôpital après le service de nuit ; elle avait préparé la soupe bien saine, peu coûteuse et pleine de gros morceaux, et tout ce qu'il avait à faire, c'était la réchauffer. Mais ça ne suffisait pas. Il voulait qu'ELLE soit là afin de LA RÉCHAUFFER POUR LUI. Et elle, elle était au lit, épuisée par les enfants qui dormaient ou ne dormaient pas, se réveillaient ou ne se réveillaient pas, et par le sentiment de ne pas être à la hauteur du tout, le sentiment de rejet, la peur, la panique, le rejet sexuel identifié au rejet de la nourriture, le sentiment de *ne pas être* qu'ont les femmes ; on croirait qu'elle s'en est défaite à l'heure qu'il est, à son âge, mais non, il s'intensifie, il va de pire en pire.

Donc il disait qu'il n'aimait pas la soupe. Tubercules, carottes, pommes de terre, pas de panais, il ne supportait pas les panais. Quels autres tubercules existe-t-il ? Oignons, céleri.

Des petits bouts de lard. De la *pancetta.* Elle l'a trouvé, voilà l'autre mot, *pancetta.* Lardons. *Pancetta.* Des mots étrangers pour désigner des petits bouts de lard.

Le manège de l'esprit tourné vers la nourriture ; comme un hamster dans sa cage. Parfois, elle croit qu'elle devient folle, vraiment folle, qu'elle va finir dans un foyer comme Dorothy, à faire bêtement du coloriage. Elle aimait bien faire du coloriage, elle se rappelle un cahier avec des fleurs, des oiseaux et des papillons qu'elle avait quand elle était petite, une gâterie au lendemain des pénuries de la guerre, et combien elle avait pleuré quand les aquarelles s'étaient confondues en un marron boueux. Les échecs, les échecs. Le bœuf coriace, le ragoût avec les nerfs jaunâtres et tout froncés, l'agneau pas assez cuit et sanguinolent, le poisson trop cuit au four et qui se désintégrait. Il refusait de manger le poisson, les invités refusaient de le manger, ils prétendaient être allergiques au poisson plutôt que d'essayer de manger son poisson et ça, elle ne l'avait pas oublié, elle n'avait rien oublié, et c'était aussi du bon poisson, qui venait de la poissonnerie, du temps où il y avait une poissonnerie.

Elle ferait mieux de sortir de ça, elle dégringole à toute vitesse vers cet endroit dont il a été si difficile de se dégager.

Des lardons. C'était la solution, la solution à tout. Dans le temps, on ne les appelait pas comme ça. Dieu sait comment on les appelait. On ne les appelait pas non plus par cet autre mot, *pancetta*, on n'avait jamais entendu parler de *pancetta.*

Dorothy avait mentionné le pain qu'on trempait dans de la graisse de viande. Aujourd'hui, on ne pourrait plus en proposer à quiconque, non pas parce qu'il refuserait d'en manger, bien qu'il le refuserait, mais parce que la viande ne produit plus de graisse. La viande n'est plus de la vraie viande. Même quand elle ressemble à de la viande, c'est quelque chose d'autre.

Fran prend une autre rasade de vin espagnol au goût boisé, baisse le son des informations, cherche son portable et panique faute d'arriver à le retrouver.

Elle n'est qu'une vieille qui fouille éternellement à l'aveuglette au fond de son sac, qui cherche ses clés et son portable toutes les dix minutes pour voir s'ils sont encore là, mais il est là, dans la mauvaise poche à fermeture Éclair. Pourquoi n'arrive-t-elle pas à se rappeler de toujours le ranger dans le même compartiment ? Ça ne présage rien de bon. Nom de Dieu ! ça ne présage rien de bon.

Claude répond au bout de trois sonneries : « Salut, Francesca, comment ça va ? »

C'est un soulagement, d'entendre sa voix pas si inamicale, donc pas si hostile. Il est content d'avoir de ses nouvelles.

« Très bien, dit Fran, bonne journée, je vérifie juste que toi, ça va. Tout baigne ?

— Tout va très bien, répond Claude, je viens de finir le plat de pommes de terre et anchois, c'était délicieux, Persephone m'a apporté un peu de salade verte ce matin, donc j'ai aussi mangé ma verdure.

— Ah, bien, les pommes de terre et anchois, ça ne fait pas vraiment les cinq portions recommandées par jour, si ?

— On s'en fout, des cinq portions, c'est très bon. Tu t'occupes vraiment de moi, Fran, je ne le mérite pas.

— Non, en effet, mais on a tous besoin de plus que ce qu'on mérite, pas vrai ? *Oh ! ne discute pas le besoin*[1] !

---

1. Shakespeare, *Le Roi Lear*, II, II, 439, *op. cit.*, p. 133.

— Comment s'est passée ta journée, comment s'est passé le congrès ?

— Bien. C'était très bien.

— Bon.

— Je rentre demain matin. Je passerai te voir dans deux ou trois jours, quand je serai remise, je t'apporterai d'autres provisions.

— Merci ; *toi*, tu as déjà dîné ?

— Non, je me demandais juste si j'allais descendre au restaurant ou faire un saut dehors pour aller m'acheter une pizza. Ici, la nourriture n'est pas géniale, mais les petits déjeuners sont bons.

— Tu n'as jamais adoré le petit déjeuner, si ?

— Non, mais ici, ils te font un œuf à la coque parfait, c'est un régal. Comment va Cyrus ?

— Cyrus va bien, pas vrai, gros matou ? »

La paranoïa se dissout, recule, diminue, mais un jour elle ne le fera plus, si ? Un jour, la paranoïa la piégera dans ses rets et brouillards sombres, et Fran coulera en dessous. Ce serait dommage de mourir de façon lugubre, dans tout ce noir.

Elle veut mourir à la lumière. Illuminée, à la lumière. Que la lumière soit ! Ah, mon Dieu, que la lumière soit !

Fin de partie. Josephine et elle envisagent d'aller voir *Fin de partie*, Dieu sait pourquoi. Ou est-ce *Oh les beaux jours* ? Elle ne se rappelle plus laquelle, c'est Jo qui se charge de réserver les billets, c'est Jo qui a brusquement décidé qu'elles devraient s'attaquer à Samuel Beckett.

Certains craignent l'approche de la démence. Fran connaît de nombreuses personnes atteintes de démence, elle a tout récemment examiné des projets de logements conçus pour pallier les dangers de la démence et élaborés par une équipe de l'université de Watermouth, elle a lu des livres sur la démence, elle a donné un coup de main (mais une fois seulement, elle ne peut pas s'en vanter) lors d'une occasion mondaine au bénéfice de patients atteints de démence et de leurs soignants. Mais Fran ne pense pas être sur le chemin de la démence. Ses parents n'avaient jamais manifesté aucun signe de détérioration mentale, ils avaient été conscients (certes, pas toujours de manière paisible ni heureuse) jusqu'au bout. Son cerveau fonctionne bien, ses connexions sont rapides, sa mémoire est fiable et sujette uniquement à une gamme de défaillances bien dans la norme concernant les noms, produits, titres de livres et objets mal rangés. Non, ce qu'elle craint, c'est la paranoïa, la sujétion et le rejet, et un retour à ce sentiment de n'être bonne à rien qui s'était emparé d'elle au début de son mariage avec Claude, quand elle passait tellement de temps à redouter de *massacrer la nourriture.* Peut-être ces sensations lui reviennent-elles parce qu'elle s'est réengagée auprès de Claude, ou peut-être s'est-elle réengagée auprès de Claude parce qu'elle a besoin de revenir à elles. Peut-être est-ce une étape nécessaire.

La nourriture est une métaphore. Mais de quoi ? Elle se tracasse pas mal à ce sujet. Il existe un mystère profond et embrouillé. Parfois, elle se dit qu'elle devrait voir ou aurait dû voir un spécialiste, un psychanalyste, afin qu'on le lui explique, mais, la plupart du temps, elle se dit qu'elle peut le résoudre toute seule, au bout du compte.

La fin est proche, mais elle continuera d'essayer.

Il n'est pas trop tard.

Et puis elle aurait trop honte de parler de nourriture à un psychanalyste. Le sujet est trop futile, trop futile à sa façon obsessionnelle.

Les troubles alimentaires sont pour les jeunes. Et ce n'est pas vraiment un trouble alimentaire, ça ressemble plus à un trouble culinaire.

Fran hait les chefs cuisiniers qu'on voit dans les médias. Ils prolifèrent, ils sèment la peur et la panique.

Elle a développé sans enthousiasme ses stratégies visant à affronter et à éviter les maux d'apparition tardive. Marcher, travailler, nager. Prendre les escaliers de l'immeuble pour monter et descendre, descendre et monter, comme si elle montait et descendait un chantier conçu par Escher. Réseaux, tâches, la grille de mots croisés à l'occasion. La discipline des assiettes-repas pour Claude, les récentes veillées avec Teresa tous les quinze jours. Les renouvellements et transfusions d'énergie fournie par Paul, Julia, Graham et autres connaissances professionnelles plus jeunes, d'un bout à l'autre du pays. La conduite çà et là, pour aller voir des lotissements, et le sentiment occasionnel d'une vague d'unité avec la détresse ordinaire de la race humaine ordinaire. Le maintien des contacts sans être trop embêtante avec son fils Christopher, sa fille Poppet, son ex-belle-fille Ella et ses petits-enfants.

Les « intérêts plus vastes » destinés à nous empêcher de dégringoler dans la cheminée.

Allongée sur son grand lit blanc et bien rembourré du Premier Inn, elle se rend compte qu'elle a éclusé beaucoup trop de vin espagnol et qu'elle a faim, mais elle est trop ivre pour sortir prendre un repas. Ils n'ont pas l'air de proposer de service dans les chambres et, de toute façon, ce service prend parfois des heures et des heures. Elle pourrait sortir et s'acheter une part de pizza. Mais elle est trop fatiguée pour sortir s'acheter une part de pizza. Elle a attendu trop tard pour sortir s'acheter une part de pizza.

Elle pourrait descendre et commander une assiette. Une assiette chaude. Des scampis et des frites, au son d'une musique d'ambiance très forte. Un verre de rouge. Elle en a assez de ce blanc espagnol.

Saint-Valentin. Mardi gras. Vendredi saint. Dimanche de Pâques. Nous faisons le décompte.

L'eau et le sang qui coulent de son flanc transpercé[1].

Pauvre Hamish. Il était mort à Pâques, le Samedi saint. Morne jour pour mourir. Un nombre disproportionné de gens meurent dans les hôpitaux le week-end, pour des raisons évidentes. Hamish avait

1. Citation de l'Évangile (Jean, 19-34).

été une statistique. Mais, au moins, il était mort un jour sérieux.

Claude aimait opérer les gens et était exceptionnellement doué pour ce faire.

W. B. Yeats, le poète préféré de son amie Jo, était doué pour écrire sur la vieillesse et notre insatisfaction inassouvissable, comme Jo n'arrête pas de le lui dire. Elle n'a pas vraiment besoin qu'on le lui dise : elle a lu Yeats elle-même, à l'époque où elle lisait de la poésie. *I Can't Get No Satisfaction* : ç'avait été l'une des grandes chansons de sa jeunesse. Elle se la passait fort fort fort, c'était la seule chanson qu'elle aimait vraiment, bien qu'elle ait supporté les Beatles.

Sexe, nourriture, satisfaction.

« J'peux pas avoir d'satisfaction. »

Elle avait compté envoyer par texto à Christopher un gentil message de routine : COMMENT ÇA VA BIZ F, mais pourquoi s'embêter ? Ses doigts sont trop raides et trop maladroits à cette heure de la nuit, et elle est superflue tant à la vie de Claude qu'à la mort de Sara.

Elle se soulève et se force à descendre prendre un repas rouge. Elle songe avec envie aux pommes de terre et anchois cuits au four, et au poulet et à l'estragon, avec leurs nuances plus pâles et leurs saveurs plus subtiles. Elle s'en prépare bel et bien, parfois. Mais, parfois, elle n'en a tout simplement pas le courage. Elle se dit souvent qu'elle devrait toujours cuisiner des doubles quantités de tout, puis congeler la moitié pour Claude et la moitié pour elle-même, mais il y a là quelque chose qui cloche, en tant que concept. Elle n'arrive pas à trouver ce que c'est, mais elle y arrivera peut-être un jour. Elle a cuisiné en double, de temps à autre, mais elle n'en a jamais fait une habitude. Elle pense à Paul, à Julia, à Graham, au Ken des robots et à Suzette, sexagénaire aux bras puissants, qui aurait pu soulever le petit corps fragile de tante Dorothy, poche de colostomie et autres, sur son épaule et le transporter à l'étage sans louper une marche. Suzette avait paru être une femme bienveillante, mais qui sait ce qui la motive ? Peut-être qu'un jour, elle aussi va perdre la boule et empoisonner toute sa nichée.

Le fait est que, ces temps-ci, il n'y a pas assez de gens forts chez les plus jeunes pour insuffler de l'énergie aux personnes âgées. Les faibles l'emportent sur les robustes comme jamais auparavant dans la société, dans l'Histoire. L'équilibre est rompu. La forme de la courbe en cloche est une catastrophe. C'est un scénario de science-fiction dystopique, un film catastrophe.

Les chasseurs-cueilleurs ne se seraient pas laissé entraîner dans ce genre de situation difficile. Ils abandonnaient les personnes âgées, les noyaient, les abattaient à coups de massue ou les exposaient sur des flancs de montagnes enneigés. Ils se déplaçaient constamment.

Fran se déplace, elle aussi.

*

Et nous ignorons que ce qui trouble notre sang,
C'est qu'il aspire à la tombe.

*

Ivor Walters est assis sur le petit balcon peu élevé du bar familier donnant sur la promenade qui longe la baie en courbe. Il sirote sa bière, qui est en train de tiédir. Il passe le temps avant d'aller chercher Christopher Stubbs à l'aéroport. Perchée sur le dossier de la petite chaise de bistro blanche à la table du balcon voisin, une colombe jolie comme un pastel, rose, beige et au cou bleu pâle, le regarde de temps à autre. Elle incline la tête d'un côté, puis elle le regarde. Le soleil se couche, comme on pouvait s'y attendre. C'est un soleil très fiable. Dans ces contrées, le coucher et le lever du soleil ne varient pas beaucoup. Ivor regarde la lente marche des gens qui accomplissent leur pèlerinage quotidien. Ils reviennent de la plage pour faire les courses du dîner dans l'un des nombreux petits supermarchés presque tous identiques, ou bien manger du poisson, des hamburgers ou des pizzas dans l'un des nombreux petits restaurants presque tous identiques, ou bien passer une soirée à regarder le football dans l'un des nombreux pubs anglais, où ils se soûleront à la bière, au vin espagnol ou des Canaries, sinon (dans le cas des dames) en buvant des verres pleins de douces liqueurs de vacances, dispensés sans prudence aucune.

On ne peut pas vraiment qualifier leur lente marche

de *passeggiata*, de *camino*, de *paseo*[1], car ces pèlerins sont trop humbles et manquent trop d'élégance pour de tels termes. Ivor les observe, qui marchent d'un pas pénible et lourd : les robustes, les gros, les bronzés, les rouges, les burinés, les ratatinés. Décolletés, cuisses, shorts, sandales, cannes. Fauteuils roulants, scooters électriques pour handicapés, poussettes. Les vacances de mi-trimestre sont finies et la plupart des enfants plus grands ont repris l'avion pour retourner en classe, mais les petits dans leurs poussettes sont toujours avec nous, accompagnés de quelques frères et sœurs qui font l'école buissonnière. Une procession au soleil couchant, un lent défilé de piétons. Il arrive qu'un joggeur modifie le rythme de cette procession, mais les joggeurs ne sont pas nombreux. L'allure est lente.

La surface du chemin est dure, bien tenue, récemment revêtue et nettement délimitée. Ivor connaît bien l'île, il a assisté à ses améliorations et à sa modernisation. On a dépensé beaucoup d'argent public pour les trottoirs, les chaussées et les points de vue. Ivor connaissait ce chemin du temps où il n'était que roche, sable, boue, graviers et écume, du temps où il était rude et pénible sous le pied chaussé d'une sandale. Ivor vieillit lentement avec cette île, il l'a regardée s'adapter à l'aisance et à l'hédonisme de la procession perpétuelle. C'est une bonne contrée pour les bébés en poussette, et une bonne contrée pour

---

1. Respectivement : « promenade », « cheminement » et « balade ».

les hommes âgés. Ivor n'est pas encore âgé comme d'autres le sont, mais il vit ici depuis assez longtemps. Si Bennett meurt bientôt, ce qui est possible, Ivor pourra rentrer en Angleterre. Mais si Bennett survit jusqu'à l'approche de ses quatre-vingt-dix ou cent ans, ce qui est tout aussi possible en ce doux climat de vie momifiée et éternelle, il sera trop tard pour qu'Ivor rentre chez lui. C'est une histoire banale.

Bennett est ici pour sa santé et Ivor est ici parce que Bennett a besoin qu'il y soit. Bennett se dessèche lentement comme une momie guanche des grottes et des dunes. Ivor a besoin de Bennett parce que c'est Bennett qui tient les cordons de la bourse. C'est trop déprimant, et pourtant pas ignoble. Ils sont liés l'un à l'autre par les besoins qui succèdent à l'amour, par les besoins qui succèdent au sexe et à l'affection. Ivor n'aime pas penser en ces termes, mais il est difficile de les éviter. Elles siègent à côté de lui, ces considérations, elles le regardent de temps à autre, tout comme la colombe au joli cou et au pâle plumage couleur de perle.

Ivor tâche de faire en sorte que Bennett ne s'ennuie pas, il lui est loyal. Ivor est un homme bon, tout du moins essaie-t-il de l'être. La plupart le qualifieraient d'homme bon, mais, selon son propre niveau d'exigence, il pourrait échouer.

Mieux vaut ne pas regarder Ivor de trop près ces temps-ci, selon l'avis d'Ivor lui-même. Il est, ou était, un homme d'une beauté saisissante, et il attire encore l'attention charmeuse aussi bien des hommes que des femmes. Blond, bronzé, les yeux myosotis les plus bleus qui soient et les traits les plus réguliers qui soient. Un top model, une trouvaille pour collectionneur. Trouvaille que Bennett avait faite longtemps auparavant, quand Ivor n'avait que dix-sept ans et ne connaissait pas grand-chose. À présent, Ivor s'inquiète de ses rides. Il est fier d'avoir encore des cheveux sur tout le crâne, désormais plutôt blancs que dorés, mais on voit bien qu'ils étaient jadis dorés car ils ont ce léger éclat argenté, l'éclat d'or blanc des duvets de chardon propre à ceux dont la blondeur est un droit de naissance. Il les garde très légèrement longs. D'une longueur fringante, mais non efféminée.

Bennett et Ivor se sont impliqués dans la vie de l'île. Ils connaissent certains intellectuels et célébrités du coin, dont la plupart sont aussi d'un certain âge, dont certains sont très vieux, dont beaucoup sont également ici pour raison de santé (et dont au moins un se protège du scandale). Quelques-uns sont indigènes, mais très peu. Bennett lui-même est à présent une sorte de célébrité locale et, comme il parle bien l'espagnol, il peut participer plus pleinement qu'Ivor à la vie sociale et culturelle de l'île. Ivor n'est pas linguiste, mais il est doué pour faire la conversation courante, s'occuper des boissons, ouvrir les bouteilles, proposer des chaises aux hôtes plus âgés, chez lui et chez les autres. Il est un atout. Les gens s'égayent en voyant qu'Ivor est de la fête.

Bennett connaît pas mal de choses sur l'histoire de l'Espagne et des Canaries, car il a écrit sur la guerre civile d'Espagne, Lorca, Franco, Guernica et Picasso, et sur Miguel de Unamuno, philosophe à présent oublié mais jadis célèbre, dont les attaches politiques ambivalentes l'intriguent depuis plusieurs années. Il a écrit un célèbre essai sur le bref exil d'Unamuno aux Canaries, à Fuerteventura, sous la dictature de Primo de Rivera. Cet illustre universitaire espagnol avait eu l'imprudence de protester publiquement contre le traitement privilégié dont jouissait La Caoba, « la fille acajou », l'une des courtisanes du dictateur, et Unamuno avait fini sur un bateau parti du continent en direction de ce qui était alors la plus morne, la plus miteuse et la moins visitée de ces îles. Ivor et Bennett sont allés plusieurs fois lui rendre hommage dans sa maison-musée, humble et poussiéreuse, de Puerto del Rosario, port jadis connu sous le nom de « Port des chèvres » ; ils y ont vu son bureau en bois sculpté et son lit en bois sculpté avec sa couverture d'ornement en dentelle blanche.

La statue d'Unamuno, blanche, massive et singulièrement fasciste, se dresse au bas des pentes de la grande et majestueuse Montana Quemada. Elle aussi, ils l'ont vue à plusieurs reprises, depuis la route vertigineuse.

Le séjour d'Unamuno avait été bien bref, pour mériter de tels monuments. Une affaire de mois. Mais Fuerteventura avait manqué de célébrités, donc elle exploite à fond Unamuno.

Ivor n'avait jamais pu suivre les hauts et les bas de la réputation posthume d'Unamuno. Il demeure un personnage ambigu. Ivor sait qu'Unamuno symbolisait pour Bennett quelque chose ayant trait aux caprices de la fortune, à l'humiliation des universitaires, aux dangers de l'indécision politique, au manque d'intérêt pour la postérité, mais Ivor n'a jamais su précisément quoi, ni pourquoi.

Ivor en sait moins que Bennett sur les Canaries, mais il apprend, forcément. Et puis il connaît certains aspects des Canaries que Bennett ne connaît pas.

Il a beaucoup appris au fil des années, en dactylographiant les œuvres rédigées par Bennett au milieu de sa vie et publiées dans les années 1970 et 1980. Quand Bennett les écrivait, les machines à écrire manuelles, puis électriques, étaient encore les moyens privilégiés de reproduction de textes à domicile. Mais Ivor a appris beaucoup plus sur la technologie depuis. Il est assez fort, très fort pour son âge, en ce qui concerne le courrier électronique et Internet. Ils lui sont indispensables. Bennett a essayé d'apprendre à envoyer des e-mails, mais il n'aime pas beaucoup ça et tend à laisser cette tâche (ainsi que tout) à Ivor.

Bennett Carpenter et Ivor Walters ont élu domicile sur cette île. Ils ont investi dedans. À présent, ils auraient du mal à rentrer « chez eux » en Angleterre. Le marché immobilier espagnol s'est effondré et les propriétés sur l'île, même plaisantes et remarquables comme celle de Bennett, sont actuellement impossibles à vendre. En revanche, le marché immobilier anglais s'est envolé, et même des propriétés déplaisantes situées dans des quartiers peu enviables sont hors de prix. Il leur faudra tenir ici jusqu'au bout. Ils ont fait leur lit et il faudra qu'ils se couchent, mais, Dieu merci, ils ont de la place pour beaucoup de lits et ne sont plus obligés de se coucher ensemble sur le même matelas immense.

Ils ont brûlé leurs vaisseaux.

La maison de Bennett est d'une beauté presque surnaturelle, en fait, et Ivor l'adore, la plupart du temps. Ç'avait été une trouvaille. C'est ce qu'il se remémore quand il devient nerveux, comme maintenant. Quand il devient nerveux, il monte dans sa petite voiture et s'en va, comme il l'a fait aujourd'hui, trouver un bar, un café ou une plage où il peut s'asseoir seul ou échanger des banalités avec des personnages du coin, ou bien, de moins en moins souvent, solliciter d'autres genres de contact. La dernière de ces possibilités l'intéresse de moins en moins.

Ivor repense parfois aux jours plus heureux durant lesquels Bennett et lui partaient à la recherche d'une maison sur l'île. La santé de Bennett s'était déjà détériorée, mais elle était extraordinaire, la façon dont il se revigorait sous un climat chaud et sec ; Ivor l'emmenait gaiement çà et là en voiture, tandis qu'ils fantasmaient sur leur nouvelle vie au soleil. Ils avaient inspecté les demeures les plus bizarres et les plus improbables : des appartements modernes, attenant les uns aux autres et étagés très haut à flanc de colline au-dessus de bruyants villages de vacances ; de vieilles maisons blanches, vertes ou bleues datant du XIXe siècle et donnant sur la rue, dans des villes désolées, vastes et silencieuses à l'intérieur des terres ; des maisonnettes de pêcheurs sur des plages de galets où les brisants de purs blanc et turquoise léchaient les seuils blanchis et, lors de tumultueuses marées hautes, faisaient irruption dans les cuisines. Une tour médiévale en ruine faite de gravats et remplie de moutons ; une maison jaune vif dans le style de Gaudí et construite sur des sables fluctuants ; une ferme sur une pente volcanique donnant sur un vignoble et une mer de lave. Ils étaient reçus par des agents immobiliers de nationalités différentes et d'un culot charmant (c'était alors une époque d'expansion) ; ils rencontraient des propriétaires et des locataires aux origines ethniques et sociales mystérieuses. Ils exploraient des terrains à bâtir consistant en pâturages pour chèvres balayés par le vent, broussailleux et jonchés de sacs en plastique gris-vert, des rivages rocailleux et des *malpaís*[1] de multiples sortes.

Un jour qu'ils s'étaient perdus sur une piste cendrée, lors de leurs excursions, alors qu'ils tournaient parmi les sommets en volutes du tuf tourmenté et noir bordant le pied éléphantesque, brun pâle et ridé d'un volcan, ils avaient eu la vision la plus étrange qui soit : une petite maison en pierre, peu élevée, toute seule, plantée au milieu des vagues de cendre figée et sombre. Elle était ceinte d'un muret de jardin, un mur de pierre sèche tel que nous les connaissons bien en Angleterre, mais le jardin resplendissait de

1. Terme désignant des vestiges d'écoulements de lave non encore érodés, surtout présents en Amérique du Sud.

fleurs tropicales rouges et orange, et était hérissé de piquants d'aloès, de cactus et d'euphorbes géantes. Un vieillard nu, trapu, qui tournait vers eux son large dos et ses larges épaules, dirigeait à grand-peine une brouette pleine de mauvaises herbes vers un petit feu de jardin qui fumait. Son dos avait la couleur brun-rouge brûlée de l'argile rouge, c'était Adam, c'était le premier et le dernier homme du Paradis terrestre. Le soleil rouge qui se couchait teintait de sa brillance sa chair rubiconde, ferme et plus toute jeune. C'était une vision qu'on n'oubliait pas.

Une vision fortifiante, un augure.

Année après année, sans trop y croire, Ivor avait en vain cherché cette maisonnette et ce jardinier solitaire du soleil couchant, mais il ne les avait jamais retrouvés. Ils avaient été un mirage, une illusion d'optique. Mais la vision du vieillard l'avait encouragé à accepter de s'installer ici. Et quand ils l'avaient trouvée, cette maison était particulière. Elle était exceptionnelle, elle était belle.

Un homme pouvait mourir ici même.

La maison était à l'intérieur des terres et un peu en altitude, mais avec une vue orientée vers la mer. Sur cette petite île, aucun lieu n'est loin de la mer. Elle se trouvait aux abords d'un village quelconque, près d'un rond-point signalé par l'un des mobiles espiègles créés par l'artiste César Manrique, regretté magicien gay de l'île ; bâtie sur un étage, elle s'étendait sur toute une série de bulles et grottes volcaniques. Les murs chaulés et l'irrégularité de la lave noire criblée de trous enchantaient Bennett. Les formes de la maison étaient organiques, fantasques, naturelles, conçues par le surréalisme naturel des éruptions volcaniques du XVIIIe siècle. C'était la maison idéale pour un homme qui luttait afin de reprendre son souffle en montant les escaliers. Imaginée et construite selon des critères exigeants durant les années fastes, elle comprenait une piscine, une terrasse, des palmiers, un jardin d'euphorbes richement planté et de plusieurs couleurs, un bassin à poissons, un court de tennis. Elle possédait une gaieté et une légèreté d'esprit, et les avait séduits tous les deux. De l'eau provenant de l'usine de dessalement de la côte est se déversait joyeusement et en permanence de fontaines, de robinets et de pommeaux de douche. La mer était devant eux; derrière eux, les volcans, et leurs jardins étaient emplis de la musique de l'eau qui coulait. Le soir, le ciel était illuminé par les étoiles qui avaient guidé Colomb vers l'Ouest inconnu.

Un homme pouvait mourir ici même.

Bennett avait récité ce vers la première fois qu'il avait vu la maison et se plaisait à le répéter. Ivor savait qu'il devait s'agir d'une citation, mais il n'avait jamais trouvé d'où elle venait. Il oubliait tout le temps d'essayer de le découvrir. Il n'avait pas vraiment envie de savoir[1].

---

1. Bennett s'inspire d'un vers du *Roi Lear*, de Shakespeare: « Un homme peut pourrir ici même » (V, II, 9, *op. cit.*, p. 265).

La maison s'appelait *La Suerte*, « Bonne fortune », et ils ont conservé ce nom.

Bennett aimait à dire qu'on ne pouvait pas prétendre que la maison et son jardin étaient de mauvais goût ou bien vulgaires. Partout ailleurs sur terre, ils l'auraient monstrueusement été, mais ici, ils n'étaient même pas kitsch. Ils faisaient partie de la fantaisie du paysage. Ils étaient anhistoriques. Ils n'étaient d'aucun genre de goût du tout. Ils relevaient des éléments.

Bennett et Ivor étaient heureux là-bas, ou l'avaient été quelques années durant. Bennett terminait ce qui, selon ses dires, serait son dernier livre d'envergure, un mélange d'histoire culturelle et des connaissances qu'il avait acquises tardivement et dans la joie en matière d'histoire de l'art, et il était en assez bonne santé pour reprendre l'avion une ou deux fois et aller voir ses éditeurs, vérifier les références, illustrations et droits de reproduction, offrir un déjeuner convivial et diplomatique à un collègue ou deux. L'aéroport était un enfer, mais le vol lui-même n'était pas trop éprouvant et l'île se trouvait dans le même fuseau que Londres, donc il n'y avait pas de problème de décalage horaire. Et puis il y avait Ivor pour faire les réservations, s'occuper des bagages, flatter les femmes à l'enregistrement et faire du charme aux hôtesses en vue d'obtenir plus de place pour les jambes de sir Bennett.

Loin de tout aéroport fréquenté en permanence et du faux sable doré des plages touristiques, l'île offrait un curieux vide qui était apaisant en soi. Sur les places à colonnades peu fréquentées des petites villes de l'intérieur des terres, le silence de midi était profond. Les volets verts et bleus des maisons étaient perpétuellement fermés, les nouveaux terrains de sport, aussi spacieux qu'onéreux, étaient d'un vide inquiétant et les avenues bordées de palmiers, en stase. Aucun enfant ne s'amusait sur les aires de jeux immaculées. Où étaient partis tous les enfants ? Vers le soir s'abattaient des ombres anormalement longues et dures, comme dans un tableau de De Chirico.

Après la première légère attaque de Bennett, voyager n'était plus si facile et Ivor a commencé à se sentir plus inquiet quant à l'avenir. Mais, entre-temps, ils s'étaient fait des amis sur l'île, des amis espagnols aussi bien que des expatriés, et Ivor avait quelques compagnons de beuverie plus jeunes qu'il retrouvait en ville, dans les bars. Bennett ne cherchait pas à se renseigner sur ces relations. Ses années de jalousie étaient bien loin. Les engueulades du passé, c'était fini.

Ils donnaient des réceptions chez eux, de belles réceptions. Un lauréat du prix Nobel, un acteur d'un certain âge, illustre et extravagant, quelques historiens et autres universitaires divers, un joueur de bridge tristement célèbre qui avait jadis été partenaire d'Omar Sharif, un homme de théâtre qui possédait un De Chirico, une poignée de peintres du dimanche – c'était un paysage très pittoresque, bien que peu lui aient rendu justice – et un chœur de gens du coin qui se faisaient une spécialité d'être drôles.

Des amis conviviaux, pour la plupart vieillissants, mais conviviaux tout de même, et quelques esprits plus jeunes qui restaient fidèles à Ivor et veillaient sur lui.

Les gens aimaient bien Ivor.

Quand le livre a été publié, acclamé avec respect bien que sans grande chaleur, Ivor s'est mis à se demander comment Bennett s'occuperait pour le restant de ses jours. Ivor, lui, était occupé à prendre soin de Bennett, mais Bennett avait besoin d'une activité. Il était habitué à travailler dur. Il a commencé à évoquer d'éventuels projets d'une façon qui mettait Ivor légèrement mal à l'aise. Des années durant, il avait parlé d'écrire une vie du général Lyautey. Il avait eu cette idée longtemps plus tôt, lors de leurs premières vacances au Maroc, mais Ivor ne l'avait jamais prise très au sérieux, il la tenait pour un *jeu d'esprit**[1] de fin de repas. Une idée provocatrice : une biographie gay d'un général français orientalisant, gay et d'extrême droite, écrite par un historien anglais hispaniste, gay et de centre-gauche, devenu historien d'art – pas possible ?! Mais Bennett revenait désormais à ce concept et recommençait à en reparler. Il en a parlé un an ou deux, il a demandé à Ivor de lui commander des livres, mais ce n'était pas facile de se procurer ces sources aux Canaries et Ivor voyait son vieil ami peu à peu découragé par sa propre

1. Tous les termes en italique suivis d'un astérisque sont en français dans le texte.

incompétence, par son manque de compréhension, de vigueur intellectuelle et de combativité. Ce n'était pas que son esprit faiblissait, mais il avait perdu sa persévérance. (« J'ai perdu mon alacrité », disait-il parfois, mélancolique, quand il broyait du noir.)

Il ne s'attaquerait jamais au général gay. Le sujet le dépassait, il était pour lui trop énorme et trop éloigné. Il ne pourrait jamais fournir un récit correct de sa propre relation d'attraction-répulsion avec les truculents Français et Espagnols qui jouaient du sabre au Maroc, leurs cultes esthétiques de la violence et de la décollation. La Légion étrangère et *Beau Geste*[1] étaient hors de sa portée narrative. (Bennett avait adoré *Beau Geste* quand il était au collège, mais Ivor ne l'avait jamais lu.) Il ne serait jamais en assez bonne santé pour retourner au Maroc. Le Maroc n'était pas très loin, à deux pas de l'autre côté de l'océan, comme les Berbères et les Mauritaniens l'avaient découvert, mais c'était de deux pas trop loin pour Bennett. Ils pourraient s'y rendre en bateau, peut-être, se demandait Ivor. Il y avait des ferrys, il y avait des croisières. C'est ce que font les vieillards, aujourd'hui, ils partent en croisière. Ivor avait tenté d'imaginer ces possibilités, mais il n'aimait pas beaucoup le rêve concernant Lyautey. Il voyait bien que Bennett non plus.

Lyautey était célèbre, ou tristement célèbre, en

---

1. Roman de l'écrivain britannique Percival Christopher Wren (1875-1941), paru en 1924 et qui se déroule essentiellement dans la Légion étrangère.

raison de sa passion pour les beaux et jeunes soldats placés sous son commandement. Bennett avait-il voulu le blanchir, le disculper ? Ivor ne le savait même pas, le projet n'étant pas allé aussi loin que ça.

Ils étaient allés voir sa tombe aux Invalides, à Paris. Une construction pompeuse et virile, dans laquelle ses cendres avaient été transférées en 1961. À cette occasion, de Gaulle avait prononcé un discours. Bennett s'intéressait aux monuments militaires ou de style militaire. Unamuno, Lyautey, le tombeau de Franco dans l'extraordinaire Valle de los Caídos.

On n'érige pas de statues aux historiens. Ou bien pas très souvent.

Ivor n'aimait pas voir Bennett se transformer en vieillard déçu et craignant d'être oublié. Il méritait mieux que ça, et Ivor méritait mieux que ça.

Ivor savait que Bennett s'était senti professionnellement déconcerté par les évolutions de l'historiographie espagnole, par les révélations archéologiques faites sur le continent espagnol. Les récentes lois sur la mémoire historique, sur le droit d'explorer les fosses communes, cimetières et champs de bataille du passé, avaient fourni une surabondance de sources nouvelles qu'il ne pourrait jamais assimiler. Il avait vaillamment accueilli cette transparence inédite, mais elle l'avait fait se sentir lamentablement dépassé. Toute une nouvelle génération d'historiens, qui écrivaient à la fois en espagnol et en anglais, s'était emparée de ce domaine très controversé et encore plein d'amertume. L'œuvre de Bennett n'était pas rejetée ni tournée en ridicule, on la citait toujours, mais on la supplantait peu à peu.

Quelqu'un écrivait même un livre sur les raisons pour lesquelles la guerre civile d'Espagne aurait prétendument attiré l'attention, voire entraîné la participation, de tant d'homosexuels anglais. Une exploration du syndrome de A. E. Housman[1], de la beauté d'une jeunesse condamnée. Bennett avait refusé d'accorder un entretien à ce propos et Stephen Spender[2] avait, par sa mort, échappé (de justesse) à un interrogatoire. Il avait vécu jusqu'à un âge avancé, Stephen. (Bennett savait faire de cruelles parodies de Housman ; son numéro préféré était une parodie de Hugh Kingsmill[3] : « Quoi, vingt-deux ans et toujours vivant, un gars honnête et droit comme toi ? »)

Le projet qu'avait conçu Bennett ensuite, après le déclin du rêve concernant Lyautey, était plus facilement réalisable, plus à sa portée ; Ivor l'encourageait, ayant l'impression qu'il ferait passer agréablement le temps, même si le livre ne serait jamais écrit. Il donnerait à leurs excursions l'illusion d'un objectif, et Bennett adorait avoir un objectif.

Bennett avait décidé d'écrire une brève *Histoire des Canaries*, savante mais accessible. Il existait

---

1. Poète britannique (1859-1936) ayant beaucoup décrit les déceptions et le pessimisme romantique de sa génération.

2. Poète, romancier, dramaturge et essayiste britannique (1909-1995).

3. Auteur et journaliste anglais (1889-1949).

étonnamment peu de choses en anglais ou même en espagnol sur ce groupe de petites îles volcaniques situé dans l'Atlantique, non loin de la côte africaine : image inversée des Galápagos, qu'ils avaient visitées du temps où l'on n'estimait pas encore que s'y rendre était un crime écologique. Les Canaries, îles des Bienheureux. L'histoire de ces îles était à la fois brève et mystérieuse. Bennett croyait, ou faisait semblant de croire, que les millions (oui, littéralement des millions) de visiteurs anglophones qui arrivaient et repartaient en masse chaque année ne diraient pas non à une lecture plus stimulante que la sélection assommante de magazines et de livres de poche anglais et allemands grand public disponibles dans les supérettes. Il y avait des guides en vente, mais ils étaient très basiques. Il y avait un ou deux petits livres sur la nourriture locale, sur la flore locale et sur l'histoire des Guanches de Tenerife, indigènes et fascinants, mais ils se composaient plus d'images légendées que de texte. Les meilleurs guides en anglais étaient ceux rédigés par un intrépide marcheur britannique qui donnait des conseils pour escalader des volcans, traverser des dunes, des *barrancos* et des cuvettes de lave, trouver des *casitas*[1] et des sentiers de chèvres, et éviter les chiens, mais même cet auteur n'offrait pas beaucoup d'informations historiques. Bennett pensait pouvoir combler une lacune.

À présent, les Canaries étaient un coin tranquille.

---

1. Respectivement : « ravins » et « maisonnettes ».

Leurs populations n'étaient pas obsédées – comme l'étaient encore tant de gens sur le continent – par des récits de vengeance et de mort violente, par des vendettas familiales, par les exécutions et défenestrations du temps jadis. Elles ne s'intéressaient même pas beaucoup à l'indépendance, bien qu'on ait pu apercevoir de temps à autre des graffitis : « Españoles fuera », ou bien « Vive Canarias libre » ou « Canarias no es España »[1]. Il y avait eu des trahisons et des expropriations, mais de faible envergure. Les Canaries ne baignaient pas dans une mare de sang. Leurs momies desséchées étaient très anciennes et très sèches.

Bennett a accumulé une pile de notes et de coupures de journaux, mais il n'a pas encore fait plus que dactylographier une belle épigraphe écrite par Gibbon[2], historien comme lui, qui n'avait jamais visité ces îles, mais avait écrit sur elles avec émotion dans un essai intitulé *De la position de la ligne méridienne* :

> Un pays lointain et hospitalier a souvent été loué bien au-delà de ce qu'il méritait par la gratitude de marins battus par la tempête. Mais le vrai paysage des Canaries offre, comme le reste du monde, un mélange de bien et de mal, pas même de maux indigènes ni de progrès étrangers. Cependant, en

---

1. « Espagnols dehors », « Vivent les Canaries libres » et « Les Canaries ne sont pas l'Espagne ».

2. Edward Gibbon (1737-1794). L'ouvrage cité date de 1790.

toute vérité, ces petites îles de l'Atlantique et du Pacifique peuvent être considérées comme certains des endroits les plus agréables du globe. Le ciel y est serein, l'air y est pur et salubre ; la chaleur méridienne du soleil est tempérée par le vent marin ; les bosquets et vallons, du moins aux Canaries, sont égayés par la mélodie de leurs oiseaux *natifs*, et l'on peut y découvrir un nouveau climat, à chaque pas – depuis la rive jusqu'au sommet – de l'ascension d'une montagne.

Gibbon avait fait paraître ces îles très agréables, comme d'ailleurs elles le sont, mais Ivor soupçonnait que très peu de touristes seraient intéressés par l'achat d'une *Histoire des Canaries.* Ce n'étaient pas de grands lecteurs, les visiteurs. Ils préféraient les bains de soleil et le football que diffusait la télévision du pub. Ils devaient se moquer de Platon, de Plutarque, de l'Atlantide, du roi Juba II et d'Euphorbe, médecin de Juba, d'après lequel avait été nommée la plante omniprésente et d'aspects divers. (Selon Bennett, le roi Juba avait épousé la fille d'Antoine et Cléopâtre, ce qu'Ivor trouvait surprenant et improbable : quel genre de femme pouvait-elle bien être, cette reine romano-égyptienne ? De quel genre de couleur était-elle ?) Les surfeurs venus de Norvège et d'Uruguay ne devaient pas avoir envie d'apprendre quoi que ce soit sur le général romain Sertorius, allié de Marius et de Cinna, et adversaire du sanglant Sulla, qui avait tenté d'établir une colonie utopiste à Tenerife. Ils devaient encore moins s'intéresser à William Wordsworth, qui avait un jour envisagé d'écrire une épopée sur Sertorius et le petit groupe paisible et décroissant de ses partisans, qui avaient tenu bon sur ces îles jusqu'à l'invasion normande. Ils n'avaient probablement pas envie de lire sur les origines ethniques controversées des Guanches, voués à disparaître (mais qui survivaient génétiquement), ni de spéculer sur la façon dont ils étaient arrivés ici en premier. Ils ne devaient pas partager la curieuse fixation de Bennett sur le fait que, vers le Moyen Âge, les insulaires des sept îles avaient perdu l'art de la navigation.

Ils ont dû avoir des navires un jour, sans quoi ils n'auraient pas pu venir, si ?

(À moins qu'ils les aient bazardés, suggérait Ivor, ce qui s'avérait d'ailleurs une hypothèse historique plus que plausible. Ivor n'était pas très instruit, mais il était doué en matière de pensée latérale.)

Ivor voyait bien qu'il était plutôt étrange que, quand les Portugais, les Normands et les Génois avaient redécouvert les Canaries au XIVe siècle, ils aient rencontré sur chacune des sept îles des populations séparées, qui parlaient toutes des langues différentes et ne disposaient d'aucun moyen pour aller d'une île à une autre, bien que certaines aient pu voir leurs voisins et leur faire signe de l'autre côté des eaux, si elles en avaient envie. Comme aux Galápagos, l'évolution avait suivi son propre cours.

Les sept îles – El Hierro, La Gomera, Grande Canarie,

La Palma, Tenerife, Lanzarote, Fuerteventura –, séparées à la fois par l'eau et par la langue.

Bennett semblait captivé par ce qu'Ivor considérait comme une fascination infantile ou peut-être sénile pour cet aspect de l'histoire de l'archipel. C'était sa marotte. En tant qu'obsession, elle avait remplacé le gay Lyautey. Elle était liée à ses agréables souvenirs de natation, selon Ivor. Jusqu'à une période très récente, Bennett avait été un fervent nageur, toujours désireux de bondir dans n'importe quelle étendue d'eau alléchante. Ivor, qui ne raffolait pas autant des désagréments et outrages que valait le fait de se mouiller, avait regardé son ami pratiquer sa brasse lente et majestueuse dans la Méditerranée, la mer des Caraïbes et le Pacifique, dans la mer Rouge, la mer Noire et la mer du Nord, dans le Danube, le Rhin et le Rhône, dans la Tamise, la Barle et la Windrush. Il l'avait vu faire des longueurs dans les étendues bleues et homo-érotiques de piscines d'hôtels à Los Angeles, Toronto, Melbourne et Rio de Janeiro. Il l'avait vu bondir dans des étangs peu profonds, verts et troubles des provinces anglaises et dans des trous d'eau couverts d'algues, improbables et profondément anti-érotiques du Midwest. Bennett profitait encore de leur piscine turquoise bien entretenue de La Suerte, même s'il était moins désireux, ces jours-ci, de tester ne serait-ce que les baies les plus clémentes des îles de l'Atlantique. Un jour, en fin de matinée, il avait été renversé par une vague sur une plage en courbe du petit port de pêche d'Arrieta, ce qui lui avait fait passer l'envie de nager dans la mer.

Mais Bennett demeurait fasciné par le fait que, au Moyen Âge, les indigènes des Canaries ne construisaient pas de bateaux, ne nageaient pas, ne faisaient pas de commerce d'île en île et ne parlaient pas une langue commune. Selon Ivor, il s'en trouvait fasciné à l'excès. Ivor ne se prenait pas pour un intellectuel, mais il se demandait tout de même, d'une manière vaguement freudienne, *pourquoi* Bennett trouvait cela *tellement* intéressant.

C'était intéressant, bien sûr, et les beaux gosses du Sénégal qui proposaient ces temps-ci aux vacancières d'acheter des sacs à main étaient, physiquement, très séduisants.

Dieu sait comment ils sont arrivés ici, mais ils l'ont fait.

La survie du plus fort.

Ces temps-ci, des candidats à l'immigration venus du continent africain s'échouaient fréquemment sur les côtes est des îles. Des hommes jeunes, des femmes jeunes, des enfants. Les opportunistes. Certains se noyaient ; d'autres parvenaient aux centres de rétention ; d'autres survivaient et vendaient d'excellents sacs à main de contrefaçon, jusqu'à ce qu'on les chasse ou qu'on les expulse. L'un d'entre eux, un veinard choisi au hasard parmi les milliers d'arrivants, avait été pris sous l'aile d'un ami à eux, l'ami qui possédait un De Chirico, l'ami qui avait un passé en dents de scie et du flair en art, et il vivait avec lui dans une relative splendeur en sa forteresse rocheuse, une ancienne usine de sardines, sur l'île voisine de Fuerteventura.

La plupart des immigrants des XXe et XXIe siècles ne savaient pas nager. Ils s'en remettaient aux vaisseaux qui prenaient l'eau, mais ils n'avaient jamais appris à nager. Bennett s'en trouvait exagérément fasciné.

Ivor avait bien du mal à comprendre si Bennett était ou non, pour dire les choses crûment, en train de perdre la tête.

La réaction de Bennett à la nouvelle du décès soudain et tout d'abord inexplicable de Sara Sidiqi avait été très étrange. Il n'avait pas semblé tout saisir, ou sinon d'aucune façon que nous qualifierions aujourd'hui d'« appropriée ». Il ne voulait rien savoir. Le sujet de cette mort n'était tout d'abord pas admis comme faisant partie du registre de sa conversation. Néanmoins, précédemment, il avait paru suivre en détail toute l'histoire compliquée de la protestation de la Saharienne occidentale à l'aéroport, il en avait parlé à la presse, il avait signé la lettre dans *El País*, il avait eu l'air franchement ravi d'être appelé à se montrer sur l'une des chaînes de télévision locales avec leur ami lauréat du prix Nobel pour parler de la grève de la faim et du nationalisme sahraoui. Il avait très volontiers donné à Sara son avis sur Namarome et évoqué le nom d'une connaissance disparue : José Saramago, romancier et intellectuel utile et très en vue. José Saramago aurait certainement soutenu l'indépendance du Sahara occidental.

En outre, Bennett s'était vraiment pris de sympathie pour Christopher Stubbs.

Ivor avait lui aussi été charmé par Christopher. Il avait vu en Christopher Stubbs une sorte de lueur d'espoir, une sorte d'évasion, de soutien inattendu ou, du moins, de soulagement temporaire, et voilà pourquoi il attendait, assis sur le balcon du bar, en chemin pour aller l'accueillir à son retour.

Ils s'étaient rencontrés tous les quatre une fois ou deux seulement, lors du séjour bref et dramatiquement écourté de Christopher et Sara sur cette île : un ami d'études qu'il connaissait aux Affaires étrangères avait donné à Christopher le nom de Bennett comme contact utile et, quand Christopher avait appelé à La Suerte, c'était évidemment Ivor qui avait répondu. (Bennett n'était pas sourd, mais il aimait faire semblant de l'être et, bien que loquace en chair et en os, il détestait le téléphone.) Avaient suivi des moments conviviaux autour d'un verre dans la maison en roche volcanique noire et blanche, puis des séances d'information destinées à Sara, assurées par Bennett en matière de politique locale et par Ivor en matière d'équipements et de personnalités du coin. Tous s'entendaient bien. Ivor et Bennett étaient satisfaits de l'influx de jeune sang neuf. Ils étaient réconfortés par l'apparition de deux jeunes individus beaux et en bonne santé, qui étaient encore à la moitié de leur carrière, qui travaillaient encore et ne vacillaient pas déjà à la limite de la retraite. Ils étaient impressionnés par l'équipe de chercheurs encore plus jeunes et par le caméraman libyen de Sara. Tous séjournaient confortablement dans l'immense l'hôtel dit « César Manrique », à Costa Teguise.

Tous les quatre avaient passé ensemble la dernière soirée de Sara, la soirée avant qu'elle ne tombe malade. Sur les recommandations de Bennett, ils avaient dîné dans le dernier restaurant de poisson à l'ancienne, tout près du vieux port envahi par la rouille et presque abandonné, sans comparaison avec la promenade et la plage aménagées du nouveau village. Las Caletas conservait toujours une rigide et sombre tristesse espagnole peu à la mode, ainsi que des croisées au cadre en bois, isolées par du plastique et tachées par le sel, qui faisaient saillie et donnaient sur les vagues. Ce restaurant avait une histoire. Il avait vu partir les bateaux.

Entre autres délices de la mer, il servait des berniques. On les ramassait, vivantes, directement sur les rochers publics de la crique en contrebas. Sara n'avait jamais mangé de berniques. Elles étaient horribles, avait prévenu Ivor, dures et coriaces comme des bulots, *pires* que des bulots, mais Sara voulait en commander pour s'amuser : elles ressemblaient tellement à des petits volcans, faisait-elle remarquer, des petits volcans striés, elles rappelaient les étranges formes coniques du paysage, il fallait qu'elle les essaie, elle n'en avait jamais vu sur aucun menu avant, l'occasion ne se représenterait jamais.

Ivor allait regretter de s'être souvenu qu'elle avait dit ça.

Sara était une jeune femme dans la fleur de l'âge, pleine de vitalité, sûre d'elle et à l'esprit vif ; elle avait un nez fort, charnu et joliment courbe, un large front brun clair, des sourcils bien dessinés et bien arqués, de longs cils et une abondance de cheveux noirs frisés, retenus en arrière par un foulard jaune. Elle portait un T-shirt blanc au décolleté en forme de cœur.

Elle avait été fort amusée par les plaques en céramique, peintes à la main et d'un infantilisme suspect, qui indiquaient les genres sur les portes à battants en bois des *Servicios* primitifs du restaurant : un petit garçon angélique, debout, qui pissait dans un pot de chambre orné de dauphins ; le dos superbe et le derrière tout nu d'une femme aux jupes relevées au-dessus d'un seau fleuri. Elle avait discrètement photographié ces plaques sur son portable.

Après une bouteille de vin, Christopher avait parlé un peu (mais pas trop) de sa propre carrière. Il s'était fait un nom comme présentateur et coproducteur d'une émission artistique, mais il s'était brouillé avec sa société et ses employeurs, et cherchait un autre créneau. Il disait être en train de fonder sa propre société de production. Ivor affirmait l'avoir vu à l'écran, mais Christopher pensait qu'Ivor ne faisait qu'être poli.

Ivor ne savait pas très bien s'il ne faisait qu'être poli ou non. Christopher lui semblait certes familier par son allure et ses propos, avec son crâne bronzé qui se dégarnissait sans vergogne, ses lunettes teintées à lourde monture (qu'il a gardées durant tout le dîner obscurci par la nuit), sa chemise, jaune et rouge, alliant les rayures et l'uni, en fibre grossière et réalisée à grands frais, sa manière assurée de se faire valoir et son accent entretenu de prolétaire de l'est de Londres (ou peut-être de l'Essex ?). Il ressemblait à quelqu'un qu'on pouvait bien reconnaître. Mais c'était le cas de tellement de gens.

Bennett s'était pris de sympathie pour Christopher, sans chercher à savoir si Christopher leur serait utile ou non. Il le trouvait amusant. Il l'avait incité à parler des rivalités à la télévision et des programmes sur Francis Bacon, David Hockney, William Tillyer et Joe Tilson (en tant que programmateur et présentateur, Christopher semblait avoir privilégié les arts visuels), et il avait spontanément dit connaître certaines de ces personnes, non sans essayer de développer les détails avec orgueil. « Votre chemise fait un peu Joe Tilson ! » s'est-il exclamé à un moment, remarque qui a enchanté Christopher. Par conséquent, Christopher ne demandait pas mieux que de céder à l'autorité et au privilège de l'âge dont jouissait sir Bennett, de démontrer qu'il connaissait son œuvre et qu'il en avait même lu une partie. Il faisait des allusions courtoises et interrogatrices à Goya, Lorca, Unamuno, Picasso et Tàpies, tout en avouant non sans une pointe de fourberie que l'Espagne n'était pas son truc.

Ivor était content de ces échanges. Il était toujours content lorsque Bennett obtenait une reconnaissance correcte et qui apaisait son ego. Et puis il était soulagé que Bennett semble réagir de manière

« appropriée » (encore ce terme étrange, si souvent présent ces jours-ci dans ses pensées) aux anecdotes de Christopher.

La vieillesse dévie vers l'inapproprié.

En forme comme il l'était ce soir-là, Bennett était très amusant. C'était un bon mime (son Hockney était excellent, bien que Hockney soit une cible facile) et il les avait tous fait rire.

Bennett réagissait bien à la présence de Sara également. Ivor voyait qu'il aimait son style. Bennett répondait au quart de tour, il était galant et désireux de rendre service. Il proposait des endroits, il parlait (mais pas trop) de son petit projet d'une *Histoire* de ces îles. Il avait recommandé le monumental Museo del Emigrante, qui racontait la face cachée de l'histoire de l'émigration-immigration, et découvert qu'elle en connaissait déjà l'existence, mais qu'elle n'avait pas encore eu le temps d'y aller. Elle devrait essayer de se rendre à Tenerife et à La Laguna, elle devrait voir les mystérieuses pyramides vantées par Thor Heyerdahl, et elle devrait certainement faire la traversée jusqu'à Fuerteventura, à moins d'une demi-heure en ferry ; il était stupéfiant de penser que les populations indigènes n'avaient jamais construit de bateau pendant tant de siècles. Elle devrait voir le cimetière de Gran Tarajal à Fuerteventura, décrit par son maire comme étant le cimetière de l'Afrique. « Pas sur l'itinéraire des touristes, évidemment, mais qui, de votre point de vue, mérite bien une visite », avait dit Bennett.

Un endroit mémorable ; à la télévision, ses morts silencieux parleraient.

Ivor était quelquefois surpris par ce dont Bennett se souvenait. Il était certain qu'il devait avoir oublié leur visite de la morne et paisible petite ville de Gran Tarajal, avec son cimetière entouré d'un mur, sur le flanc de la colline, et les plaques en marbre toutes simples, qui mentionnaient les morts anonymes. Cela fait maintenant plusieurs années, et Bennett s'en souvient toujours.

DEP Immigrante 12. 11. 2001
DEP Immigrante 11. 07. 2002
DEP Immigrante 06. 07. 2002

Ivor se demande combien d'autres décès auront entre-temps été consignés et ajoutés à la liste qu'ils ont vue.

Descanse En Paz.
« Reposez en paix. »

Ivor trouvait cette formule profondément émouvante. Parfois, il brûlait d'envie de reposer en paix et se disait, non sans amertume, qu'il n'avait probablement pas mérité beaucoup plus que ces inconnus en guise d'inscription de ses exploits.

Il voyait tous ces morts anonymes sous les traits de Mauritaniens et de Sénégalais jeunes et beaux.

Qui, se demandait-il, décorerait le monument

à Ivor de petits vases de roses orange foncé et violettes artificielles, imperméabilisées et contre-nature ? Qui pousserait le fauteuil roulant de l'oncle Ivor quand viendrait l'heure ? Qui écrirait sa nécrologie ?

En bavardant à Las Caletas, Christopher, Ivor et Bennett s'étaient découvert une connaissance commune, un ami moins fade et plus surprenant que le monsieur des Affaires étrangères qui avait à l'origine proposé Bennett comme contact. Le nom de Simon Aguilera avait jadis été tristement célèbre et méritait encore de faire l'actualité, bien que ce personnage se soit longtemps plus tôt réfugié sur l'île paisible et peu aventureuse de Fuerteventura, pour fuir la publicité et l'hostilité qui le poursuivaient depuis le scandale ayant causé sa perte, et en quête, comme Bennett, d'un climat sec et serein.

En quête de rédemption et de paix éternelle.

Fils d'un intellectuel républicain espagnol émigré et jadis admiré, Aguilera, précoce et doué de multiples talents, s'était fait très jeune un nom dans le théâtre d'avant-garde à Paris durant les années 1960 – un *enfant terrible** – et semblait bien parti pour connaître toutes les formes de succès. Mais il en avait été empêché par le révisionnisme rampant qui avait lentement détruit la réputation de son père (qu'était-il arrivé exactement, à qui et à l'instigation de qui, en 1936 à Alicante ?), puis avait totalement causé sa propre perte en tuant sa femme. Ç'avait été une *cause célèbre** internationale. Il s'en était tiré à bon compte parce que les Français sont indulgents en matière de crimes passionnels, ou du moins était-ce ce que la presse britannique avait été ravie de faire remarquer.

Mais il l'avait tuée. À coups de hache.

Connaître un assassin était un lien, davantage un lien que de connaître un diplomate de rang intermédiaire issu d'une université privée mineure.

Christopher avait rencontré Simon Aguilera à Londres, lors d'une exposition d'art italien contemporain chez Christie's, où ils avaient entamé la conversation devant un De Chirico que Simon envisageait d'acheter. Simon avait reconnu Christopher pour l'avoir vu dans son émission de télévision (toujours flatteur) et ils étaient partis dans un restaurant de poisson, juste à côté, prendre l'un de ces déjeuners qui se prolongent, au-dessus de la seconde bouteille, jusque dans l'après-midi. Ils s'étaient dit beaucoup de choses et en avaient oublié l'essentiel. Seule demeurait la saveur de la conversation, en plus de la saveur des huîtres et du turbot poché dans du Pernod. Cela s'était passé avant l'époque de Sara, et ils n'étaient pas restés étroitement en contact depuis, bien qu'ils aient échangé de temps à autre des messages sur le prix des enchères et les fausses attributions dans les salles des ventes.

Christopher n'avait pas parlé de lui à Sara avant cette visite. Il s'était senti mal à l'aise au sujet de l'épouse assassinée.

Mais, à Las Caletas, au-dessus des berniques caoutchouteuses rehaussées d'ail et résistantes sous la dent (« assez proches des escargots, avait observé Sara, mais pas aussi bonnes »), tous les trois avaient dit du bien de Simon Aguilera et de ses exploits. Sara avait écouté avec intérêt, sans avoir l'air de porter de jugement. Simon avait récemment adopté un immigrant sénégalais ; Sara devrait aller lui parler, « il est très photogénique », avait dit Bennett en émettant son petit gloussement démodé et suspect.

Mais Sara n'avait pas eu le temps de traverser le détroit exigu jusqu'à Fuerteventura. Elle avait compté s'y rendre, elle avait à la Croix-Rouge de Puerto del Rosario une relation qui était désireuse de lui parler de la protection des immigrants mineurs. Elle avait mené ses recherches. Il est dommage de constater qu'elles auront toutes été vaines.

*

Ivor Walters est assis sur le balcon dans le soleil du soir, il attend Christopher, qui revient en ce moment même de Londres à Arrecife. Il sera là dans environ une heure. Les charters forment un convoi paisible et perpétuel qui monte et qui descend, qui amène ici et emmène là-bas. C'est dans l'un de ces avions que Christopher devrait bientôt entendre les instructions concernant l'atterrissage. Dans cinq minutes, Ivor regagnera sa voiture et se rendra à l'aéroport pour l'accueillir, le prendre dans son véhicule et lui faire rejoindre La Suerte, Bennett et un repas du soir.

Sur cette île, les distances sont courtes et aisément

franchissables. Il est facile de mesurer les trajets jusqu'à l'aéroport.

Quand Christopher débarquera, il ne verra plus la femme venue du Sahara occidental assise sur son tapis dans le hall des départs, car elle a été transférée dans un hôpital du continent espagnol et elle récupère, pour encore affronter un autre jour. Sa protestation silencieuse est terminée, du moins dans l'immédiat. On doit être en train de lui injecter des fluides, de la réanimer.

Ivor se demande ce qui va arriver au prestigieux projet de Sara. Il ne sera probablement jamais mené à bien. Il s'éteindra avec Sara. Le caméraman libyen avait réussi à enregistrer Sara pendant qu'elle interviewait brièvement Namarome, mais cette séquence atteindrait-elle un jour la télévision grand public ? Maintenant que Sara était partie, hormis quelques arabisants ou professionnels des droits de l'homme, personne dans le monde anglophone ne s'y intéresserait ni ne tenterait de le faire accepter. Dans une circonscription de la grande banlieue de Londres, il y a un député travailliste qui le rabâche tout le temps, mais personne ne prend cet homme très au sérieux. Le projet sera mis en réserve, comme tout est mis en réserve actuellement, au cas où l'Histoire changerait d'avis, mais il n'aboutira jamais. Même si Namarome meurt, il n'aboutira jamais. Il faudrait plus d'une mort au Sahara occidental pour susciter l'intérêt des médias occidentaux, lorsqu'une si grande partie du reste de l'Afrique du Nord, plus loin vers l'est, mijote des troubles d'un genre autre et bien pire. Le Sahara occidental est un coin désert, en comparaison avec la Libye, la Syrie, l'Irak, l'Iran ou l'Égypte, qui sont en train de fomenter des cataclysmes, des atrocités et des migrations de plus en plus grands, à une échelle qui fera paraître les voyages aux Canaries insipides et domestiques. Ces nouvelles vagues migratoires obséderont les médias, détruiront et sauveront des vies pendant des années, peut-être des décennies, peut-être un siècle à venir. Des images de fuite et de désespoir comparables à celles de la Seconde Guerre mondiale et peut-être supérieures en nombre, à la longue, envahiront nos écrans, mais si Sara est morte et ne les verra jamais, Ivor et Christopher sentent peut-être le flot sombre qui approche.

L'arrivée par bateau aux Canaries d'immigrants en provenance d'Afrique restera un fait divers du point de vue des touristes, mais les Britanniques s'en méfient beaucoup. Ils s'inquiéteront davantage à propos du siège de Calais, des Syriens au portail, des bébés noyés sur les rives des îles grecques.

Mais au présent, dans l'immédiat, Ivor a hâte – peut-être trop et à mauvais escient – de revoir Christopher Stubbs et de renouer connaissance. Christopher va séjourner chez eux à La Suerte, le temps de régler les problèmes d'assurance santé et de clôturer une ou deux affaires de location de voiture et de fournisseurs locaux, demeurées irrésolues au moment de leur départ soudain. Ivor et Bennett lui avaient offert hospitalité et assistance, et Christopher avait été étonnamment désireux de les accepter. Ivor s'était demandé si l'île ne recélerait pas un trop mauvais souvenir pour lui, mais il semblait avoir réagi très différemment à la perspective de son retour. Il voulait revisiter, effacer ou exorciser.

La relation de Christopher avec Sara n'avait peut-être pas été tout ce qu'elle avait semblé être. Ivor leur avait jeté un ou deux coups d'œil, même dans l'obscurité subrepticement enfumée de Las Caletas. Sara avait peut-être un peu trop représenté un défi.

Christopher a une ex-femme quelque part, ainsi que des enfants. Sa relation avec Sara n'avait pas été sans obstacles.

Certes, comme Ivor l'avait fait remarquer de façon sincère et encourageante à Christopher dans différents e-mails bien amicaux, la vie à Lanzarote était presque à tous égards étonnamment dénuée de stress. Beau temps, bonnes routes, nourriture raisonnable, euro encore raisonnablement stable, grand calme. Pas de politique, pas de mendiants, rien d'extrême. Pas grand-chose qui se passait, vraiment. C'était un bon endroit pour se remettre d'un choc émotionnel.

Un homme pouvait mourir ici même.

Sara avait failli mourir ici, mais elle était rentrée mourir chez elle.

Ivor se demande s'il rentrera également mourir chez lui. Qui poussera le fauteuil roulant de l'oncle Ivor ?

Selon la fantaisie ou les fantasmes d'Ivor, Christopher avait réagi de façon aimable à son amabilité.

Ivor voit bien que Bennett aussi est heureux à l'idée d'avoir quelqu'un de nouveau et de tellement plus jeune à qui parler pendant quelques jours. Il avait cité avec un certain enthousiasme les choses qu'il allait montrer à Christopher, les gens qu'il voudrait qu'il rencontre, comme s'il n'avait pas eu conscience que leur hôte ne serait peut-être pas d'humeur à faire du tourisme ni à participer à des réceptions.

Bennett en a assez du dévouement infailliblement sûr, consciencieux et noble que lui témoigne Ivor, et de l'assemblée gâteuse de voisins parfois grognons qui constitue l'essentiel de leur activité sociale. Parfois, il explose dans une crise de colère d'assez mauvais augure dirigée contre Ivor et hurle qu'il n'avait pas compté passer toute son existence coincé avec lui, qu'il ne voulait pas mourir à la merci de quelqu'un qui vivait à ses crochets depuis cinquante ans.

De faibles éruptions volcaniques de vieillard, suivies de la grande paix éreintée du vaste ciel du soir.

Ivor croit parfois sentir l'esprit du Seigneur veiller sur lui en cette île. C'est probablement la lumière qui lui joue des tours, ou bien le paysage. Il a commencé à se rendre en cachette à la petite chapelle blanche toute simple, silencieuse et peu fréquentée sur le flanc de la colline, dans laquelle il s'agenouille et prie. Ses prières n'ont pas de mots. Il n'y a jamais personne, mais la chapelle n'est jamais fermée à clé.

Intellectuel humaniste athée et rationaliste à l'ancienne, Bennett n'approuverait pas cela du tout. Ivor ne sait pas vraiment pourquoi il le fait, mais c'est un réconfort. Ce geste l'emporte dans une autre dimension de vie et de mort, il lui élève l'esprit. Ce peut être un faux réconfort, mais il comporte plus de vérité que les discussions sans fin sur les médecins, les régimes, les symptômes et les traitements, sur les droits d'auteurs en baisse et les mauvaises critiques faites par de vieux ennemis, sur la menace que représentent les livres numériques, la mort des libraires et la nouvelle historiographie.

Ivor avait jadis tenté de lire *Le Sentiment tragique de la vie*, ouvrage le plus célèbre d'Unamuno et dont le titre l'attirait, mais avait estimé que c'était un charabia incompréhensible. Il n'est pas assez intelligent pour savoir si c'est parce qu'il s'agit d'un charabia incompréhensible ou si c'est parce que lui, Ivor Walters, est trop peu instruit et trop bête pour le comprendre. Il y avait eu un temps, il y avait eu une période continue de plusieurs années durant laquelle il aurait pu faire subir à Bennett un interrogatoire en profondeur sur de telles distinctions et aurait aimé en débattre, mais cette époque est à présent révolue. Ivor s'est résigné à la connaissance jadis inadmissible que vivre l'essentiel de sa vie avec un homme tellement plus intelligent, tellement plus instruit que lui, n'a pas été facile et n'a peut-être pas été bon pour son caractère et son âme immortelle.

Ça a dû être assez énervant pour Bennett aussi, par moments.

L'Unamuno des dernières années avait survécu à son court exil à Fuerteventura et était rentré en

Espagne. Mais, environ dix ans plus tard, il avait tristement fini. Bien qu'étant plutôt un compagnon de route nationaliste, selon Bennett, il avait été obligé de s'élever contre Franco, puis chassé de sa propre université de Salamanque, sous la menace d'un fusil, par un général fasciste[1] qui hurlait : « Mort à l'intelligence ! Et vive la mort ! *Viva la muerte !* »

Au moment où le vieil homme quittait le hall de cérémonie, l'épouse de Franco lui avait donné le bras, mais la question de savoir si c'était par soutien ou par dérision est encore disputée. En Espagne, certains problèmes ne se règlent jamais.

Lorsque Unamuno est allé à son club ce soir-là, ses amis s'en sont pris à lui et l'ont qualifié de traître. Il a fait une crise cardiaque et il est mort environ une semaine plus tard.

Bennett s'était parfois imaginé qu'on le snobait passablement dans son club londonien ; mais rien de cette envergure. Personne ne lui avait jamais crié dessus, ni n'avait braqué de fusil sur lui. Pourtant, il avait cru les entendre se moquer de lui.

Ivor attend Christopher.

*

Quand l'avion atterrit, Christopher allume son portable en attendant l'extinction du voyant « Ceinture

1. José Millán-Astray (1879-1954), également fondateur de la Légion espagnole, en 1920, avec Franco pour adjoint.

de sécurité », au cas où il y aurait un message ou un changement concernant les dispositions prises par Ivor. D'après le peu de temps qu'ils se connaissaient, Ivor lui avait paru très fiable, bien que passablement anxieux, peut-être très fiable parce que passablement anxieux, et Christopher est sûr qu'Ivor sera là à attendre, dans le hall d'arrivée.

Il n'y a rien de la part d'Ivor, mais il y a un texto de Fran, sa mère. J'ESPÈRE QUE ÇA VA JE RENTRE DE WEST BROM BIZ F. Comme la plupart des messages de Fran, celui-ci paraît superflu et sans importance ; néanmoins, il le trouve réconfortant, comme il est sans doute supposé le trouver. C'est chouette qu'elle pense à lui. Il présume qu'elle pense à lui plus qu'il ne pense à elle, parce que c'est comme ça. Il adore sa mère, bien qu'elle le rende de plus en plus perplexe. Elle n'a pas été une mère très *utile*, ces derniers temps. Quand sa sœur et lui étaient petits, elle était là parce qu'il le fallait, mais comme grand-mère elle avait été assez nulle, assez absente et inattentive, et elle ne s'était pas vraiment entendue avec Ella, sa femme, parce qu'elle ne s'était jamais suffisamment efforcée de la connaître. Et bien qu'elle ait paru assez fière de la carrière de son fils à la télévision, elle ne s'y intéressait pas beaucoup. Elle avait même avoué un jour, pas tout à fait en plaisantant, qu'elle détestait les émissions sur les arts et la culture. « Les arts et la culture, avait-elle dit, quels mots, quels mots ! » Et maintenant, elle paraissait incapable de s'habituer au fait d'être âgée, elle se déplaçait sans arrêt, comme en fuite perpétuelle, en proie à une panique incessante. Elle avait cédé le bail du chouette appartement des années 1920, situé dans un Highgate bordé d'arbres, où elle avait confortablement vécu avec le gentil Hamish, et ce pour déménager dans une tour. Pourquoi diable avait-elle fait ça ? À son âge ?

Ça ne le regardait pas, elle savait se débrouiller et si elle se tuait sur l'autoroute, c'était son choix.

Il espère qu'elle ne tuera personne d'autre, ni ne se retrouvera inculpée pour conduite en état d'ivresse. Ce serait embarrassant. Elle boit, mais il pense qu'elle ne boit pas au volant. Quand ils étaient petits, elle ne buvait pas, même si elle ne conduisait évidemment pas beaucoup à l'époque, vu que Claude monopolisait la voiture, mais elle buvait tout de même à la maison quand ils étaient couchés. Là-bas, à Romley, elle criait et hurlait également, toute seule au rez-de-chaussée. C'était effrayant, mais pas très effrayant. Il se demande si elle hurle encore toute seule ou si tout ça lui a passé. Elle braillait : « Je veux je veux je veux », ou bien : « Est-ce que personne peut m'aider, est-ce que personne peut m'aider ? » Mais sa petite sœur Poppet et lui n'avaient jamais fait savoir qu'ils l'entendaient. Ils restaient à l'étage, loin du péril.

Avec son dangereux garage sous-terrain et ses ascenseurs froids et humides qui se bloquaient sans cesse, la tour de Fran à Cantor Hill était une idée stupide, mais Bennett et Ivor, en revanche, semblaient avoir trouvé la maison de retraite idéale. Sur les faibles pentes, dans la chaleur du jour et dans l'ombre du soir. Il pense à cette maison avec un genre curieux d'envie, comme si elle lui offrait même à lui, étranger démuni, une sorte de paix. Une image de la paix.

Son père Claude buvait, lui aussi, mais il doit y aller un peu mollo, maintenant. Claude tient étonnamment à rester en vie, et c'est un patient étonnamment bon, coincé là-bas dans son appartement de Kensington en compagnie de Cyrus, son chat grassouillet, avec à son service, par intermittence, sa première femme pleine d'énergie et, chaque jour, la glamoureuse Persephone. Au terme d'une trajectoire autodestructrice, il semblait avoir découvert une source secrète de résilience, une volonté de vivre qui s'épanouissait tardivement.

Christopher lui-même boit, il boit assidûment et à moitié en cachette. Il a, dissimulée dans ses bagages, une grande bouteille de vodka en plastique d'une forme oblongue brutale, qu'il a achetée à l'aéroport, vu qu'il ne compte pas sur ses hôtes pour fournir suffisamment d'alcool fort ni même d'alcool fort du tout. Il les soupçonne d'être des buveurs de vin et non de gros buveurs.

*

Donc, deux heures plus tard, après avoir bu par avance dans l'intimité de sa spacieuse chambre aux carreaux en terre cuite, murs blancs et volets vert émeraude, Christopher est assis sur la terrasse en compagnie de Bennett et Ivor ; il regarde les nombreux niveaux pavés du jardin de cactus et d'euphorbes de La Suerte. Il peut siroter lentement, calmement et modérément son vin espagnol bien frais. Il n'a pas besoin d'engloutir. Tandis que Bennett cherche à être amusant, Ivor, vigilant, offre de temps à autre de moelleux petits canapés de saumon fumé et fromage frais idéaux pour les prothèses dentaires, et se trouve prêt à intervenir si Bennett paraît s'égarer en territoire inconvenant. Par bonheur, Bennett semble vraiment se rendre compte, à présent, que Christopher est ici dans un but solennel, et il ne fait donc pas de plaisanteries peu pertinentes ni d'allusions impertinentes. Il continue à bavarder agréablement, il évoque Omar Sharif, José Saramago et la fille du roi d'Espagne, Chatto & Windus et Thames & Hudson[1], les cratères brûlants de Timanfaya et les puits salants de Janubio, les savoir-faire locaux en matière de viticulture, Colomb et les frères Humboldt, Iris Murdoch et César Manrique, Simon Aguilera, reclus mais séduisant.

Aux yeux d'un Christopher légèrement ivre, le ciel nocturne paraît exceptionnellement vaste, éclatant et parsemé d'étoiles. Il n'y a pas de vent, mais les palmiers de la pente est du jardin semblent tout de même réussir à très légèrement bruire et se balancer.

Autrement, la paix sans relief de l'air immobile est fatale. Mais de manière agréable, apaisante.

Elle est meilleure ici que dans cette clinique en Suisse.

---

1. Deux célèbres maisons d'édition britanniques.

Sara avait horriblement lutté, avant d'être mise K.-O. par la morphine. Dans l'avion qui la rapatriait, des tubes alarmants et disgracieux enfoncés dans tout le corps, elle avait glissé dans un coma dont elle n'était jamais entièrement sortie. C'était une autre manière de finir. Elle avait le mérite d'être courte. Elle avait eu beau lui sembler longue, Christopher savait qu'elle avait été courte. Le vol avait été un cauchemar au-delà de tout ce qu'on pouvait imaginer de la mort. Ç'avait été le pire, et le pire était passé.

Une heure plus tard, à l'intérieur, au-dessus d'un risotto aux fruits de mer et d'une salade de tomates, Ivor se sent assez en sécurité pour s'enquérir du destin probable du projet de Sara. Comme il l'avait soupçonné, Christopher pense qu'il sera certainement suspendu par la maison mère. Sara était le moteur de ce projet; sans son énergie et son charme, il n'y a personne pour tenter de le faire accepter. On a perdu de l'argent et personne n'a envie de continuer à investir en pure perte. On ne peut aller jusque-là qu'avec une histoire internationale de droits de l'homme, une histoire d'immigrant noir. Et puis Namarome a abandonné sa grève de la faim, elle ne va pas fournir une martyre aux médias.

Ivor voit bien que Christopher oriente son œil et son oreille de professionnel vers la perspective de différentes formes de drame sur l'île de Lanzarote, avec pour décor cette contrée dont la douce chaleur, le pittoresque et les contours sculptés font envie. Tout comme ses hôtes quelques années plus tôt, il a été séduit par cette demeure bénie et abandonnée. Observateur perspicace et quasi professionnel du comportement des autres, Ivor devine que, même dans les affres du deuil présumé, son nouvel ami ne peut s'empêcher de concevoir de nouvelles idées à fournir au service de commandes des programmes. Qu'envisage-t-il ? Un documentaire sur la vie étrange et la mort ironiquement tragique, à un carrefour, de César Manrique, sur qui il a posé plusieurs questions ? Un portrait satirique de l'île comme refuge crépusculaire pour seniors émigrés ? On pourrait peut-être le persuader de faire un film biographique sur sir Bennett Carpenter, le Grand Patriarche aux cheveux blancs des lettres anglo-espagnoles ? Bennett adorerait, et il saurait probablement s'accommoder d'une telle attention. Ils pourraient enrôler leurs voisins les plus pittoresques pour meubler le décor.

Ou peut-être un film sur le partenariat civil ? Un film sur les jeunes partenaires survivants d'homosexuels vieillissants ou décédés ? Un film sur ce nouveau concept ridicule de mariage gay ?

Nous sommes une espèce en voie de disparition, se dit Ivor. *La pensée même de notre existence est vieux jeu.*

Dommage que Christopher ne reste pas assez longtemps pour voir le carnaval de Mardi gras de cette année, avec ses joyeusetés extrêmes et bizarres. Des travestis qui chancellent sur de hautes chaussures à semelles compensées et au talon de cinquante-cinq centimètres, qui portent des coiffes clinquantes hautes d'un mètre, des soutiens-gorge ornés de pierreries et des plumes d'autruche. Fuchsia, lilas, orange, turquoise, argent, vert émeraude. À seize ans, avant Bennett, en son secret qu'il n'osait avouer, Ivor aimait appliquer sur ses lèvres d'Adonis joliment courbes un peu de rose très pâle, un rose d'été au bord de la mer. Mais il n'avait pas développé cet aspect de sa personnalité. Bennett l'avait sauvé, capturé, emprisonné.

Au cours des dernières années, Bennett et lui avaient aimé regarder la retransmission en direct et très complète de l'événement sur les nombreuses chaînes de la télévision locale. Ces temps-ci, il était trop fatigant de s'y rendre en personne, les routes étaient trop envahies de spectateurs, on pouvait glisser et faire une chute. Ces spectacles étaient étonnamment hardis et amateurs. Au grand amusement des spectateurs enivrés, l'un des jeunes hommes présents à la gigantesque fête de Grande Canarie était tombé de ses chaussures à semelle compensée et de l'estrade elle-même pour finir dans la foule, le tout filmé en direct par les caméras. Bennett avait été un tantinet inquiet. Il espérait que le pauvre petit ne s'était pas fait mal. « Sa *pauvre* mère, j'espère vraiment qu'elle ne regardait pas ! », avait-il dit. C'était une de ses rengaines, au fil des ans, à partir d'un instant hautement dramatique lors d'une soirée à Notting Hill Gate dans les années 1970.

Ivor remplit de nouveau le verre de Christopher, de manière prévenante, mais non trop prévenante. Christopher s'est mis à boire de plus en plus vite au cours du repas et Ivor, rompu aux usages du monde, voit comme à travers un scanner d'aéroport la forme de la bouteille de vodka en plastique qui guette son propriétaire, cachée dans sa valise. Il sait que Christopher va bientôt avoir envie de la retrouver.

Ivor et Bennett n'ont jamais été de grands buveurs, mais ils en ont connu quelques-uns en leur temps. Bennett est assez âgé pour se rappeler Francis Bacon et Denis Wirth-Miller, le Sauvage de Wivenhoe.

Au grand étonnement de Bennett, Denis Wirth-Miller avait épousé Dicky Chopping, son amant de toujours, lors d'une cérémonie de partenariat civil quand ils étaient tous les deux nonagénaires. Bennett avait trouvé cela inconvenant et grotesque. « Les vieux épouvantails, les vieilles têtes de mort, les vieux squelettes », avait-il protesté haut et fort.

Demain, Ivor et Bennett vont emmener Christopher dîner au restaurant de Nazaret. La nourriture ne vaut pas grand-chose, mais l'édifice est spectaculaire. Bennett et Ivor aiment ses nombreux couloirs et catacombes, ses grottes éclairées à la lanterne et profondément découpées dans une vieille carrière du flanc de la colline, mais Bennett est trop nerveux et trop tremblotant ces jours-ci pour explorer son arrière-pays abrupt.

Ils feraient mieux de ne pas retourner à Las Caletas, où Sara a mangé ses premières et dernières berniques. Ce ne serait pas une bonne idée.

Et, comme nous l'avons dit, ce n'est pas une bonne idée de regarder Ivor de trop près. Cela ne lui plairait pas, donc nous n'avons pas le droit de le regarder de trop près. Nous n'avons aucune permission d'accès à son intériorité. Nous en savons beaucoup sur lui, donc nous pouvons décrire son attitude en public, qui est polie, circonspecte, attentionnée. Nous pouvons décrire ses actions en public et même certaines de ses actions plus intimes, telles que sa fréquentation de l'église, récemment découverte, et le rose à lèvres qu'il a essayé étant petit. Mais nous ne pouvons pas trop nous approcher. Il n'aurait pas envie que nous voyions la vague tache sombre gris-violet, à droite, sur son front à peine ridé, tache installée au-dessus de son sourcil. Il se peut ou non qu'elle s'étende mois après mois. C'est une belle ombre, elle décore son beau visage faiblement bronzé comme un faux grain de beauté utilisé pour rehausser les traits d'un bellâtre du début du XIXe siècle.

Nous ne voulons pas être dans le secret des pensées d'Ivor quant à ce présage.

Fran Stubbs, elle, ne voit pas d'inconvénient à ce que nous regardions à l'intérieur de sa tête ; d'ailleurs, elle insiste pour que nous le fassions. Elle tient beaucoup au mode confessionnel, pas forcément avec les autres, mais avec elle-même. Ivor, non.

*

Josephine Drummond, installée à Athene Grange, s'enorgueillit de s'être mise à l'aise. Elle a domestiqué la peur. Comme son amie Fran, elle observe les diverses manières que nous découvrons pour nous accommoder de la vieillesse. Comme Fran, elle éprouve un intérêt à la fois distant et personnel pour ces questions. Leurs opinions sur ce qu'il y a de mieux diffèrent. Elles échangent des notes sur leurs progrès, ainsi que sur les progrès de leurs voisins et de leurs amis. Josephine fournit à Fran des allusions littéraires et des cas de personnes de sa résidence, Fran fournit à Josephine des anecdotes sociologiques tirées des dossiers d'Ashley Combe et des notes prises sur ou par ses collègues.

En déménageant à Athene Grange, bien qu'elle jouisse d'une excellente santé, Josephine a rencontré le Grand Âge à mi-chemin et elle est résolue à s'en faire un ami. *La Vieillesse**, voilà comment elle appelle le Grand Âge, d'après le titre d'un livre terrifiant de Simone de Beauvoir sur la question.

Elle pense que Fran est folle d'avoir déménagé à Tarrant Towers. Une aventure gothique, et certainement malavisée. Ça va mal finir, prédit Jo. À son avis, c'était une décision prise à la hâte, après la mort de Hamish. Elle n'exprime pas cette opinion à Fran. Elle est allée deux ou trois fois à Tarrant Towers et le lieu ne lui a pas beaucoup plu : il représente une autre extrême. Quand elle pense à Tarrant Towers, ces vers sur la Mort écrits par l'un des *Graveyard Poets*[1] – elle oublie lequel – lui viennent spontanément à l'esprit :

1. Littéralement, « Poètes des cimetières » : poètes préromantiques dont les thèmes majeurs étaient la mort et le deuil. Les vers cités sont extraits d'un poème de Robert Blair (1699-1746) écrit en 1743 et intitulé « Le Tombeau ».

En cet instant terrible, combien l'âme affolée
Délire autour des murs de sa maison d'argile.

Elle ne communique pas ces vers à Fran.

En s'arrêtant un moment de lire les termes d'un document administratif pour boire les derniers vestiges de son thé refroidi, elle se dit que Fran a de l'audace. Fran s'habille avec audace. Alors que Jo, elle, croit au fait d'errer sur la voie de la discrétion et de la sécurité. L'une des locutions qui la perturbent depuis son enfance, c'est : « les vieilles qui jouent les petites jeunes », et elle évite cette accusation, sans grand effort, en portant des couleurs sombres facilement disponibles : des gris, des tons fauves, des ocres, des bleus foncés et plusieurs nuances de noir. Ses cheveux gris acier sont longs et abondants, et elle les attache avec une barrette ornée d'émail ou une épingle en ivoire, dans un genre de chignon amateur. Fran, en revanche, fait régulièrement couper et teindre sa courte chevelure clairsemée en mèches subtilement graduées de gris, de blanc, de bronze et d'or. Jo admire le temps, l'argent et les efforts qu'elle y consacre, car elle pourrait ne pas prendre la peine d'aller aussi souvent chez le coiffeur ; et sinon, la personne de l'institution qui vient à Athene Grange tous les quinze jours ne lui plaît pas beaucoup. Jo se lave les cheveux une ou deux fois par semaine, dans son bain, et elle aime les sentir flotter librement dans l'eau comme des algues. Elle aime bien être allongée sur le dos, presque immergée, et passer les mains dedans pendant qu'ils flottent autour d'elle, tirer doucement sur leurs racines et trouver satisfaction dans leur abondance permanente. Elle se masse vigoureusement le cuir chevelu, sous l'eau, en pensant aux forêts de varech et aux anémones de mer.

Elle les laisse sécher par eux-mêmes tout en se promenant dans son appartement. Elle a un sèche-cheveux, mais ne prend pas souvent la peine de s'en servir. « Par eux-mêmes », voilà une construction grammaticale étrange, songe-t-elle en attribuant des mots au processus de séchage de ses cheveux, comme elle le fait parfois. Cette expression confère à ses cheveux une belle indépendance.

Fran Stubbs s'est mise à porter des vêtements à rayures multicolores : T-shirts, chandails, cardigans, vestes. Jo trouve ces rayures osées et se demande si les rayures ne sont peut-être pas à la mode.

Fran serait surprise d'entendre que ses rayures sont osées. Elle achète ce qui lui plaît et il semble que, depuis environ un an, on propose beaucoup de vêtements rayés. Elle a acheté ce qu'elle a vu dans les magasins. Voilà sa conception de la mode.

Josephine s'imagine peut-être qu'elle ressemble à une vieille dame ordinaire aux cheveux gris, mais en fait, non, elle a une allure excentrique et frappante. Elle n'est pas assez humble pour avoir l'air ordinaire. Elle n'a pas l'air contrit, bien que ses habits soient foncés. Elle a l'air trop sûre d'elle, trop indifférente.

Par ce sombre après-midi de février, dans son appartement douillet où ne règne aucun stress,

Josephine se bat avec les tâches administratives de son projet de pension privée, ayant provisoirement désespéré de comprendre comment faire marcher son nouvel enregistreur DVD. Plusieurs choses sont prises en charge dans sa nouvelle vie, mais certains problèmes demeurent obstinément les siens et résistent obstinément à la raison. L'enregistreur DVD, par exemple, propose bien trop d'options et met très longtemps à faire quoi que ce soit. Il est d'une lenteur exaspérante. Vous l'allumez et il n'a aucune réaction pendant un long moment, à part dire BONJOUR. C'est ça, le progrès ? L'homme pas si jeune qui l'avait livré lui avait fait une brève démonstration, mais elle en avait retiré l'impression qu'il ne comprenait pas l'engin, lui non plus, et qu'il était désireux de partir avant que n'apparaisse son incompétence. Il avait désigné les symboles « Retour » et « Échap », puis lui avait dit que c'étaient ces deux-là dont elle aurait besoin et, après, il s'était enfui. Elle avait essayé un peu de tout, en appuyant fortement sur un bouton après l'autre, et était parvenue une fois ou deux, pour ainsi dire par hasard, à enregistrer une émission – un épisode d'un thriller scandinave, une demi-heure du *Monde des jardiniers* –, mais elle n'arrivait jamais à se rappeler quel enchaînement avait produit quel résultat, ni même quelque résultat que ce soit, et elle n'arrivait jamais à reproduire en toute confiance une réussite occasionnelle. En plus, elle ne savait pas comment effacer. Il devait bien y avoir une manière d'effacer, mais elle ne l'avait pas encore découverte.

Elle a eu une conversation par e-mail avec son fils Nat sur le comportement incontrôlable de l'objet, mais cela ne les a menés nulle part. Il dit qu'il va venir jeter un œil, quand il rentrera d'Inde, d'Australie ou du Sri Lanka, ou de n'importe quel endroit où il doit aller.

Son projet de pension privée propose un autre genre de défi d'une nature plus sérieuse, mais elle ne comprend rien à sa formulation. Elle a une toute petite pension universitaire versée régulièrement, calculée sur la base de ses nombreuses années d'enseignement de la littérature anglaise, essentiellement pour adultes, et elle a sa retraite versée par l'État, puis elle a aussi cette chose privée, dans laquelle elle a investi certaines de ses économies, il y a longtemps, sur les conseils d'un homme très ennuyeux dénommé Brian Fuller. Brian Fuller avait établi la pension bien supérieure de son mari et en même temps persuadé Jo de souscrire une assurance à elle. Jo avait l'impression que ce fonds perdait de l'argent et elle ne comprenait pas pourquoi il lui fallait continuer à verser un pourcentage de ses économies à cet homme qui, sous d'autres aspects, avait disparu de son existence quand son mari était mort. Une fois par an, il lui envoyait quelque chose qui s'appelait un portefeuille, mais qui semblait diminuer sans cesse et, de toute façon, selon ses amis, ce document n'indiquait qu'une évaluation théorique : il ne signifiait pas ce qu'il disait, il ne valait pas ce qu'il prétendait valoir, il ne valait probablement pas le papier sur lequel il était rédigé.

Et était-il imposable, cet argent hypothétique? Comptait-il comme revenu, ou bien l'impôt auquel il était soumis était-il payé d'avance ou prélevé à une source lointaine par l'invisible Brian Fuller? Elle n'en savait rien.

Pour rendre justice à Brian Fuller, il lui dépêchait de temps à autre par écrit une volonté pressante de la rencontrer pour une consultation, mais elle n'imaginait rien dont elle ait eu moins envie que de revoir Brian Fuller. Donc elle ignorait ses lettres. Elle ne les classait même pas, elle les déchirait et les jetait à la poubelle. Elle aurait payé une somme folle pour ne jamais être obligée de le revoir.

Et, au fil des années, c'était sans nul doute exactement ce qu'elle faisait.

Ce n'était pas la peine, elle n'arrivait pas à s'y mettre. Elle a commencé à fourrer de nouveau les papiers dans leur très vieux classeur à soufflets en toile marron bien plein, puis poussé un bruyant soupir théâtral en regardant la pièce vide.

L'enverrait-on en prison pour fraude fiscale? Elle a une bonne amie qui a été envoyée en prison pour avoir aidé à un suicide et qui s'en vante tout le temps. Mais la fraude fiscale ou la bêtise fiscale, on ne peut pas les tenir pour de nobles causes.

*

Elle allume la télévision et attend patiemment que le poste se décide à faire quelque chose. Ce devrait être le journal de six heures, si le poste a la bonté de l'autoriser à le regarder. Elle est légèrement mal à l'aise face à l'idée de tomber dans la catégorie des femmes-qui-n'entendent-rien-à-l'argent, dans celle des femmes-qui-n'entendent-rien-à-la-technologie, mais légèrement seulement. « Putain, comme dirait peut-être Fran, qu'est-ce que ça peut foutre ? » Elle figure déjà dans plusieurs catégories déshonorantes, le fait d'être âgée étant la pire d'entre elles, donc une ou deux de plus ne feront pas grande différence.

Le téléphone sonne, mais elle ne prend pas la peine de répondre. Son nouveau téléphone, tout comme son nouvel enregistreur DVD, est franchement casse-pieds. Avant, elle se sentait abandonnée quand les gens ne l'appelaient pas, mais maintenant elle est soulagée. Le silence est préférable au face-à-face avec les options de l'engin. Elle sait comment le raccrocher et ça suffit.

À six heures trente, parce qu'on est jeudi, elle va prendre un remontant avec son ami résident comme elle. Cette semaine, c'est à elle d'aller le voir. La semaine prochaine, c'est lui qui viendra la voir. Ils se retrouvent tous les jeudis à cette heure de la journée, sauf quand ils en sont empêchés par des invitations plus contraignantes, comme cela arrive quelquefois. Tous deux considèrent qu'il s'agit d'un arrangement « civilisé ». Ils rivalisent pour fournir des breuvages de plus en plus intéressants, compétition qui exige peu d'effort et aucune contribution culinaire. Ils aiment bien le scotch et, au cours des dix-huit derniers mois, ils en ont goûté une ou deux excellentes marques, en plus de tester sur eux-mêmes des godets de bourbon et de whisky de seigle au goût moins agréable, mais à la teneur en alcool accrue d'autant. (Owen emploie parfois le mot « godet », parce qu'il sait qu'il agace et amuse Josephine.) Ils trouvent la vodka ennuyeuse, mais essaient de temps à autre un martini dry. Le Pernod procure un changement et certains *aperitivos* italiens sont drôles. Et même la vodka peut être égayée par du jus de tomate ou du consommé et une bonne dose de condiments. Le brandy n'est pas bon, à six heures trente, bien qu'Owen évoque parfois affectueusement un Brandy Alexander[1], quoi que cela puisse être. La semaine dernière, après avoir acquis une bouteille de Martini Rosso, Josephine avait proposé de concocter un Manhattan, qui s'était laissé boire. Ils avaient discuté sans grand résultat de l'achat de cerises au marasquin, au cas où ils retenteraient un jour ce cocktail rétro.

Owen a lui aussi été dans l'industrie de la littérature anglaise, mais à un niveau plus élevé et mieux rémunéré que le sien, et ils aiment bien parler de ce qu'ils lisent, ou des livres qu'ils ont traités dans le passé avec leurs étudiants. Josephine aime aussi parler du projet de recherche qu'elle s'est assigné et Owen supporte son discours sur ses découvertes infimes mais (pour elle) intrigantes. Il y a une

1. Cocktail à base de cognac et de crème de cacao.

touche de condescendance, excusable parce que trop transparente, dans l'attention qu'il lui prête : Owen a publié plusieurs volumes ; elle, jusqu'à présent, seulement deux ou trois articles durant toute sa carrière. Il lui a fait remarquer un jour, gentiment et sans injustice, que beaucoup de femmes ont des carrières et objectifs qui s'épanouissent sur le tard, donc c'est bien qu'elle se fasse plaisir tout à son aise en s'intéressant à la littérature victorienne et édouardienne maintenant, durant ses vieux jours. Il considère ses recherches comme un passe-temps non différent de la tapisserie.

Josephine fait aussi de la tapisserie.

Durant sa jeunesse, Owen avait été un partisan de Leavis[1] formé au Downing College de Cambridge et il se trouve encore engagé dans un conflit obscur, qui se perpétue de lui-même et désormais inévitablement inégal, avec le Maître au sujet de Joseph Conrad et Thomas Hardy, T. F. Powys et John Cowper Powys. (Owen défend Hardy et John Cowper, contre les Conrad et T. F. Powys de Leavis.) Josephine, elle, était diplômée de l'une des premières universités nouvelles d'après-guerre, ce qui l'avait exposée aux interprétations marxistes et aux premières lueurs naissantes des lectures féministes. Elle travaille à présent sur la fiction consacrée à la sœur de l'épouse défunte, genre sensationnel et particulièrement fascinant une

1. Frank Raymond Leavis (1895-1978) : professeur de littérature et critique parmi les plus influents de son époque.

fois qu'on y est plongé, assure-t-elle aux gens. C'est beaucoup plus drôle que le groupe de lecture qui se réunit tous les quinze jours à Athene Grange, intellectuellement trop moyen pour ses goûts et qui privilégie des romans d'Elizabeth Taylor et de Barbara Pym. Elle admire *Mrs Palfrey, Hôtel Claremont*[1], mais elle n'a pas besoin d'en parler, il ne contient rien dont elle ait encore besoin de parler.

Elle a jadis fait cours sur un roman de Taylor à sa classe de l'Association des travailleurs en faveur de l'enseignement, au début des années 1960, quand personne d'autre n'aurait songé à enseigner l'œuvre de Taylor. Ç'avait été un acte révolutionnaire, à l'époque. Aujourd'hui, ce n'en serait plus un.

Elizabeth Taylor était membre du parti communiste, mais Jo se doute que les membres du groupe de lecture d'Athene Grange n'ont aucune envie de le savoir. Dans les années 1930, certaines personnes de la famille de Josephine avaient eu leur carte au parti communiste.

À présent, elle explore des livres aux titres comme *L'Héritage du mal*, *La Parenté fatale*, *Hannah* et *Aux pieds d'argile*. Quelquefois, ils lui parviennent à la bibliothèque de l'université, les pages non coupées, et elle doit les rapporter au bureau pour demander à ce qu'on les coupe. Quant au roman qu'elle lit actuellement, elle l'a acheté très bon marché et les pages non

1. Roman d'Elizabeth Taylor (1912-1975), paru en 1971.

coupées, dans l'une des rares librairies d'occasion qui survivent à Cambridge.

Josephine avait épousé le grand frère de son tout premier et pas vraiment sérieux petit ami, ce qui, d'après elle, l'a peut-être ramenée à ce sujet environ cinquante ans plus tard. Il y avait eu quelques accrochages, comme parmi frères et sœurs, entre les deux garçons quand ils étaient étudiants. Josephine avait changé d'allégeance en passant de Terry à Alec, et Terry avait été, selon Jo, contrarié outre mesure, la contrariété ayant plus à voir avec Alec qu'avec elle. Elle avait été un pion dans leur jeu.

Terry et elle n'avaient pas été aussi liés que ça, ils n'avaient jamais dépassé le stade du léger pelotage, et Terry n'était décédé que bien plus tard, une fois quinquagénaire. Les parallèles avec l'ensemble de récits portant sur la sœur de l'épouse défunte étaient donc loin d'être étroits.

Mais c'est un sujet intéressant tout de même, du moins pour elle, et Jo explore joyeusement les raisons pour lesquelles le mariage avec la sœur de l'épouse défunte avait été rendu illégal (après avoir jadis été obligatoire, selon certaines interprétations) et était devenu une question si litigieuse entre le milieu et la fin du XIXe siècle. Alors que le mariage avec le frère de l'époux défunt n'avait jamais semblé être vraiment un problème pour qui que ce soit. Y avait-il un lien avec les attitudes envers la sexualité et l'homosexualité masculines et féminines au XIXe siècle ? Ou tout cela n'avait-il à voir qu'avec l'argent, plutôt qu'avec la consanguinité ? Ou bien avec les beaux-enfants, l'économie ménagère et le travail domestique non rémunéré ? Freud, qu'avait-il à en dire, si encore il avait quelque chose à en dire, et est-ce que ç'avait été un problème à Paris et à Vienne ? Dans l'Australie du temps d'Edward VII, c'était très bien d'épouser la S.É.D., mais votre mariage n'était pas reconnu si vous rentriez en Angleterre. Compliqué, mais pratique dans une intrigue, comme l'avaient découvert les romancières.

Dans la Bible telle que Jo la comprend, il est obligatoire et non interdit, pour un homme, d'épouser la sœur de son épouse défunte.

Elle reconnaît que son domaine de recherches est limité et présente peu d'attrait pour le monde universitaire, mais il est aussi valable que les mots croisés du *Times* ou du *Guardian*. C'est un petit plaisir qu'elle s'autorise.

À son âge, elle pense avoir mérité quelques petits plaisirs. Elle est d'accord avec l'école de pensée de Michael Slote, professeur américain d'éthique qui soutient que, durant la vieillesse, nous avons le droit d'adapter nos objectifs, de regarder la télévision pendant la journée et de jouer au palet. (En fait, ce n'est pas ce qu'il soutient, mais c'est comme ça que Josephine Drummond choisit de le lire et ce n'est pas tout à fait une parodie de l'orientation de son raisonnement plus finement nuancé.)

Elle ne sait pas très bien ce qu'est le jeu de palet, mais il évoque des souvenirs de lecture de Jeremy

Bentham sur le jeu des épingles et la poésie. Elle ne saura jamais non plus vraiment ce qu'était le jeu des épingles[1].

De temps à autre, elle se dit que la nature de son étude de la fiction consacrée à la S.É.D. ne dévalue pas rétrospectivement toute la noble entreprise littéraire, le travail de sa vie à la recherche de la vérité et du sens.

En effet, qu'avaient été ses cours d'enseignement dans l'Association hormis une forme de tricot pour solitaires, une échappée pour les personnes confinées chez elles, une façon d'occuper le temps pour ceux qui s'ennuient ? George Eliot, Matthew Arnold, D. H. Lawrence, Joseph Conrad, Samuel Beckett, V. S. Naipaul, Doris Lessing… Le roman postcolonial, le roman féministe. Ils tuent le temps. Voilà à quoi ils servent. Et sur quoi Samuel Beckett a-t-il écrit ? Le fait de tuer le temps. C'était son thème tragique.

Quand elles étaient jeunes, Fran et elle détestaient toutes les deux Beckett. Aujourd'hui, durant leur vieillesse, elles se rapprochent de lui avec méfiance. Elles ont réservé des billets pour une prochaine représentation d'*Oh les beaux jours*, avec Maroussia Darling dans le rôle de Winnie. Mais, comme Fran

1. « Préjugés mis à part, le jeu des épingles a une valeur égale à celle de la poésie » ; ainsi le philosophe anglais (1748-1832) affirma-t-il que tous les plaisirs se valent. Ce jeu très populaire jusqu'au XIXe siècle consistait à prendre une épingle à tête ronde et à la pousser sur la table de sorte à lui faire croiser celle de l'adversaire.

le lui disait l'autre jour, « je suis vachement contente d'être arrivée jusque-là sans savoir ce qu'il racontait. Je suis contente de ne pas avoir mordu à ça quand j'étais jeune. »

C'est une question de calcul actuariel, comme aurait pu le dire Slote. Trois ans à craindre la mort et soixante-dix à quasiment ne pas y penser, ça vaut mieux que ce qu'a fait Beckett, qui semble y avoir pensé sans arrêt.

Tout est dans le *timing*. Tout est dans le fait d'être préparé.

Pourquoi Beckett a-t-il vieilli si prématurément, pourquoi a-t-il passé sa vie d'écrivain dans la contemplation de la mort ? Il y a du temps pour ça plus tard, beaucoup de temps, comme l'ont découvert Fran et Josephine. On n'a vraiment pas besoin de faire ça entre vingt et trente ans, trente et quarante ans, ou quarante et cinquante ans, comme il l'a fait.

Quelque chose à voir avec sa mère, se dit Fran. Jo, pour sa part, croit que c'était sa mauvaise santé persistante et sa vue médiocre. Il manquait d'esprits animaux. De plus, il avait un orteil en marteau, malformation très gênante. Jo aussi en a un. Ce n'est pas un grand lien avec le dramaturge, mais il génère un petit sentiment de parenté posthume.

Le journal télévisé parvient à une fin morne et agonisante au sujet de problèmes sur l'autoroute M11 (Josephine ne partage pas l'intérêt de son amie pour les informations régionales) ; elle rassemble ses laines à tapisserie rose tendre, vert sauge et vieil or dans son petit panier en osier, puis entreprend de longer le couloir et de traverser la grande cour carrée froide et humide pour aller chez Owen.

Parfois, elle fait des tapisseries modernistes, mais elle tente à présent de finir une couronne de roses que l'un de ses petits-enfants lui avait offerte à Noël. Elle le fait par pieuse loyauté envers Sasha, qui a douze ans.

Elizabeth Taylor avait écrit un bon roman intitulé *Une couronne de roses*. Elle le relira peut-être un jour. Ce livre aussi parlait de l'avancée en âge, bien que Jo ne l'ait pas remarqué quand elle l'avait lu, entre trente et quarante ans.

*

Ce soir, Owen espère la surprendre au moyen d'une bouteille d'absinthe, et il y parvient.

« Grand Dieu ! s'exclame-t-elle en regardant avec admiration l'élégante bouteille vert foncé, où donc avez-vous pêché ça ? »

Owen sourit avec fierté et modestie, de son charmant petit sourire de guingois judicieux, rusé et méfiant.

« C'est un ancien étudiant qui l'a apportée », lui dit-il, tandis qu'il dévisse son bouchon et la renifle. « On l'a légalisée, maintenant, me dit-il, mais il m'assure qu'elle a encore une teneur en alcool très élevée. »

Il verse dans leurs verres jumeaux leurs doses généreuses mais bien mesurées, puis ajoute de l'eau à cette potion historique, goutte par goutte. Des gouttes d'eau du robinet de Cambridge tombent d'un décanteur en verre ciselé. Ils regardent l'absinthe se marbrer, se troubler et poursuivre ses propres courants de convection mystérieux. Le vert crayeux, l'odeur étrangère d'anis et de verveine, fatale et prometteuse. Eau et électricité.

Baudelaire, Rimbaud, Degas et Ernest Hemingway entrent dans la pièce et se joignent à *l'hommage**.

Owen est un petit homme, un petit homme léger, actif et réfléchi. Individu très secret, il préfère parler de livres que de parler des gens. Toutes ses relations semblent s'être formées par le biais de la littérature, ce qui est assez fréquent dans une ville universitaire. La vie recluse et solitaire d'Athene Grange lui convient bien. Une fois sa licence obtenue, sa carrière – Cambridge, l'Australie, le Canada, Keele, le Kent – avait été trop itinérante pour lui valoir une sinécure à l'université, et puis de telles sinécures se font de plus en plus rares dans le monde moderne. Ce temps est révolu, le temps où Lewis Carroll, E. M. Forster, Dadie Rylands ou Anne Barton pouvaient vivre dans le confort de chambres de leurs universités bien nanties, en présence de tout ce qui devrait escorter le grand âge : honneur, amour, obéissance, légions d'amis. Des vins sortis de la cave et des domestiques pour nettoyer l'âtre, préparer le feu et changer les draps. Athene Grange est un substitut fonctionnel, abordable et qui ne manque pas de dignité. Et Owen apprécie son amitié régulée et bien définie avec cette belle veuve, Josephine

Drummond, qui n'est pas idiote, non, pas idiote du tout.

Il la regarde faire tourner l'absinthe dans son verre, puis boire une petite gorgée.

« Délicieuse, reconnaît-elle. Délicieuse. »

L'alcool fort, doux-amer, à la puissance adulte mais en même temps à la réglisse enfantine, descend rapidement dans le gosier et monte vite frapper dans le cerveau. Elle le laisse s'embraser, s'apaiser et s'embraser une nouvelle fois, telle une flamme qui couve et qui grignote le papier, flamme qui se demande quand s'allumer et éclater en ses couleurs flamboyantes.

« Et comment se porte Alice Studdert Meade ? », demande-t-il, une fois suffisamment rendu hommage à la nouveauté et au succès de l'absinthe. « Comment vont les pages non coupées ? »

Alice Studdert Meade est la nouvelle découverte de Jo : exemple tardif, peut-être le dernier, du genre littéraire de la S.É.D., et Jo a déjà partagé avec Owen le plaisir qu'elle éprouve à lire un volume que personne n'a jamais feuilleté auparavant. Il connaît la satisfaction sensuelle et la profanation permise que représente le passage du vieux couteau plaqué argent et tout émoussé entre les vieilles pages épaisses aux bords rugueux, et Jo peut désormais lui révéler un peu plus de l'intrigue – pas beaucoup plus, parce qu'il est bien connu qu'écouter le récital des intrigues de livres que lisent les autres, comme les histoires de films qu'ils ont vus, est très ennuyeux. Et, quand on est vieux, on doit prendre soin de ne pas ennuyer.

(« *Une vieille femme ne doit point offenser* » était un aphorisme que Fran avait découvert elle ne sait plus où et cité à Josephine au téléphone. Josephine aurait préféré qu'elle s'abstienne. Fran pense qu'il venait de l'italien, mais elle n'arrive pas à en retrouver la source.)

Mais une phrase ou deux sur *La Parenté fatale* d'Alice Studdert Meade pourraient amuser Owen, et l'amusent.

« Vesey a découvert qu'Olive est peut-être illégitime. Tout dépend de ça. D'un côté, la disgrâce et la privation d'héritage, mais la possibilité de se marier, si elle est illégitime. De l'autre côté, l'honneur, le sacrifice et la séparation, et beaucoup d'argent pour Olive. Je ne peux pas dire quelle direction l'histoire va prendre. Je ne peux vraiment pas dire si c'est une tragédie ou un roman sentimental. Elle a créé une vraie confusion des genres. C'est astucieux.

— On peut généralement dire lequel ce sera, au bout du compte. Surtout avec la fiction commerciale.

— Oui, on peut. C'est un équilibre intéressant. Il va peut-être se passer quelque chose d'extrême. Je n'arrive pas à prévoir le dénouement.

— Donc elle est astucieuse ? Elle vous laisse dans le doute ?

— Oui, elle est astucieuse.

— Et vous n'en avez toujours pas découvert beaucoup plus sur elle ?

— Non. C'est un terrain vierge. Elle a dû naître dans les années 1870 ou 1880. Mais il n'y a pas de notices biographiques, ou pas dans aucun des endroits évidents. Pas même dans les bibliographies féministes.

— Merveilleux, qu'un tel terrain vierge puisse encore exister. »

Owen s'attarde et s'égare sur des terrains mieux défrichés, mais y découvre des indices, des arômes, des pistes toutes fraîches, parfois une vue vers le bas à travers les racines, au pied d'une haie, ou vers le haut, à travers un bosquet.

« Oui, merveilleux », approuve Josephine.

Tous deux se taisent, puis boivent une petite gorgée.

« Ils *s'aiment* vraiment, Olive et Vesey », ajoute Josephine, et très vite, en s'apercevant qu'elle dépasse la limite temporelle du sujet qui l'intéresse particulièrement, elle poursuit : « Et le paysage de nuages, comment va le paysage de nuages ? »

Owen étudie les paysages de nuages chez Gerard Manley Hopkins, Thomas Hardy et John Cowper Powys. Il écrit un article intitulé : « Un nuage en forme de dragon ». Il est amoureux de cette citation *d'Antoine et Cléopâtre.* Et pourquoi pas ? se dit Josephine. Toute sa vie, il a attendu de l'utiliser. L'heure de cette citation est venue.

(Et peut-être aussi celle de Studdert Meade.)

Owen est gallois, ce qui explique pourquoi cette « forme de dragon » l'attire tant[1], avait un jour suggéré

---

1. Le dragon est l'emblème du pays de Galles.

Joséphine. Il n'y avait pas pensé, mais reconnaît que cela se pourrait.

> Parfois nous voyons un nuage en forme de dragon
> Parfois une vapeur pareille à un ours ou un lion,
> Une citadelle et ses tours, un rocher en surplomb[1]…

Les réflexions d'Owen se situent toutes à un niveau plus élevé que les romans d'Alice Studdert Meade.

Mais l'Alice Studdert Meade est tout de même un casse-tête et Josephine est aussi impatiente de découvrir la suite que l'étaient les lecteurs de 1907. Ça, c'est un hommage à un vieux texte.

Owen n'a pas l'air de beaucoup s'intéresser à la contemplation des nuages dans la vie réelle, mais il les poursuit avec diligence en littérature. Les ciels du Cambridgeshire en février ne sont peut-être pas inspirants. Ils sont bas et gris, et pèsent sur l'horizon sans relief. Fran, l'amie de Josephine, parle quelquefois des vastes ciels qu'elle voit depuis sa tour de Londres. Elle voit des dragons, des citadelles et des rochers en surplomb. Elle voit des couchers de soleil apocalyptiques et des cités de feu dans le ciel.

« Ah, dit Owen en réponse à sa réplique sur son

1. Shakespeare, *Antoine et Cléopâtre*, IV, XIV, 2-4, *op. cit.*, p. 967 et 969.

projet concernant les nuages, j'ai découvert hier dans Yves Bonnefoy la formule la plus intrigante possible. »

Le nom d'Yves Bonnefoy ne lui est pas extrêmement familier. Cet auteur arrive après la période qu'elle connaît et aime le plus. Elle sait qu'il s'agit d'un poète et essayiste français, peut-être encore en vie, mais c'est tout ce qu'elle sait de lui. Et c'est bien davantage que ce que savent la plupart des gens.

C'est sans importance, car Owen va le lui dire, mais sans longueurs excessives. Il lui décrit le livre de Bonnefoy qu'il lit actuellement, intitulé *L'Arrière-pays* : il traite d'horizons, de terres intérieures, de ruines et de langues perdues. De ce qui n'est jamais capturé, de ce qui est aperçu à moitié. La vue des vallées et des montagnes depuis le train qui traverse les Alpes, la vue des sables depuis la caravane du désert, la vue de l'île mystérieuse depuis le pont du bateau. Les îles des Bienheureux, qui émergent brièvement des vagues et disparaissent comme l'Atlantide. L'île flottante de San Borondon.

« Bonnefoy a traduit plusieurs pièces de Shakespeare, vous savez », dit Owen.

L'absinthe a teinté leur communion d'une couleur agréable. Leurs esprits bondissent et se rencontrent à un niveau plus intime. Owen voit ses nuages clairement et, sans un mot, communique sa vision à Josephine.

À ce qui pourrait sembler une autre tangente, mais qui n'en est pas une, Owen dit : « Quand je suis allé voir Bennett et Ivor à Lanzarote en décembre, ils m'ont emmené voir les ruines d'un château, les ruines du château de Zonzamas. Nous ne savons pas qui était ou ce qu'était Zonzamas. Un vieux chef de clan guanche, peut-être. Il n'y avait pas grand-chose à voir, rien que des grands blocs de pierre. Sans chaux ni mortier. Rien que des blocs. C'était très évocateur. Ce pouvait être médiéval, ou bien ce pouvait être une installation mégalithique de l'âge de pierre. "*Grands blocs de pierres brutes**." Voilà comment Berthelot les avait décrits. Il en existe une belle esquisse. Avec des chèvres et un chevrier. »

Sabin Berthelot, explique très brièvement Owen, était un ethnographe amateur et naturaliste français, résident des Canaries pendant plusieurs années. Bennett Carpenter s'était beaucoup intéressé à ses œuvres.

Owen est un romantique de bibliothèque, un romantique qui tient de la petite sauterelle desséchée, mais il s'aventure parfois au-dehors et son vieil ami Bennett l'avait attiré jusqu'aux Canaries pour qu'il voie les ruines, les chèvres et le soleil. Si Josephine ne connaît pas Bennett et Ivor, bien que son mari ait fait la connaissance de Bennett, elle a entendu beaucoup de choses (mais évidemment pas trop) sur leur compte. Sir Bennett Carpenter est l'une des connaissances les plus illustres d'Owen. Ils avaient fréquenté la même université, à l'époque où Owen préparait sa licence et apprenait à devenir un partisan de Leavis, et où Bennett, chargé de cours en histoire moderne, se lançait dans ses études révolutionnaires sur la guerre civile d'Espagne. Ils avaient été bons amis durant leurs études à Cambridge et leurs chemins s'étaient croisés ultérieurement dans d'autres parties du monde, dans des universités lointaines. Ils étaient restés en contact. Ils avaient une histoire ensemble, et une suite.

Josephine a l'intention de lire *Le Moissonneur et le blé*, le premier et le plus célèbre des ouvrages de Bennett, Owen l'ayant encouragée à lui emprunter son exemplaire ; elle espère qu'Owen ne va pas lui demander ce soir où elle en est, car c'est à peine si elle l'a ne serait-ce qu'ouvert. Owen ne lui avait pas imposé cet exemplaire, mais, à son retour des Canaries, il avait beaucoup parlé de Bennett et Ivor, d'une façon extraordinairement enthousiaste, et elle avait écouté avec intérêt, intriguée par ses descriptions de la manière – typique des climats chauds et des expatriés – qu'avait ce couple de régler le problème de la vieillesse et du logement pour seniors. Elle avait même trouvé le temps de s'inquiéter par procuration de ce que serait le destin éventuel du jeune – mais pas si jeune – Ivor quand Bennett mourrait. Elle s'était fait une image très nette de leur demeure volcanique spectaculaire en tuf noir et chaux bien blanche, toute de grottes et de bulles, et des pointes écarlates, roses, gris olive, vert tilleul et jaune acidulé de leur jardin d'euphorbes. Owen n'appartient pas à la génération qui photographie tout ce qu'elle voit, mais il lui avait fourni oralement une bonne description de La Suerte.

La terre a des bulles, comme l'eau[1].

Des mots, des mots, elle vit dans les mots. Et Owen aussi.

Elle se demande à présent si Owen va se sentir incité à évoquer l'ouvrage de Bennett (une première édition à l'inscription énigmatique : « *Pour Owen England, de la part de Bennett Carpenter, avec de plus grandes espérances* »). Mais il n'en fait rien. Il y a longtemps qu'Owen n'a pas regardé le chef-d'œuvre de Bennett et il en a largement oublié le contenu. Son esprit vagabonde à présent autour des ruines incompréhensibles, en compagnie de Bennett, d'Ivor, de Sabin Berthelot et du poète français vieillissant. Oui, poursuit Owen, « Yves Bonnefoy aurait aimé ces pierres. Il aimerait cette formule : *Grands blocs de pierres brutes**. Il raffole des vieux guides. Et des vieilles photos. Et des vieilles cartes postales. Et des expressions d'autrefois pour décrire les paysages. Il vit toujours, mais il doit avoir plus de quatre-vingt-dix ans maintenant. C'est un grand homme[2]. »

« *La malinconina distesa delle colline crestàcee* », entonne Owen, en quelque sorte pour lui-même. « L'étendue mélancolique des collines argileuses[3]... »

Owen se lève, car l'heure de la séparation approche

1. Shakespeare, *Macbeth*, I, III, 79, *op. cit.*, p. 317.

2. Signalons que ce poète, né en 1923, est décédé le 1er juillet 2016.

3. Yves Bonnefoy, *L'Arrière-pays*, Paris, Gallimard, « Poésie », 1972, p. 34.

et il veut lui montrer son exemplaire de *L'Arrière-pays*, de Bonnefoy, qu'elle ait envie de le voir ou non. C'est un petit livre étrange, trapu et étonnamment lourd, produit à grands frais par un petit éditeur spécialisé. Elle le soupèse d'un air pensif.

Owen souhaite lui faire remarquer l'une des illustrations, celle de Mondrian : *Le Nuage rouge.* C'est un tableau que Josephine n'a jamais vu et il remonte à une période de l'œuvre de Mondrian qu'elle ne connaît pas très bien. Elle connaît son style tardif et le plus célèbre, et il y a longtemps, dans le lointain Missouri, elle avait fait une tapisserie (esquissée pour elle sur le canevas par le cadet de ses fils) reproduisant l'un de ses rectangles rouges, noirs et jaunes. Mais cette étrange tache qui flotte librement, d'un rouge supraterrestre et cependant terrestre, tache qui plane au-dessus de sillons dignes de Van Gogh, est, comme le dit Owen, saisissante.

« Fauve ? murmure Jo timidement. Est-il passé par une phase fauve ? »

Owen n'écoute pas. Il a repris l'ouvrage dans ses mains légèrement arthritiques, aux taches brunes et aux phalanges jaunes, il tourne les pages et regarde les images à l'aspect maculé, mais profondément évocatrices, de tableaux italiens, d'églises, d'anges, de cabanes, de déserts et de versants de montagnes. Il cherche, il cherche. Un paysage perdu, un havre, un mirage, un air qui tue et qui pourtant revient en vibrant à la vie. Un charbon, incandescent.

Quand Jo sera partie, il prendra sa première

cigarette. Il en fume deux par jour, toujours dans la solitude.

« C'est l'heure de m'en aller », dit Josephine, qui remet en ordre ses laines dans son panier à ouvrage. Elle a fait deux ou trois points vert mousse depuis son arrivée. C'est un travail lent, mais rien ne presse pour le finir.

Boîte à ouvrage. Panier à ouvrage. Travaux d'aiguille. Travaux de femmes. Travail. Éthique du travail.

Grands lecteurs, Josephine et Owen sont chacun très attachés à leur Kindle, l'un des premiers modèles, mais, en se levant tout doucement, Josephine se dit que le curieux livre de peinture d'Owen et l'exemplaire d'Alice Studdert Meade daté de 1907, à la reliure bleu nuit et aux lettres dorées, dans lequel elle passe lentement le couteau pour en découper les pages, offrent des satisfactions que ne procure pas une liseuse électronique, ni une tablette. Elle songe à formuler cette impression, mais n'arrive pas à trouver les mots. Elle y réfléchira et y reviendra peut-être lors de leur séance de la semaine prochaine, quand Owen viendra de son côté de la grande cour carrée prendre un verre de Laphroaig – oui, elle pense que ce devrait être du Laphroaig.

*

Les bibliothèques signifient autant pour Josephine que les explorations de l'Angleterre pour son amie

Fran, qui ne tient pas en place. Elles confirment un statut, confèrent une identité. Quand Josephine Drummond va dans les bibliothèques qu'elle fréquente le plus souvent, on la reçoit avec un certain degré de reconnaissance. On lui remet parfois ses livres sans qu'elle ait à les demander nommément. Cela n'arrive pas à la British Library de Londres, bien qu'elle ait parfois droit, même là-bas, à un signe de tête amical, mais à Cambridge on la connaît bien. Contrairement à certaines femmes âgées, elle est facilement reconnaissable, voire mémorable. Grande, les traits marqués, elle ne déclinera jamais au point de devenir une petite vieille, avec tous les avantages et désavantages qu'apporte ce statut. Josephine croit peut-être avoir l'air discrète, mais elle ne peut s'empêcher d'attirer l'attention. Elle n'a pas l'air excentrique (ou du moins est-ce l'opinion réfléchie de son amie Fran), mais elle n'a pas l'air insignifiante. Sa carrière n'a pas été illustre, mais ç'a été une carrière, pour ainsi dire, et elle n'est pas encore tout à fait terminée.

Fran gagne encore sa vie et paie encore ses impôts. Josephine, elle, vit de pensions et s'occupe au moyen de tapisserie, d'absinthe et de sœurs d'épouses défuntes. Elle dispense également un cours hebdomadaire, qui a lieu le matin, consacré à la poésie (actuellement *De la vieillesse et du concept de style tardif*, qui traite de Yeats, Hardy, Dylan Thomas, Peter Redgrove, Robert Nye et autres), mais le salaire qu'elle en retire ne lui suffirait guère à acheter des aiguilles à tapisserie, et sûrement pas de la laine à tapisserie, qui est devenue très chère. Son enseignement est un petit plaisir qu'elle s'accorde. Mais c'est une manière de rester en contact avec ce qu'il y a de meilleur.

Les sœurs d'épouses défuntes sont méconnues, ce qui est intéressant, mais elles ne sont pas ce qu'il y a de meilleur.

Josephine traverse la cour carrée glaciale, elle entend le maigre filet d'eau de la fontaine.

À dix heures, lorsqu'elle va se coucher pour sa demi-heure de lecture avant de s'endormir, elle prend *La Parenté fatale* et lit une page ou deux, mais décide d'ajourner son dénouement jusqu'au lendemain matin, où elle sera plus alerte et l'appréciera davantage. Elle ne veut manquer aucune des surprises minutieusement préparées. Elle préfère se tourner vers *Le Moissonneur et le blé*, de Bennett, l'ami d'Owen, sur la guerre civile d'Espagne, qu'elle compte aborder depuis tant de semaines, mais sans y parvenir. Ce livre est censé être un classique, il a été réimprimé et mis à jour plusieurs fois. Elle contemple de nouveau la dédicace énigmatique, rédigée à la main il y a environ quarante ans dans une encre bleue aujourd'hui passée, et se demande ce que le jeune Bennett avait voulu dire par « *avec de plus grandes espérances* ».

Owen et Bennett avaient peut-être été amants, toutes ces années plus tôt. La vie privée d'Owen, s'il en a une, a été très privée et lui est pour l'essentiel inconnue. Rien d'étonnant à cela, puisqu'elle ne l'a pas rencontré avant qu'ils n'aient tous deux soixante-dix ans et quelques.

Elle a le sentiment que Christopher, le fils de Fran, est actuellement aux Canaries. Elle a connu Christopher toute sa vie. Il jouait au football avec ses fils Nat et Andrew à Romley Marshes[1] quand ils étaient petits, et elle se dit que maintenant, ils restent de temps à autre en contact sur Facebook, quoi que cela puisse signifier. C'était un petit garçon très séduisant et très sympathique, le jeune Christopher.

Elle est trop fatiguée pour se mettre à lire sur le général Franco, l'Afrique du Nord, le POUM, le NKVD, George Orwell, Tom Wintringham et Esmond Romilly à cette heure de la nuit, mais elle feuillette les illustrations, qui comprennent une reproduction médiocre de *Guernica*, des cartes d'emplacements de batailles et un portrait de Miguel de Unamuno. Il y a aussi des photos de Stephen Spender, Julian Bell, John Cornford, Jessica Mitford et autres personnalités britanniques associées à cette période et désormais célèbres, dont elle reconnaît certaines. Parmi elles figure un dessin au crayon, saisissant et fort réussi, d'un beau jeune homme qu'elle ne connaît pas, vêtu d'une chemise à col ouvert et qui affiche un air modeste de bravoure nonchalante. Elle jette un œil à la légende et découvre qu'il s'appelle Valentine Studdert Meade,

1. Littéralement : « Marais de Romley ».

nom peu commun qui n'évoque rien en soi, mais qui la frappe néanmoins d'un éclair de réminiscence. Il ne peut pas y avoir tant de Studdert Meade que ça, donc cet homme doit avoir un lien avec la romancière des sœurs d'épouses défuntes. (C'est un dessin d'Augustus John[1], mais elle ne prend pas encore la peine de noter ni ne retient qu'il avait été commandé par l'Association internationale des artistes au profit de l'Espagne républicaine.)

Il doit y avoir ici un indice concernant Alice Studdert Meade, à cet endroit assez improbable et découvert plus ou moins par hasard.

Voilà, se dit-elle tristement mais avec satisfaction, ce qu'est le savoir dans toute sa futilité. Elle passe à l'index pour en découvrir davantage sur Valentine et constate qu'il existe plusieurs références éparpillées au début et un petit groupe en milieu de volume, qui marque probablement sa mort. Il y a aussi un index biographique, ce qui est bien utile : « Merci, Bennett, dit-elle tout haut au vieillard qui se trouve dans le jardin de cactus aux Canaries, merci. » Elle a toujours été en faveur des index biographiques et devient de plus en plus dépendante d'eux, à mesure que sa mémoire se fait moins fidèle, comme elle dit.

Studdert Meade, Valentine (1911-1937) : Diariste et artiste, né à Cambridge, fils cadet du classiciste

1. Peintre gallois (1878-1961) dont la sœur aînée Gwendolen, dite « Gwen » (1876-1939), fut la maîtresse de Rodin.

Hubert Studdert Meade et de la romancière mineure Alice Studdert Meade. A étudié à Saffron Walden, puis à King's College, Cambridge. A étudié les beaux-arts à la Slade School et travaillé comme chauffeur d'ambulance au service de l'Aide médicale à l'Espagne durant la guerre civile d'Espagne. A été tué dans des circonstances obscures en février 1937, durant la bataille du Jarama, tout juste à l'est de Madrid.

C'est ici, de manière aussi inattendue, que se trouvent des indices. Il y a beaucoup d'éléments ici sur lesquels travailler.

Boîte à ouvrage. Travaux de femmes. Travaux d'aiguille.

Sir Bennett n'aurait pas pu se permettre l'expression « romancière mineure » aujourd'hui. Quant au « classiciste » Hubert, à ce qu'elle sait, il est désormais bien oublié. Les classicistes ne pèsent plus bien lourd aujourd'hui, ils sont encore moins appréciés que les romancières édouardiennes mineures. Ils ont fait leur temps.

Elle devine que Valentine était issu d'une famille quaker. Alice aussi était peut-être quaker. Jo ne le savait même pas. Elle a appris très peu de choses sur son compte jusqu'à présent, pas même la date de sa mort. Il y a encore beaucoup à découvrir.

Bennett Carpenter a dû se servir des journaux de Valentine. Mais ils ne sont jamais devenus des ouvrages grand public, ils ne l'ont jamais rendu célèbre comme John Cornford, Julian Bell ou Esmond Romilly.

On ne se décrirait jamais soi-même comme diariste, si ? C'est une étiquette posthume.

Elle n'a jamais pris la peine de tenir un journal.

Josephine ne sait pas si, ou combien de temps, Alice avait survécu à la mort tragiquement précoce de son fils Valentine. Peut-être avait-elle tenté de le persuader de ne pas partir, tout comme la famille de Julian Bell avait tenté de le dissuader. Vers la fin de sa vie, elle n'écrivait plus beaucoup. La plupart de ses romans appartenaient aux périodes édouardienne et georgienne. Écrivait-elle pour l'argent ou bien pour le plaisir ? Jo ne le sait même pas.

Josephine Drummond passe les doigts dans son épaisse et lourde chevelure, puis pose les livres ensemble sur sa table de chevet. Mère et fils. Réunis, ils peuvent se parler tout bas à travers les couvertures rigides, à travers les pages nouvellement coupées.

La vie posthume des lettres.

Trop de lecture lui a embrouillé l'esprit.

*

Francesca Stubbs s'obstine à monter les nombreux escaliers de sa tour de béton et remarque au passage les nouveaux graffitis. Sa fortitude lui fait serrer les dents, elle soulève avec lassitude son sac d'une épaule sur l'autre et mesure le chemin qu'elle parcourt jusqu'en haut. Comme une enfant, elle s'encourage à poursuivre et à monter grâce à des chansonnettes qui aident à grimper et à compter. *Le Grand duc d'York*, *Un, deux, mets la boucle à mon soulier*, *Dix bouteilles vertes*, *Les Garçons blancs comme le lys.* Elle chantait *Dix bouteilles vertes* à Christopher et Poppet quand ils étaient bébés, tout en les berçant dans le fauteuil à bascule. Heure après heure, heure après heure.

À l'autre bout de Londres, Claude Stubbs a attiré par ruse Persephone dans son lit. Ce n'est pas professionnel, mais elle a succombé à son charme et à son autorité, à la chaleur et au confort du lit en ce jour de froidure. Il ne l'a pas attirée très loin à l'intérieur du lit, car elle est allongée près de lui, tout habillée sous une couverture en mohair, mais sur la couette. C'est la Belle et la Bête. D'une voix plaintive, dans son style de bébé-vieillard illustre, Claude dit que tout ce qu'il veut, c'est un câlin. Elle rétorque, sans faiblir mais non sans flirter, que c'est tout ce qu'il obtiendra.

Ils mangent des biscuits aux amandes « faits à la main », petits mais onéreux, qu'ils prennent dans une boîte kitsch en fer-blanc décorative et faite pour offrir, boivent du madère et regardent un jeu télévisé où l'on voit un alphabet géant tout en néons et des devinettes élémentaires sur l'orthographe des mots. De temps à autre, Persephone s'écrie avant même les candidats. Claude ne se donne pas la peine de se joindre à elle, mais il la félicite en la serrant très fort quand elle trouve la bonne réponse.

Les biscuits et le madère sont des cadeaux d'un

ancien malade reconnaissant. Des comme ça, il en reçoit pas mal.

Certains de ses patients sont plus reconnaissants qu'il ne le mérite. Il n'a pas ôté assez au porte-parole du cabinet fantôme pour les Affaires intérieures. Il aurait dû être plus hardi avec le fantôme sur son poumon. Si Claude avait creusé plus profondément, l'homme serait en vie aujourd'hui.

Persephone aime bien Claude. Il est son client préféré, lui dit-elle. Il la flatte et il la fait rire. Il est généreux, il est drôle, il ne représente aucun genre de menace et il n'a pas peur d'être malade ni de mourir subitement dès qu'elle quitte la chambre. Ce n'est qu'un obsédé sexuel à l'ancienne.

Elle n'aime pas les timorés.

À la fin de l'émission, elle fourrera dans le microondes une des assiettes-repas de Claude préparées par son ex-femme, puis la lui donnera avant de partir. Il a bien de la veine, lui dit-elle de temps à autre.

Elle n'a jamais rencontré Francesca Stubbs, mais elle a vu de nombreuses preuves de sa cuisine maison traditionnelle, saine, bourgeoise et légèrement démodée.

Claude mate la présentatrice aux seins énormes, sa lèvre supérieure bizarre, proéminente, et son sourire particulier, tout en dents. Trop de dents, trop de gencives rose vif. *Jolie laide**, ou bien est-ce le nouveau look ? Il pense à Fran.

Fran, avec son corps parfait de vingt et un ans

et ses petits seins bien fermes. On ne voit plus ces corps-là, aujourd'hui. Maintenant, les filles sont soit trop maigres, soit trop grosses, mais Fran, elle, était parfaite. Elle est ratatinée et maigrichonne, maintenant, mais à l'époque elle était sans défaut. Malgré cela, ils étaient zéro au lit tous les deux, ils ne trouvaient jamais le bon *timing*, et pourtant elle était tombée enceinte beaucoup trop facilement, beaucoup trop tôt, deux fois en trois ans, et ça n'avait été bon ni pour lui, ni pour elle. Il le lui reprochait, dans le temps, mais maintenant que tout ça lui a passé, il se sent assez grand pour s'apercevoir que c'était peut-être en partie de sa faute.

Un corps parfait et un cerveau parfaitement adéquat. Mais jamais tranquille, insatisfait.

Elle n'arrivait jamais à se détendre, cette femme, elle voulait toujours plus, toujours quelque chose de différent, quelque chose d'autre. Elle avait trop d'énergie physique et mentale, et elle n'avait jamais trouvé quoi en faire. Mais les enfants avaient bien tourné, à peu près bien, très bien quand on regarde ce qui est arrivé aux enfants des autres. Quand on regarde une génération de drogués, de banquiers tombés en disgrâce, de politiciens incompétents ou tombés en disgrâce. D'escrocs en matière d'implants mammaires, de chirurgiens esthétiques aux mauvais résultats. De comiques en solo, de soi-disant magnats de la presse, de cambrioleurs.

Christopher Stubbs, Poppet Stubbs. Son fils et sa fille. Ils ont survécu.

Il se demande si Hamish avait réussi à apaiser le corps vivant de Fran, s'il avait réussi à la calmer. Mesquin, il espère que non. Mais dans un cas comme dans l'autre, Hamish est mort, maintenant, et Fran doit poursuivre son chemin toute seule.

Christopher s'est assuré une carrière par la frime. Voilà l'opinion caustique de son père. Beau, décontracté, il est fait pour la télévision. Poppet, c'est une autre paire de manches. Sérieuse, sans humour d'après lui et probablement plus intelligente que son frère, elle est obsédée par la mort imminente de la planète. Elle travaille pour une agence environnementale, elle traite les statistiques. Elle lui dit qu'il est néo-malthusien, quoi que cela puisse être. Elle n'a pas d'enfants.

Christopher en a deux, ainsi qu'une ex-femme dont Claude a oublié le nom. Effie ? Ellie ? Quelque chose comme ça. Claude aime bien Christopher, voire l'admire, à contrecœur, et sans pour autant l'avouer ne serait-ce qu'à lui-même, il regrette qu'il ne vienne pas voir son vieux père plus souvent.

La mère de Poppet, son ex-femme Francesca, se préoccupe de ce qui s'avérera peut-être un jour le problème transitoire du processus de vieillissement du corps humain, et de la question de savoir si, à très court terme, ses inconvénients seront de jour en jour susceptibles d'amélioration. Elle pense que cela en vaut la peine. Elle pense que le projet visant à ce que les personnes âgées soient plus à l'aise, souffrent moins, paniquent moins, vaut la peine d'être poursuivi. C'est incohérent de sa part, car elle ne se met pas si à l'aise que ça, d'après lui. Elle conduit elle-même. Trop durement, trop vite. Elle aura de la chance si elle ne finit pas dans un carambolage sur l'autoroute.

Claude se fiche royalement de ce qui arrivera à la planète quand il sera parti. Et la vie posthume saura se débrouiller. Poppet, elle, pense que nous devrions tous nous inquiéter pour les générations futures et au sujet de la vie posthume de la planète. Même si ou parce qu'elle n'a pas d'enfants. Elle voit la planète comme une créature consciente douée de droits et d'une vie qui lui sont propres. C'est clairement ridicule. La planète n'est que matière. Comme nous.

Le bras de Claude est à son aise autour du dos de la chaude, de la docile, de l'indifférente Persephone, suprêmement saine. La main de Claude repose dans un geste amical sur la pente de son sein ferme, âgé de trente-cinq ans. Avec elle, on en a plein les bras. Ses seins sont plus gros, plus mûrs que ne l'étaient ceux de Fran.

Mais ceux de Fran étaient parfaits. Il ignore pourquoi il pense à eux en ce moment.

Claude est certain qu'il va mourir avec aisance. Il mourra ici, au lit, confortablement, en renonçant facilement à l'état de conscience quand viendra l'heure. Il mourra dans son sommeil, comme son père, de l'une de ces extinctions subites et indolores, une bonne mort subite par arythmie. Il n'aura pas de crise cardiaque en montant un escalier humide trempé d'urine et jonché de sacs en plastique et de préservatifs, ni ne percutera l'arrière d'un camion sur l'autoroute M1, ni ne s'attardera sur un lit d'hôpital à gémir, murmurer, montrer les dents et lancer des coups, bourré d'oxycodone et de midazolam.

Vous ne le trouverez pas se laissant mourir de faim à l'aéroport, ni noyé sur une plage lointaine.

Il est étrange qu'il ait cette assurance. La douleur, la peur de la douleur et la mort, il en a vu davantage que la plupart, dans sa vie professionnelle. Il a vu des patients souffrir le martyre, sans aucune perspective de bon résultat, qui s'accrochaient à une existence insupportable, qui espéraient retarder la fin par tous les moyens, chirurgicaux ou médicaux. Certains sont prêts à se plier à tout plutôt que de se rendre et, en leur nom, leurs proches épouvantés et souvent épouvantables le sont aussi. Il sait que la plupart des chirurgiens opèrent trop, parce qu'ils le peuvent, parce qu'ils sont censés le faire, parce que c'est ce qu'ils font. Ils tailladent, rognent et réduisent jusqu'à ce qu'il ne reste plus grand-chose de la personne pour apprécier tout cet effort. Juste un torse, comme un empereur détruit. Lui-même, il l'a fait, en son temps. Mais il sait que cela ne lui arrivera pas. Il n'aura pas besoin ni ne réclamera de ces interventions trop judicieuses, l'élagage radical. Il a rempli tous les formulaires. Il a sa pilule magique.

La mort, il l'a tellement vue qu'elle ne lui fait pas peur. Sur ce point, il a de la chance. L'inverse aurait pu se produire. Il a vu l'inverse se produire. Certains de ses confrères sont des lâches.

Il est parvenu à la conclusion que c'est une question de chance et non de caractère ou de vertu.

Certaines personnes craignent la mort tout au long de leur vie. D'autres n'y pensent pas beaucoup, sauf quand ils le doivent.

La mort a été son gagne-pain.

*

Quoi, celui qui retranche vingt années de vie
Retranche autant d'années passées à craindre la mort[1].

*

Du point de vue en altitude situé près du restaurant de Nazaret, où ils ont fait une pause afin d'admirer le panorama du soir avant d'entrer dîner, Christopher Stubbs regarde vers le bas. Appuyés au muret blanc et tiède, ils écoutent le coassement incessant, vif et tapageur de grenouilles dans une mare quelque part au bord du chemin qui s'assombrit. Ils voient les flancs de volcans éteints, les lumières de petits villages de vacances qui s'étalent en contrebas, l'horizon plat

1. Shakespeare, *Jules César*, III, I, 100-101, traduction de Jérôme Hankins, in *Tragédies I*, préface par Anna Barton, édition publiée sous la direction de Jean-Michel Déprats avec le concours de Gisèle Venet, Paris, Gallimard, « Bibliothèque de la Pléiade », 2002, p. 553.

de l'Atlantique, l'expansion et l'explosion des étoiles dans le ciel au-dessus de leurs têtes.

Il fait froid et humide en Angleterre, mais ici, à Lanzarote, l'air est doux.

Ivor désigne l'unique tour d'habitation de Lanzarote, visible à leur droite et qui s'élève au bord de l'île, dans la baie du port d'Arrecife. Après avoir été témoin de la multiplication des horreurs touristiques de Tenerife, César Manrique était parvenu à faire cesser la construction d'une tour ici. « Cet immeuble peu élevé a été construit pour fournir des logements sociaux, dit Ivor, mais ça n'a pas marché, il a été abandonné et vandalisé, et, pour finir, sauvé et converti en hôtel. »

Ivor pense signaler à Christopher qu'il souffre de vertige, mais il s'abstient.

Le restaurant spectaculaire est creusé en tunnels et dégagé en alvéoles dans les parties creuses du haut versant de la colline. On dirait une version plus grande, plus haute et plus verticale de la maison de Bennett et Ivor. Comme promis, il est extraordinairement pittoresque. Il comprend des alcôves, des petits lacs, des passerelles, des escaliers, des grottes éclairées à la lanterne. Omar Sharif l'aurait gagné puis perdu au bridge, dit-on.

Bennett n'a jamais rencontré Omar Sharif, mais, fait plus important, il connaît l'Astronome royal, et celui-ci lui a fait visiter l'observatoire situé sur l'île de La Palma. Au-dessus de sa portion minimaliste de filet de bar, Bennett disserte à propos de l'hypothèse selon laquelle le volcan encore très actif de Cumbre Vieja, sur la côte ouest de La Palma, pourrait entrer en éruption et propulser dans l'Atlantique un morceau énorme de masse terrestre des Canaries, provoquant ainsi vers l'ouest un raz-de-marée considérable, de vingt mètres de haut, « aussi haut que la colonne de Nelson », qui se déplacerait à la vitesse d'un « avion à réaction ». La chute d'une plaque de roche faisant « deux fois la taille de l'île de Man » créerait un tsunami qui détruirait tout d'abord Tenerife, puis anéantirait deux tiers de la population de Casablanca et de Rabat, inonderait le sud de l'Angleterre et, avant de décroître, engloutirait New York et la majeure partie de la côte est, dit Bennett avec délectation. Il ne s'apaisera pas avant de rencontrer la terre ferme, et cette rencontre, c'est la mort.

« Ce sera pire que le tremblement de terre de Lisbonne », dit Bennett d'un air joyeux.

Après ce petit discours animé, Bennett sombre dans un brusque silence. Il tente de situer le souvenir fluctuant d'un roman catastrophe intellectuel qu'il a lu ou dont il a récemment entendu parler, dont il sait qu'il aurait un lien avec le sujet, mais il n'arrive pas vraiment à retrouver ni l'auteur, ni le titre. Il n'arrive pas à maîtriser ce souvenir. C'est contrariant, il oublie trop, ces temps-ci ; mais ça va peut-être lui revenir. Le livre est une ombre à la dérive, détachée et flottant confusément dans son esprit. Il mastique un moment, distrait, comme si ses pensées se mettaient à retourner vers son enfance, ainsi qu'elles le font si souvent ces temps-ci. Écolier, il avait été fan de Jules Verne. *Voyage au centre de la Terre. L'Île mystérieuse.* Caché dans la salle des chaudières pendant plusieurs heures joyeuses et sans risque, il évitait le sport et dévorait ces volumes palpitants.

Ivor n'aime pas la façon dont Bennett s'est retiré en lui-même et laissé dériver, mais il dissimule son angoisse toujours en éveil.

Christopher, qui n'a jamais entendu parler de ce scénario catastrophe particulier au sujet de Cumbre Vieja, s'en trouve intrigué. C'est une perspective dont la nature extrême est satisfaisante, et un désastre que l'on ne pourrait pas mettre sur le compte de l'action humaine. La crête volcanique est instable, c'est comme ça et pas autrement. Elle n'a pas été rendue branlante par les réfrigérateurs, les bombes de laque pour les cheveux, le TNT, les gaz d'échappement, le SIDA ni la surpopulation de la planète. Elle est comme elle est. L'île n'a jamais eu une population dense et les humains ont peu d'effet sur elle.

Même Poppet, la sœur de Christopher, qui s'en prend à l'action humaine comme responsable de la plupart des maux de ce monde, aurait du mal à s'en prendre à une éruption volcanique. Un volcan est innocent et pur.

Christopher se souvient vaguement avoir appris à l'université que le tremblement de terre de Lisbonne (il sait qu'il a eu lieu au XVIIIe siècle, mais sans pouvoir le dater plus précisément) a été la cause de nombreux questionnements philosophiques angoissés à l'époque, tant de la part de chrétiens que de déistes et d'incroyants qui cherchaient à justifier les voies du Seigneur envers l'homme.

Peut-être cherchons-nous tous un agent neutre pour nous anéantir. Un astéroïde, un tsunami, un raz-de-marée.

On *aspire à la tombe.*

De préférence pas une civilisation supérieure venue des autres univers. Nous ne voulons pas que ce soit la supériorité qui nous détruise. Si ?

Ici, alors que Christopher mange son accompagnement salé de *papas arrugadas* ridées, l'enchaînement de ses pensées illustre à quel point il est le fils de sa mère. Voilà comment pense Fran, et Christopher a beau ne pas s'apercevoir qu'il pense à Fran, qu'il pense en mode Fran, c'est exactement ce qu'il est en train de faire, sur une couche archéologique sédimentaire très ancienne de son esprit installée il y a longtemps.

Fran, comme Bennett, s'est toujours intéressée aux tremblements de terre.

Poppet[1] (comment ce sobriquet a-t-il pu rester à sa sœur féroce ?) a des opinions différentes, mais elle s'intéresse aussi à l'apocalyptique. Poppet (en se le rappelant, son frère écluse le fond d'El Grifo et espère qu'Ivor va commander une autre bouteille) est pleine d'un genre de colère rentrée, qu'elle transfère sur les problèmes nationaux et mondiaux. Elle

1. Poppet est un terme affectueux équivalent de « petit chou ».

a des perspectives très longues et très inhumaines. *Ah, Poppet, petite sœur.*

El Grifo, le vin local (et Ivor, vigilant, a entretemps commandé une autre bouteille), a un petit griffon sur son étiquette, mais Bennett lui dit qu'El Grifo n'a rien à voir avec les griffons ni les dragons : cela signifie en vérité : « le robinet. » Cette appellation est un jeu de mots : *El Grifo*, « le robinet ».

Dans le temps, Fran chantait pour les endormir.

Oui, voici qu'arrive une autre bouteille verte de vin blanc.

Dix bouteilles vertes, posées sur le mur.

Christopher se récite parfois ces vers lorsqu'il reste allongé sans dormir à l'hôtel, en terre peu familière, dans un fuseau horaire inconnu. Il ne sait pas que sa mère s'escrime à monter son escalier punitif en se les remémorant, elle aussi.

Je t'appelle : viens à l'antique escalier en spirale[1]…

Bennett émerge de sa rêverie, qui n'a pas établi de lien avec le souvenir enfoui du roman perdu dont il essaie de se rappeler le titre, donc il préfère leur parler des grandes éruptions volcaniques survenues à Lanzarote dans les années 1730 et qui avaient créé les beaux paysages de Timanfaya, arides et couverts de sucre glace. Un édit promulgué par Philippe V d'Espagne ordonnait la peine de

1. W. B. Yeats, « Un Dialogue entre le moi et l'âme », *L'Escalier en spirale*, présenté, annoté et traduit de l'anglais par Jean-Yves Masson, Lagrasse, Verdier, 2008, p. 25.

mort pour quiconque essayait de fuir la lave et de quitter l'île de Lanzarote pour Grande Canarie ou Tenerife. Christopher a envie de demander si ces éruptions étaient un présage du tremblement de terre de Lisbonne (qui doit sans doute avoir eu lieu un peu plus tard...), mais, avant qu'il n'en trouve le temps, Bennett est passé aux souvenirs de son désir d'enfance de voir un raz-de-marée. Il sait que l'expression « raz-de-marée » n'est plus très usitée, mais Bennett la préfère au terme japonais ultra-moderne de « tsunami », actuellement en vogue. Il décrit comment, lors des vacances en famille, accablé d'ennui et tourmenté par l'angoisse existentielle prépubère, il restait assis sur la vaste plage du Norfolk où il avait appris à nager et contemplait l'horizon plat et distant de la mer du Nord en imaginant avec envie une immense vague enflée qui se soulevait et avançait inexorablement vers le campement familial de chaises longues, coupe-vent, châteaux de sable, serviettes et battes de cricket. Ce n'était pas une perspective très probable, sur ce terrain plat et non volcanique, mais le petit Bennett l'ignorait, à l'époque.

« J'aimais bien aussi regarder les baleines, dit Bennett d'un air un peu nostalgique. Devant l'île de Vancouver. Tu te souviens de ces baleines, Ivor ? Je continue d'espérer qu'ici on verra des dauphins, mais on n'en voit pas. Il faut aller à La Palma, ces temps-ci, pour voir des dauphins. Je ne crois pas que je retournerai à La Palma un jour. Ce n'est pas très loin, mais ces petits aéroplanes Binter[1] font beaucoup de secousses. »

Ivor sent que Bennett se rapproche trop de sa marotte : la raison pour laquelle les insulaires des Canaries avaient oublié comment naviguer. Il se risque à ramener la conversation à la dernière visite de Christopher en suggérant que Christopher aurait peut-être envie, demain, d'effectuer le trajet court et sûr à bord d'un ferry Fred Olsen pour les accompagner à Fuerteventura. Ils pourraient rendre visite à Simon Aguilera, leur ami commun. Lui aussi, dit Bennett, habite une maison remarquable, qui mérite la visite – ils l'avaient peut-être mentionnée en décrivant Simon à Sara comme source potentielle d'informations locales… Il possède des tableaux superbes, comme Christopher le sait probablement. Dans sa retraite, Aguilera a développé beaucoup d'intérêt pour la tragédie des *immigrantes* et il a commandé des œuvres d'art qui doivent être exposées dans l'une des anciennes tours de la Faim. Christopher aimerait peut-être voir la tour de la Faim… C'est l'un des plus anciens édifices de l'île. C'était une réserve de céréales, il y a longtemps, pendant les périodes d'urgence.

Simon Aguilera avait signé la pétition de Namarome et parlé de cette militante à la télévision espagnole, mais elle n'avait pas voulu le recevoir sur

1. Binter Canarias : compagnie aérienne espagnole.

son tapis à l'aéroport, vu qu'elle désapprouvait le fait qu'il avait tué sa femme.

Bennett prend goût à l'idée d'un voyage à Fuerteventura. Il apprécie toujours de faire une excursion sur l'autre île et Simon est toujours content de les voir.

Oui, voilà ce qu'ils vont faire.

Pilar, la femme de Simon, leur offrira une collation tardive.

En reprenant la route pour La Suerte, Ivor reconnaît que le hasard de la compagnie obligeante et réconfortante de Christopher lui procure un soulagement disproportionné, presque sinistre, et il se demande s'il ne peut pas le retenir plus longtemps sur cette île enchantée, ou peut-être l'inciter à revenir un autre jour.

Bennett a parlé plusieurs fois à Ivor de la théorie de Plutarque voulant qu'Ogygie, l'île de Calypso, sur laquelle la nymphe avait sept ans durant retenu Ulysse prisonnier de ses ruses, ait réellement été l'une des Canaries. Ivor n'a pas d'opinion sur cet aspect de la topographie mythologique, mais il ne voit pas pourquoi ce ne serait pas possible.

Il voudrait garder Christopher un peu plus longtemps, histoire d'avoir de la compagnie. Pas sept ans, mais encore quelques jours.

Il fait bon avoir un visiteur plus proche de lui en âge que Bennett. La plupart de leurs amis sur cette île sont septuagénaires, certains octogénaires, et la plupart de ceux qui, loyaux ou obséquieux, prennent l'avion pour venir les voir sont de la même génération. Si l'on excepte un bon nombre d'écarts coupables mais discrets, la vie d'Ivor a été absorbée par celle de Bennett. Dans l'ensemble, il aime bien recevoir les amis de Bennett et leur faire visiter les lieux : il s'est bien entendu avec leur récent convive de décembre, Owen England, un ancien universitaire poli et tatillon qui était toujours très reconnaissant, bon touriste et bon auditeur, facile à distraire. Mais Christopher Stubbs est un peu plus dangereux qu'Owen, un peu plus vivace, un peu plus drôle.

Et nouveau. Du sang neuf. Du sang jeune.

Les lumières de l'unique tour d'habitation de Lanzarote sont visibles, en contrebas. Alors qu'il rentre en voiture, il les regarde. Elles sont un phare, mais il ne sait pas très bien vers quoi elles l'orientent. C'est un hôtel très hispanophone, peu d'étrangers anglophones le fréquentent. Ivor l'a essayé, il y a pris un verre, il est monté au dernier étage contempler la vue, mais elle n'est pas très intéressante, elle est un peu monotone ; et ni le bar en haut de la tour, ni le bar en terrasse ne fournissent à Ivor de terrain prometteur. Ivor se rappelle le lieu durant sa période d'abandon, durant la période où l'on aurait cru au site bombardé d'un immeuble tout sale et couvert de graffitis. Durant cette époque lointaine, un jour qu'il était assis dans un café d'Arrecife, sur la promenade bordée de palmiers, en attendant l'ouverture du cabinet de son avocat après sa longue sieste, il avait vu un homme d'un certain âge monter péniblement l'escalier extérieur, dans la chaleur de l'après-midi, chargé de divers sacs en plastique bien pleins. Il devait camper là-haut. Ivor était suffisamment près pour voir son visage fatigué, buriné et aux traits sommaires, pour suivre sa progression humble et discontinue sous son dos voûté, d'étage en étage. Il montait sans cesse, le vieux sans-abri, gravissant en zigzag les escaliers de ciment.

Un vieux Guanche, quelqu'un qui vous renvoyait en arrière, l'un des dépossédés. Une figure du passé.

Une figure indigène, pas un *immigrante.* Ivor ne sait pas comment il le savait, mais il le savait. Le dos voûté, la position, les épaules larges, l'air invaincu de possession et de persévérance.

Pourquoi ce vieillard montait-il ? Quel chez-soi s'était-il obstiné à aménager là-haut, au milieu des ruines laissées par les vandales ? Et pourquoi ? Ivor ne l'avait jamais revu, bien qu'il l'ait guetté plusieurs fois, puis l'immeuble avait été repris, racheté et rénové à l'époque où l'industrie du tourisme était encore en pleine expansion.

À la fin des années 1990, durant leur trimestre universitaire grassement rémunéré à Chicago, où ils étaient rattachés au Comité sur la pensée sociale, Bennett et Ivor avaient séjourné dans un appartement spacieux, proche de la rive du lac, au vingtième étage d'un édifice luxueux consistant en deux tours jumelles et construit à l'origine pour offrir des logements sociaux. Tout comme l'immeuble de Lanzarote, il s'était détérioré. Il avait été racheté par une société immobilière, converti et transformé en logements au loyer loin d'être modéré. L'université de Chicago, à six kilomètres de là, y logeait ses hôtes et conférenciers venus pour de courtes ou de longues périodes. Saul Bellow l'avait visité à plusieurs reprises ; aujourd'hui, Ivor sait que Barack Obama nageait jadis dans sa piscine souterraine bordée de palmiers, et il se demande s'il avait jamais aperçu ce bel homme sans le savoir. De leur appartement, la vue du lac toujours changeant était superbe, l'eau se confondait et folâtrait parfois en passant du jaune au vert, au bleu, à l'étain, au ciment, au turquoise, mais le vertige d'Igor l'empêchait d'apprécier pleinement cette caractéristique. Quand il était à l'intérieur, il ne pouvait jamais s'asseoir face aux fenêtres, mais Bennett, lui, aimait s'installer solidement dans son fauteuil pourpre de professeur, au confort vulgaire, et regarder les eaux au-dehors. Il avait mérité ce repos. Il avait travaillé dur toute sa vie, et pas toujours de bon cœur.

Chicago n'avait pas été une ville accueillante pour Ivor. Elle était trop extrême, trop élevée, trop abrupte.

Tours jumelles. Tours jumelles qui attirent, qui sollicitent l'attentat.

Seul et n'ayant pas suffisamment de quoi s'occuper, Ivor avait à maintes reprises arpenté le bord du lac, au niveau peu dangereux de la rive, pendant que Bennett s'exhibait brillamment, tel un cacatoès, dans ses séminaires sur l'Histoire. En revenant de ses promenades, Ivor se retournait pour regarder les tours jumelles de cet édifice résidentiel. Elles se dressaient si haut que leurs sommets brutaux étaient parfois obscurcis et courbés dans les nuées olympiennes. Entre elles, au cinquième étage, se trouvait un jardin, un jardin suspendu, pas aussi magnifique que le petit jardin suspendu du Palais ducal de Mantoue, dont ils avaient fait une visite mémorable un automne, lors du festival. Mais charmant, en son genre, avec ses peupliers nains, son petit lac et ses canards.

Au cours de leur vie d'universitaires vagabonds, ils avaient habité ces endroits étranges, et maintenant le voici, en train de conduire chez lui Bennett et Christopher Stubbs, jusqu'à ce qui sera, il l'espère, la toute dernière demeure de Bennett, jusqu'au lieu sûr qu'est La Suerte.

La maison de Simon Aguilera n'est pas vertigineuse en soi, mais elle a une tour de guet rocheuse, en spirale et bien exposée, au sommet de laquelle Ivor n'ira plus. Une fois, ça suffit.

Il espère que la maison plaira à Christopher. Au restaurant, il avait envoyé un texto à Simon et leur avait réservé à tous une place pour le déjeuner. Simon s'était dit impatient de revoir Christopher. Ivor veut bien le croire.

Pilar est une chic fille. Elle aime bien les visiteurs. Elle adore Bennett, qui sait la faire rire en espagnol.

Ivor et Simon ont un peu une relation de conspirateurs, fondée sur leur intérêt commun à faire en sorte que Bennett demeure serein et satisfait. Pilar les soutient dans cette entreprise.

Ivor adore le nom de Pilar. *Pilar*, « pilier ». Être nommé d'après un pilier. C'est trop merveilleux, pour Ivor. Elle est un pilier de force.

Christopher s'assoupit à l'arrière de la Peugeot, épuisé par l'air de la mer, les fruits de mer, la nouveauté, le vin des Canaries, le deuil, le soulagement.

El Grifo.

Au moment où il s'endort, il songe brièvement à Fran, sa mère. Elle lui avait envoyé un texto au sujet de quelque chose ou autre. Son père ? Sara ? Poppet ? Quoi que ce soit ? Il ne sait plus. Avait-elle dit qu'elle allait à Blackpool ? Elle brûle d'envie de fonder une Aide aux personnes âgées pour acheter des habitats collectifs à Blackpool. Ou bien était-ce Morecambe ? Ou peut-être le Sud-Ouest ? Il n'arrive pas à suivre les pérégrinations sans fin de sa mère.

Sa mère aime bien les endroits horribles, donc elle est partie en habiter un. Il est particulièrement peu convenable. Christopher y est allé une fois et une fois lui a suffi, bien qu'il admette que la vue soit belle. Mais pourquoi une vue devrait-elle tant compter pour elle ? C'est une vieille tête de mule. Qu'est-ce qu'elle tente de prouver ? Hamish et Highgate, eux, étaient agréables et civilisés.

Donc Hamish est mort ; Claude, son père, est toujours en vie, et il reçoit des assiettes-repas de la part de son ex-femme. Il a certainement trouvé comment se mettre à son aise.

Christopher n'aimait pas Jean, sa belle-mère : une vieille bon chic bon genre et très agaçante ; il est content qu'elle ait disparu du paysage et il soupçonne Claude de l'être aussi.

Pourquoi Fran ne pourrait-elle pas vivre dans un lieu raisonnable, comme tante Josephine ? On n'aurait pas à s'inquiéter pour sa mère si elle vivait à Athene Grange.

Il n'appelle pas vraiment Josephine Drummond « tante », ni ne l'a jamais fait, mais, ces jours-ci, il lui arrive de parler d'elle de cette façon, en guise de plaisanterie générationnelle. « Et comment va tante Josephine ? » demande-t-il parfois à sa mère. Il a connu Jo toute sa vie et elle le connaissait avant sa naissance. Il l'aime bien, et quand il avait quatorze ans et qu'elle en avait trente-cinq, il s'était entiché d'elle. Autrefois, à Romley, du temps où il jouait au football près des marais avec Nat et Andrew.

Nat s'est bien débrouillé, il est commentateur sportif, il fait des articles et des émissions de radio sur le cricket, et il voyage dans de chouettes endroits avec l'équipe. Un chouette boulot, si on arrive à le décrocher. Andrew, plus sérieux, a intégré la fonction publique, mais Christopher ne sait absolument pas dans quel secteur.

Athene Grange est parfaitement agréable, à sa façon bien terne. Jo les avait invités, Poppet et lui, à la soirée de ses soixante-dix ans, mais Poppet n'avait pas accepté. Il y avait des cocktails impressionnants. Des dames blanches, qui vous donnaient un sacré coup de fouet. Il y avait là-bas quelqu'un qui savait préparer des cocktails. Christopher avait retrouvé

Andrew et Nat, entendu leurs dernières nouvelles, évoqué des souvenirs.

Ah, maman, vieille idiote, songe-t-il, non sans affection, tandis qu'il s'assoupit peu à peu sur la banquette arrière.

*

Josephine contemple sa classe vieillissante du mardi matin et se demande encore une fois si elle a été raisonnable d'entreprendre un thème aussi vieillissant. Dans la nature des choses, de telles classes sont pleines de gens plus âgés, donc, en choisissant son sujet, elle avait « suivi le mouvement », comme on dit aujourd'hui. Mais il menace de diminuer, cet accent mis sur la vieillesse. Elle s'était dit qu'il serait peut-être ennoblissant, réconfortant ou tonifiant (et elle avait délibérément tenté d'exclure Larkin, qui n'est aucun des trois), mais elle n'est pas très sûre d'avoir l'énergie de garder tous les seize étudiants de son groupe en suspens là-haut, à un niveau supérieur. *Dans l'âme ayons un haut dessein**, comme l'avait dit Verlaine à un endroit ou à un autre ; elle a donc essayé de vivre à la hauteur de cette aspiration, mais elle ne peut pas toujours la maintenir. En prêtant une attention minutieuse aux poètes et poèmes individuels, la classe a discuté du thème de la créativité durant la vieillesse, des morts précoces emblématiques de plusieurs poètes lyriques et de la question de savoir si, oui ou non, nous pouvons identifier un phénomène parfois connu sous le nom de « style tardif ».

C'est peut-être voué à être déprimant. Le dernier acte est sanglant, aussi charmante que soit la comédie qui le précède, comme l'a fait remarquer un autre Français au sujet de l'art de la biographie[1], à ce qu'elle croit se souvenir.

Non pas que les Français soient très forts en matière de biographie, si ? C'est une spécialité linguistique anglaise.

Du fait que certains de ses étudiants ont un niveau d'études très élevé dans d'autres disciplines et sont trop qualifiés pour cette classe, les discussions ont connu une gamme très vaste et abordé des sujets non compris dans les thèmes inscrits à son programme : on s'est aventuré dans les tragicomédies tardives de Shakespeare et les raisons de sa retraite à Stratford-upon-Avon, les autoportraits de Rembrandt et les portraits de sa mère, les opinions d'Edward Saïd et de Theodor W. Adorno sur la colère et l'élégie dans les œuvres tardives de Beethoven. Josephine encourage de tels méandres, vu qu'ils font partie de ce que ces cours sont destinés à inspirer, mais il lui faut mettre au pas un ou deux de ses étudiants les plus belliqueux et les plus exhibitionnistes, par égard pour ceux qui sont ici pour des raisons plus

1. Il s'agit d'une pensée de Pascal : « Le dernier acte est sanglant, quelque belle que soit la comédie en tout le reste : on jette enfin de la terre sur la tête, et en voilà pour jamais. »

modestes. Ce matin, ils sont censés étudier un poème de Robert Nye (né en 1939) écrit en 2011 et intitulé « Poursuivre », extrait de ce qui sera, d'après lui, son dernier volume. Elle avait cru qu'il plairait à tout le monde, et c'est le cas. Ils ont chacun leur feuille de papier sur laquelle figure le poème ; le voici :

Un après-midi près de Notre-Dame
J'ai vu un homme qui a su passer
Le long du trottoir bondé, il portait
Un pot de café, ce dans une main,
Et dans l'autre main tenait un gâteau.

Je l'ai vu passer à travers la foule
Comme un être protégé, sur ses lèvres
Un sourire disait qu'il avançait
Vers une petite chambre privée
Et où il prendrait son repas tout seul.

Là, quand je pense ne pouvoir poursuivre,
Ce que je me rappelle, c'est cet homme,
Et ses petits réconforts dans les mains,
Qui passait le long d'une rue bondée
Vers une chambre entièrement à lui.

La nature bon enfant et le calme profond de ce poème n'empêchent cependant pas Sally Lyttelton de se lancer dans une digression assez longue et légèrement agressive au sujet d'un des romans historiques de Nye que personne d'autre n'a lu. Tous écoutent patiemment, pendant que Josephine tente de prévoir une diversion qui les fera revenir à l'œuvre en question et passer, ainsi qu'elle l'a prévu, au Yeats des dernières années et aux tensions entre le besoin de réconfort et l'aiguillon de la rage.

Sally Lyttelton est une femme redoutable, qui devrait avoir assez de bon sens pour ne pas être aussi autoritaire ni aussi chronophage. Elle n'a pas besoin d'être autoritaire. Contrairement à certains dans la classe, elle a une vie privée tout à fait satisfaisante et reçoit beaucoup d'attention de la part d'un public plus large, dans ses divers rôles de professeur émérite d'études sur la Renaissance, de personnalité passant souvent à la radio, d'épouse d'un ancien président d'université et de propriétaire de l'une des maisons les plus grandioses du comté. Mais ces signifiants de son statut ne semblent pas l'avoir détendue ni rendue plus accommodante. Elle a une voix cassante et saccadée d'aristocrate à l'ancienne, par laquelle elle insiste pour acquérir un public. Elle a aussi un fort esprit de contradiction et, si vous tentez humblement d'être d'accord avec elle, elle commence à vous contredire et à se contredire elle-même. Josephine ne comprend pas pourquoi elle vient suivre ce cours d'un niveau pas très avancé. Est-ce pour frimer ? Est-ce pour jouir d'un sentiment de sa propre supériorité sur des étudiants d'un certain âge moins intellectuels et plus mal habillés, comme Ellen Musgrave, institutrice de maternelle, et M. Pennington, directeur de supermarché, tous deux à la retraite ? Est-ce parce qu'elle admire Josephine, ce qui semble curieusement être le cas ? (Elles s'étaient rencontrées à l'occasion d'une conférence sur les bordels et la paternité de *Périclès, prince de Tyr* à la bibliothèque de l'université, et avaient noué une relation enjouée et durable, bien que superficielle, lors du cocktail qui avait suivi.) Ou est-ce parce qu'elle s'intéresse sincèrement à la question de l'écriture sur la vieillesse et au processus de vieillissement ?

C'est une belle femme, bien que dans un style assez crochu, au joli nez fin et proéminent, et à l'élégante chevelure blond argent dégradée ; aujourd'hui, elle porte ce que Josephine estime être un tailleur très cher (le mot « Chanel » pourrait-il s'appliquer à l'effet net et tranchant de l'absence de col ?) dans un ravissant tweed à carreaux jaune et anthracite, et ses chaussures sont d'un jaune moutarde foncé. C'est une sacrée tenue. Sally va peut-être à un déjeuner ensuite. Quoi qu'il en soit, songe Josephine, c'est le genre de femme qui ne doit guère apprécier le caractère insignifiant de la vieillesse : elle ne doit pas vouloir perdre ce qu'il lui reste de sa beauté. Elle a peut-être vraiment besoin de trouver des textes, des mantras, qui l'aident à monter (ou l'aident à descendre) au niveau suivant.

Bien qu'elle trouve Sally Lyttelton agaçante, la classe est également fière de la compter parmi ses membres. Elle hausse le niveau. Josephine se surprend à se demander si Sally rédigera le devoir obligatoire de mille mots ou si elle supposera que ces travaux ne la concernent pas.

L'année dernière, Betty Figueroa avait écrit un petit essai original et excellent sur la technique narrative de Conrad. Vieille gauchiste courageuse de la vieille école et vraisemblablement seule aujourd'hui, Betty, qui approche des quatre-vingt-dix ans, avait travaillé plusieurs années comme infirmière au service de la compagnie maritime P & O et débordait d'histoires intéressantes (toujours présentées timidement de sa voix hésitante, légère et étonnamment juvénile) sur la vie en mer, depuis les jours lointains du grand voyage aux Antipodes jusqu'à la période plus récente des croisières de luxe ; en outre, elle était suffisamment âgée pour se rappeler une époque antérieure au fax et au téléphone, où les communications avec la terre et les autres vaisseaux étaient lentes et parfois trompeuses. (Comme dans les romans de Conrad, faisait-elle observer.) C'était une bonne lectrice, même si ou parce qu'elle n'avait pas vraiment de formation littéraire. Elle était plutôt un mystère, avec sa palette inattendue d'allusions et sa politique syndicaliste loyale ; Josephine lui imaginait un passé romantique, mais sans pouvoir donner forme à ce qu'il pouvait avoir été.

Le grand âge de Betty brille de l'aura d'une vie vécue. Une histoire d'amour tragique, une longue romance intercontinentale, une aventure secrète, une double vie ? Peut-être avait-elle été espionne… Comme Conrad, elle connaissait le Far West, elle connaissait l'Australie, elle avait voyagé par le vaste monde et, maintenant, elle vit seule à Cherry Hinton, dans un appartement situé au rez-de-chaussée. Contrairement à Sally Lyttelton, elle est réservée, peu exigeante, revigorante. Elle est appréciable, pour Josephine, et appréciée.

Les voilà tous, munis de leur exemplaire du poème. (Elle les incite fortement à acheter les poèmes de M. Nye, ou du moins à les emprunter à la bibliothèque, mais il est plus pratique de les photocopier.) Certains le gardent soigneusement dans une chemise, d'autres le froissent en le rangeant dans leur sac à main ou leur sac à provisions. Ellen Musgrave a un classeur qu'elle garde dans un sac écologique en toile de jute, orné d'un motif représentant une pomme ; M. Pennington apporte toujours sa serviette gondolée et la jeune Irene Lipmann (qui s'occupe d'un mari bien plus âgé et atteint d'Alzheimer) ne retrouve jamais rien et doit souvent emprunter poèmes et crayons à d'autres étudiants. Josephine les connaît sans les connaître, de même qu'ils la connaissent sans la connaître : Maureen, Deborah, Mavis, Sheila, Peter, Tanisha, Gordon, Kasha, M. Pennington, Celine… Elle a essayé d'apprendre leurs noms, comme elle le fait avec chaque classe, mais elle en vient à leur rappeler de les écrire au feutre sur des étiquettes en carton rigide pliées de sorte à tenir debout, et de placer ces étiquettes devant eux, chaque mardi matin, parce qu'il y a toujours un ou deux noms qui lui échappent, souvent de manière visiblement discriminatoire : l'étudiant silencieux qui refuse de parler, la personne âgée ordinaire et typique au point d'être impossible à distinguer des autres, la femme qui ne veut jamais croiser son regard. On ne peut pas se tromper sur une Sally ni une Betty, mais certains sont flous et se confondent. Pourtant, chacun apporte à la salle un arrière-pays, une tranche d'histoire, une longue série d'événements et de décisions qui les ont rassemblés ici. Jo continue à s'émouvoir du mystère de cette communion.

Que signifie-t-il pour eux, ce mardi matin ? Est-ce juste une façon de passer le temps en société ? Ou certains d'entre eux éprouvent-ils, comme elle, la force et le pouvoir qui survivent dans les poèmes, les pièces et les romans qu'ils lisent, une force, un pouvoir et une consolation qu'eux-mêmes, *dans le fait et dans l'acte de lire*, libèrent et désemprisonnent, des forces qui transcendent totalement cette salle institutionnelle, les gobelets en plastique, la fontaine à eau et le distributeur de café qui tombe si souvent en panne ? Elle est parfois tentée de juger durement les horizons étroits de son ami Owen, limités par les mots, mais elle est exactement comme lui : elle aussi, elle vit dans et pour les mots, pour les mots des autres. *Fleurs étrangères.* « J'ai seulement fait ici un amas de fleurs étrangères, n'ayant fourni du mien que le filet à les lier. » Voilà du Montaigne par trop modeste. Elle avait jadis davantage foi en la valeur absolue des mots, de la littérature, et ce n'est que maintenant, vers la fin de sa vie, qu'elle met en cause, qu'elle ressent une diminution. Pourtant, elle est toujours ici, toujours en train de bien présenter les mots pour les autres, de fournir le filet, les classeurs, les photocopies. Tous les mardis matin.

Étant petite, elle avait rêvé de pouvoir être écrivain. Elle avait rédigé des poèmes et des histoires, comme le font les enfants, puis publié dans un magazine de l'école, participé subrepticement à des concours, soumis ses contributions et été refusée par des journaux du dimanche et des revues littéraires. Elle n'avait jamais vraiment pensé pouvoir réussir, tant elle avait conscience du gouffre qui séparait ses tentatives juvéniles de la grandeur des écrivains qu'elle admirait le plus ; aussi n'était-elle pas démoralisée par l'échec. Son université nouvelle, à tendance progressiste, avait détruit en elle ses ambitions littéraires, à la fois en aiguisant ses facultés critiques et en affaiblissant son respect pour le monde commercial de « l'édition » : elle était devenue lectrice plutôt qu'écrivain, enseignante plutôt que créatrice, et, lorsque les voyages universitaires de son mari le permettaient, elle s'adonnait au luxe de rédiger des petits essais sur les interprétations obscures. Elle ne voulait jamais écrire sur les grandes œuvres : elle voulait les lire, parfois avec d'autres. Les partager, comme on dit en jargon. Elle était, elle est, douée pour ce faire. Elle aime lire en société.

Vers la fin du cours, Sheila Rookwood dit qu'elle voudrait lire tout haut un de ses poèmes, poème inspiré par le thème de leurs discussions. Elle demande si elle peut. En principe, Josephine décourage ce genre d'écart, parce que son cours n'est pas fait pour ça : si les gens veulent lire tout haut leur poésie à d'autres étudiants, il faut qu'ils suivent un atelier de création littéraire. (Josephine est sceptique quant à la valeur de tels ateliers, bien qu'on l'ait convaincue d'admettre qu'ils jouent un rôle social important.) Mais en pratique, elle le permet. Personne dans ce groupe n'est susceptible de faire mauvais usage d'un créneau horaire, hormis Sally Lyttelton, qui est un cas à part. Jo a eu des groupes comprenant un ou deux participants fous et bruyants, sans aucune notion des limites de l'intérêt ou de la patience des autres, mais ceux qui sont rassemblés ici ce matin sont tous des gens polis, qui se soutiennent mutuellement. Ils veulent écouter le poème de Sheila, dont elle promet qu'il est tout petit.

Sheila elle-même est toute petite : menue, minuscule. Elle est assez jeune, elle a soixante ans et quelques, et déborde d'une énergie radieuse et engageante. Elle travaille à mi-temps à l'hôpital d'Addenbrooke et passe l'essentiel du reste de son temps à s'occuper d'une mère atteinte de démence. Ses mardis matin, a-t-elle dit à Josephine, c'est son répit, son refuge, son foyer d'accueil. Elle ressemble à un elfe, avec son menton pointu, ses fins sourcils bien dessinés et ses énormes yeux gris légèrement protubérants, qu'elle met en valeur à l'aide de mascara, d'eye-liner et de fard à paupières aux nuances originales. La catastrophe autour de ses yeux est sévère, mais elle ne cesse de les accentuer avec hardiesse. Elle porte habituellement des leggings de couleur et une tunique ou une robe ample, parfois aux ourlets inégaux, cousus de façon recherchée et rigolote. Peter Pan, pas Wendy. Tout le monde aime Sheila Rookwood.

Son poème traite de la démence.

Au milieu de l'escalier, elle s'arrête.
Elle a oublié pourquoi elle est ici.
Va-t-elle en haut ou va-t-elle en bas ?
Elle a oublié.

Je t'appelle : viens à cet antique escalier en spirale.

Elle ne peut pas bouger.
Elle réclame sa fille.
Elle réclame sa fille.

Maman, maman, s'écrie-t-elle.
Pour réclamer sa fille.

Et Jane la folle
Sheila la folle
Maman folle
Sa fille folle
En larmes, bras dessus bras dessous, descendent l'escalier.

Ce n'est pas un très bon poème en tant que tel, mais il est émouvant et le groupe écoute avec respect. Josephine, qui n'avait jamais été très proche de sa mère, a toujours été perturbée en entendant parler de gens très âgés qui, sur leur lit de mort, réclament leur mère depuis longtemps disparue ; ce en partie du fait qu'elle sait que c'est une chose qu'elle ne fera pas, aussi démente puisse-t-elle devenir, et elle espère que ses enfants, à leur tour, ne la réclameront pas. Elle espère et croit que Nat et Andrew ont grandi et coupé le cordon.

Sheila a raconté à la classe des histoires sur le comportement fantasque de sa mère en le prenant à la légère, en le prenant avec humour : l'obstination en matière de vêtements, l'obsession de mettre ses produits de beauté au réfrigérateur, comme s'il s'agissait de casse-croûte périssables, le soutien-gorge mal rangé et découvert dans les profondeurs de son sac à main, les tentatives déroutantes de manger de la soupe avec un couteau et une fourchette, les réactions inappropriées à des nouvelles qui passent à la télévision. Mais il n'y a rien de drôle à rester debout dans un escalier, perdu dans son propre logis.

Le « Dialogue entre le moi et l'âme », de Yeats, est l'un des plus grands poèmes de la langue anglaise ; Josephine est donc contente de l'avoir inclus, ainsi que son antique escalier en spirale, dans la liste d'ouvrages à lire. Et pourquoi Sheila ne devrait-elle pas lui rendre hommage ? La vision aristocratique de Yeats n'avait peut-être pas englobé cette toute petite

Anglaise de la classe moyenne, vieillissante et travailleuse, qui continue courageusement à lutter et livre un combat que tous perdront, parmi l'attirail non des anciens fourreaux, des étendards aux couleurs passées et des vieilles broderies de soie à fleurs, mais des couches pour incontinence, des piluliers, des légumes broyés au mixeur et des boutons de sonnettes d'alarme. Mais ici, en parlant à Yeats, Sheila englobe Yeats. Yeats a consolé Sheila plus que le guide du soignant chargé de patients atteints de démence qu'elle a acheté, en désespoir de cause, livre qui appelait l'objet des soins « Porcinet » – acronyme de « Personne à qui j'Offre les Ressources de mon Cœur et les Indispensables Nourritures d'une Éternelle Thérapie ». Sheila a confié à Joséphine qu'elle ne saurait penser à sa mère en ces termes. Si les conseils fournis par ce livre sont utiles, le langage manque de dignité. Bien que démente, sa mère est encore un être humain, une vieille femme, pas un petit cochon, pas un personnage d'histoires pour enfants.

Comme elle détache son vélo des barrières de la ruelle, puis s'en va rejoindre la bibliothèque de l'université et les journaux intimes de Valentine Studdert Meade, Josephine perçoit une image bien claire de son amie Fran en train de monter l'escalier punitif en béton, munie de sa serviette et de ses sacs de courses, visitation rapidement suivie d'une image du mari de Fran, Claude Stubbs, Claude-le-Scalpel. Elle n'a pas beaucoup vu Claude au fil des années, mais elle le voyait beaucoup du temps où elle habitait à Romley, du temps où Alec, son mari, occupait son premier poste de professeur à l'Institut technologique de Romley, poste qui, contre toute attente, s'était avéré un tremplin pour une bonne carrière. Claude aussi était passé de Romley à des choses meilleures. Claude lui avait plusieurs fois fait des avances, autrefois, quand on emmenait les enfants faire la navette entre leurs deux maisons, distantes de quelques kilomètres, quand on les ramenait après un thé, après des sorties au parc pour aller voir les vieux canards ennuyeux et trop bien nourris, après des séances de garde d'enfants réciproques, mais elle n'avait jamais eu le temps de céder. Ce n'était probablement pas plus mal, mais il était séduisant, dans un genre ténébreux et d'emblée sensuel. Il n'était pas méchant, Claude, mais Fran se portait certainement mieux sans lui.

Non pas qu'elle ait été sans lui. Elle lui cuisinait encore des assiettes-repas. Fran devait bien retirer quelque chose de cet arrangement, mais Jo ne savait pas vraiment très bien de quoi il pouvait s'agir.

*

Étendu sur son confortable lit de douleur et confortablement haussé sur ses oreillers bien retapés, Claude Stubbs vient de regarder, pour la seconde fois, un extrait d'un film biographique récemment acquis au sujet de sa bien-aimée, avec des citations tirées de plusieurs interviews réalisées tout au long de sa vie. Il a la Callas sur plus d'un CD et d'un DVD, dans plusieurs rôles, mais il a aussi des séquences d'elle en tant qu'elle-même. Ici, elle parle de la mort d'Ari Onassis, le grand amour de sa vie, et déclame tragiquement, ainsi qu'il l'interprète : « *Da allora un giorno in piu era, per fortuna, un giorno in meno.* »

Cette phrase l'intrigue profondément. Son italien d'opéra n'est pas bon, mais passable ; Claude reconnaît et comprend isolément chaque mot de cette affirmation jusqu'au dernier, mais que peut-elle bien *vouloir dire* ? À l'âge de cinquante-trois ans, la diva est morte jeune, selon les critères d'aujourd'hui, mais de quoi ? Crise cardiaque ? Cœur brisé ? Ennui ? Suicide ? Dermatomyosite ? Perte de poids précipitée ? Morte de la tristesse de ne plus pouvoir chanter ? Nous ne savons pas. Elle était bourrée de cortisone et d'immunosuppresseurs, tout comme Claude lui-même est bourré de stéroïdes, de chablis et de psilocybine. C'était une héroïne tragique de son propre drame, mais c'était le drame d'un lent déclin (quoique pas si lent) et non le drame d'une mort soudaine. Ainsi sont mortes Brunehilde, Norma, Médée, Tosca, Violetta, Elisabetta, Eurydice…

Ari Onassis était mort, probablement pour rien, d'une opération bâclée de la vésicule biliaire.

D'après Claude, ce qu'elle disait, c'était que : « Dès lors, un jour en plus était, par bonheur, un jour en moins. » Elle disait se réjouir de la mort de chaque journée car elle ne désirait plus vivre. Elle voyait le restant de sa vie sans Onassis et sans sa voix de cantatrice comme une sentence définitive qu'il lui fallait endurer. Elle pouvait rayer les jours sur le calendrier, à mesure qu'elle s'éloignait de la prison de l'existence pour se rapprocher du but qu'était la mort.

Il n'y en avait pas eu tant que ça, car elle n'avait pas survécu longtemps à Onassis. Mais suffisamment longtemps pour connaître le désespoir. Claude les a comptés. Il a fait le compte de ces jours.

L'idée de la Callas en train de rôder dans son appartement parisien avec colère et désespoir, en proie à la solitude et à l'ennui, livrée au chagrin, mois après mois (car il sait qu'il avait dû en être ainsi), l'emplit d'une émotion qui n'est pas différente du plaisir. Durant ces deux dernières années de sa vie, durant ces mois, ces semaines et ces jours qui n'en finissaient pas, tandis qu'elle faisait le compte de ces heures effroyables, elle n'avait appartenu à personne, elle n'avait voulu de personne, elle avait tout eu, elle avait tout perdu, il ne lui restait plus rien à désirer sur terre ; par conséquent, elle appartenait à Claude Stubbs autant qu'à quiconque, il était libre de l'imaginer, libre de la prendre, car elle n'était à personne. Elle était entrée dans l'antichambre obscure du vide au beau milieu des draps écarlates et des colonnes cannelées, derrière la grille de fer et la fenêtre masquée par un rideau. Chaque jour, un jour en moins.

Claude ne pense pas de cette façon dramatique à l'approche de sa propre mort. Il est stoïque, calme, philosophe, et il s'est mis autant que possible à son aise. Mais il est content que la Callas ait pu projeter toute cette passion et tout ce chagrin fatals à sa place, tant dans son ultime amertume que dans sa jeunesse triomphante. Elle avait exprimé cette gloire. Elle était le corps même de cette gloire. Lui, il n'a pas à traverser tout ça. Voilà à quoi sert l'opéra, à quoi sert le théâtre, à quoi sert l'art. Ils nous épargnent l'effort. Ils manifestent ce que nous n'avons pas à traverser.

Claude reconnaît que beaucoup ont du mal à reculer, à se retirer, à renoncer. Fran, sa première épouse, semble incapable d'arrêter de courir partout; il concède qu'une partie de ce qu'elle fait peut même être utile et servir des objectifs autres que seulement l'occuper. Il était lui-même soulagé lorsqu'il a achevé sa dernière opération et posé à jamais ses instruments argentés stériles et rutilants. Il avait pris sa retraite à l'âge requis, mais il en avait déjà assez. Il n'aspirait pas à continuer d'opérer les gens comme semblent le faire certains de ses confrères. Il n'aimait pas la nouvelle technologie laser ni endoscopique : il ne voulait pas devoir continuer à se former indéfiniment, à son âge. Il avait commis quelques erreurs en son temps, ce qui était tout à fait normal, et bien que personne ne les lui ait jamais reprochées, pas même les familles des victimes, il savait, vers la fin, qu'il en avait assez. Il n'avait pas envie de faire des bêtises, de partir en laissant un mauvais héritage. Il voudrait avoir des nécrologies pleines de respects, et aux bons endroits, s'il vous plaît.

Je meurs d'une bonne mort, se dit Claude avec suffisance au moment où il éteint la Callas et retourne à Classic FM.

Après une joyeuse explosion de Vivaldi, il y a un flash d'information sur encore un autre pédophile, une vedette du show-business plus toute jeune, qui comparaît au tribunal. Fascinante, cette nouvelle pandémie d'abus sexuels sur enfants.

Il est intrigué par toutes ces arrestations effectuées sur le tard, par toutes ces révélations de ce qu'on appelle aujourd'hui les abus sexuels « historiques », par le fait qu'on aille flairer et fouiner pour découvrir des crimes commis il y a trente ans. S'il s'est toujours fièrement considéré comme passablement obsédé, il n'en a heureusement jamais pincé pour des gosses mineures et n'a jamais dû recourir à des méthodes sournoises. Il a été très franc, très direct, à sa manière ouvertement sensuelle. (Persephone attesterait qu'il n'a jamais été sournois ni louvoyant dans ses avances, il en était sûr.) Tout comme Fran, il est intrigué par l'idée que nul homme ne peut être dit heureux avant que d'être mort et, tout comme Fran se l'est demandé, il se demande maintenant si le fait que votre réputation soit sur le point d'être détruite à titre posthume – comme l'a été celle du comique Jimmy Savile[1] – change ou non quelque chose au bonheur de votre existence. Ce n'est pas possible, logiquement, parce que quand vous êtes mort, vous

1. Personnalité du monde des médias (1926-2011) dont on a découvert après sa mort qu'il avait abusé, soixante ans durant, de centaines d'individus de tous âges, surtout dans les hôpitaux qu'il soutenait financièrement.

êtes mort, et que, comme vous ne croyez pas à une vie dans l'au-delà, vous n'en saurez rien. Mais ça peut rétrospectivement jeter une ombre avant que vous ne mouriez, un frisson proleptique… Durant la vieillesse, vous pouvez craindre que ce qu'il y a de mauvais soit divulgué par la suite et bouleverse votre famille.

Sur leur lit de mort, les gens se soucient profondément de leur réputation, de leur notoriété, de leur héritage, de leur nécrologie, de ce qui se passe ensuite. Il l'a beaucoup vu. Vanité et doute, doute et vanité. Il a été proche de ces derniers tourments honteux d'ici-bas.

Il a eu jadis comme patient une célébrité douteuse ; l'homme était à présent décédé d'autres causes, mais ç'avait été une histoire de réussite chirurgicale, à l'époque. Claude avait eu des soupçons sur ce personnage. Sans pour autant être sévère, il avait trouvé le bonhomme tapageur et louche. C'était une espèce de chanteur, une espèce d'artiste ; pas le genre de musique qui ait jamais plu à Claude, mais les ados en étaient dingues. Christopher et Poppet savaient qui était Jax, donc ils avaient été impressionnés quand était venu le moment où leur père était sur le point de l'opérer. L'image publique de Jax Conan était omniprésente, impossible d'y échapper, et l'hôpital privé dans lequel Claude lui avait ôté une partie de son larynx était tout excité de l'avoir. C'était une star internationale. Des fans assiégeaient l'horrible avant-cour, des gardes chargés de la sécurité patrouillaient dans les rues transversales, on avait convoqué la police pour maintenir l'ordre. L'hôpital privé adorait ce genre de publicité. Sur le trottoir, des photographes braquaient leur zoom sur les fenêtres de ce qu'ils espéraient être sa suite privée.

Jax était un personnage étrangement étincelant, vêtu (mais non dans le cabinet de consultation) de volants et de paillettes, de violets et de rouges, ses cheveux mi-longs noir de jais rasés à un angle furieusement peau-rouge et ses faux cils, teints en violet et décorés de pierres précieuses. Mais pour Claude, il n'était pas très convaincant. Il n'était ni cabot, ni kitsch. Il n'était pas homo et il n'était pas hétéro. C'était un sale type et aujourd'hui, bien sûr, rétrospectivement, même s'il était bien mort, il s'avérait être un spécimen classique de pédophile du show-business des années 1970. À l'époque, Claude ne savait pas que c'était ce qu'il était, parce que cette catégorie en tant que telle n'existait pas encore. Et il n'a toujours pas été dénoncé par la presse, car à quoi bon ? Il est mort, et ce n'est pas facile de gagner de l'argent sur un capital mort.

Claude avait repéré que Jax était sexuellement ambigu, oui, mais pas de manière identifiable. À présent, sous cet éclairage rétrospectif, tout s'expliquait. Jimmy Savile avait entraîné avec lui dans les enfers de la disgrâce éternelle beaucoup d'idoles défuntes, ainsi que quelques vieillards tristes et toujours vivants.

Dans le cabinet de consultation, Jax Conan était humble et désireux de plaire. Son ego de star du show-business assujetti de façon presque émouvante, il cherchait à comprendre ce que Claude avait à lui dire. Jax était originaire de Chingford, quartier que Claude avait bien connu, et, pour tous les deux, l'accent de Romley était un défaut. Jax avait du mal à trouver une attitude qui soit suffisamment naturelle pour accueillir la mauvaise nouvelle. Il regardait ses bottes, il jouait avec les bagues qu'il avait aux doigts, il fixait intensément le dos de la chemise contenant les notes de Claude et les radios, il s'avachissait, puis se redressait, puis recommençait à s'avachir. Il ne posait quasiment pas de questions. C'était son agent, assis avec lui en lieu et place de proche parent, qui posait toutes les questions : sur les dates, le pronostic, les réservations, les annulations. Jax se contentait de rester assis, l'air désorienté. À un moment, il avait rassemblé son courage pour demander ce que signifiait le mot « pronostic », mais avait été incapable de prêter attention à la réponse.

Poppet avait été assez fan de Jax. C'était une petite fille très étrange. Désormais allongé ici, à écouter quelques mesures surnaturelles, inhumaines, divines d'une sérénade de Brahms, Claude se surprenait à s'interroger au sujet de Poppet. Vers l'époque où il avait opéré Jax, Poppet s'était depuis longtemps désintéressée de ce chanteur de pop pour s'attacher à des objets de culte différents, mais elle était restée célibataire et impénétrable. Elle s'était peut-être éprise de Jax parce qu'il était aussi étrange qu'elle… Beaucoup de petites filles attirées, puis violées par des pédophiles du show-business étaient peut-être un peu étranges au départ. On n'a pas le droit de penser comme ça, parce qu'une nouvelle orthodoxie l'a emporté. On doit penser que chaque enfant est une victime. Mais certains enfants *sont* très étranges. Jax avait probablement été étrange lui-même, quand il était tout petit, à l'école primaire St Jude.

Christopher, lui, n'est pas étrange. C'est un hétérosexuel normal quelque peu désillusionné, mais toujours un cabotin d'âge mûr et hautement ambitieux. Ou du moins est-ce l'opinion de son père.

En mourant à l'âge de cinquante-trois ans, Maria Callas n'avait pas eu à s'accommoder trop longtemps des humiliations du vieillissement. On ne peut échapper à la vieillesse qu'en mourant jeune.

Sara, la dernière compagne de Christopher, y était arrivée extraordinairement bien.

En voyant Jax Conan pour ainsi dire à sa merci, Claude avait éprouvé un frisson de puissance. Au bout du compte, l'opération s'était très bien passée, aussi bien que possible ; Jax et son agent Rafe avaient donc été extrêmement reconnaissants et ils avaient inondé Claude de billets exclusifs pour des événements exclusifs, de bouteilles de mousseux pas très soigneusement sélectionnées, mais très chères, et lui avaient offert un panier garni *de luxe** pour Noël. Claude n'aime pas vraiment le mousseux et il se rappelle encore la déception provoquée par le panier. Il avait l'air si prometteur, mais son coffre aux trésors en osier et satin rouge était chargé de petits pots en verre et de conserves de confiture et de pâté, d'assaisonnements et de bonbons, de petits fromages fumés tout durs et de biscuits, et de pas mal de fausse paille en synthétique.

*

La maison de Simon Aguilera, située sur l'île sablonneuse de Fuerteventura, est aussi spectaculaire que l'avaient promis Bennett et Ivor, et, comme ils l'avaient également promis, Simon semble très content de les voir. Christopher se sent légèrement coupable de s'offrir du bon temps, mais le petit port accueillant de Playa Blanca, dont ils partent, le temps divin, l'Atlantique bleu, le pointillé des îles, la ligne d'horizon volcanique délicatement érodée, le petit port accueillant de Corralejo, où ils arrivent, tous s'allient pour lui procurer un sentiment de bien-être physique qui est l'opposé même de la mort soudaine. On ne peut que se réjouir d'être en vie, un jour pareil, dans cette brise chaude et salée. Ivor les conduit habilement jusqu'en bas de la rampe du ferry Fred Olsen, puis sur le quai, à travers la petite ville, sur le rivage, le long de chantiers de construction inachevés et de dunes de sable jaunes et blanches sculptées par le vent ; il poursuit alors en direction d'une côte plus rocheuse, puis le long d'un chemin de terre proche de la mer et d'où l'on voit des lagons de turquoise clair bordé de blanc, et d'autres, à l'étrange nuance rouge foncé, agités par une dense végétation sous-marine, d'étranges lagons couleur lie-de-vin ; il poursuit alors jusqu'à la maison de Simon, qui domine, solitaire, sur un promontoire bien horizontal et donne sur les flots. Ç'avait été un entrepôt de pêche, dit Ivor, et, de la tour en ruine, jadis une réserve de grain (la tour à laquelle Ivor refuse de monter), les pêcheurs guettaient l'approche des bancs de poissons, les nuances fluctuantes de bleu, de vert et de bleu plus foncé, qui signalaient des changements de temps, ils guettaient le retour des bateaux avant la tempête.

À présent, Simon guette par ses jumelles d'un soir les *immigrantes*, les affamés, les assoiffés et les mourants à l'instant où ils peinent pour atteindre la rive.

La maison de Bennett à Lanzarote est peu élevée et moderniste : une fantaisie d'architecture organique creusée et agrandie pour former un jardin et une cave ; un champignon de la terre ; mais la demeure de Simon à Fuerteventura domine, ancienne, intransigeante, restaurée à grands frais, étendue et austère. Elle est faite de grandes dalles historiques industrielles en pierre brute du XVIIIe siècle, avec d'immenses fenêtres, de très hauts plafonds, des vues grandioses.

On dit que la tour est plus vieille. Elle est d'une vieillesse sans âge.

Simon fait visiter les lieux à Christopher pendant qu'Ivor installe Bennett sur la terrasse, dans un fauteuil en osier bien garni de coussins, où Bennett accepte un verre de vin espagnol léger que lui propose Pilar ; puis il le pose avec précaution sur une petite table en verre et glisse dans un léger sommeil d'avant déjeuner. Ivor est assis près de lui et ferme les yeux également, mais il ne somnole pas, ni n'accepte de verre de vin. C'est lui qui conduit. Il parcourt brièvement l'édition européenne du *Daily Mail*, qu'il avait achetée à Playa Blanca, en y cherchant des nouvelles de gens qu'ils connaissent au pays.

Le *Mail* est souvent critique, parfois critique d'une manière diffamatoire, selon Ivor, à propos des gens qu'ils connaissent, mais les ragots lui manquent et il aime bien se tenir au courant. Bien qu'il ne soit pas linguiste, il connaît le sens de *Schadenfreude*, mot utile, et celui-ci s'insinue souvent de façon gênante dans son esprit.

Simon Aguilera veut que Christopher voie son musée, sa collection. Les murs de la longue salle sont hauts, chaulés, inégaux. Christopher s'était attendu à ce que les œuvres d'art soient théâtrales, voire criardes, en harmonie avec un assassin dont les pièces de théâtre et la vie avaient inclus du sang, un homme dont la mère, les oncles et la femme avaient tous péri d'une mort violente, mais elles ne sont pas criardes, bien que certaines évoquent une scène de théâtre. Simon possède quelques bons Paul Klee d'Afrique du Nord et d'étonnants Mondrian des débuts. Il y a une série de plans de Gordon Craig, qui montrent des piliers et des escaliers faisant paraître les comédiens minuscules. Des endroits vides, des espaces vides, qui ont un écho du grand style des Canaries de l'intérieur des terres. Qui attendent de l'animation, qui attendent une distribution de comédiens qui n'arrive jamais. Et il y a le De Chirico devant lequel Simon et Christopher s'étaient connus à Londres, chez Christie's. Ce tableau représente une pâle plage de sable doré avec deux chevaux, chevaux musclés, roses, or et gris, arrêtés en plein mouvement, les naseaux dilatés, l'épaisse crinière héroïque sculptée tout en ondulations et aussi solide que de la pierre. Derrière eux, les ruines blanches bien ordonnées d'un temple classique et, à leurs pieds, une colonne cannelée brisée et une solide étoile de mer géante d'une couleur rose orangé ponctuée de blanc, tendre et sensuelle. Ils se cabrent, ces chevaux, et donnent une impression de suspension et d'appréhension éternelles, vigoureux, menaçants, immobiles, sur la rive mythique aux vagues ondulées et à l'écume figée.

Christopher contemple ces chevaux avec respect. De Chirico est passé de mode, ses huiles se vendent relativement bon marché aux enchères, pour juste quelques centaines de livres ; cependant, c'est un maître, et de façon si évidente qu'il donne à réfléchir.

« Vous vous souvenez d'eux ? demande Simon.

— Bien sûr », répond Christopher.

Les deux hommes restent un court moment à regarder les chevaux : ils sont provisoirement cloués sur place et paralysés par leurs naseaux en cornet et leurs crinières de Méduse.

La seule œuvre d'un artiste né aux Canaries, et, d'après Simon, du seul artiste né aux Canaries qui puisse intéresser les collectionneurs, est un objet de taille moyenne en matériaux mixtes, réalisé par

Manolo Millares : un collage fait de jute, de toile à sac, de ficelle et de goudron, avec comme des taches de rouille ou de sang séché. C'est un bon exemple de son travail à partir des années 1960, dit Simon, c'est une de ce qu'il appelait ses *arpilleras*, ses étoffes de mémoire.

« Il était influencé par les momies de Tenerife », ajoute-t-il.

C'est une œuvre sombre, humaine, qui comprend déchirures et sutures. Christopher pense qu'elle plairait à sa mère et se demande s'il se souviendra de lui en parler.

Il demande à Simon s'il peut la prendre en photo sur son iPad et Simon répond bien sûr : « Bien sûr, mais ne la reproduisez pas sans autorisation.

— Ça ne m'effleurerait même pas », répond Christopher tout en cadrant soigneusement le sujet pour une future référence et peut-être une future utilisation.

Simon dit qu'il a des sentiments mitigés à propos de l'art espagnol, des artistes qui ont survécu sous Franco. Il ne les collectionne pas, bien qu'il admire Tàpies. Il a acheté le Millares parce qu'il croyait que les Canaries devraient être représentées ici, dans son petit musée, sur cette île. Du temps de leur association, Millares travaillait avec du jute et de la toile à sac, Tàpies avec du carton. Les Tàpies sont beaucoup plus chers, dit-il. Il préfère ses Millares.

Sur le mur du fond, en parfait contraste, Christopher découvre deux tableaux qui, d'après son estimation de professionnel, sont de vieux maîtres d'Italie : ils datent de bien avant son époque, mais son œil lui suggère que ce sont des vrais. Ce sont tous deux des images de femmes, mais de femmes très différentes de l'épouse théâtrale et extravagante que Simon avait perdue. La plus petite des deux est une Vierge, une petite Vierge pâle et craintive du Quattrocento, vêtue d'une tunique du bleu coquille d'œuf le plus pâle qui soit, ses cheveux d'or sous son mince halo sont enveloppés dans un voile de la gaze diaphane la plus fine et la plus aérienne qui soit. Cette gaze est de couleur crème, beige, brune, et légèrement mouchetée tel un œuf parsemé de taches. Dans ses mains maigres et fuselées, elle tient un nid bordé de mousse qui donne à voir une délicate couvée d'œufs minuscules. Il s'agit de la Vierge au Nid, dit Simon : *La Madonna del Nido.* Une pièce iconographique singulière, peut-être unique. Cette vierge est toscane ou ombrienne, officiellement « anon. », mais attribuée à diverses mains, y compris à celle de Piero della Francesca lui-même, hypothèse néanmoins fort douteuse.

L'autre femme remonte à une époque légèrement plus tardive ; elle est plus âgée, plus lourde, plus grave. Elle est grande, elle a des sandales, une robe aux tons rouge et vert foncés ; c'est une pèlerine qui porte une grande croix en bois de couleur grise. Elle a les cheveux gris, ses pieds sont laids et fatigués, mais sa pose est majestueuse car il s'agit de sainte Hélène, mère de Constantin. C'était elle qui avait voyagé jusqu'en Terre sainte et découvert la vraie Croix, dont des fragments ont été retrouvés au fil des siècles et dispersés de toutes parts dans l'Ancien Monde. Elle est imposante, et non lourdement idéalisée. Ses pieds difformes ont l'air d'avoir parcouru de nombreux kilomètres à travers de nombreux royaumes. Elle rappelle très fortement quelqu'un à Christopher et, tandis qu'ils gagnent la petite salle, qu'ils passent la porte juste à côté de la galerie principale, il comprend qu'elle lui rappelle Josephine Drummond, la plus ancienne amie de sa mère.

Tante Josephine, avec son air digne.

Simon dit que la petite pièce au plafond bas et dépourvue de fenêtres dans laquelle ils entrent à présent est la salle préférée d'Ivor ; Christopher se demande si elle contient de l'art érotique ou homo-érotique, mais non, bien qu'elle abrite certes de beaux dessins au crayon de jeunes hommes, dont un gaillard élégant mais rustique des années 1930, à la noble gorge dans sa chemise ouverte et réalisé par Augustus John, avec une allusion à un véhicule militaire ou peut-être une ambulance de campagne à l'arrière-plan. Et puis il y a une brève série de pastels intimes de Delacroix représentant la tête enturbannée d'un modèle nubien ou maure : des esquisses, dit Simon, destinées à des travaux plus vastes et plus violents sur les massacres et les guerres.

« Bennett aime énormément les Delacroix, dit Simon.

— Très raffiné », murmure Christopher poliment.

Il est déconcerté par Simon Aguilera et son étrange collection, mais sans être mal à l'aise.

Les trois oncles de Simon Aguilera avaient été fusillés dans une prison nationaliste d'Alicante. Ou du moins était-ce ce que racontait l'histoire officielle. Leur plus jeune frère, son père, avait survécu à la guerre civile, mais il avait été contraint de travailler comme manœuvre, en compagnie de nombreux autres prisonniers politiques, sur les vastes monuments du mémorial de guerre de Franco. Il s'était enfui avec son épouse et leur fils, alors bébé, jusqu'à Paris, où Ernest Hemingway faisait sauter Simon sur ses genoux. Ou du moins était-ce ce que racontait l'histoire.

Lorsqu'ils rejoignent Bennett et Ivor sur la terrasse, Bennett s'est réveillé ; Ivor et lui rivalisent pour attirer l'attention d'un jeune Noir à belle allure, coiffé d'un chapeau de paille cabossé et qui s'appuie sur un râteau en bois dans une posture gracieuse et un peu badine. Il y a eu des taquineries et des rires. Une poignée de main semble appropriée, donc Christopher tend la main au jeune homme, que l'on présente sous le nom d'Ishmael, du Sénégal. Ishmael sourit d'un air familier, comme quelqu'un qui se sent très à l'aise ici, comme quelqu'un dont les instruments de jardinage appartiennent plus à l'iconographie qu'au travail forcé.

Christopher ayant appris les grandes lignes de son histoire par Ivor et Bennett, il le fixe avec respect, comme il fixerait quelqu'un arraché aux mâchoires de la mort. Il aimerait en apprendre davantage. Dommage que Sara ne soit pas là pour rencontrer Ishmael. Filmé, il aurait fait un témoin superbe.

Simon développe cette histoire au cours du déjeuner sur la terrasse. Ishmael ne les a pas rejoints à table, bien que Christopher ait cru qu'il le pourrait (et espérait qu'il le ferait). Il s'est éclipsé avec son râteau, peut-être pour poser dans une autre cour biblique. Christopher est très emballé par l'apparition d'Ishmael et se demande si Ishmael peut vraiment être son vrai nom ou s'il lui a été attribué par son protecteur.

La mère d'Ishmael, dit Simon, lui avait prêté mille dollars pour rejoindre l'Europe. Il parle bien français et anglais, mais sa première langue, c'est le wolof. (*Quoi* ? « Wolof », répète fermement Simon, comme si lui-même connaissait bien cette langue aux sonorités étranges et supposait que tous les autres aussi.) Après avoir survécu à la longue traversée au départ de Nouadhibou, il avait été rejeté à Gran Tarajal, sur les rives de Fuerteventura, par un vaisseau venu de Mauritanie et qui était en train de couler. Nouadhibou, qui s'appelait jadis Port-Étienne, est aujourd'hui connu pour être le plus grand cimetière maritime du monde.

Christopher se souvient que Sara avait brûlé d'envie de filmer Nouadhibou. Elle avait vu des séquences amateurs extraordinaires d'une embarcation de fortune qui partait, chargée de passagers condamnés. Elle avait été très séduite par l'idée d'envoyer une équipe là-bas, mais les visas étaient difficiles à obtenir et l'opération aurait largement dépassé son budget. Il n'existe pas de vols touristiques bon marché pour Nouadhibou.

À bord du navire de mort surpeuplé et inapte à prendre la mer, certains passagers comme Ishmael avaient péri, mais Ishmael était jeune et fort, et il savait nager ; il avait donc atteint la plage, où des équipes de secours l'avaient revêtu d'une couverture de survie dorée, comme un ange, et l'avaient transporté dans une une clinique d'urgence, puis ranimé. Il y a quelques années, on enveloppait les gens dans des couvertures de survie argentées, comme des rôtis, dit Simon, mais maintenant, ils ont promu les *immigrantes* à l'or. La couverture dorée a de meilleures vertus protectrices. Ishmael a survécu au grand large, aux vagues et à l'hypothermie, et il est à présent confortablement installé chez Simon Aguilera, son protecteur, et Pilar. Il fait un peu de jardinage et se rend aussi utile à la Croix-Rouge de Puerto del Rosario en tant qu'interprète pour les arrivants du Sénégal et de Mauritanie qui parlent essentiellement le wolof. Et puis il suit des cours d'informatique en ligne, grâce à un programme universitaire américain. « Il est ambitieux, dit Simon, et il est futé. Il ira loin.

« Je suis en train d'essayer de l'adopter, dit Simon. Légalement. C'est compliqué, en droit espagnol, mais j'essaie. J'imagine que ce serait compliqué n'importe où. Il fait bon avoir du sang jeune autour de soi, à mon âge. »

Bennett et Ivor échangent des regards. Un jour,

il y a longtemps, Bennett avait proposé d'adopter Ivor à des fins successorales, mais l'intention s'était épuisée en une correspondance juridique perplexe et frustrante. Selon la loi anglaise, ils pourraient désormais conclure un partenariat civil, comme ces vieux idiots de Wirth-Miller et Chopping, ou même un mariage homosexuel, mais ils n'en ont pas envie, ça semblerait parodique, ridicule.

Ivor n'a pas lu le testament de Bennett. Il l'a vu, il sait exactement où il est : il est dans le bureau spacieux et ensoleillé de Bennett à La Suerte, dans le tiroir supérieur gauche du secrétaire anglais à cylindre et tout en acajou. Mais Ivor a trop d'honneur pour le lire. Ses conceptions de l'honneur ne sont pas de cette époque. Elles seront peut-être sa mort, mais il préférerait mourir avec honneur que de continuer à vivre disgracié dans son propre esprit.

Le secrétaire à cylindre détonne, à Lanzarote, mais Bennett y est très attaché. Il avait écrit dessus l'essentiel du *Moissonneur et le blé*, dans son bureau de Cambridge, d'une écriture manuscrite qui n'est plus d'aujourd'hui.

« Oui, du sang jeune », dit Simon avec délectation en plantant sa fourchette dans le bœuf délicieusement tendre que Pilar a prévu pour leur repas et eu la prévenance de hacher. Il est si peu cuit qu'on pourrait presque le qualifier de steak tartare. Pilar sait que l'*ilustrísimo* sir Bennett aime la viande rouge.

Simon Aguilera a bien vieilli. Il doit avoir entre

soixante-dix et quatre-vingts ans, mais le rude aspect méditerranéen brun foncé lui va bien. Il est soigné, athlétique, il fait beaucoup d'exercice en plein air, joue au tennis, fait de la musculation, nage dans les vagues déchaînées et se laisse porter par les énormes rouleaux des ondes céruléennes. Ses cheveux gris fer sont frisottés, ondulés et se dressent sur sa tête. Mais son long visage émacié est profondément buriné et plissé. Il ressemble à un vieux débauché et c'en est un. Le seigneur de l'usine de sardines, l'assassin à la retraite, en quête d'absolution.

Ivor pense que Simon est en quête d'absolution, mais Bennett, lui, n'en est pas si sûr.

*

Poppet Stubbs est quadragénaire, mais elle n'est pas très jeune. Son sang n'est pas jeune. Elle tient de sa mère, par une certaine nervosité d'énergie, par un physique qui combine des épaules maigres et des jambes robustes, et elle a aussi la ténacité de sa mère. Son frère Christopher, lui, a la nonchalance plus sensuelle de son père et, comme son père, il est plutôt bon vivant. Mais Poppet est austère et l'on considère qu'elle désire imposer l'austérité aux autres. Au sein de la famille, elle sait influencer sa mère, qui, en tant que femme, est sensible à la culpabilisation. De plus, pour être née en temps de guerre, Fran raffole des petites économies. Claude et Christopher, eux, se moquent bien de l'épargne.

Tous boivent trop, d'après elle. Poppet boit très peu. Elle a été témoin d'abus de boisson. Elle est d'avis que l'alcool est scandaleusement bon marché. Fran est d'accord, en tant que citoyenne, et aussi en tant que personne qui peut se permettre de se soûler quand ça lui chante, dans un Premier Inn ou chez elle, dans sa tour, mais elle voit toujours l'argument contraire. Elle le voit du point de vue de la pauvreté et ne souhaiterait pas démunir les plus démunis. Poppet, elle, est idéologiquement austère et ne fait pas de quartier.

Poppet a de mauvais souvenirs de sa mère en train de hurler à tue-tête et de se traîner d'un pas lourd dans la maison, un soir, à Romley. Christopher pense qu'elle exagère ces souvenirs, qu'elle en a imaginé la plupart, mais elle a peut-être ses raisons de le faire.

Poppet ne se soucie pas beaucoup du présent, mais elle se soucie de l'avenir de la planète et de ses habitants. Elle a transféré son allégeance sur un point extrêmement éloigné. Elle a ce que certains de ses amis et connaissances tiennent pour une capacité presque mystique à personnaliser la planète et à déshumaniser ses propres sujets d'inquiétude. Elle n'a peut-être *pas* de sujets d'inquiétude, se disent-ils. Comme elle ne semble pas beaucoup s'inquiéter pour aucun de ses amis, ils ont du mal à rester proches d'elle, bien que certains, loyalement et généralement sans en retirer de gratitude, continuent à insister pour maintenir une relation avec Poppet. Aussi froide soit-elle, elle est également fascinante. Elle en vaut la peine.

Poppet est physiquement robuste, mais elle est aussi hypersensible à la pollution, aux sacs en plastique, à l'air impur, aux degrés de bruit excessifs, aux avions dans le ciel, au bourdonnement de l'air conditionné, à la musique d'ambiance, aux arômes artificiels. Elle est sensible à l'agent orange, au jaune soleil, au rouge allura et à la carmoisine.

Elle n'a pas émoussé ni aiguisé ses sens au moyen d'alcool, de nicotine, d'aspirine, de viande rouge ni de glu, et elle vit sans protection dans un état d'exposition perpétuelle aux forces discordantes de la vie quotidienne. Londres avait été trop pour elle. Londres l'avait attaquée trop violemment. Elle avait tenté de vivre et de travailler dans la capitale, et elle avait échoué. À présent, elle est basée près d'un village proche d'un chef-lieu du Sud-Ouest et travaille à partir de son ordinateur. (Elle passe l'essentiel de son temps à éplucher et traiter des statistiques : son haut débit est ultrarapide et son ordinateur, sophistiqué. Les statistiques, voilà son pouls, son moteur.) Mais même à la campagne, sur les calmes Levels[1], elle se sent parfois assiégée et à vif. Sa peau est trop fine pour les rapports normaux. Elle a réduit son mode de vie à ce qu'elle tient pour une élégante routine minimaliste : parcourir à vélo le chemin de

1. Nom d'une plaine côtière du Somerset, dans le sud-ouest de l'Angleterre.

halage jusqu'à la boutique du village située à trois kilomètres, cultiver ses propres légumes, marcher, parler à son chat, regarder les oiseaux, écouter sa radio. Elle a la télévision à des fins professionnelles, parce qu'il faut qu'elle voie ce qui se passe dans le monde, mais elle la regarde rarement pour le plaisir. Elle regarde des conférences sur les changements climatiques, se connecte à des débats sur la fonte de la calotte glaciaire, les émissions de carbone en Chine, le bois qu'on fait brûler en Malaisie et les tremblements de terre sur la crête médio-atlantique. Les temps forts les plus joyeux de ce qu'elle regarde, ce sont les actions de Greenpeace et autres manifestations d'écologistes, qui font parfois la une des journaux télévisés. Elle connaît des gens qui se trouvent là-bas, en première ligne. Elle est l'œil qui les surveille.

Parfois, elle regarde l'*Antiques Roadshow*, mais ce pour des raisons différentes.

Elle raffole de sa petite maison, des prairies inondables alentour et des voies navigables qui abondent en anguilles. Sa petite maison est modeste et pas très haute. Poppet aime le rose délavé et le blanc ocre de la brique grêlée de trous, les tuiles roses, la peinture bleu pâle de la menuiserie, estompée et qui s'écaille. Dans sa petite demeure solitaire au bord du canal, avec le ciel et l'eau, et le ciel reflété dans l'eau, elle se sent proche de la nature. Nombre de ses meubles sont faits de saule local. Elle adore le saule également. Elle a une amie qui n'habite pas loin et qui a construit et planté elle-même une cabane en saule, à flanc de colline, selon un modèle de l'âge de pierre. Ses murs courbes ont germé au printemps et produit un feuillage qui recouvrait tout.

La demeure de Poppet est beaucoup moins excentrique. C'est une maisonnette ordinaire d'ouvrier agricole faite de brique et de bois, datant du XIXe siècle et occupée, lors des premières années, par des familles venues s'y entasser, mais qui est aujourd'hui son propre domaine, dans lequel elle vit seule, en vieille fille, en célibataire, hors de danger.

Fran, sa mère, a souvent émis des commentaires sur le caractère inapproprié du parc de logements et le nombre croissant de gens qui choisissent de vivre seuls, et fait observer un jour, de manière provocatrice, que le mode de vie de Poppet n'était pas aussi viable d'un point de vue écologique qu'il pouvait en avoir l'air : elle est la seule occupante d'un espace qui, dans le passé, aurait été habité par beaucoup, et, si elle prenait la viabilité plus au sérieux, elle devrait théoriquement vivre en communauté et occuper (ce dit avec insistance) *beaucoup moins de place.* Ce genre de reproche n'a pas tout à fait atteint Poppet, qui a su habilement expliquer pourquoi sa maisonnette humide et solitaire du côté du canal, dans une zone inondable, serait extrêmement peu enviable pour n'importe quelle famille du coin.

Elle est casuiste. La plupart des statisticiens le sont.

Elle est assise auprès de son feu de bois, son portable superpuissant sur les genoux, son petit chat noir à ses pieds et, sur la petite table en bois à côté d'elle, une vieille assiette à soupe en porcelaine à motifs, ébréchée et pleine de poireaux-salade-vinaigrette, de ciboulette et de morceaux d'œuf dur. Le feu chante, siffle et lui crache des éclairs de couleurs salines violettes et vertes, des petites étincelles de bois marin. Elle étudie le temps qu'il fait dans le monde, crée des marque-pages, crée des notes en bas de page. On a relevé de nouvelles zones bizarres de légère pollution en Mongolie. Elle a déjà repéré que, plus localement, une nouvelle pluie torrentielle se dirige vers les Levels et arrivera dans un jour ou deux, et elle s'est demandé si elle ne devrait pas aller chercher d'autres sacs de sable au *Lamb and Flag*. Elle pourrait les rapporter dans la brouette par le chemin de halage, ou bien Jim les déposerait. Il est toujours prêt à aider, mais elle n'aime pas beaucoup qu'on l'aide.

Son frère Christopher est aux Canaries. Il y a des sites web qui disent que, à La Palma, le grand événement prévu va bientôt se produire, qu'une nouvelle éruption se prépare. Mais ce sont des sites apocalyptiques, qui brûlent d'envie d'assister à la fin et à la submersion de Manhattan, donc ils ne sont pas fiables.

Poppet aime beaucoup Christopher. Elle pense que lui aussi, il l'aime bien, malgré tout.

La vie de Poppet se situe dans le passé. Voilà pourquoi Poppet paraît si vieille, car elle vit dans une vie posthume prolongée et très longue. Les événements les plus importants de sa vie ont eu lieu avant ses vingt-trois ans et elle vit dans leur sillage. Elle a tenté de faire de ce sillage un sentier plat et tranquille. L'eau à ras bord du paisible canal en procure le reflet.

Nous ne savons pas ce qui est arrivé à Poppet dans cette relation fort importante et fort désastreuse. Peut-être qu'un jour elle nous le dira. Peut-être qu'un jour elle le dira à sa mère, à son frère Christopher ou à quelqu'un d'autre qui l'a connue il y a longtemps. Mais peut-être qu'elle le gardera pour elle jusqu'à sa mort. Il est peu probable qu'elle le dise à Claude, son père, étant donné qu'elle le réprouve, mais qui sait ? Vie et narration recèlent nombre de tours et de surprises. Claude et sa maîtresse basanée seront peut-être les premiers à entendre un récit de sa passion destructrice, éreintante et désastreuse.

Non, nous ne le pensons pas. Mais n'excluez rien. Poppet est encore jeune.

Poppet ne boit pas beaucoup, mais elle prend parfois une demi-pinte au *Lamb and Flag*, histoire de rester en contact avec le voisinage et avec Jim. Elle aime assez la rusticité jamais amendée de l'édifice et ses plats basiques de légumes au four. Elle n'arrive pas à croire que Fran, sa mère, aime vraiment une chaîne urbaine aux prix d'une modicité agressive et dénommée Weatherspoons. Ce n'est pas possible, elle doit faire semblant, personne ne pourrait aimer un pub appartenant à Weatherspoons.

Cette chaîne s'appelle en vérité Wetherspoons,

mais Poppet l'ignore. Dans sa tête, elle l'écrit « Weatherspoons[1] ».

Fran est allée rendre visite à Poppet deux ou trois fois, elle est même allée au *Lamb and Flag* et elle a rencontré Jim. Mais elle n'a jamais l'impression d'être vraiment la bienvenue, près du canal sans relief.

*

Fran est en route pour aller voir Teresa, avec, dans son sac en toile de jute bien commode, une boîte en plastique de soupe au poulet faite maison et un sandwich au saumon fumé et fromage à pâte molle, acheté tout prêt. Elle est assise dans le métro, sur un siège qu'elle a réussi à remporter sur une rivale plus lente mais plus jeune, qui gardait dessus un œil concurrentiel alors que leur compartiment bondé approchait de la station de jonction bondée de King's Cross. Fran avait correctement déchiffré les mouvements corporels et oculaires du précédent occupant, et s'était rapidement avancée au moment où il se levait. Elle avait été soulagée de s'asseoir. Ça ne la gênait pas de rester debout, mais il est plus agréable d'être assise, à son âge.

Depuis ses récentes retrouvailles avec Teresa Quinn, elle a fini par bien connaître ce trajet en

---

1. Le mot *spoons* signifie « cuillers » et, si *wether* ne veut rien dire, *weather* signifie en revanche « le temps (qu'il fait) ». L'ensemble revient donc à dire : « cuillers à temps ».

métro. Il comprend pas mal de stations et il lui donne toujours le temps de réfléchir aux voies étranges des vieilles connaissances, aux schémas selon lesquels elles se renouent et qui semblent si arbitraires, mais ils ne peuvent sans doute pas l'être entièrement.

Fran et Teresa avaient été un moment voisines et camarades de classe, il y a longtemps, très longtemps, au cours des années d'austérité immédiatement postérieures à la guerre. Leurs familles respectives habitaient des maisons attenantes, les deux moitiés d'un édifice en mitoyenneté situé dans une ville industrielle des Midlands qui avait été lourdement bombardée. Le quartier édouardien résidentiel morne et respectable avait été épargné et, après une période d'évacuation vers une campagne plus sûre, les deux familles étaient revenues à peu près en même temps de leurs différents cantonnements (un dans le Cheshire, un dans le nord du Yorkshire) afin de reprendre leur vie et leurs occupations d'avant-guerre. Pour les quatre parents, il s'était agi d'un retour chez soi dans un endroit à la sécurité reconquise, mais pour Fran Robinson, Teresa Quinn et leurs quatre frères et sœurs, ç'avait été une perturbation, un bouleversement, un nouveau commencement forcé dans un domaine inconnu, dangereux, sali.

Ces derniers temps, Fran tente de reconstruire avec l'aide de Teresa ces années d'après-guerre à Maybrook Park et toutes les deux sont certaines d'une chose : les Robinson et les Quinn ne s'aimaient vraiment, vraiment pas.

« Je ne dirais pas qu'ils se *détestaient* », avait affirmé Teresa dans son rire facile et toujours juvénile, en serrant sa grande tasse de thé vert, « mais une chose est franchement sûre, c'est qu'ils se *méprisaient.* »

Unis par des murs communs, leurs profonds jardins séparés par une haute haie de troènes, les Robinson et les Quinn se livraient à une guerre de réprobation discrète, courtoise et essentiellement silencieuse. Il existait de nombreux points de dissension et motifs de mépris, liés aux cordes à linge, à l'entretien des jardins, au choix des journaux, aux habitudes de dépenses, à l'éducation des enfants et aux attitudes envers le livreur de pommes de terre qui passait une fois par semaine avec son poney chargé d'une musette. Mais la principale division concernait la religion. Les Robinson étaient anglicans, les Quinn étaient catholiques. Ils n'étaient pas farouchement catholiques, mais catholiques tout de même et, en outre, avec du sang irlandais parmi leurs ancêtres. Fait illogique, les Robinson arrivaient à mépriser les Quinn du fait qu'ils n'envoyaient pas leurs enfants dans une école catholique romaine : ils avaient essayé avec leur aîné, David, et trouvé que l'établissement laissait à désirer ; ils avaient donc envoyé les deux autres à l'école primaire anglicane, meilleure d'après eux.

Ou, en tout cas, disaient les Robinson cyniques, *plus près.*

Fran et Teresa étaient chacune nées entre deux. Cette situation leur semblait particulière. Les quatre autres enfants, tous des garçons, n'ayant pas grand-chose en commun, ils restaient chacun de leur côté de la division des deux familles, mais Fran et Teresa, les filles nées au milieu, se trouvaient mutuellement tout à fait, tout à fait fascinantes.

« Je t'*adorais* », a dit Fran, septuagénaire, à sa vieille camarade longtemps perdue, qui a répondu : « Et moi aussi, je t'adorais !

— Tu ne le montrais pas, s'est plainte Fran. J'étais toujours à la traîne. C'était toi qui menais la danse, toi qui prenais toutes les décisions. Moi, je n'étais qu'une… qu'une *disciple.*

— Tu parles », a répondu Teresa dans un sourire bienveillant, manifestement flattée. « Tu étais toujours en tête, tu courais plus vite que moi et souviens-toi à quel point tu étais douée pour la thèque[1], je ne voyais même jamais la balle, mais toi, tu faisais partie des plus rapides. Tu te souviens de Jenny Morpeth ? Elle jouait comme une déesse.

— Ce n'était pas très malin, de faire partie du cercle des plus rapides. Et puis Jenny Morpeth était une abrutie.

— On était deux toutes seules, a soupiré Teresa avec nostalgie. On était *sui generis*, nous deux. Ou est-ce que ça devrait être une autre construction grammaticale, tu crois ? *Nostri generis.* Non, ça ne

1. Jeu proche du base-ball, qui se pratique entre deux équipes au moyen d'un ballon de cuir et d'une batte.

peut pas aller. On n'a jamais fait de latin ensemble, si ? Je suis partie avant qu'on en arrive au latin.

— Je croyais qu'on avait fait toutes les deux une année avec Mlle Wilberforce ?

— Je ne me souviens pas d'une Mlle Wilberforce. À quoi ressemblait-elle, Mlle Wilberforce ? »

Et voilà qu'elles reconstruisaient une chronologie et passaient de nouveau en revue les dates, les années, les noms de leurs professeurs, leurs camarades de classe et les nombres d'itinéraires de bus et de tramway, leurs changements de coiffure, leur étonnement rétrospectif du fait que leurs parents les autorisaient à prendre librement les transports en commun pour aller se promener en ville, à l'âge de neuf ans, à l'âge de dix ans, à l'âge de onze ans.

Elles n'étaient pas surprises du tout, à l'époque. Tout le monde faisait ça. Les enfants étaient alors plus adultes.

Tresses, coupe au carré, couettes. Rubans à cheveux, bandeaux en caoutchouc dont pendaient des cerises, une précieuse barrette en plastique vert, en forme de sirène et gagnée à une kermesse.

Teresa avait douze ans quand les Quinn étaient partis.

Le filon de la mémoire est richement chargé et elles l'explorent, rencontre après rencontre, durant le temps qu'il reste. Fran sait que leurs retrouvailles sont un bien pour toutes les deux et que Teresa a connu un regain non de vie, mais de pré-vie, de vision rétrospective élargie et florissante.

Au-dessus de leurs conversations plane la structure de l'édifice édouardien de pierre, en mitoyenneté et à trois étages, qui les abritait tous. L'avenue était construite sur une pente et leurs jardins de devant montaient jusqu'à leurs portes d'entrée, adjacentes, et leurs porches, adjacents, pareillement décorés d'impostes en vitrail figurant des lis et des tulipes dans le style Art nouveau. Il y avait une entrée latérale, qui menait à la cuisine et à l'arrière-cuisine, de sorte que les chemins conduisant aux portes d'entrée n'étaient pas empruntés souvent, hormis – avec obstination et une dignité toute professionnelle – par le facteur. Les jardins de derrière étaient bien horizontaux, avec, au fond, de hauts murs adjacents à une autre rangée identique de jardins et de maisons, rangée que les Robinson et les Quinn s'accordaient à considérer comme légèrement inférieure à la leur, mais non de manière clairement identifiable.

L'édifice avait été grandement habité par des frustrations, ambitions, inquiétudes, mesquineries, espérances et résignations d'adultes, par des rêves, incartades et triomphes d'adolescents, par des jeux puérils, peurs, histoires effroyables et illusions de prépubères. Par des batailles avec des carnets de tickets de rationnement et des aides ménagères, par des confections et raccommodages, par le cycle rassurant mais souvent décevant des anniversaires, des vacances de Pâques, des vacances au bord de la mer et des fêtes de Noël, par les révisions acharnées en vue des examens et l'entretien de bicyclettes. Une vie épaisse, grouillante et divisée avait empli la maçonnerie comme le miel emplit les alvéoles d'une ruche. Elle avait filtré entre les briques par le ciment qui s'émiettait et façonné le plâtre et les murs chaulés des caves adjacentes. Comme les valves cardiaques jumelles, elles palpitaient, ces caves, côte à côte.

Fran et Teresa avaient découvert les caves et se les étaient appropriées. Elles avaient découvert une communication entre elles, une cavité secrète à travers la sympathique poussière de charbon et les toiles d'araignées. Une brique amovible, un passage entre le numéro 24 et le numéro 26, par lequel elles pouvaient se glisser des messages, par lequel elles pouvaient tendre la main pour toucher celle de l'autre.

Ces caves avaient à l'origine été prévues pour le charbon, avec une ouverture devant le porche par laquelle le charbonnier au teint basané déposait sa cargaison, autrefois, mais tant les Robinson que les Quinn méprisaient les feux de charbon, et ils étaient passés à la propreté du chauffage central moderne, si bien que ces caves restaient inutilisées. On ne manquait pas d'espace de stockage, dans ces grandes maisons, et les gens avaient beaucoup moins à stocker, à l'époque.

Fran et Teresa, qui avalent leur soupe et mangent des gâteaux aux dattes et aux noix en ce XXIe siècle, émettent des conjectures : ces espaces ont-ils désormais été mis au jour, convertis en chambres à coucher au sous-sol, en repaires, en salles de télévision ? Ces maisons sont-elles toujours là ? Elles peuvent le découvrir : elles peuvent les regarder en ligne si elles s'acharnent suffisamment, mais elles ne sont pas sûres d'en avoir envie. C'est bien trop facile, aujourd'hui, de regarder des images de la rue dans laquelle vous habitiez avant et de jeter un œil aux prix scandaleux de l'immobilier. C'est de la triche.

Toutes les deux s'accordent sur le frisson indescriptible que leur procurait leur vie souterraine à la cave. Elles descendaient, chacune munie d'une bougie blanche et trapue, et se chuchotaient des secrets de filles.

« On avait quel âge ? Onze ans ? Est-ce que nos parents savaient ce qu'on faisait ? Est-ce que c'était *sexuel* ? Est-ce que c'était *mal* ?

— On était comme les Montaigu et les Capulet dans notre tombeau vivant, dit joyeusement Teresa en ajoutant une couleur érotique.

— On était comme des jumelles », dit Fran.

Il y a trop de choses dont parler. La première fois qu'elles s'étaient revues, elles avaient évoqué la façon soudaine et pour elles arbitraire dont Teresa avait disparu de la vie de Fran, emportée d'un coup par la mutation de son père au Canada dans le cadre d'un projet industriel. Stupéfaites mais impuissantes, ces enfants avaient juré de rester à jamais en contact, comme le font les enfants, elles s'étaient écrit pendant un moment des lettres de correspondantes (« J'étais tellement déçue par les tiennes, je pensais que tu saurais dire quelque chose d'important, mais tu ne le faisais jamais »), qui s'étaient réduites à des cartes d'anniversaire et des cartes de Noël, puis à des années de silence, rompu uniquement par des annonces de mariage dont on accusait consciencieusement réception, elles-mêmes suivies des deux côtés par le silence, pour ainsi dire, de la mort. Fran s'imaginait la vie de Teresa avec Liam O'Neill, son époux américain, de l'autre côté de l'Atlantique, dans le Vermont, et Teresa s'imaginait la vie de Fran avec le Dr Claude Stubbs, son époux anglais. Ensuite, elles avaient commencé à oublier.

« Mais, pour être honnête, je ne pensais pas *beaucoup* à toi », convenaient-elles toutes les deux.

Elles n'avaient pas échangé de notifications de leurs divorces. Les choses avaient évolué, elles s'étaient engagées dans de nouvelles vies d'adultes.

Mais il en résulte que ni l'une ni l'autre n'avaient oublié leur serment solennel d'écolières, celui de se retrouver à la veille du nouveau millénaire. Elles avaient prévu un rendez-vous à Piccadilly Circus, à minuit pile, sous la statue d'Éros. Elles avouent que, au fil des décennies, l'innocente folie de ce rêve avait gardé un certain charme en leur rappelant les enfants pleines d'espoir qu'elles avaient été, leur foi dans une gentillesse réciproque et durable, ces rencontres à la lueur de vieilles bougies de cire, l'attrait de la grande ville qu'elles ne connaissaient pas à l'époque, hormis à travers les livres. Elles découvraient à présent que chacune avait pensé à cette promesse peut-être une fois par an ou une année sur deux à la veille de Noël, et plus fortement à la veille du millénaire, qu'elles avaient passée à Londres : Fran à Highgate avec Hamish, des amis, Christopher, Ella, leurs tout jeunes enfants et un feu d'artifice ; Teresa à Londres à quelques kilomètres de là, avec son fils Luke et son épouse Monica, avec son personnel loyal et les nombreux petits dont elle avait la charge, pour lesquels elle avait organisé une fête spectaculaire, qui comprenait aussi un feu d'artifice.

Elles ont découvert qu'elles avaient vécu des dizaines d'années à quelques kilomètres l'une de l'autre, sans le savoir, avec des codes postaux adjacents.

L'histoire s'était dévoilée lentement et, pour toutes les deux, de manière palpitante à l'occasion de plusieurs rencontres.

Après son divorce et l'annulation de son mariage, Teresa était rentrée en Angleterre avec son fils et avait repris son nom de jeune fille. Ayant obtenu au Canada un diplôme d'institutrice d'école maternelle, elle avait suivi une nouvelle formation, accepté un poste dans une école pour enfants à besoins spécifiques – dont certains avaient des handicaps limitant leur espérance de vie –, puis grimpé dans la hiérarchie pour en devenir la directrice. Elle était devenue une figure célèbre et respectée dans son domaine, comme Fran était un peu gênée de le découvrir. Une autorité, souvent citée par les autres.

Au moment de sa retraite, on lui avait presque immédiatement diagnostiqué un cancer, qui avait guetté le moment où elle baisserait la garde, et, après s'être soumise aux routines connues qu'étaient la chirurgie, la chimiothérapie et la radiothérapie, elle avait reçu un diagnostic accablant. Une sentence de mort, en vérité.

C'était à ce stade terminal que Teresa Quinn avait repéré le nom de Fran dans un rapport sur les résidences pour personnes âgées publié par la Fondation Ashley Combe. Elle l'avait consulté sur Internet, parce que c'était le genre de chose qu'elle faisait. Francesca Robinson Stubbs : un nom du passé, ajouté à un article sur la mobilité et les transports publics. Pour des raisons qui lui appartenaient, Teresa s'était intéressée à ces problèmes dans le cadre de son métier. Donc Teresa avait cherché Fran sur Google, et Fran avait beau ne faire partie d'aucun réseau social ni n'avoir de site universitaire fournissant des renseignements personnels, il était facile de la contacter par l'intermédiaire de la fondation. Teresa connaissait plusieurs personnes au conseil d'administration d'Ashley Combe. C'était le genre de personnes qu'elle connaissait. L'une d'entre elles avait promis de faire suivre une lettre. Et s'était exécutée promptement. Teresa avait pris la liberté de faire remarquer au professeur Halligan qu'il n'y avait pas de temps à perdre. « Marquez-la “Urgent”, Samuel », avait-elle gaiement insisté dans son mot d'explication.

Donc, pour l'heure, elles sont ici : Teresa, soigneusement et délicatement étendue sur son lit médicalisé, les os dans leur meilleure position possible, et Fran, la veinarde, recroquevillée n'importe comment sur un tas de coussins en tapisserie dans le vieux fauteuil, mangent toutes les deux un sandwich au saumon fumé de chez Prêt-À-Manger et se rappellent l'époque d'autrefois. Fran avait donné à Teresa des nouvelles de Christopher aux Canaries, de Claude sur son divan à Kensington, de Poppet dans sa zone inondable et de son propre séjour stimulant à West Bromwich et à Birmingham. Teresa s'était beaucoup intéressée à la description de tante Dorothy et de son établissement spécialisé de Chestnut Court. Les inquiétudes de Fran pour les personnes âgées complétaient l'intérêt qu'elle-même éprouvait pour les foyers d'hébergement destinés aux jeunes.

Teresa (qui menait une vie sociale et professionnelle intense durant sa retraite) avait à son tour raconté les détails des visites de vieux amis ou collègues et de son prêtre local. Teresa a de nombreux visiteurs, qui ne demandent qu'à se réserver un moment pour une session où l'on bavarde et se remonte le moral. Elle reste rarement sans personne. Elle vit seule, mais avec un défilé d'infirmières à domicile, d'amis et de cousins qui s'occupent d'elle en permanence. Il y a toujours quelqu'un de prêt à rester passer la nuit, mais Fran ne l'est pas et n'est probablement pas censée rester. Pour l'instant, en février, la situation est gérable. Elle ne va pas tarder à devenir moins gérable, mais dans l'immédiat tout est sous contrôle.

Teresa a la promesse d'une visite de son fils Luke et de son petit-fils Xavier, qui sont au Mozambique. Ils ont dit qu'ils viendraient bientôt.

Fran soupçonne le prêtre d'être un vrai sujet d'inquiétude pour Teresa. Mais elle peut se tromper : elle aimerait si peu elle-même recevoir la visite d'un prêtre qu'elle réagit peut-être excessivement à la place de sa nouvelle ancienne amie. En revanche, il y avait eu un indice d'exaspération des plus infimes, peut-être, dans la description qu'avait faite Teresa de l'incapacité de cet homme à se débarrasser proprement de son parapluie.

Le temps de février est devenu mauvais, elles en conviennent. Pluie torrentielle et grands vents. D'où l'inquiétude pour Poppet en terrain humide.

Teresa n'a évidemment jamais rencontré Poppet et, à moins que les événements ne prennent une tournure inattendue dans un avenir très proche, elle ne la rencontrera jamais. Mais elle s'intéresse à tous les faits et gestes de Fran, passés et présents, de même que Fran s'intéresse, s'intéresse énormément, à l'œuvre de Teresa durant toute sa vie.

Elles conviennent qu'il n'est pas étonnant qu'elles se soient toutes les deux retrouvées à exercer un métier à vocation sociale, parce que c'est ce que font les femmes, et puis au temps où elles se rencontraient à la cave, n'avaient-elles pas toutes les deux des visions d'elles-mêmes en échansons, en martyres, en sauveuses messianiques ? Ô combien nobles étaient certaines de leurs idées naissantes, alors qu'elles restaient accroupies ensemble, tantôt au numéro 24 du côté de chez les Quinn, tantôt au numéro 26 du côté de chez les Robinson, les bras autour de leurs genoux couverts de croûtes, les cheveux pleins de poussière de charbon, avec leurs tablettes de glucose non rationnées, reçues en cadeau et qui fondaient de manière si douce et si délicieuse sur la langue !

Elles avaient très tôt discuté de la situation critique de ce triste monde et décidé de faire de ce monde un endroit meilleur. Elles éprouvaient une fascination morbide pour le malheur et pour les manifestations les plus extrêmes de la condition humaine : paraplégie, lèpre, cécité. Elles discutaient de Dieu et de la question de savoir si oui ou non Il existait. À l'époque, Teresa était croyante, mais une croyante rebelle, même à ce moment-là. Fran était plus prudente dans ses conjectures. Ou était-ce du moins le souvenir qu'en avait Fran aujourd'hui.

Fran s'intéressait déjà aux dernières paroles des mourants. Elle ne pense pas que Teresa fasse actuellement la répétition des siennes, elle est trop occupée à se rappeler les futilités de la fin des années 1940 et du début des années 1950, trop dispersée et trop bavarde pour inventer une épigramme.

Teresa avait plus qu'accompli ses ambitions spirituelles. Son établissement d'enseignement spécialisé avait été un foyer et un havre, et parfois un hospice pour certains des enfants les plus défavorisés sur terre, ou du moins – afin d'attribuer à Teresa un mérite plus modeste, mérite qu'elle n'aurait jamais fait valoir elle-même – pour certains des enfants les plus défavorisés de la zone du Grand Londres (mais il y en avait évidemment beaucoup, et bien plus que ne pouvait en abriter l'école de Tercsa).

La vénération infantile que vouait Fran à Teresa est revenue multipliée par cent, accrue par la manière dont Teresa, à présent, *in extremis*, est désireuse et impatiente d'évoquer la douleur, les familles, les transports publics (« Ah, comme ils me manquent ! s'écrie Teresa d'une voix plaintive. Je n'aurais jamais su combien ! »), les jeunes gens grossiers, le Londres multiculturel, les petits-enfants, le changement climatique, les voies de Dieu envers l'homme, la mort. Leur conversation est fluide, non inhibée par les convenances.

Fran est curieuse d'avoir des nouvelles de Liam, l'ex-mari de Teresa, de leur fils Luke, de Monica, sa femme angolaise, et de leur petit-fils Xavier ; elle est intéressée, mais non surprise, d'apprendre que Luke a lui aussi rejoint les métiers à vocation sociale. Il est anesthésiste et travaille actuellement en Afrique. Teresa ne détecte pas de lien entre sa carrière à lui et la sienne, mais il doit y en avoir un. Elle s'intéresse aussi aux frères de Teresa et est étonnée d'apprendre que David Quinn s'est transformé en expert mondial des œuvres de Jacopo da Pontormo.

Comment est-ce possible ? Comment un historien d'art de renom international peut-il s'être formé entre les murs philistins et sans âme du numéro 24 de la banlieue quelconque de Maybrook Park ? Il n'y avait eu aucun art à Broughborough, du moins aucun que les Quinn et les Robinson aient jamais vu. En outre,

David Quinn n'était pas un esthète en puissance ni un intellectuel : il était amoureux de sa bicyclette Raleigh couleur lie-de-vin en chrome étincelant et sur la barre transversale de laquelle, pris d'une humeur condescendante, il avait emmené Fran faire une fois ou deux une promenade effroyable. Elle avait fait semblant de ne pas être effrayée, vu qu'elle était honorée de la proposition, mais elle avait été contente lorsque, l'entrejambe endolori par la pression du métal, la démangeaison et le frottement provoqués par sa culotte, elle avait pu descendre.

Jacopo da Pontormo ! Fran n'est pas très bonne en histoire de l'art, bien que le savoir-faire et l'aisance de son fils Christopher dans les médias aient un peu déteint sur elle, mais elle a entendu parler de lui et elle ne demande pas mieux que de parcourir le grand volume, sur papier glacé et fabriqué à grands frais, de textes et de reproductions qui porte son nom associé à celui de David Quinn. Teresa lui a désigné cet ouvrage, bien à sa place et en hauteur sur la dernière étagère du salon encombré – elle est trop faible pour y monter elle-même, ces temps-ci –, et Fran a gravi l'escalier de bibliothèque, puis l'a soulevé (il lui paraît dangereusement lourd, même à elle) et est restée assise là-bas un moment à tourner les pages et à contempler des images d'un autre monde, représentant des vierges, des dépositions et des annonciations, à contempler des drapés tourbillonnants dans les nuances les plus célestes et cependant les plus terrestres qui soient. Rose, mauve, orange, abricot, safran et le vert le plus pâle, couleurs merveilleuses dans l'hiver gris du nord-est de Londres, couleurs inspirantes à emporter dans sa mémoire en rentrant à Tarrant Towers. Le sujet est profondément religieux, comme il se doit, et la manière est maniérée, ou, comme l'en informe la jaquette, maniériste. *Ça*, se dit-elle, *c'est de l'art catholique à son plus haut degré de piété.*

David Quinn est-il encore croyant ? Avait-il jamais été croyant, ce garçon dégingandé, avec son acné, sa raie sur le côté, ses grandes mains osseuses et sa bicyclette ? Comment diable avait-il rencontré Pontormo ?

Fran n'avait pas voulu poser de questions sur la foi de David Quinn. Elle pensait que ce serait aller trop loin. Il n'y a pas de mal à interroger Teresa sur la sienne, mais David Quinn a sa propre vie, dans laquelle elle ne devrait pas faire intrusion.

Il vit à présent en Italie, à Orvieto, dit Teresa. Avec son compagnon.

À l'idée de toute cette intensité qui se développe en gris, semblable à une larve et inaperçue dans une demeure édouardienne construite en mitoyenneté, intensité à l'odeur de garçon, de vélo et de football, et qui attend d'éclore, de tournoyer, de chatoyer, de voler et de flotter si légèrement dans toutes ces glorieuses couleurs florentines et polychromes, Fran a par moments l'impression d'être sur le point de défaillir. C'est ô combien étrange, ô combien bizarre, ô combien improbable !

Fran a parlé à Teresa de son amitié de longue date avec Josephine Drummond. Cette amitié est très satisfaisante, a-t-elle dit à Teresa. « Jo et moi, on retourne directement à l'époque de Romley, on est restées amies même quand elle était aux États-Unis, nos enfants ont en quelque sorte grandi ensemble et maintenant, grâce à toi, je peux remplir les années d'avant. Quel bonus ! Je peux colorer un peu plus de mon passé. »

Fran croit, à juste titre, que Teresa adore se croire utile.

Tablettes de glucose, bonnets pointus.

Toutes les deux se souviennent des bonnets pointus, tricotés avec la laine ridée, tachetée et rêche récupérée dans des pulls du temps de guerre qui ne s'étaient pas effilochés. « Quelles hideuses petites créatures nous faisions ! » s'accordent-elles joyeusement à dire.

« Pâlichonnes, asthmatiques, maigrichonnes, bronchitiques, la poitrine plate ! Hideuses ! »

Teresa s'intéresse même au sujet ennuyeux, ordinaire et légèrement dégradant des cahiers de coloriage de tante Dorothy, qui lui a été dûment rapporté lors de cette visite toute récente. Elles parlent de l'étrange satisfaction que procure le coloriage, souvenir d'il y a longtemps. « Tu te rappelles qu'on nous faisait crayonner sur les cartes une bordure bleue autour des îles, et qu'on devait faire les coups de crayon horizontaux, tout autour, pas verticaux, ni qui faisaient des piques comme un hérisson, et que Mlle Clay se fâchait si on se trompait ? Ça s'appelait la géographie ! Gribouiller, gribouiller, gribouiller, soigneusement, sur tous les contours des îles Britanniques. Quelle perte de temps ! Comme c'était franchement inutile, mais bon, à sa manière, comme c'était drôle ! »

« Certains de mes enfants aimaient bien le coloriage, soupire Teresa. Certains cochonnaient tout, mais d'autres étaient d'une propreté obsessionnelle. Ça dépendait. »

Crayons Lakeland, crayons de couleur Caran d'Ache, pastels. L'indulgente bienveillance du fusain.

« Reviens bientôt », dit Teresa, pendant que Fran lave et récupère sa boîte à soupe en plastique bien utile, puis enlève d'autorité du bouquet mis dans la cruche sur la cheminée quelques narcisses plus très pimpants, qui ressemblent à du papier froissé.

C'est étrange, elle se sent tellement chez elle dans la maison de Teresa, elle s'y sent parfaitement installée. Durant les heures passées chez Teresa, elle se sent dénuée de toute nervosité, ce qui ne lui ressemble pas du tout.

« Oui, bien sûr, répond Fran. Je t'enverrai un texto quand j'aurai eu des nouvelles d'Ashley Combe sur les dates pour Westmore Marsh. » Elle dépend un peu de la météo, cette sortie.

Teresa tend ses bras blancs et maigres, puis elles s'enlacent avec prudence, avec tendresse.

Contrairement à Claude, Teresa doit affronter

énormément de douleurs, certains jours pires que d'autres.

*

Teresa regrette les transports publics et envie à Fran ses trajets inconfortables et fatigants dans la capitale, qu'elle fait avec sa carte gratuite. Comme Fran, elle avait bien aimé écouter en cachette. Trop entourée, durant ses journées de travail, par des gens extrêmement dépendants d'elle et qu'elle connaissait bien, elle savourait la compagnie d'inconnus ordinaires et la solitude lors des trajets en bus, et même dans le métro, moins agréable.

Teresa regrette aussi son jardinage. Elle avait été contente de voir Fran faire le tri parmi les narcisses, mais elle aurait voulu pouvoir sortir dans le jardin voir les aconits et les perce-neige, et faire des projets pour le printemps. Il y a une belle vue depuis son jardin londonien en terrasse, et elle lui manque aussi. Ses plantes d'intérieur se portent encore bien, elle garde un œil sur elles. Le cœur sensible, elle n'aime perdre espoir en aucune d'entre elles, même quand elles n'ont plus l'air de toute première fraîcheur, et elle arrose diligemment une verdure peu prometteuse, des pousses qui ne réagissent guère et des nodules en sommeil depuis des années. Qui sait ? ils peuvent reprendre vie, ils peuvent connaître un second avènement. Et, souvent, cela arrive.

Teresa est en train de mourir d'un mésothéliome.

Au début, elle a dit à Fran qu'elle mourait d'un cancer du poumon, maladie apparentée et, comme nous le savons tous, généralement provoquée par le tabagisme. Le mésothéliome, en revanche, est un cancer de la plèvre et des parois thoraciques quasiment toujours provoqué par l'exposition à l'amiante. Cette exposition remonte souvent à plusieurs décennies. Teresa ne voulait pas que sa vieille amie nouvellement retrouvée explore le temps à la recherche d'un lien de causalité, comme elle-même l'avait fait. Elle a relu le passé en essayant d'identifier la source de l'amiante qui, tout d'abord lentement et secrètement, mais désormais plus si lentement, s'est mise à la détruire de façon très visible et très sûre. Les bâtiments de l'école, les maisons mitoyennes en banlieue, les caves pleines de poussière de charbon, la bibliothèque publique, sinon les magasins Woolworth du centre-ville, où (elles en ont convenu) des vieillards tragiques mais non indentifiables tentaient de planter les doigts dans leur derrière sans être vus ? La cité de logements sociaux dans laquelle sa famille avait été évacuée pendant la guerre ? L'école au Canada, la maison dans le Vermont ? Ou, récemment, la démolition des dépendances sur le site où l'on avait construit sa nouvelle école ? Qui saurait le dire ? Elle n'est pas une victime de l'industrie comme l'ont été tant de mineurs et de constructeurs navals. Mais elle est une victime. De quelque chose.

Pas du tabagisme. Elle avait fumé des cigarettes quelques années durant sa jeunesse, quand elle était, en toute euphorie, l'épouse de Liam. Mais elle n'avait pas fumé sérieusement. Elle a examiné la question par e-mail avec Liam, qui est à Montréal, s'inquiète énormément pour elle et semble se tourmenter quant à savoir s'il serait le bienvenu au cas où il devrait proposer de lui rendre visite maintenant. (Elle ne lui a pas fourni beaucoup de pistes là-dessus.) Liam lui dit qu'il ne fume plus depuis des années, comme si, d'une certaine manière, pour une raison quelconque, cela pouvait la rassurer.

Après trois ou quatre visites, Teresa avait jugé que Fran n'était pas hypocondriaque et qu'elle était en outre extrêmement en forme, même si elle avait une conscience accrue du risque de mourir, comme la plupart des personnes âgées. Elle pouvait affronter la réalité du mésothéliome. Teresa lui avait donc décrit le diagnostic et le pronostic, ce qui l'avait aussi dispensée d'évoquer avec Fran la nature extraordinairement arbitraire de ce mal particulier. Apparemment, il peut être provoqué par l'inhalation d'une seule fibre des années plus tôt, tout comme par des années passées au front de taille. En enfonçant une punaise dans le mur d'une salle de classe, une institutrice peut libérer des particules susceptibles de tuer, pour peu qu'on les inhale. Une seule d'entre elles peut tuer. Cause et effet semblent n'entretenir aucun rapport moral, aucune relation significative possible.

À la naissance de Teresa, innocent bébé de Broughborough, Dieu avait-il ordonné qu'elle inhale cette fibre particulière ? Les intermédiaires inconnus et ignorants qui avaient installé l'amiante dans le mur étaient-ils directement, indirectement ou moralement responsables de la conséquence désormais imminente qu'était sa mort ? En quoi cela affecterait-il son sort et son acceptation de ce sort, si l'on devait savoir que les constructeurs avaient pris un risque connu ? C'est une énigme intéressante. Teresa a toujours été attirée par de telles énigmes et par la casuistique grâce à laquelle prêtres et philosophes cherchent à les expliquer. Elle a beau être catholique à sa manière, elle est aussi attirée par la notion éthique plus contemporaine de chance morale : c'est la malchance qui lui a fait enfoncer cette punaise dans le mur de la salle de jeux pour afficher la liste des sorties surveillées proposées pendant les grandes vacances.

Teresa est fascinée par l'exemple de la punaise. Une punaise est si petite, si innocente. Combien d'anges dansent sur la tête d'une punaise ? Combien de fibres invisibles la punaise a-t-elle libérées ?

Et ces constructeurs hypothétiques se seraient-ils sentis coupables, ou ne serait-ce que désolés, s'ils avaient su qu'ils avaient tué Teresa Quinn par le biais d'une punaise ?

Et tout ça faute d'un clou de fer à cheval.

Teresa, elle, se sent navrée pour ces constructeurs et ces personnes chargées de monter la salle de classe, qui ont tué sans le savoir, et souhaite les exonérer de tout soupçon de reproche. Elle ne porte pas de jugements et elle n'aime pas les reproches. Elle a appris à ne pas blâmer les parents d'enfants gravement traumatisés. Elle a appris à ne pas blâmer son ex, bien qu'elle ne sache pas encore très bien si elle a envie de le revoir.

Elle a appris à ne pas blâmer.

Elle a appris la leçon la plus difficile, qui est de ne pas se blâmer soi-même.

Fran trouve cette mentalité fascinante et se demande quel rapport elle peut avoir avec la religion et la foi en Dieu.

Personne n'est à blâmer, sinon Dieu.

Dans le métro qui la ramène chez elle, Fran médite les énigmes de la cause, de l'effet, des reproches et de la punaise, et parvient à se rappeler un cas médical vaguement pertinent qui flottait confusément dans son esprit depuis quelques jours. Elle l'aurait rattaché à Teresa cet après-midi, si elle avait réussi à le saisir à temps, et le lien est si ténu qu'elle craint de l'oublier une nouvelle fois avant son prochain rendez-vous.

Ce n'est pas sa propre histoire, c'est une histoire que Jo lui avait racontée au sujet d'un membre acharné de l'une de ses classes d'enseignement pour adultes, un homme d'un certain âge qui faisait une fixation sur Jo, son professeur un peu plus jeune. Nourrissant pour elle un engouement fatigant et déplacé, il lui écrivait, l'arrêtait dans les couloirs, restait traîner après les cours, lui envoyait des articles de journaux. (Par chance, il n'a jamais réussi à se procurer son numéro de téléphone.) Il était trop vieux et marchait trop lentement pour la traquer partout, et Josephine, certes bien plus agile et bien plus valide, était trop âgée pour qu'on la traque, mais à d'autres égards c'était un traqueur. Tout comme Teresa Quinn, il était obsédé par des questions d'entremise et de responsabilité. Obsédé de façon malsaine, dans son cas. Il se faisait une spécialité des coupures de journaux à propos d'incidents, de crimes et d'infractions aux conséquences non désirées, centres d'intérêt que Jo trouvait à la fois assommants, pénibles et néanmoins singulièrement fascinants. Certains de ses exposés étaient malheureusement inspirés par les ouvrages qu'ils lisaient en cours : Thomas Hardy et, en particulier, *Tess d'Urberville* lui avaient fourni un riche matériau, mais il pouvait aussi découvrir d'étranges lectures dans Tolstoï, Tchékhov et Conrad.

Les coupures de journaux, extraites en majeure partie de la presse populaire, portaient des titres comme : UN PÈRE SORT DE SON GARAGE EN MARCHE ARRIÈRE ET TUE SON ENFANT, UNE FEMME TOMBE SUR UN COUTEAU MIS DANS SON LAVE-VAISSELLE ET SE BLESSE À MORT, UN BOUCHER PERD UN BRAS DANS SON HACHOIR ou UN CONDUCTEUR TUÉ PENDANT QU'IL AJUSTAIT SA CEINTURE DE SÉCURITÉ, ou bien UN HOMME TUÉ À COUPS DE COUTEAU LORS D'UNE DISPUTE AU-DESSUS DE SA HAIE. Le vieux M. Winters était captivé par les questions sous-jacentes à de tels faits divers. Pourquoi, voulait-il savoir, était-il pire de tuer son enfant plutôt que celui de quelqu'un d'autre ? Était-il pire ou mieux de mourir après une dispute ? Était-il pire de mourir en essayant de faire ce qu'il fallait ?

Il était singulièrement difficile de lui expliquer pourquoi il était tellement pire de tuer son enfant plutôt que celui de quelqu'un d'autre, avait dit Jo.

Lorsqu'il parlait de sa propre vie, Jo expliqua-t-elle à Fran, il semblait être privé d'un sens, avoir une case en moins. Il n'avait pas assisté aux obsèques de sa femme, qui avaient eu lieu en plein pendant les cours de Jo sur Darwin et le roman, et il s'était vanté de cette omission à Jo. Pourquoi aurait-il dû aller à ces obsèques ? Elle était morte, elle ne saurait pas s'il était là ou non, pas vrai ? Il avait préféré venir exposer ses idées sur *La Paix des profondeurs*[1]. Il avait dit à Jo que, des années auparavant, il avait détruit le dernier testament de son père, il l'avait déchiré et jeté dans la rivière. Ce n'était que du papier, juste un bout de papier, et ses dispositions ne lui plaisaient pas. Son père était sénile quand il l'avait rédigé, il ne saurait jamais ce qui s'était passé, et puis qu'est-ce que ça changerait ? Il ne devait jamais savoir quel testament avait été appliqué, pas vrai ?

Le détail anecdotique concernant la rivière était perturbant. C'était l'Ouse, à York, et il avait jeté les bouts de papier depuis le pont de Lendal. Son père

1. Roman d'Aldous Huxley (1894-1963), paru en 1936.

avait vécu et était mort à York, il avait passé ses dernières années à l'hôpital psychiatrique de la ville.

Il n'y avait pas moyen de discuter de ce genre de choses, avait poursuivi Jo. Une logique horrible était à l'œuvre en lui, une intelligence brute, étrange et insistante. Il ne semblait pas avoir lu de livres de philosophie, de logique ni d'éthique, ses idées étaient toutes bien à lui, mais on ne pouvait pas complètement les négliger.

« Tu devrais le virer du cours », avait dit Fran.

Et, l'année suivante, c'était exactement ce que Jo avait fait. Avec l'accord tacite du directeur de son établissement, elle avait inventé une règle qui empêchait les étudiants de suivre son cours plus de deux années consécutives. M. Winters avait disparu. Les messages avaient cessé. Il s'était probablement attaché à un autre objet d'amour.

Oui, se dit Fran, Teresa serait intéressée par l'histoire de M. Winters, si elle n'oublie pas de l'évoquer la prochaine fois.

Le train s'arrête juste devant un carrefour très fréquenté ; momentanément en proie à un ennui intense, Fran joue avec son portable et sélectionne un message de Poppet en réponse à un texto maternel (ou faussement maternel, envahissant, indiscret ?) qu'elle a envoyé plus tôt dans la journée. Poppet répond en indiquant que les niveaux montent, mais que l'eau est encore bien loin de la zone de danger et qu'elle a des sacs de sable.

Fran a un motif d'embarras au sujet de Poppet,

en rapport avec sa visite prochaine de Westmore Marsh. Elle n'a pas envie de le formuler, ne serait-ce qu'à elle-même.

*

Dans son incessante surveillance des activités de la planète, Poppet a noté avec intérêt qu'une violente éruption sous-marine vient d'avoir lieu dans l'Atlantique, tout près de la côte d'El Hierro, l'île des Canaries la plus éloignée, la plus rocheuse et la plus à l'ouest, mais elle ne pense pas qu'elle menace son frère Christopher, qui se trouve sur l'île de Lanzarote, plus plate, située à l'est, plus africaine et où l'on élève des chameaux. Il y est depuis une semaine ou deux, maintenant ; qu'est-ce qu'il peut bien fabriquer là-bas ?

Poppet ne parle pas de cette éruption à sa mère.

Elle ne sait jamais si sa mère s'inquiète trop ou pas assez pour ses enfants. Elle ne l'a jamais su.

*

Quand Fran sort du métro à King's Cross pour prendre le bus jusqu'à son domicile de Tarrant Towers, le temps londonien a empiré. Des torrents de pluie blanche et oblique se déversent du ciel hivernal bleu nuit éclairé par les néons, et des rafales soufflant à grande vitesse tourmentent les poubelles d'Euston Road. Les parapluies se retournent, leurs baleines brisées telles les ailes de corneilles mortes. Une grosse branche s'est détachée d'un platanc ct cntrave le trottoir. Les piétons se rassemblent aux arrêts de bus, stoïques, le dos tourné au vent. Ceux qui ont une capuche à leurs vêtements la remontent d'un air malheureux sur leur tête. Fran n'a ni capuche, ni chapeau de pluie, mais elle a un béret, ce qui est mieux que rien. Elle se fait une petite place sous le toit de l'abribus et tente de penser à des sujets plus nobles.

Ce serait mal d'envier Teresa Quinn, qui n'est pas obligée de sortir par un temps pareil, qui ne sera plus jamais obligée de sortir par un temps pareil, qui n'a pour la tourmenter que les sombres tempêtes de l'esprit et les affres du corps mourant atténués par la morphine. Mais parfois, même si elle se sent bien et en forme, Fran a vraiment envie de jeter l'éponge et d'aller se coucher à jamais.

Ce serait mal d'envier Claude (qui aura sa ration de soupe au poulet demain), même s'il faut dire que Claude, qui est à sa connaissance dénué de foi religieuse, d'élévation ou de pensées plus nobles, semble fort avoir conclu un pacte avec la mortalité et être aussi heureux dans sa réclusion qu'un homme peut l'être. Fran, elle, deviendrait folle d'ennui si elle devait rester couchée.

Mais s'il continue à pleuvoir jusqu'à la fin des temps, on pourrait peut-être cesser de se battre et aller se coucher en tout honneur.

Ce sera vraiment contrariant pour Fran si elle ne peut pas aller inspecter le lotissement de Westmore

Marsh comme prévu. Contrariant de manière futile, non contrariant à mort, mais contrariant. Westmore Marsh, comme son nom l'indique, a été construit sur une zone inondable[1] du Sud-Ouest, mais ce site comprend divers aménagements intéressants et expérimentaux contre les inondations, sous forme de bassins et de cuvettes destinés à contenir l'eau qui ruisselle. Il serait ironique que des inondations l'empêchent d'aller là-bas pour inspecter ces aménagements. À Westmore Marsh, il y a aussi une structure pour personnes âgées que les revues d'urbanisme et d'architecture ont trouvée intéressante. Fran espère réussir à parler avec certains de ses résidents pour voir s'ils l'admirent et s'ils ont une opinion sur les bassins et les cuvettes.

Elle a eu une conversation téléphonique intéressante avec la directrice de cette unité spécialisée, suivie de plusieurs échanges d'e-mails. Cette directrice s'appelle Valerie Heritage. Fran trouve que c'est un nom splendide. Elle se demande si cette dame est robuste et haute en couleur, comme Suzette Myers à Chestnut Court, ou maigre et gris fer, comme la directrice d'Athene Grange, ou bien noire et généreuse, comme Persephone Saint Just, dont le nom est presque trop splendide pour être vrai. On ne peut pas dire, à sa voix, de quelle couleur est Valerie. Elle a un accent ambigu, quelque chose de recouvert par autre chose. Fran n'est pas très douée pour situer les

---

1. *Marsh* signifie « marais ».

accents. Et puis il y a tellement de gens qui tiennent à se cacher, ces temps-ci.

*

Claude est assis dans son grand fauteuil, les pieds surélevés et son chat endormi sur ses genoux ; il attend que son ex-femme arrive avec ses provisions. Comme d'habitude, il regarde d'un œil et sans le son les émissions prévues en journée et lit simultanément le *Times* sur son Kindle. Cyrus préfère tellement la version numérique du *Times* à sa version imprimée. À la télévision, il y a un reportage sur la dégradation de la météo et des prises de vue de chemins de fer du Sud-Ouest sous l'eau. Claude n'a que la plus vague idée de l'endroit où habite sa fille Poppet, mais il pense que c'est quelque part à côté de ces champs bruns inondés, de ce bétail qui se noie et de ces saules pleureurs.

Dans le *Times*, il apprend que son vieux collègue Andrew Wetherill est mort. Andrew avait été un fou, un rigolo, doué d'un rire brayant et hennissant qui avait souvent retenti de façon caractéristique et souvent inopportune dans les salles de théâtre et d'opéra, un rire à réveiller les morts. Il avait eu une carrière haute en couleur, dont une partie littéralement sur le champ de bataille, et mené une vie privée et semi-publique haute en couleur, d'une excentricité considérable. Marié et père de filles et fils désormais adultes, bisexuel (à la connaissance certaine de Claude), il avait durant sa vieillesse été accompagné par une femme bien plus jeune, qu'il présentait lors des réunions entre amis comme sa « fiancée ». Il y avait eu toute une série de fiancées dont la fonction n'était jamais tout à fait claire.

Claude n'a pas vu Andrew depuis plusieurs années, bien qu'ils aient jadis fait partie du même club de dîneurs privé et qu'ils s'y soient retrouvés presque régulièrement. La dernière fois qu'il l'a vu en personne, c'était à Glyndebourne, lors d'une représentation de l'un des opéras de Mozart le plus souvent interprétés, et, dans l'intervalle, Claude avait été présenté à Camellia (ça ne pouvait pas être son vrai nom, c'est sûr, mais c'était le nom que Claude croyait avoir entendu), une grande femme de trente ans au très long cou et aux épaules fort dénudées qui s'élevaient inexorablement d'une robe de bal courte, chatoyante et sans bretelles. Camellia était un accessoire extravagant et Claude la revoit clairement, sa chair luisante de marbre blanc cendré, ses dents blanches, ses lèvres rouges, son sourire éclatant. Il revoit la curieuse expression d'Andrew, faite d'un mélange de fierté, de complicité et d'audace. Où est Camellia, maintenant ?

Andrew n'avait jamais divorcé, malgré sa ribambelle de fiancées, et sa nécrologie affirme, bien sagement et sans nul doute avec exactitude, que son épouse Marion et leurs deux filles lui survivent. Combien de scandales enfouis dans cette phrase grandiloquente ? Comme la plupart de ses contemporains, Claude se retrouve fasciné par le langage de ces brefs comptes-rendus rétrospectifs, par ces vies tronquées, avec leurs ellipses, leurs allusions et leurs formules équivoques.

Jax Conan avait eu sacrément de la chance de mourir avant Jimmy Savile.

Claude avait divorcé de Fran parce qu'il s'était mis dans une position telle qu'il lui fallait épouser Jean, mais sa nécrologie ne le divulguera pas. Pourtant, c'est Fran qui s'occupe de lui aujourd'hui. C'est Fran qui vient avec son sac de jute rempli de boîtes en plastique pleines et d'assiettes couvertes de film alimentaire. Elle va bientôt arriver, elle va entrer, elle est la châtelaine, elle a le trousseau de clés.

Jean est toujours en vie et elle lui coûte toujours de l'argent, mais il ne l'a pas vue depuis des années et ne souhaite pas la voir.

Il éteint la télévision, qui, alors que la lumière disparaît et que le crépuscule s'épaissit, passe des programmes de jour aux programmes de début de soirée. Il allume Classic FM : un trio pour piano de Dvořák, mélancolique, rassurant et pas trop long. Il est reconnaissant envers Classic FM. Il est impressionné par le mal qu'ils se donnent, quels qu'ils soient, pour le distraire, lui personnellement, d'une manière qu'il trouve acceptable. Il n'est pas du genre reconnaissant ni humble, mais il en vient à apprécier les petites choses davantage qu'il a jamais pensé le faire.

Fran va-t-elle rester prendre un verre et faire la causette ? Il espère plutôt que oui.

*

Poppet regarde l'eau monter avec intérêt et avec un degré d'audace qui diminue quelque peu. L'eau brune qui enfle a recouvert le chemin de halage, tout submergé hormis le sommet des montants de porte, et elle lèche à présent les marches de sa maison. À la radio locale, il y a une émission sur la catastrophe de Lynton et Lynmouth, en 1952[1], et un entretien furieux avec le ministre au sujet du dragage. Le canal a désormais une brèche en amont et les marées sont hautes à cette époque du mois, mais pas tout à fait aussi hautes qu'elles l'ont été en janvier. La pluie se déverse des collines galloises et engorge la Severn, la mer salée et plate s'élève de Bridgewater Bay et du canal de Bristol, le Parrett déborde de ses rives. De nombreuses acres sont submergées et, dans la lumière trouble de l'après-midi, Poppet a vu le niveau de l'eau se rapprocher lentement des branches inférieures des saules écimés, des extrémités et frondes ondoyantes du carex, des joncs et des roseaux. Certains villages sont paralysés depuis plusieurs jours.

Le gibier d'eau profite de la transformation du paysage. Elle lui convient bien, elle agrandit son territoire. Les oiseaux du ciel, eux aussi, paraissent heureux. Les petits gazouillent, affluent et s'élancent, explorent de nouveaux perchoirs, de nouvelles perspectives, de nouveaux sites où faire leur nid. La saison des amours est imminente, malgré la pluie

---

1. Ces deux villages du Devon ont été dévastés par de brusques inondations survenues les 15 et 16 août de cette année-là.

torrentielle. La Saint-Valentin, époque du Parlement des Oiseaux[1]. Canards, poules d'eau, mouettes et bernaches réunis en de plus grands rassemblements voguent, descendent en piqué, plongent bruyamment dans l'eau et remontent en flèche ; le couple de cygnes amoureux que Poppet connaît bien est libéré dans un plus grand espace. Ces cygnes flottent gracieusement à la surface des champs, réclamant cette terre comme étant la leur. Poppet a vu les cygnes à la lumière de la lune, quand le ciel était clair. Elle les voit de la fenêtre de sa chambre à coucher, qui dérivent sereinement sur les grandes eaux.

Il y a un étrange oiseau qu'elle connaît bien, une créature pataude et semblable à une oie, qui n'est ni oie, ni canard, ni cygne ; un être solitaire, maladroit, une chose ébouriffée et dépenaillée au plumage blanc et aux pattes roses, qui vient parfois trouver Poppet pour qu'elle la nourrisse. Poppet ne l'a pas vue depuis plusieurs jours. Cet oiseau l'a abandonnée. Il a trouvé, peut-être, de nouveaux protecteurs.

Elle pense à Noé et à son arche. Elle ne connaît pas beaucoup de récits bibliques, mais celui-ci en est un que tout le monde connaît. Ils avaient eu une arche de Noé, que leur avait offerte grand-mère Stubbs, une arche en bois de la marque Galt, avec des archétypes d'animaux, trapus et peints en couleurs vives.

---

1. C'est aussi le titre d'un poème de Geoffrey Chaucer (v. 1340-1400), selon lequel le 14 février est le jour où « chaque oiseau choisit sa compagne ».

Elle possède un gros œuf, vieux de deux ans, dans un pot de fleurs posé sur son rebord de fenêtre tout doux, humide et qui s'écaille. Cet œuf n'éclora plus, maintenant. Elle l'a découvert il y a deux printemps, abandonné parmi ses carottes et ses courgettes. Un œuf d'oie, pense-t-elle, pondu et abandonné par une mère idiote. Elle se demande parfois ce qu'il y a dedans, maintenant. Il pèse encore lourd dans la main. Va-t-il éclater, comme la lourde gourde orange aux rayures sombres et à grosses côtes dont sa mère se servait à Highgate comme butoir de porte dans la galerie arrière de l'appartement avec jardin, l'appartement où elle vivait avec Hamish ? Elle avait brusquement explosé un jour et s'était répandue en une fine et sèche poussière végétale. Hamish et Fran avaient ri à n'en plus finir.

Sa mère sait encore rire. Elle trouve plaisir à la vie, sa mère, même si Hamish est mort et qu'elle est vieille. Poppet admire ce don, cette bénédiction.

L'été dernier, Poppet avait montré cet œuf à des enfants sur une péniche qui passait. La famille en vacances s'attardait près de son débarcadère au bord de l'eau, le bateau qu'elle avait loué paressait, le père s'accordait une pause cigarette, la mère accrochait des sous-vêtements multicolores sur une corde à linge improvisée. Les enfants avaient un lapin assis avec eux sur le pont, un gros lapin velouté gris-bleu et à l'épaisse fourrure. D'humeur sociable sous le soleil de juillet, ce qui ne lui ressemblait pas, Poppet leur avait fait signe de la main et les avait interrogés sur le lapin voyageur ; en un rien de temps ils étaient à terre, ces trois enfants roux tout impatients, elle leur proposait fièrement de la limonade (elle fabriquait la sienne avec des citrons de la coopérative de Taunton) et leur montrait son œuf. Ils avaient bien aimé sa limonade et avaient admiré son œuf. Est-ce qu'il pouvait éclore un jour ? se demandaient-ils. Est-ce qu'il pouvait libérer un minuscule dragon ?

Poppet n'avait pas trouvé agaçante cette fantaisie enfantine et espiègle, même si elle n'aimait pas beaucoup les enfants, en règle générale. En effet, à la vérité, elle s'était elle-même parfois demandé si un petit dragon, un bébé dinosaure, un embryon jaune et rose foncé sans plumes ne se trouvait pas lové dans l'œuf, en attendant son heure.

Les trois enfants roux étaient particuliers. Elle a oublié leurs noms, mais elle se souvient que le lapin voyageur s'appelait M. Rex.

Il ne lui était alors pas venu à l'idée qu'il s'appelait M. Rex parce que c'était un lapin de garenne, roi des lapins, un *oryctolagus cuniculus*, race populaire et robuste.

Un jour, elle cassera l'œuf pour voir ce qui l'attend à l'intérieur. Un jour ultime. Mais ce jour est à une distance longue et épuisante devant elle.

Vers le début du crépuscule, à la lueur mourante d'une demi-heure de soleil intermittent, elle note le nom des couleurs des grandes eaux et des arbres : brun, terre de Sienne, cire, or, bronze, rouille. Un argent teinté de rose, un gris-vert pâle argenté, un cuivre terni. Les subtiles nuances hivernales boisées et broussailleuses des zones humides, spectre d'une croissance en suspens, mais qui approche. Poppet a l'œil et elle aime le nom des couleurs. Cette terre a souvent été sous les eaux. Quoi que disent les gens du coin en guise de protestation, cette inondation n'est pas une nouveauté. L'eau attend son heure. Au fil de centaines et de milliers d'années, les cours d'eau ont fait éclater leurs rives, puis se sont retirés. Son amie qui a construit la maison de l'âge de pierre savait tout sur les chemins très anciens, les passerelles en bois au-dessus des marécages, les chaussées surélevées, la tourbe, la piste de Sweet[1], les tertres isolés, les éminences sacrées.

Les gens du coin se plaignent qu'il n'y a pas eu suffisamment de dragage ni de pompage, mais ces grandes eaux sont impossibles à draguer. On n'aurait jamais dû déboiser l'amont des cours d'eau vers l'est, on n'aurait jamais dû scarifier les champs, on n'aurait jamais dû redresser les affluents. On aurait dû permettre aux méandres de former leurs cercles lents et simples ; aux ruisseaux, de serpenter à leur propre gré. Il est trop tard, dans l'Histoire, pour planter aujourd'hui, trop tard pour interrompre le processus aujourd'hui. Le débat fait rage dans la presse, dans les pubs, au Parlement. Jadis si certaine de ses

---

1. Une des plus anciennes chaussées surélevées du pays (construite vers 3807 av. J.-C.), découverte dans le Somerset par Ray Sweet en 1970.

idéologies, Poppet ne sait pas ce qui va se passer, ce qui devrait se passer. Le paysage instruit, mais sans apporter une édification pleine et entière.

Elle sait que sa mère a rendez-vous dans les environs pour aller voir la résidence construite à Westmore Marsh, sur la zone inondable. Elle part visiter des logements exemplaires. Poppet se demande s'ils résistent bien à ce que nous appelons les « événements météorologiques extrêmes ». L'endurance et l'obstination de sa mère sont remarquables.

Elle n'a pas invité sa mère à passer et sa mère n'a pas proposé de venir. Elles respectent les limites. Voilà ce que chacune se dit. Mais elles s'envoient quand même des textos quasiment tous les jours.

Près d'Ouseby, à un peu plus de sept kilomètres en amont, il y a une maison sur pilotis, comme celle de Baba Yaga[1]. Une maison écologique coûteuse et expérimentale. C'est la jumelle spirituelle de la cabane en saule, à l'autre extrémité du spectre. Poppet se demande comment elle va. En Hollande, on expérimente des logements qui flottent.

Ce matin, elle a vu les grues, visitation magique. Ils sont arrivés majestueusement, ces grands oiseaux, de l'est, et se sont posés à huit cents mètres en amont du canal comme s'ils possédaient le paysage, comme s'ils étaient ici depuis toujours. Mais il n'en est rien. Ces grues sont récentes. Elles ont été réintroduites. Elles

1. Ogresse présente dans divers contes slaves et dont la maisonnette est perchée sur deux pattes de poulet.

sont à la fois inconnues et familières, elles viennent d'une autre époque. Elles sont en partie financées par un gestionnaire d'enfouissement des déchets, ainsi que par divers fonds de conservation. Le gestionnaire d'enfouissement des déchets est la société qui vide, de temps à autre, la fosse septique de Poppet. Elle trouve cela étrangement agréable. C'est un parrainage tout à fait inventif.

Elle espère que les eaux de crue ne vont pas provoquer de brèche dans sa fosse septique.

Quand la lumière baisse réellement et que l'obscurité s'épaissit, Poppet se dit qu'elle devrait emporter ses trésors à l'étage. Des trésors, elle en a peu : elle vit non encombrée. Mais dans le petit placard bas en acajou et à plusieurs tiroirs que Jim et elle avaient sauvé d'une décharge sauvage située en pleine campagne, derrière le restoroute de l'A303, il y a des objets qu'elle ne voudrait pas perdre.

Elle ouvre les tiroirs. Elle n'a pas regardé à l'intérieur depuis un bon moment. Dans le tiroir du haut, il y a des coquillages et des pierres ramassés il y a longtemps par les ancêtres du déposant du restoroute, homme sans cœur et à l'origine de la décharge sauvage ; mais dans les tiroirs inférieurs, il y a de puissants fragments de son existence qu'elle a rassemblés au fil des décennies. Photos, lettres, bijoux, un rond de serviette anachronique en argent et gravé à ses initiales, que lui avait offert grand-mère Robinson quand elle était bébé. Une photo, prise par sa mère, de la pièce jouée à l'école primaire et où elle figurait dans le rôle d'une pêcheuse – ou bien était-elle poissonnière ? Voici Poppet, petit paquet jeune-vieux, boulot et informe, dans ses jupes longues et son châle en tissu écossais. C'était une espèce d'opéra pour enfants situé dans les îles écossaises, ils chantaient des complaintes au sujet de harengs. Pourquoi diable avaient-ils fait ça, à Romley, à l'intérieur des terres de l'Essex ? Et voici son frère Chris, boucanier, un poignard d'argent à la ceinture.

C'était sa mère qui avait confectionné les costumes. Sa mère aime bien faire de la couture, des points, du raccommodage, c'est l'une des rares femmes aimant raccommoder qu'il reste en Grande-Bretagne. Elle n'est pas très douée, mais elle aime encore le faire. Poppet, qui devrait en principe être douée pour ce genre de chose, sait à peine enfiler une aiguille.

Poppet avait une belle voix, elle chantait juste et bien, mais elle n'aimait pas vraiment chanter. Son père l'avait taquinée un jour, très lourdement, après l'avoir entendue chanter pour elle-même des cantiques dans sa chambre. Ça l'avait refroidie. Elle n'avait pas chanté des cantiques parce qu'elle était pieuse, mais parce que, quand elle avait six ans, c'étaient les mélodies et les paroles qu'elle connaissait le mieux. Elle n'avait pas voulu le lui expliquer, elle n'aurait pas su trouver les mots. L'école primaire de Romley était une école anglicane où l'on tenait encore chaque jour l'assemblée des instituteurs et des élèves, où l'on chantait encore les hymnes du matin.

Toutes les choses, toutes, éclatantes et belles…
Nous labourons les champs et puis nous répandons…
Toutes les créatures, de notre Dieu et Roi.
Le matin s'est levé tel le premier matin.

La revoici, plus vieille, à l'âge des études, assise sur un banc avec Annie dans un jardin d'été à la française.

Et puis voici le petit enfant Jésus qu'elle avait fabriqué durant sa première année à Rowbridge. C'est un miracle, ce petit enfant Jésus. Elle n'avait jamais cru valoir quoi que ce soit en dessin ou en travaux manuels, elle avait été zéro à l'école primaire St Jude, mais, à Rowbridge, elle avait fabriqué, pour ainsi dire par erreur, cette chose merveilleuse. Elle avait parcouru le trajet inverse à la norme : d'habitude, les enfants qui sont bons en dessin à la maternelle oublient comment faire au collège et au lycée, mais Poppet avait brièvement voyagé en sens inverse. Il s'était tout bonnement fabriqué lui-même, l'enfant Jésus, à partir d'argile, d'écorce, de bouts de tissu, d'osier, de coques de noix et de points de couture. C'était une merveille. Mlle Sullivan, cette Mlle Sullivan alerte, hommasse et au buste fort, aux cheveux broussailleux noirs comme du cirage, qui jaillissaient de son crâne, et aux cardigans éclaboussés de paillettes, avait été stupéfaite par cet enfant Jésus. « Eh bien, Poppy, comme il est merveilleux ! » s'était-elle exclamée. Et ainsi était-Il. Poppet voyait bien qu'Il était une grande réussite. Mais elle savait aussi qu'elle ne pourrait jamais reproduire ce miracle.

Elle a tourné le dos aux travaux manuels, tout comme elle avait tourné le dos au chant. Tout comme elle avait tourné le dos à Annie aux sourcils sombres, Annie Stokes à la voix grave et au charme équivoque.

Tout comme Annie avait tourné le dos à Poppet Stubbs.

À présent qu'elle Le contemple, elle trouve que l'enfant Jésus ressemble à une œuvre d'art aborigène australien. Ou d'art des Premières Nations, comme elle le dirait aujourd'hui. Il avait surgi de la terre en dessous. D'une certaine façon, elle s'était creusé un chemin pour descendre retrouver les racines du temps, mais elle n'avait jamais pu y retourner. Il ne lui était pas permis d'y redescendre.

Quelques années plus tôt, juste avant que les voyages en avion ne deviennent un crime écologique reconnu, elle était allée en Australie. Pour se rendre à un congrès sur le changement climatique. À Adélaïde, elle avait visité le musée et s'était frayé un chemin jusqu'au bout de la longue galerie d'art aborigène, puis elle avait regardé, surprise d'être aussi touchée. Ce n'étaient pas les peintures de l'époque du rêve, faites de pointillés et incompréhensibles (pour elle) qui l'avaient frappée : c'étaient les objets fabriqués et, sur ces objets, les visages fantomatiques aux yeux immenses. Les boucliers, les poteaux, les cercueils cylindriques en écorce.

Grande sœur. Jeune enfant. Vieil homme.

Ils avaient un air de son enfant Jésus. Il avait un air de ces personnages.

L'enfant Jésus s'était fabriqué lui-même.

Elle le touche délicatement. Il a des yeux immenses et un visage livide.

Il avait veillé sur elle et sur ses rêves livides.

Dans le placard, son *objet trouvé** préféré est une petite boîte en bois verni ornée d'un monogramme en cuivre, « JSS », qui contient des échantillons géologiques provenant de Tenerife. Ils reposent sur un fond capitonné recouvert de velours cramoisi fripé, collection de quinze pierres de lave soigneusement étiquetées, recueillies au mont Teide. L'encre des étiquettes manuscrites s'estompe, mais Poppet peut encore lire les mots *soufre*, *pouzzolane*, *basalte*, *phonolite* et *obsidienne*, et l'indication que la première éruption à Tenerife a été « relevée par des marins génois » en 1393. Ces pierres crachées depuis les profondeurs sont à ravir. Certaines sont parfaitement ou grossièrement criblées de trous, comme de la pierre ponce, d'autres ont une texture plus rude et plus rugueuse ; d'autres ont des plans de clivage lisses et brillants, comme le jais ou le charbon. Il y en a une d'un jaune pâle inouï, tel un pâle bâtonnet de bonbon fondant, une vert sauge, une blanche comme neige, une d'un noir tacheté de blanc et trois d'un rouge argile moucheté, couleur de sang séché.

L'eau brune clapote, l'eau brune et boueuse des Levels s'élève et, sous l'océan Atlantique, à l'ouest de l'île d'El Hierro, qui est encore – mais non pour toujours – l'île des Canaries située le plus à l'ouest, la fissure dans la terre s'élargit.

*

La soupe au poulet que Fran présente à Claude est faite avec le même bouillon que la soupe qu'elle a donnée à Teresa, délicatement obtenu à partir du même volatile dodu et soi-disant élevé en plein air, mais elle est plus épaisse et renforcée par des légumes et des macaronis. Elle comprend plus d'éléments solides. Claude est un homme, donc il a plus d'appétit que Teresa. Il lui faut des éléments solides. Claude a l'air poli et reconnaissant, au moment où elle met la boîte en plastique dans le micro-ondes et lui dit qu'il pourra la réchauffer plus tard, quand elle sera partie. Elle empile d'autres produits étiquetés dans le congélateur. Elle est venue en métro, avec son sac en toile de jute. Il n'y a nulle part où se garer dans Kensington. Sa voiture est en sécurité chez elle, chez elle et au sec, elle est en sous-sol parmi les caisses de Kentucky Fried Chicken et les carcasses, mâchées par les renards, d'oiseaux qui ont eu moins de chance. Dans quelques jours, sa voiture aura droit à une sortie vers l'ouest, pour une longue et bonne route jusqu'à Westmore Marsh, vouée à recharger les batteries.

Claude lui demande si elle a le temps de rester prendre un verre de vin et si, dans ce cas, elle voudrait bien également lui en servir un. Égoïstement, elle hésite, parce qu'elle préférerait franchement regagner son appartement et traverser l'étrange et mince passerelle, haute et périlleuse, pour passer la soirée en compagnie d'un bon remontant fait de whisky assassin, avant d'entreprendre le verre palliatif et plus léger de sauvignon acheté à la boutique du coin et qui l'attend avec son dîner. Avant de s'installer pour visionner, comme prévu, le DVD qu'elle a emprunté sur *Le Livre des morts tibétain.* Mais elle se sent indulgente envers Claude et satisfaite de l'allure de sa soupe au poulet, donc elle accepte de rester faire la causette. Elle sert le chablis, s'enfonce dans le fauteuil usagé rouge sombre de chez Parker Knoll, envoie valser ses bottes et met les pieds sur le vieux coffret à javelots en chêne qui, pour une raison quelconque, se trouve au bout du divan de Claude. Il ne contient pas de javelots. Il est plein d'anciens numéros de *The Lancet*, de *The New Scientist* et de *Private Eye*[1], de vieux programmes du festival de Glyndebourne, de Covent Garden et de l'*English National Opera.*

Un peu de vernis ne ferait pas de mal au chêne. Le bois sculpté et noueux paraît sec et assoiffé et, par endroits, il est d'une pâleur inégale. Mais elle ne va pas se mettre à entretenir les meubles de Claude à sa place.

Elle brûle de nourrir le bois affamé.

On a déjà vu Fran arroser des plantes en pot qui

---

1. Il s'agit respectivement de deux revues médicales et d'un bimensuel satirique, tous britanniques.

commençaient à se faner, dans des halls d'aéroports et dans les toilettes pour femmes de stations-service sur l'autoroute.

Claude demande des nouvelles de Josephine, comme il le fait souvent. L'époque de Romley avait été intense, bien que désastreuse, et elle lui parle encore. Tout comme son fils Christopher, il s'était entiché de Jo, mais il n'était pas allé au-delà d'un serrement de main et d'un compliment exagéré. Il avait légèrement peur de Jo.

Fran n'a pas vraiment beaucoup à dire sur Jo, donc elle se contente de lui répondre qu'elles ont réservé des billets pour aller voir ensemble *Oh les beaux jours* au Young Vic, Dieu sait pourquoi. Peut-être parce que Jo croit que cette pièce pourrait éclairer le cours pour adultes qu'elle dispense. Elle regrette immédiatement d'avoir parlé de cette sortie – même sur un ton condescendant, comme il se doit –, car elle est d'avis que la situation pénible de Claude, à moitié cloué au lit, n'est pas différente de celle de la Winnie à moitié enterrée de la pièce de Beckett. Mais Claude n'a pas l'air de le comprendre, car, plutôt comme Winnie, il tend à ignorer ou à nier les aspects les plus fâcheux de son état.

Alors tout va bien, se dit Fran au moment où Claude lui répond que, même sous la torture, il n'irait pas voir une pièce de Beckett, ni d'ailleurs aucune pièce, plus jamais.

« Tu as toujours préféré l'opéra, dit Fran, diplomate ou provocatrice : à ce stade du jeu, qui saurait le dire ?

Moi, je n'aimais pas vraiment l'opéra, ou pas assez pour justifier la dépense.

— Une de nos différences, dit Claude sur un ton amical. Une de nos nombreuses différences. »

Si Fran se souvient bien, Winnie fait assez souvent remarquer, au cours de son monologue, qu'elle est reconnaissante de ne pas éprouver de douleur.

Au moins ça. Ne pas éprouver de douleur. Au moins ça.

De grandes bontés. De grandes bontés.

Quand elle ira au théâtre avec Jo, il faudra qu'elle repère ces lignes.

Claude lui parle de la nécrologie d'Andrew Wetherill, qui fréquentait le festival de Glyndebourne. Elle l'a rendu perplexe, son ton était un peu bizarre, et puis il ne connaissait pas le type qui l'avait écrite, même s'il a l'impression qu'il aurait dû. Fran ne reconnaît pas le nom du nécrologue non plus. Il y a une nouvelle génération de nécrologues potentiellement vindicatifs et presque à coup sûr ignorants qui se mettent à prendre la plume ces temps-ci, suggère Claude.

Fran ne s'attend pas à avoir de nécrologie ; mais Claude, lui, ne pourra pas y échapper.

Elle avait connu Andrew, très superficiellement, mais n'avait pas vraiment évolué dans les cercles où elle pouvait avoir une chance de tomber sur lui. Elle était cependant au courant de ses excentricités. Elle écoute les souvenirs qu'a Claude du comportement égoïste et grossier d'Andrew à l'hôpital de Marsden, de ses habitudes répugnantes à table, de son penchant pour les jeux de mots graveleux, de sa façon d'abuser de la vulnérabilité et de l'attitude confidentielle de ses patients, du braiment assourdissant qu'était son rire. Son rire donnait une peur bleue à ses assistants et leur faisait lâcher leurs instruments sur le sol stérile.

Elle réplique en évoquant ses souvenirs de Stella Hartleap, au visage élégamment marqué, et son irritation face à la *Schadenfreude* avec laquelle la presse a traité son décès. Stella avait été une vedette, à sa manière, une sculptrice avant-gardiste de la vieille école et dont les œuvres modernistes ornent plus d'un édifice public.

Son repaire londonien se trouvait à Highgate, et Fran l'avait connue par l'intermédiaire de Hamish.

L'appartement de Stella donnait sur cette coulée urbaine bordée d'arbres qui s'étend sous l'Archway, sous le pont des suicidés. Hamish et Fran y étaient allés une fois ou deux prendre un verre. Fran avait aimé la vue plongeante. Elle avait toujours aimé les vues d'en haut. (*Pourquoi ?* Trouvera-t-elle la réponse un jour ? L'amour des hauteurs, l'amour du mouvement, les problèmes alimentaires, les problèmes culinaires, les problèmes sexuels, pas beaucoup de temps qui reste pour comprendre tout ça maintenant et pas beaucoup d'intérêt à le faire, même si on le pouvait. Mais elle doit continuer d'essayer, note-t-elle pour elle-même.)

Stella Hartleap avait elle aussi connu Christopher : il avait fait une émission sur son travail, mais Fran ne s'était pas donné la peine de la regarder. Elle avait fait semblant de l'avoir vue, mais c'était faux. Elle trouve les émissions sur l'art ennuyeuses, même si elles mettent en vedette son propre fils en train de mettre en vedette une femme qu'elle aime bien, une femme dont elle admire le travail. Elle peut se passer de ce genre de chose.

Christopher avait filmé Stella dans les montagnes Noires et non dans son repaire de Highgate, parce qu'il trouvait le lieu plus pittoresque et qu'il avait envie de faire un voyage au pays de Galles. Fran, elle, trouvait que les strates et niveaux mystérieux de Highgate étaient plus pittoresques que le pays de Galles, bien qu'elle les ait abandonnés à la mort de Hamish : elle avait vendu leur appartement et déménagé à l'est. Elle ne voulait pas vivre seule à Highgate. Elle voulait un nouveau logis, une nouvelle vie, pour ce qu'il restait de la vie.

Elle ne repense pas très souvent à sa tristesse quand elle a perdu Hamish, ni à son bonheur avec lui. C'est comme si les vingt ans passés avec lui avaient été un interlude dans la lutte pour sa vie, interlude immérité. Elle avait eu de la chance de les avoir, mais ils étaient sans importance.

Maintenant, elle est retournée dans l'arène.

Alors que ces pensées virevoltent dans son esprit très occupé, elle regarde Claude froncer les sourcils en lisant le *Times* sur son Kindle et l'écoute se plaindre au sujet du nécrologue arriviste et inconnu.

Claude et Fran vivent à présent dans un monde de

nécrologies, dans la lumière malveillante et crépusculaire des messes du souvenir. Claude y est davantage plongé qu'elle, mais, comme nous l'avons vu, elle s'y intéresse.

Christopher est toujours là-bas, aux Canaries. Il se dore paresseusement au soleil, mais la pluie s'abat sur sa sœur Poppet. Tout en pensant à eux, à ses enfants, elle met son verre à vin dans le lave-vaisselle de Claude, remonte la fermeture Éclair de ses bottes et abandonne Claude à sa soupe au poulet pour sortir une fois de plus affronter les intempéries.

*

Suzette s'inquiète au sujet de Dorothy. Année après année, il y a eu peu de changement dans la douceur troublante de Dorothy, femme dont elle a la charge. Voilà bientôt quinze ans que Suzette dirige ce foyer d'hébergement et durant toute cette période, Dorothy, qui est ici depuis bien plus longtemps, a été paisible, reconnaissante, maniable, facile à habiller, facile à prendre en main : une bonne publicité pour Chestnut Court. Elle n'a jamais posé de problème du tout. Parfois, Suzette la prend impulsivement dans ses bras et lui dit : « Dorothy, vous ne posez pas de problème du tout ! » Mais à présent, Dorothy semble se tracasser, il y a quelque chose de coincé dans son esprit à la dérive, un accroc ou un nœud. Assise auprès de Dorothy dans sa chambre, Suzette masse doucement et patiemment ses frêles épaules pendant quelques minutes, puis brosse les ondulations argentées de sa chevelure nette et bien coupée.

Dorothy a l'air anxieux et ne cesse de répéter qu'elle « l'» a perdu. Elle ne sait pas où elle « l'» a mis. Il a disparu.

Suzette n'arrive pas à comprendre ce que « c'» est. Dorothy a accumulé peu de possessions durant sa vie, mais celles qu'elle a lui sont précieuses. Dans le petit espace de sa chambre proprette et bien ordonnée, il n'y a nul endroit où perdre quoi que ce soit.

Sa brosse et son peigne, ses colliers, ses bagues. Sur sa coiffeuse se trouve un nécessaire de toilette à l'ancienne, ainsi qu'un porte-savon, un porte-bagues blanc et bleu pâle en porcelaine de chez Wedgwood et, dessus, un dé à coudre de chez Wedgwood, vestiges du début de son mariage. Aux cintres rembourrés qu'il y a dans son armoire sont accrochés ses jupes, ses corsages et ses robes, son manteau d'été et son manteau d'hiver. Dorothy avait confectionné le revêtement des cintres elle-même, à partir de jolies chutes de tissu fleuri que Linda, prédécesseur de Suzette, avait achetées pour une bouchée de pain au grand magasin Beatties de Wolverhampton. Dorothy savait bien manier l'aiguille, mais ses doigts sont désormais trop rigides pour faire de la couture. Ils peuvent tenir un stylo, mais ils ne peuvent enfiler une aiguille. Sa bible de poche dorée sur tranche se trouve sur la petite table près de son lit. Ses magazines sont entassés dans un porte-revues en rotin et ses crayons et stylos sont dans des pots de confiture décorés au pochoir sur ce qu'elle appelle son « bureau ». Elle demeure bien fournie en matériel de dessin et possède une variété éclatante de feutres acryliques, de pastels, de pinceaux à paillettes et d'étoiles autocollantes, ainsi que des cahiers de coloriage. Sur la cheminée, au-dessus de l'insert de style 1930, se trouvent des photographies, dans des cadres en argent, de membres de la famille morts depuis longtemps, de feu son mari, disparu lorsqu'elle avait entre vingt et trente ans, et de Ralph, son fils vivant en Australie.

Il n'y a pas de photographie de sa sœur Emily ni de son neveu Paul, bien que Paul soit la seule personne qui reste en contact avec elle et veille à ses finances, ainsi qu'aux tâches administratives.

Suzette aime bien Paul, il est fiable, il est professionnel. Il connaît le terrain et elle sait qu'en retour il compte sur elle.

Mais depuis la dernière visite de Paul, il y a quelques jours, Dorothy est perturbée. Elle avait semblé aller bien à l'époque, elle avait semblé aimer parler à l'amie de Paul, cette femme guillerette au chandail à rayures, et l'a mentionnée plusieurs fois d'un air approbateur. Jusqu'à présent, elle se rappelle même son nom : *Fran. Fran m'a bien plu.* Mais depuis, elle est nerveuse, inquiète au sujet de l'objet qu'elle a perdu, quel qu'il soit.

Suzette n'aime pas qu'on sous-entende que quelque chose a disparu de Chestnut Court. Elle s'enorgueillit de diriger un établissement dans lequel règne la sécurité, une retraite sûre où l'on rend compte de tout, même à ceux qui ne savent pas compter et ne remarquent rien. Plus jeune, elle avait travaillé dans un foyer où disparaissaient beaucoup de choses, systématiquement, où les habits finissaient dans les mauvaises garde-robes, où les résidents mettaient ce qui leur tombait sous la main. Il est vrai que certains ne faisaient pas attention à ce qu'ils portaient, mais d'autres, si. De toute façon, Suzette trouvait que c'était mal, mal par principe.

Et il se produisait des choses pires que la disparition de vêtements. On ne pouvait pas parler de mauvais traitements, ni même de négligence. Cela ressemblait plus à de l'indifférence.

Bien que Dorothy ait les idées si confuses, que sa personnalité soit si distincte est pour Suzette un mystère. Dorothy est un peu une diva, à sa façon modeste. Non, se ravise Suzette, « diva » n'est pas le mot juste, il est trop vaniteux, trop suffisant. Mais Dorothy est particulière. C'est un personnage. Elle est elle-même. Elle tient à être elle-même. Certains de ses hôtes (Suzette aime penser à eux comme à des hôtes) se sont perdus eux-mêmes, ont diminué au point de sombrer dans le mutisme, l'étourderie, la dormance, un passé mal remémoré. C'est à peine s'ils sont là, à l'intérieur d'eux-mêmes ; il ne reste plus grand-chose d'eux, ils sont à moitié endormis et attendent de se réveiller ailleurs ou pas du tout.

Suzette pense de temps à autre à l'endroit où ils pourraient se réveiller, et sous quelle forme.

Suzette a été élevée comme chrétienne, comme une

sorte de chrétienne, en quelque sorte comme une chrétienne. Ses parents n'allaient pas à l'église, sauf pour les mariages, les baptêmes et les enterrements, mais ils sauvaient les apparences, donc ils l'encourageaient à aller chez les Jeannettes et à promettre d'accomplir son devoir envers Dieu. Elle adorait les Jeannettes. Leur cheftaine était Mme Rose, la dame de la cantine de son école, et elle était tordante, pleine d'idées rigolotes et assez risquées pour certaines, comme cette journée au château de Dudley avec la chasse au trésor. Elle les faisait beaucoup travailler, Mme Rose.

Suzette ôte quelques cheveux argentés de Dorothy pris dans la brosse et les jette dans la corbeille à papier en osier bordée d'un sac en plastique.

Qui pourrait croire au paradis ? C'est vraiment trop bête. Pourtant, l'Église dit qu'elle croit au paradis, le pasteur qui vient régulièrement en visite est obligé de dire qu'il croit au paradis, ça fait partie de son travail. Elle a vu trop de gens mourir pour croire au paradis.

Mais si quelqu'un se trouve au paradis, ce doit être Mme Rose, la cheftaine. On pourrait faire une exception pour elle.

Dorothy est peut-être sur le chemin de la sortie. Elle a peut-être eu une prémonition. Suzette croit aux prémonitions.

Suzette a connu tant de chambres ultimes, tant de veuves, tant de photos de familles, tant de vies rétrécies en un petit espace. Se précipiteront-elles jamais de nouveau un jour dans l'endroit où elles étaient avant d'être si diminuées ? Marcheront-elles jamais, de nouveau libres et non encombrées, dans un élément différent, peut-être même meilleur ? Comme il serait bon de le penser !

Elle se rappelle une sortie en autocar qu'ils avaient faite à partir de West Bromwich, une longue excursion qui date maintenant de quelques années et durant laquelle, après la visite d'un manoir et un peu de shopping, tout le monde avait été emmené voir une chapelle – ou était-ce un mémorial de guerre, ou bien un petit musée ? elle ne s'en souvient plus, mais elle voit encore ces tableaux. De cimetières aux tombes et stèles inclinées, d'hommes et de femmes ordinaires, gais, solides et robustes, vêtus d'habits ordinaires et démodés comme en portait sa grand-mère, et qui sortaient tant bien que mal de la terre, se saluaient mutuellement, tous heureux, réunis, prêts pour l'éternité. La guide avait dit que c'était la Résurrection. Ils avaient regardé ce tableau, moroses.

Il y avait un autre tableau du même artiste, qui représentait des vaches noires et blanches. L'artiste était célèbre, sans quoi l'on n'aurait pas emmené les résidents voir son œuvre. Elle ne se rappelle plus son nom.

C'était franchement trop bête de penser qu'on sortirait de l'argile. Mais certaines personnes sont très exigeantes pour ce qui est de vouloir ou ne pas vouloir être incinérées. Elles ont des opinions sur ce qui arrive, devrait arriver ou arrivera au corps.

Suzette sait comment satisfaire tous ces choix de façon pragmatique. Elle avait échoué avec l'ancien étudiant qui voulait des obsèques maritimes, mais elle avait réglé la situation de sorte que sa famille puisse disperser ses cendres, discrètement, depuis le quai de Penarth. Il avait été capitaine, il avait commandé le vieux vapeur de plaisance qui faisait la navette dans le canal de Bristol. Il aimait parler du temps où il avait été marin. On aurait cru qu'il avait vogué en mer de Chine, à la façon dont il en parlait sans cesse. Mais ç'avait été un vieux gars courageux, malgré tout.

Malgré l'exception possible qu'elle fait pour Mme Rose, son opinion à elle, c'est que quand vous mourez, ça y est. C'est la fin. Cette perspective ne lui fait pas peur du tout. Vous êtes ici le temps de votre vie et ensuite, vous disparaissez.

Mais il est étrange que Dorothy soit présente-et-absente depuis si longtemps. C'est déconcertant.

Ses hôtes aimaient bien ces sorties, et elle aussi. Elles sont plus difficiles à organiser, maintenant, il y a tant de réglementations et tant d'inquiétude en matière de santé et de sécurité, sans compter qu'il y a eu un ou deux accidents d'autocar spectaculaires, il faut bien le dire. Mais l'entreprise familiale des Autocars Judge avait poursuivi son activité. Suzette pense qu'ils ne vont pas durer longtemps quand Bill Judge abandonnera, mais elle a pris des tickets pour ceux qui sont en état de faire la sortie de Pâques à Chillington Hall. Dorothy ira. Elle adore les sorties.

Dorothy ira, si elle tient jusque-là.

*

Christopher Stubbs, Simon Aguilera et Ishmael au pied sûr montent les marches creuses de l'escalier de pierre en spirale, à l'intérieur de la tour de la Faim. Ivor est resté en bas de la tour, assis sur une dalle de pierre tiède, au soleil de la fin de l'après-midi. Un jour, il y a deux ou trois ans, il est monté là-haut pour faire plaisir à Simon, mais plus jamais. Bennett est resté en arrière, sur la terrasse de Simon, à somnoler, lire et somnoler encore, mais Christopher a accepté d'aller regarder les peintures murales en cours de réalisation que Simon avait commandées, bien qu'il soit presque sûr qu'elles ne vont pas lui plaire et que son manque d'enthousiasme pourrait être embarrassant.

La Fortaleza del Hambre. La tour de la Faim, la tour de la Famine. Elle est vieille, elle est sans âge, elle est probablement médiévale. Elle ne figure pas dans la documentation. Elle a peut-être été construite à l'époque de Béthencourt[1], le chevalier normand, le premier envahisseur. Elle a été citée par les explorateurs Humboldt et Richard Burton, qui étaient tous les deux passés par là : l'un en route vers l'ouest, l'autre en route vers l'est. La tour avait été une réserve de céréales, elle avait guetté des pirates, elle avait guetté des sardines et des baleines, et aujourd'hui elle guette les *immigrantes.*

Christopher pense que l'idée qu'a Bennett d'écrire

---

1. Jean de Béthencourt (v. 1360-1425) : navigateur qui a converti les habitants des Canaries au christianisme et été nommé seigneur de ces îles par Henri III de Castille.

une petite *Histoire des Canaries* peut inclure davantage que ce qu'un Ivor las et protecteur peut se permettre d'espérer. Il a remarqué le prudent scepticisme d'Ivor quant à ce projet, ainsi que son besoin de complaire à Bennett, mais il a aussi été très touché par le peu qu'il a vu de ces îles jusqu'à présent. Ce n'est pas la vision politique furieuse de Sara qui l'a retenu captif ici. C'est l'endroit lui-même. Sa topographie, sa géographie, sa géologie, son étrange palette de sable sombre, de terre pâle, de fer rouge. Sa palette de gris-bleu-vert qui est celle du cactus, de l'aloès, du lichen et de l'euphorbe. Son calme au-delà de toute colère, de tout désir.

La sèche et douce lumière est d'une beauté, d'une clarté et d'une pureté troublantes, elle a un éclat surnaturel. Rien d'étonnant à ce que les astronomes fassent de ce lieu leur demeure, car ils sont ici plus près des cieux dévoilés que dans la plupart des endroits de la terre. Ici, l'air rencontre délicatement la peau, il s'attarde avec une douce bienfaisance, il pénètre calmement et gentiment dans le corps, il est clément et tempéré.

Les îles des Bienheureux. L'île de Circé.

Une lumière de peintre, un paysage de peintre. Mais, comme l'a reconnu Simon, les Canaries ne semblent pas avoir produit grand-chose d'important en matière d'art, hormis les œuvres omniprésentes et fort visibles de César Manrique, et les œuvres en toile de Millares, objets de collection, qui peuvent ou non avoir été inspirées des momies guanches. De Chirico n'était jamais venu ici, à ce que sait Christopher, bien que l'une de ses toiles figure dans le musée de Simon, bien que les petites villes, chapelles, sables et colonnades blancs de ces îles semblent avoir été créés avec sa bénédiction et dans son style.

De retour à La Suerte, Christopher a eu le temps de chercher sur son ordinateur portable tard dans la nuit (signal assez puissant) des liens renvoyant aux arts visuels sur ces îles, mais il n'a pas encore trouvé quoi que ce soit d'intéressant. Il n'arrive pas à aller au-delà de César Manrique, qui est partout sur l'écran. Il n'a entendu parler que de Millares et de ses points de couture, et il fera des recherches là-dessus à son retour. Il a le souvenir persistant d'avoir appris un jour (par un Gallois nommé Gareth Morgan, de la BBC-pays de Galles ?) que l'artiste gallois James Dickson Innes, mourant de la tuberculose, avait visité les Canaries pour sa santé : Innes aurait-il pu, durant ses derniers jours, peindre ces paysages volcaniques tachetés de broussailles, criblés de gris-vert, ces vastes ciels, ces lagons turquoise, ces gribouillis de tuf ? Ils ont vraiment une ressemblance avec son œuvre. Ils imitent son style. Innes a fait ressembler le pays de Galles aux Canaries. Et s'il avait peint ici, reste-t-il de lui un souvenir, en suspens, incrusté ou qui parcourt les contreforts ? Christopher avait pensé interroger Bennett à son propos, car Bennett s'y connaît en arts visuels et semble connaître ou avoir connu pas mal d'artistes, bien qu'aucun d'entre eux ne remonte aussi loin qu'Innes, mort pendant la Première Guerre mondiale, si sa mémoire est bonne. Avant l'époque de Bennett, avant l'époque de Chopping et Wirth-Miller, avant l'époque de Francis Bacon, avant l'époque de Stanley Spencer[1].

Mais il s'était senti gêné à la perspective d'interroger Bennett. Ce n'est pas une bonne idée que de poser à des personnes âgées des questions auxquelles ils ne savent peut-être pas comment répondre. Il attendra son heure, il verra si le bon moment pour les souvenirs se présente.

Une nuance de la sollicitude d'Ivor envers Bennett lui est parvenue. Il y a quelque chose de touchant et de poignant dans la courageuse vivacité de Bennett, dans son empressement à recevoir des invités, à tirer le meilleur parti de ses dernières années pour autrui et pour lui-même.

Les peintures murales sont navrantes, ainsi qu'il l'avait craint, et peu susceptibles de rehausser le profil pictural de Fuerteventura. Elles sont impudentes, bleues, expressionnistes, exploiteuses, mélodramatiques, publiques, épouvantables, et semblent avoir été exécutées à grands coups de pinceau sur des panneaux rudimentaires faits d'une espèce de plâtre et érigés maladroitement. Elles sont censées débuter par l'histoire de la conquête originelle au Moyen Âge, explique Simon : cette scène inachevée montre l'arrivée de trois navires partis de Lisbonne,

---

1. Peintre britannique (1891-1959) s'étant inspiré de scènes bibliques et d'épisodes de la Première Guerre mondiale.

au Quattrocento, avec leur équipage hétéroclite d'aventuriers florentins, génois, castillans et portugais, accompagnés de leurs chevaux de bataille.

Les insulaires, dit Simon, n'avaient jamais vu ni chevaux, ni navires.

Le panneau suivant esquisse l'accueil et le festin ; le suivant montre les quatre insulaires des Canaries, innocents et sans ruse, en train d'embarquer – non en captifs, non en esclaves, mais en hôtes honorés – pour leur traversée jusqu'à Lisbonne. Beaux, libres, élégamment vêtus de peaux de chèvre brodées. L'histoire de l'asservissement n'a pas encore commencé. L'esclavage restait à venir, des siècles plus tard.

Pris d'ennui par toute cette histoire, le peintre avait fait un bond en avant dans le temps pour se mettre à barbouiller son dernier panneau, plus d'actualité, représentant un naufrage au XXIe siècle, une embarcation de fortune qui coulait et des immigrants qui se noyaient.

Il est évident que le protégé de Simon connaît les œuvres de Delacroix et de Géricault. Le *Radeau de La Méduse* et l'embarcation sénégalaise émanent de la même source, trempent dans les mêmes vagues. Il est aussi évident qu'Ishmael a été pris comme modèle, car le voici, lui-même et reconnaissable, debout à la barre (si tel est le mot) du bateau en train de couler. Pas un mauvais portrait, il faut l'admettre. Une figure héroïque faisant désespérément signe en direction de la rive, de la plage, du phare et du cimetière de

Gran Tarajal, entouré d'un mur. Il y a des corps dans l'eau, des visages d'hommes, de femmes et d'enfants qui regardent en l'air à travers les flots. L'œuvre est déclamatoire et manque de finesse.

Christopher, Simon et Ishmael contemplent en silence l'image du naufrage. Ishmael hausse les épaules en un faible désaveu, comme s'il n'avait rien à voir dans toute cette affaire. Bien que ce soit faux. « Elle avait un moteur Yamaha », annonce-t-il comme un genre d'excuse. Un genre d'explication. Face à cette tragédie, Christopher ne trouve absolument rien à dire.

Un tison arraché aux flammes, une âme rescapée des vagues.

C'est Simon qui parle. « Bon moment et mauvais moment », dit-il, énigmatique. Christopher hoche la tête d'un air entendu, mais il est perplexe.

Comme ils redescendent d'un pas lourd, Christopher trouve que les paroles de Simon lui rappellent Ghalia Namarome assise sur son tapis à l'aéroport dans une pose pittoresque, en pleine grève de la faim au milieu des tribus de touristes ignorants, indifférents et incurieux. Il pense aussi à d'extraordinaires séquences sur YouTube, que Sara et lui avaient regardées ensemble, à Queen's Park, W10, peu avant leur arrivée ici. YouTube leur avait fourni un immigrant ayant non sans mal quitté un bateau qui sombrait et atteint la rive d'une plage de vacances de Fuerteventura, comme l'avait fait Ishmael : on le voit assis au beau milieu des parasols, écroulé, épuisé, sans expression ; un vacancier l'avait calmement filmé tandis qu'il restait là, hors d'haleine, les yeux fixés sur rien. Quelqu'un avait jugé bon de filmer cet instant, puis envoyé la vidéo sans commentaire, à ce que voyaient Sara et Christopher, pour que tous voient.

Vous pouvez la voir maintenant, à moins qu'elle ne soit arrivée à expiration.

Séquence de vacances. Bon moment, mauvais moment.

Malte. Lampedusa. *Mare Nostrum.* Fuerteventura, Lanzarote, El Hierro. La Méditerranée et l'Atlantique. Les Piliers d'Hercule. Frontex des frontières. La grande berme. Le mur de la Honte.

À l'université du Sussex, Amy, la fille de Christopher, rédige un mémoire de dix mille mots sur les murs, les partitions et les frontières. Sujet énorme, pour une Anglaise, une insulaire.

Christopher a tenté de ne pas ériger de haut mur entre Amy, sa fille, Ella, son ex-femme, et lui-même. Il n'y a pas de mur de la Honte qui les divise.

Tard un soir, bien en sécurité tous les deux au lit à Queen's Park, sous la couette, à l'aise et au chaud, lors d'un mois de janvier pas drôle et de plus en plus humide, Sara et Christopher avaient regardé les malheurs des autres sur leur tout petit écran, sans savoir qu'eux aussi, ou l'une d'eux, était sur la ligne de tir, en fin de parcours.

Il est dommage que les recherches de Sara, longues de plusieurs mois, sur la délégation des pouvoirs et le rapatriement aient été gâchées. Il est dommage qu'elle n'ait jamais réussi à rencontrer Tomás, de la Croix-Rouge de Puerto del Rosario. Il l'avait attendue. Il avait beaucoup de choses à lui dire : sur les conditions d'asile, sur les traités conclus avec le Maroc et le Niger en matière d'expulsion.

Il est dommage qu'elle n'ait jamais réussi à rencontrer Ishmael, ni à l'entendre parler en français, en anglais, en arabe, en wolof.

Le Sénégal n'a pas conclu de traité avec l'Espagne en matière de rapatriement.

*

Le soleil est d'une douce chaleur sur les paupières parcheminées et fripées de Bennett Carpenter, sur ses cils blancs, sur son front bronzé et marqué de taches de rousseur, sur ses sourcils broussailleux. Son chapeau de paille abîmé par les intempéries repose négligemment sur la table. Bennett ne s'inquiète pas des mélanomes. Il aime la douce chaleur. Il fait agréablement l'un de ces rêves étranges de lévitation qui viennent en fin d'après-midi. Le soir, dans un sommeil plus profond, il fait des rêves désagréables et affolés, mais futiles, au sujet d'aéroports et de conférences, de rendez-vous manqués et de la méchanceté de ses ennemis, rêves qui donnent une mauvaise image de son manque de sang-froid intellectuel et de magnanimité, comme il le sait tristement. Mais, l'après-midi, il pénètre parfois au hasard dans des royaumes meilleurs. Jardins, berges, terrains boisés, églises. En Angleterre, vers le milieu de leur vie commune, Ivor et lui aimaient visiter des églises, églises parfois extrêmement peu connues et insignifiantes, d'humbles églises à peine remarquées par les guides touristiques du comté et les guides architecturaux de Pevsner : un soulagement après les splendeurs mauresques, les tragiques aspirations baroques et les mémoriaux de guerre grandioses et fascistes de l'Espagne. Ils allaient aussi voir les cathédrales, mais ils préféraient les endroits perdus. Bennett n'était pas croyant, c'était un agnostique libre-penseur, et le fait d'avoir tant vécu avec la guerre civile d'Espagne ne l'avait pas fait pencher vers une opinion favorable de la foi romaine catholique, ni d'aucune foi chrétienne, d'ailleurs. Il n'aurait pas dit qu'il était anticlérical, mais il l'était.

Ses parents étaient eux aussi agnostiques, mais quand on les interrogeait ou qu'on leur demandait de remplir un formulaire, ils se disaient humblement anglicans. C'était plus facile comme ça.

Toujours fidèle aux croyances de Bennett, Ivor partageait son scepticisme conventionnel, semblait-il. Mais Bennett l'avait vu un jour se signer et légèrement pencher la tête avec respect, dans une modeste petite église normande perchée sur un monticule tout sec au milieu de la monotonie croissante des Midlands bordés de pylônes. Dry Doddington, voilà comment s'appelait le village. Ivor ne savait pas que Bennett l'avait vu, mais tel était bien le cas.

Avait-il dit une prière cachée pour Bennett, dont la santé se dégradait à un rythme irrégulier ? Ou avait-il prié pour solliciter de l'action, une libération ?

Peu après ce moment, ils avaient déménagé aux Canaries, contrées bien sèches, afin de connaître une nouvelle vie et de nouveaux paysages urbains pour lesquels Pevsner ne proposait pas de guide. Pour lesquels, de l'avis de Bennett, un guide serait très bénéfique.

Il ne sait pas encore qu'il a un converti en puissance dans la personne jeune, vive et divertissante de Christopher Stubbs.

Bennett, qui somnole sur la terrasse de Simon, rêve qu'il est assis sur une berge près du petit moulin à farine abandonné, non loin de chez ses grands-parents, dans le Leicestershire. Étant petit, il jouait et pêchait là-bas avec ses grands frères, et il y retourne parfois en rêve, paisiblement, mais avec un sentiment d'envie, espérant toujours que le grand poisson qu'il y avait aperçu un jour va surgir des profondeurs changeantes, vert électrique, ensoleillées et parsemées d'algues, de l'eau qui coulait lentement, et plonger dans les creux illuminés par le soleil. Ce poisson n'arrive jamais ; d'ailleurs, les frères et sœurs de Bennett ne l'avaient jamais cru quand il leur avait dit ce qu'il avait vu. Un grand poisson à la tête énorme, aussi grosse qu'un bébé : il était remonté, avait un peu pris le soleil, puis était redescendu dans les profondeurs. Une tanche, une vandoise, un brochet ?

Ses frères l'avaient taquiné pendant des années, des dizaines d'années, au sujet du grand poisson qu'il disait avoir vu.

« Le poisson qui est parti », raillaient-ils au point de devenir lassants.

Ils enviaient son succès professionnel, sa renommée dans le monde entier, sa distinction honorifique. Sir Bennett Carpenter. Cela ne leur plaisait pas, même s'ils prétendaient le contraire. Ils s'en étaient assez bien sortis, mais pas aussi bien que lui.

Tous deux sont morts, à présent.

Ces rêves récurrents d'un poisson archétype aux allures suffisantes sont champêtres et pleins de désirs, mais également légers dans leur esprit. Ils datent d'une époque antérieure à celle où sa vie a été contaminée par l'ambition, la compétition, le monde universitaire, la réussite et le sexe. De l'époque où il a fait la connaissance du jeune Owen England.

Owen est un romantique. Il a eu une vie solitaire. Elle avait bien débuté, mais elle s'était achevée dans une solitude glaciale. Bennett croit qu'Owen vit dans une sorte de maison de retraite d'un Cambridge humide et brumeux, à la merci des vents en provenance de l'est, et qu'il écrit une monographie sur les nuages. Il avait fait bon l'attirer par ruse au soleil une semaine ou deux à Noël. Owen avait été un hôte reconnaissant et facile à vivre.

Bennett a été bienheureux dans la compagnie et le dévouement d'Ivor Walters. À certains niveaux de veille et de rêves, il le sait ; à d'autres niveaux, il résiste à une telle connaissance et a le sentiment d'avoir été emprisonné par la fidélité d'Ivor.

Ivor avait été le plus beau jeune homme que quiconque aurait pu désirer voir. C'était une pure beauté aryenne calme et blonde, originaire de Staines. Alors que Bennett, lui, était trapu, comique et verbeux, malin, impétueux et pittoresque, spirituel et adoré. Hautement pittoresque, hautement nerveux, haute pression artérielle, mauvais poumons.

La Belle et la Bête.

*

Durant sa vieillesse, quelque peu atteint de démence, le poète Alphonse de Lamartine s'enfuyait souvent après dîner et on le retrouvait qui errait dans les champs. Bennett y songe parfois, de même qu'il songe à Unamuno. Tous deux étaient, à leur façon, victimes de la politique révolutionnaire.

*

Bennett déconcerte quelquefois Ivor par une phrase qu'Ivor n'arrive pas à décoder. « J'appréhende la caducité », dit Bennett. Il le dit du même ton chagrin, mais digne, sur lequel il annonce : « J'ai perdu mon alacrité. »

Ivor ne comprend pas le mot « caducité ». Il n'arrive même pas à le trouver dans son dictionnaire. C'est peut-être parce qu'il ne sait pas comment l'écrire. Et puis il n'aime pas poser de questions.

*

Assise dans sa petite Peugeot à l'arrêt, incapable d'avancer ou de reculer, Fran se dit : « T'es qu'une conne, t'es qu'une vieille tête de mule complètement conne, qu'est-ce que tu crois que tu fous, putain ? T'es *cinglée* ? »

Valerie Heritage lui avait envoyé un e-mail la veille au soir pour lui dire que la route était risquée et les prévisions météo, mauvaises. Mais ça ne l'avait pas dissuadée, oh que non, pas du tout. Ça l'avait stimulée. Elle était partie bien avant l'aube, pour rouler vers l'ouest en direction des marais, et la voici, là où le GPS l'a amenée : à un point mort sur une route de campagne qui n'est même pas une route secondaire.

Furieuse, elle se dit qu'elle est ici à cause de cette putain de représentation horrible, bête à pleurer et pourtant fascinante d'*Oh les beaux jours*, que Jo et elle se sont farcie il y a trois soirs. Jo l'avait doublée d'un rendez-vous avec un chirurgien du pied, pour voir s'il était possible de faire quelque chose à propos de son orteil en marteau.

Ce n'était pas possible.

Fran ne comprend pas pourquoi Jo ne pouvait pas voir de chirurgien du pied à Cambridge, ville qui devait avoir à la fois de l'offre et de la demande pour cette spécialité, mais apparemment le meilleur homme pour ce travail est M. Sillitoe, de l'hôpital St Luke, à Chelsea. Elle croit comprendre que le choix de Sillitoe est aussi en rapport avec l'assurance maladie du défunt mari de Jo.

Claude avait approuvé le nom du chirurgien Sillitoe, quand Fran l'avait mentionné. « C'est un homme bon », avait dit Claude.

Ce nom est bizarre. Ce nom avait-il influencé son choix professionnel[1] ?

Samuel Beckett avait un orteil en marteau. Il avait aussi l'obsession des lents processus de la mort. Voilà qui avait vraiment, vraiment déplu à Fran. Il avait vécu jusqu'à un âge très avancé, non ? Alors qu'est-ce qu'il nous chantait là ?

Sa mère, la Seconde Guerre mondiale : Fran connaissait les théories.

Assise bien droite, d'un air sévère, sur un petit siège dur et peu solide pendant toute la durée – par bonheur courte – d'*Oh les beaux jours*, à regarder Maroussia Darling jouer Winnie ensevelie jusqu'au cou dans du sable, Fran avait vécu les tourments de la résistance et du déni, en son nom propre, au nom de toutes les femmes vieillissantes du pays. L'ennui et la rage se conjuguaient et s'accumulaient en elle, minute après minute, tandis que Maroussia restait là, piégée sous les lumières implacables du soleil de la scène. Ça n'aidait pas, de savoir que Maroussia

1. Cette déformation du toponyme *Selito* semble, à l'œil comme à l'oreille, signifier « orteil stupide ».

Darling était elle-même en mauvaise santé et que ce serait probablement sa dernière représentation exécutée avec brio. Tout le monde n'était pas au courant : Fran tenait cette information de Jo, qui la tenait de son amie Eleanor, amie et voisine de Maroussia Darling à Highbury depuis quarante ans. La raison pour laquelle Maroussia acceptait de jouer un rôle qui vous confrontait tant à la mort, en cette période de sa vie et dans l'état de santé qui était le sien, était un autre mystère. Il pouvait difficilement s'agir d'un choix arbitraire ou accidentel. Ça ne pouvait pas être très joyeux de jouer un truc pareil soir après soir en sachant que vous n'alliez pas bondir, rajeunir, quand le rideau tomberait.

Évidemment, à la fin, il y avait les applaudissements, voire une ovation debout. Peut-être que ce dont nous avons le plus besoin, à la fin, pour faire une bonne sortie, ce sont des applaudissements. Des applaudissements pour un rôle tape-à-l'œil. Sortir bravement. Et pour Maroussia, cette soirée austère était aussi du travail, du travail rémunéré. Le travail est un sauveur, pour ainsi dire. Au cours de cette représentation courte, mais interminable, Fran avait plusieurs fois songé à son contrat avec Ashley Combe, aux sommes d'argent assez modestes, mais honorables, qui se glissaient silencieusement sur son compte bancaire. Elle vérifiait toujours en ligne pour voir si elles y étaient. Elles y étaient toujours. Elles lui étaient indispensables, de plus d'une façon.

« Ce théâtre est tellement *inconfortable* », avait

concédé Jo au-dessus de leur plat de pâtes après le spectacle. « Je suis contente qu'on y soit allées, mais c'est vraiment une épreuve d'endurance.

— C'est à cause de notre âge », a répondu Fran qui ne voulait pas être trop négative, vu que c'était Jo qui avait acheté les billets. « Les jeunes gens n'avaient pas du tout l'air de se soucier du confort. Je me suis dit qu'il y avait là beaucoup de jeunes. Beckett est-il à la mode ?

— Je suppose que oui, a répondu Jo en piquant d'un air suspect un corps étranger présent dans ses *linguine*.

— Avant, je pouvais rester debout au fond du cinéma, a dit Fran. Aujourd'hui, je ne pourrais plus le faire.

— Tu n'es pas obligée. »

Oui, voilà jusqu'où était allée leur conversation, s'est dit Fran. Il y avait eu des apartés sur la découverte par Jo de journaux intimes datant de la guerre civile d'Espagne, mais Fran n'avait pas tout à fait résolu la question de savoir pourquoi Jo les trouvait aussi intéressants. Elle n'arrivait pas vraiment à suivre les méandres du projet de recherche de Jo, qui semblait récemment avoir changé de direction. Elle était davantage plongée dans le sujet de Beckett. Et maintenant, la voici coincée sur une route inondée, avec un GPS inutile, à se demander ce qu'elle est supposée faire ensuite, bon sang ! Elle avait été tellement furieuse contre Samuel Beckett et Winnie qu'elle avait ignoré toutes les alertes météo et pris le volant dans une attitude de défi. Elle aurait préféré mourir au combat comme Siward le Danois, plutôt que couchée dans un fossé comme une vache ou ensevelie jusqu'au cou avec un sac à main comme Winnie. Mais elle est à présent dans une situation fâcheuse. Cette route est étroite et elle voit trois véhicules à l'arrêt devant elle, avant un virage au-delà duquel elle ne voit rien, et il y a deux voitures derrière. Au fil du temps, tout s'est arrêté. Il y a de l'eau stagnante sur la route, une dizaine de centimètres. Si elle réussissait à bouger, elle pourrait rouler dedans, quels que soient les risques pour sa boîte de vitesses, son pot d'échappement ou les parties de la voiture les plus vulnérables à l'eau, mais elle ne peut pas bouger. Elle a éteint son moteur et regarde les pédales. Dans les voitures modernes, on a du mal à voir ce qui est relié à quoi, ou à quel endroit monterait l'eau, si elle devait se mettre à monter. Tout est caché, dissimulé, inaccessible. Où est l'arrivée d'air, qui va vraisemblablement se transformer en arrivée d'eau si ça continue ? Elle n'en sait rien.

Ça s'appelle le « plancher conducteur », cet endroit où se trouvent ses pieds et les pédales ? Quel mot étrange, un mot qu'elle n'a jamais eu de raison d'utiliser. Ça ne va pas aller, s'il commence à prendre l'eau comme le font les planchers.

Il pleut toujours, non plus à verse, mais de façon persistante. Elle s'est toujours estimée bonne conductrice, mais elle sait qu'elle n'est pas mécanicienne. Elle ne saurait pas quoi faire avec une voiture qui s'immerge. Son moteur et son système électrique vont-ils être fichus ? Elle semble se rappeler avoir lu qu'il ne faut jamais conduire dans une eau qui fait plus de dix centimètres de profondeur, ou qui coule, ou qui monte à plus de la moitié des roues. Elle baisse la vitre et regarde le sol. L'eau arrive-t-elle déjà à la moitié des roues ? Est-ce qu'elle monte ? Fran ne voit pas. Elle n'est pas en danger, pas en danger du tout, elle pourrait facilement (enfin, assez facilement) sortir et patauger dans ce fossé brun plein de mauvaises herbes, bordé de roseaux et de cardères, grimper sur cette rive boueuse couverte de saules et faire un appel d'urgence pour contacter le dépannage, mais elle n'a pas envie d'abandonner son pauvre véhicule. Si elle sort, elle va bel et bien être en rade avec son sac à main, dans la campagne de février. En rade, idiote, incapable.

Vieille imbécile.

Il n'y avait pas eu de panneaux « Routes fermées ». Ces autres imbéciles, jeunes et vieux, avaient avancé tout comme elle et l'avaient suivie par derrière. Pourquoi ils avaient pas continué à rouler, putain ? Qu'est-ce qui les retient ? Est-ce qu'il y a une catastrophe, derrière ce virage, qui les fait s'arrêter net ? Si on continue à rouler, on ne reste pas coincé. Faut-il qu'elle sorte et qu'elle demande ce qui se passe au conducteur de la voiture de devant ? Faut-il qu'elle entre en contact avec le type de la voiture de derrière ? Son allure, dans le rétroviseur, ne lui plaît pas beaucoup. Il est plutôt jeune, rubicond, avec des favoris blond-roux, et il porte un bonnet de laine à rayures grises et blanches. Il a l'air fâché (ça, elle ne peut pas lui en vouloir) et il parle d'un air furieux dans son téléphone portable. Sa voiture (elle plisse les yeux) est une Toyota, d'après elle. Une Toyota grise pas si neuve et de style campagnard.

Les voitures françaises sont de meilleure fabrication que les voitures japonaises. Ou du moins l'étaient.

Elle n'a pas vraiment envie de se mouiller les pieds. Elle préférerait *se noyer* plutôt que de se mouiller les pieds. Ses confortables et élégantes chaussures en daim couleur fauve et à lacets rouges sont loin d'être étanches. Elle a des bottes en caoutchouc dans le coffre, mais elle ne peut pas les atteindre sans patauger. Faut-il qu'elle appelle Valerie Heritage ? Elle n'est ici que depuis cinq minutes, rien à voir par rapport aux critères des embouteillages londoniens, mais on dirait des heures. Ce ne sera pas grave si elle est en retard, ce ne sera pas grave si elle n'arrive pas à destination du tout, mais elle ne veut pas que Valerie Heritage soit fâchée contre elle. Ce retard construit autour du nom de Valerie Heritage une figure d'autorité et de désapprobation, un être supérieur qui méprisera Fran en tant qu'idiote incompétente.

Fran déteste faire marche arrière. Elle est nulle en marche arrière. Elle n'a vraiment, vraiment pas envie de devoir faire marche arrière pour sortir de cette impasse et reprendre cette route étroite en sens inverse. Elle veut continuer.

Pour le moment, elle n'a pas le choix. Elle ne peut pas bouger.

Elle avait éteint son moteur, mais maintenant elle le rallume pour entrer en contact avec sa radio. Jusqu'ici, pas de problème, tout marche encore. *L'Heure de la femme* ! Merveilleux ! Jenni Murray ! Merveilleux !

On parle du suicide assisté, qui n'est pas tout à fait aussi merveilleux. Elle est absolument pour, évidemment. Mais pas encore. Comme disait saint Augustin, pas encore. Pas maintenant, pas encore.

Elle éteint.

Elle pense à sa nouvelle ancienne amie Teresa, qui n'approuve probablement pas le suicide assisté, parce qu'elle est croyante, pour ainsi dire, bien qu'elle soit trop polie et trop prévenante pour en discuter avec Fran, ce qui serait désagréable.

L'irritation et la frustration croissent en elle, ainsi que la figure toujours plus grande et toujours plus solennelle de la directrice de la résidence pour seniors de Westmore Marsh, encline à porter des jugements. Fran entend devant elle quelques coups de klaxon et des moteurs qui s'emballent, comme si un mouvement était sur le point de s'amorcer, mais les bruits recommencent à faiblir. Elle se dit qu'il y a probablement un petit pont un peu plus loin à l'avant, un des nombreux petits ponts peu élevés de cette plaine détrempée des Levels, et que c'est peut-être ce qui les arrête.

Accablée d'ennui, déprimée par les petites branches

brunes, dénudées et à peine bourgeonnantes de la haie, ainsi que par le bois mort de l'année dernière, elle commence à envoyer des textos à tous ceux qu'elle connaît, ou à tous ceux à qui elle peut s'adresser par ce biais. Elle ne veut pas les appeler, elle ne veut parler à personne, elle veut juste établir un genre de contact.

Elle envoie des textos à Josephine Drummond, Teresa Quinn, Paul Scobey, Peter Boddicote, d'Ashley Combe, sa fille Poppet et son ex-belle-fille Ella, avec qui elle essaie d'entretenir une amitié, pour les petits-enfants.

Elle n'envoie pas de texto à Claude, il n'envoie pas de textos.

PAS HELLO PLUTÔT SOUS L'EAU, écrit-elle négligemment à Christopher, puis elle remarque que sa batterie a perdu l'une de ses espèces de petites barres, donc elle éteint son portable. Elle ferait mieux d'économiser le reste. Il ne lui vient pas à l'idée que son message puisse être énigmatique.

*

Dans le Sud chaud et sec, mais dans le même fuseau horaire que sa mère, Christopher reçoit ce message alors qu'il est assis sur la terrasse de Bennett avec un café noir de milieu de matinée, très concentré en caféine et servi dans une petite tasse en verre d'un exotisme éloquent, récipient qui lui rappelle la jeunesse, d'autres vies, des chemins non empruntés. Que fabrique donc son imbécile de mère, maintenant ? Ça ne lui ressemble pas de ne pas signer correctement. Elle signe invariablement : « Biz F ».

Il lui répond : OÙ ES-TU ? BIZ C

Par moments, il commence à s'inquiéter au sujet de Fran. L'agitation permanente de sa mère relève un peu de la manie. Elle s'affaire trop. Qu'est-ce qu'elle cherche ? Elle n'est pas malade comme Claude, et encore, elle va un peu trop bien. Il faudrait qu'elle ralentisse.

Il sait qu'il devrait quitter ce plateau où règne une douce chaleur, rentrer à Londres pour organiser du travail, affronter la prochaine phase de sa carrière, dont la nature ouverte pose problème, mais La Suerte est séduisante. En Angleterre, le temps a été épouvantable, sombre, d'une humidité et d'un lugubre sans précédent, lugubre comme le réchauffement de la planète, lugubre comme une noyade dans le fossé, et il sait qu'il lui faudrait se confronter à ce que signifie l'absence de Sara s'il devait rentrer chez lui et retrouver leur appartement londonien vide du quartier hors de prix mais sans joie de Queen's Park. Il aime bien la compagnie peu exigeante et reconnaissante d'Ivor et Bennett. Leur relation a quelque chose de reposant, avec ses réparties bien rodées, ses éclairs de légère méchanceté dirigée vers l'extérieur ou de reproches mutuels comiques dirigés vers la sphère intime. Ensemble, ils ont bien tenu le coup, ces deux-là : en des années, leur non-mariage a duré plus longtemps que la plupart des mariages qu'il a connus, et sans contrainte légale ni aucune autre qui soit perceptible. Il fait bon être auprès d'un couple aussi calme, aussi peu en manque d'affection. Ils n'ont pas besoin de lui, mais ils aiment bien qu'il soit là. Il se sent libéré au point d'éprouver un sentiment d'inertie étrangement confortable.

La température est clémente. Du sang, de l'air, de l'eau, une brise légère et favorable.

La sortie chez Simon Aguilera avait ajouté de la couleur et du spectacle au sentiment que prévalait une fade tranquillité. L'histoire d'Ishmael est trop étrange. Comment pouvait-on jamais savoir ce qui se passait dans sa jolie tête ? Sara aurait pu entrer en contact avec lui, à un niveau politique plus sérieux, à un niveau ethnique et linguistique, mais Christopher, lui, sait qu'il ne le peut pas. Il est trop anglais. Aussi cosmopolitaine que soit la vie qu'il mène, aussi internationale que soit la « scène artistique » qui lui procure ses revenus, il est anglais. Dans le monde moderne, être anglais, c'est dépassé. Son alliance quasi professionnelle avec Sara (car ils étaient du monde des médias, ils s'étaient rencontrés via les médias) avait paru l'entraîner vers l'avant, mais elle a été tuée dès ses débuts. Il n'a aucune idée de l'endroit où aller ensuite. La mort de Sara avait été si brutale, si inattendue et si peu prévue à tous égards. Si vide de sens. Sara fauchée dans la fleur de l'âge.

Soudain, il pense au peintre Pauline Boty, la belle blonde, la Bardot de Wimbledon, qui était morte plus jeune encore que Sara. Elle était morte au milieu des années 1960, s'il se souvient bien, à l'âge de vingt-huit ans, d'un thymome malin : forme rare de cancer, aussi rare que le phéochromocytome qui avait tué Sara. Environ dix ans plus tôt, il avait fait une émission sur l'œuvre de Boty en tant qu'artiste pop, à l'époque où il y avait un renouveau d'intérêt pour elle, marqué par des expositions çà et là, au pays et à l'étranger. Il avait interviewé certains de ceux qui l'avaient connue dans les années 1960 et avait eu une prise de bec mémorable avec une féministe au sujet du programme de Boty en matière de sexisme. La féministe tenait à décrire Boty comme une femme maltraitée et en détresse, victime de discrimination. Christopher ne pouvait pas du tout interpréter le personnage de cette manière. Pour lui, elle avait semblé puissante, douée d'un esprit libre, portée sur l'expérimentation, érotique et heureuse dans son corps. Évidemment, il ne l'avait jamais rencontrée, mais la féministe non plus. Ils étaient tous les deux bébés quand elle était morte.

La féministe avait beaucoup insisté sur le fait que, dans une interview réalisée l'année précédant sa mort, Boty avait dit au romancier Nell Dunn qu'elle avait pensé avoir un « vilain con », parce qu'elle jouait avec étant petite pour essayer de se faire davantage ressembler à ses frères. Vraisemblablement pour essayer de développer un pénis. La féministe avait conçu cela comme une illustration de la soumission de Boty à un stéréotype masculin, mais, pour Christopher, il avait paru s'agir d'une chose tout à fait différente :

d'un exemple de confiance en soi et de franchise extraordinaires, d'une certitude de sa propre force. Une femme capable de dire à un journaliste qui l'interviewe : « Avant, je pensais avoir un vilain con » et prête à voir ces propos imprimés n'avait peur de rien. D'après Christopher, la féministe avait calqué sa propre perception sur la vie de Boty et rétrospectivement tenté de nier sa beauté, sa féminité, son élément vital.

Il avait été très grossier envers cette femme, mais elle était provocatrice. L'ensemble avait donné une bonne émission, mais qui avait fourni des armes à l'ennemi. Christopher avait été un moment vilipendé dans la presse en tant que salaud de sexiste, ou salué en tant qu'Homme de fer. Aucun de ces rôles ne lui avait plu.

Sara est morte récemment, Boty est morte depuis longtemps, l'épouse de Simon Aguilera est morte depuis longtemps et Ishmael est curieusement très vivant.

Christopher devrait être sur le chemin du retour, loin des îles des Bienheureux, mais il n'arrive pas à se forcer à trouver le temps de réserver un vol et il sait qu'Ivor ne veut pas encore qu'il parte. Il plaint Ivor. Ivor a été d'une serviabilité presque troublante en matière de courriers d'assurance pour le rapatriement de Sara, et plein de tact, avec ça. Il avait immédiatement trouvé un accord avec les hommes de loi pour *Falling Water*, la société de production de Sara au pays, et avec les représentants de la compagnie d'assurances sur l'île. Ce qui aurait pu être un combat juridique prolongé et coûteux lui a été rendu facile. Ivor est doué pour la gestion. Il a négocié les notes d'hôtel, certaines d'entre elles étant restées impayées lors du tourbillon des dépenses. (Les notes de bar devaient être potentiellement révélatrices.) Pour s'être occupé d'un Bennett fantasque et d'humeur imprévisible, et de ses nombreuses mini-crises d'ordre médical autour du monde, Ivor a des dizaines d'années de savoir-faire.

Ivor a confié à Christopher qu'il a appris la phrase : « Le professeur a perdu ses lunettes » dans plusieurs langues différentes, y compris en japonais. Il n'est pas linguiste ; mais, comme Bennett, c'est un imitateur, il peut donc paraître convaincant à s'y méprendre, en langues étrangères. *Der Professor hat seine Brille verloren. Le Professeur a perdu ses lunettes*. Il Professore ha perso gli occhiali. El Professor ha perdido sus gafas.* Il a même appris la différence entre des lunettes égarées dans les territoires espagnols (*gafas*) et des lunettes égarées au Mexique (*lentes*), ainsi que la façon polie et sans jugement de dire que les lunettes du professeur ont disparu et se sont perdues. « J'ai perdu mes lunettes » devient : « *Se me olvidó mi anteojos.* »

Autour du monde, le titre de Professeur passe bien. Il est multilingue et commande exactement le juste degré de respect. De respect sans flagornerie.

Ivor a promis de manifester cet après-midi même ses aptitudes linguistiques en matière de lunettes perdues, lors d'une visite du Grand Hôtel en compagnie de Christopher, après la sieste, pour voir si, à tout hasard, les lunettes teintées à verres progressifs et hors de prix de Christopher n'auraient pas refait surface. Elles font grandement envie, mais ne sont guère utiles à quiconque d'autre, étant donné que Christopher a un œil hypermétrope, un œil myope, et que son ordonnance est hautement personnalisée. (Christopher a honte de la somme qu'il avait payée pour ces binocles, mais c'est un personnage public et il lui faut être à son avantage. Elles sont – ou étaient ? – de nature à être sa marque de fabrique.) La direction a promis de continuer à les chercher, et il n'y a pas de mal à faire un tour là-bas pour l'y encourager en douceur.

Bennett a décliné la sortie, il dit qu'il est fatigué, qu'il va rester à La Suerte et relire *Le Radeau de pierre*, de Saramago. Il s'est à présent souvenu du nom du livre apocalyptique qui lui avait échappé dans le restaurant de Nazaret, au-dessus de son filet de bar. Ce matin, des reportages renouvelés sur d'autres séismes à proximité d'El Hierro, située à l'ouest, se sont alliés pour évoquer le titre de ce roman divertissant dans lequel feu son ami Saramago imagine que l'ensemble de la péninsule Ibérique s'est détaché de la masse terrestre du continent le long de la chaîne des Pyrénées pour dériver dans l'Atlantique. Excellent. Il aime bien les histoires alternatives, qui posent la question : « Et si ? », bien que certaines puissent être assez bêtes. Et si les Allemands avaient gagné la Première Guerre mondiale ? Et si Hitler avait été assassiné ? Et si Kennedy n'avait pas été assassiné. Elles sont assez en vogue, ces temps-ci, conclut-il. Mais Saramago occupe évidemment une catégorie qui lui est propre.

Winston Churchill avait prévu d'envahir les Canaries, si les Allemands s'emparaient de Gibraltar. Il avait vingt-quatre mille hommes prêts à intervenir dans l'opération Pilgrim, mais il n'avait jamais eu à l'entreprendre.

Il y a plus de vingt-quatre mille Britanniques aux Canaries, maintenant.

Simon Aguilera avait été victime de révisionnisme, au nom de son père. Inévitable, vraiment. Nous aimons tant démonter l'héroïsme. Les révisionnistes ont ratissé le dossier d'Orwell durant la guerre civile d'Espagne à l'aide de ce que l'on appelle un « peigne fin », quoi qu'un peigne fin puisse être. Les révisionnistes d'Orwell ont jugé en révision les révisionnistes d'Orwell. Le POUM, le NKVD, Harry Pollitt, Arthur Koestler, Victor Gollancz[1]. *Nous autres nabots nous trouvons des tombes sans honneur*[2]... Évidemment,

---

1. Harry Pollitt (1890-1960) : homme politique anglais, fondateur et dirigeant du Parti communiste de Grande-Bretagne (1929-1956). Arthur Koestler (1905-1983) : homme de lettres et intellectuel hongrois, naturalisé anglais, qui a notamment œuvré à la propagande anticommuniste en Grande-Bretagne après la Seconde Guerre mondiale. Victor Gollancz (1893-1967) : éditeur anglais, fondateur du *Left Book Club* [« Club du livre de gauche »] en 1936.

2. L'auteur adapte ici quelques vers de *Jules César*, de Shakespeare, I, II, 133-135, *op. cit.*, p. 473.

Carlos Aguilera ne pouvait échapper à ce procès posthume. Trop d'idéologie, trop de carrières investies dans les disputes.

Owen England avait bien aimé le dessin d'Augustus John que possédait Simon, représentant Valentine Studdert Meade et commandé par les parents de Valentine, alors basés à Cambridge, au profit de l'Association internationale des artistes. Les oncles de Simon, martyrs de la guerre civile, avaient connu Valentine. Valentine était mort jeune. Valentine était un beau jeune homme. Owen était beau autrefois, quand il était à Downing. C'est dur, pour Bennett, de s'en souvenir maintenant. Contrairement à Ivor, il n'a pas conservé ne serait-ce qu'une ombre de sa beauté juvénile. Ce n'est plus qu'un vieillard agité, desséché et assez jaune. Mais, au moins, il est toujours en vie.

Évidemment, il est beaucoup plus âgé qu'Ivor.

Hubert, le père de Studdert Meade, avait traduit l'essentiel d'Eschyle et d'Euripide. De mauvaises traductions édouardiennes en vers, pas même utiles comme antisèches.

Bennett se dit qu'il va s'installer à l'ombre pour feuilleter l'apocalypse fantasque et chimérique de Saramago. Il a passablement mal au crâne et s'imagine éprouver de légères vibrations pulmonaires dans la partie supérieure gauche de son torse. Il n'est pas très solide sur ses jambes, aujourd'hui. Il n'a pas besoin de se déplacer au Grand Hôtel de Costa Teguise. Et puis les jeunes gens apprécieront de faire une sortie tout seuls, sans le vieux qui disserte et qui les retarde. Il serait content qu'Ivor se lie d'amitié avec Christopher. Ce serait bien pour tous les deux.

Il est amusé par l'idée de lui-même en train de « disserter ». Ivor a été très fort pour ce qui est de le garder sous contrôle.

Mais il sait qu'il retarde Ivor. Ces temps-ci, il ne peut pas marcher très vite. Et il avait failli glisser en descendant l'escalier du pont-garage, sur le ferry qui les ramenait à Playa Blanca. Il appréhende la caducité. Mieux vaut y aller mollo, à son âge.

*

Fran a été extirpée de son impasse, de la boue et du fossé. Ça n'avait pas été facile et ça n'avait pas été très digne, bien que tous les conducteurs aient été, pour ainsi dire, dans le même bateau, et aucun d'entre eux ne pouvait s'en prendre aux autres. Il n'y avait eu aucune occasion d'abuser des conductrices. Elle avait été prise en sandwich au milieu, et c'étaient tous des imbéciles. L'opération avait impliqué la police, un tracteur, une marche arrière délicate, et les favoris blond-roux dans la Toyota de derrière avaient été assez serviables. (Certes, il le fallait, non ?) La voiture de Fran est désormais garée en toute sécurité, mais hors d'accès, dans un champ en pente sur un terrain plus élevé et Fran, qui tient à progresser plutôt qu'à reculer, a été emmenée à Westmore Marsh en tracteur et se sèche à présent les pieds dans le bureau de Valerie Heritage. Valerie lui a donné pour ce faire une très jolie petite serviette à mains molletonnée, à carreaux rouges et jaunes. Les vieux pieds dénudés de Fran créent une intimité entre elles. Si Fran n'a pas d'orteil en marteau, elle a des oignons. Mais Valerie Hermitage connaît bien les oignons, et pire.

C'est une aventure. Voilà la meilleure façon de considérer la chose.

Valerie n'est pas sévère. Elle ne sous-entend pas que l'obstination de Fran est fort gênante ni que Fran, en rade, est franchement casse-pieds. Au lieu de cela, elle lui propose une serviette et une tasse de café, puis dit qu'elle va s'occuper des sandwiches. Dans ses e-mails, Fran avait pris bien soin de lui dire qu'elle n'aurait pas besoin de déjeuner, mais elle pourrait tout aussi bien accepter, vu les circonstances. Maintenant que sa colère et son inquiétude retombent, elle commence à avoir faim.

C'est un coin assez éloigné, pour une maison de retraite. L'essentiel des propriétés du groupe Athene se trouve dans la banlieue de petites villes ou en bordure de périphériques, dans des stations balnéaires tranquilles ou des circonscriptions nouvelles, dans des évêchés ou des villes universitaires. Valerie explique Westmore Marsh. L'établissement est cher. Il a une architecture expérimentale, des caractéristiques innovantes, une clientèle haut de gamme composée de personnes qui, jusqu'à présent, étaient logées dans de grandes maisons de campagne aménagées et des établissements psychiatriques déclassés, anciens monuments historiques jadis considérés comme particulièrement importants. Est-ce que Fran saisit le contexte ? Oui, elle le saisit. Ceux qui ont encore de la famille ont des proches qui disposent d'un accès facile aux transports, d'une voiture, d'un chauffeur ou d'un compte à la société de taxis du coin. Et ici, les installations sont vraiment très, très agréables. Le lieu a l'air plus beau quand il fait meilleur, bien sûr, mais il est toujours agréable.

Oui, Fran prendrait bien un sandwich toasté jambon-fromage.

Pauvre Peugeot, perchée toute seule sur un sillon en pente.

La plupart d'entre eux se plaisent, ici, poursuit Valerie.

Bien sûr, les rôles sont inversés. C'est Valerie Heritage qui doit faire ses preuves face à Fran, car Fran est dans la position de l'inspectrice et Valerie, de la personne inspectée. L'approbation et les capitaux d'Ashley Combe sont importants pour Westmore Marsh. D'où la serviette et le sandwich grillé. Fran est si profondément incapable de se voir en position dominante que, lorsqu'elle est mêlée à une situation délicate comme celle-ci, elle n'arrive plus à discerner les degrés de servilité ni les manières obséquieuses. Elle est déjà prête à se mettre en tort et, en l'occurrence, elle a parfaitement bien réussi à le faire.

Valerie est une femme compétente. Fran n'avait pas su situer son accent durant leur unique conversation au téléphone, mais elle commence maintenant à comprendre qu'elle est de Bristol et que sa façon de parler vise à se fondre dans celle de sa clientèle aristocratique supérieure. Tout comme sa tenue. Elle est chaussée de souliers classiques et onéreux en cuir marron et à lacets (Fran tente en vain de se rappeler les chaussures de Suzette à West Bromley, qui ne ressemblaient certainement pas du tout à celles-ci) et elle porte un tailleur en tweed couleur bruyère, rendu plus gai et plus lumineux par un pull à col roulé rose lilas. Une combinaison assez astucieuse.

Quand la voiture était venue se mettre à l'arrêt dans son champ, Fran, sous l'effet du stress, avait réussi à se souvenir d'extraire du coffre ses bottes en caoutchouc à motif floral, en plus de son sac de jute, et à présent elle les enfile. Elles sont rêches et inconfortables, contre ses pieds nus, mais ses souliers et ses chaussettes étaient trempés et sèchent désormais sur un radiateur. Elle se rétablit suffisamment pour avoir envie d'explorer l'éco-village, mais le temps, lui, ne s'est pas rétabli. Il pleut toujours. Elle voit bien que Valerie n'est pas du tout désireuse de s'aventurer au-dehors, dans l'humidité. Fran devra se contenter d'une visite guidée de la partie « Vivre à la retraite » du complexe de résidences.

Des aspects encore plus gênants de sa situation critique commencent à apparaître, mais elle les relègue au fin fond de son esprit, sirote son café brûlant et se distrait en informant spontanément Valerie qu'elle a une amie qui vit très confortablement dans une maison de retraite du groupe Athene à Cambridge. Valerie connaît-elle Athene Grange ? Oui, c'était l'un des premiers projets de la société, le lieu a beaucoup de succès et est bien établi, toujours occupé au maximum et très demandé. Elles discutent, en toute discrétion, du vocabulaire changeant en matière de foyers et de logements pour personnes âgées : « Vivre à la retraite, Vivre après, Vivre en étant assisté. » Ici, à Westmore March, il n'y a pas d'assistance à plein temps et Valerie elle-même n'est présente que de dix heures du matin à quatre heures de l'après-midi en semaine. Elles discutent des tarifs, des locations, de l'entretien et des suppléments ; Fran prend des notes et fourre dans son sac en toile de jute bon nombre de brochures pleines de gens souriants.

Ça coûte cher, de vieillir. Cet endroit donne aux trois cent quatre-vingt-dix livres hebdomadaires de Dorothy des allures de bonne affaire. Et Dieu sait ce que Persephone coûte à Claude.

Valerie lui fait visiter les lieux, la présente à un ou deux résidents. Le logement est correct, étudié et bien conçu. L'architecte n'avait pas été d'une ambition effrayante, mais, en termes d'écologie, c'est avant-gardiste. La suite pour invités, non différente de celle dans laquelle elle avait séjourné à Cambridge lors de la soirée d'anniversaire de Jo, est très agréable et, comme celles de Cambridge, ne coûte que vingt livres par nuit pour les hôtes des résidents. L'appartement témoin, lui aussi meublé par la Fondation, est apaisant, avec ses gravures sous cadre d'oiseaux et de papillons ivoire et turquoise, ses meubles d'un beige frais qui n'ont pas connu d'incidents, ses tapis de haute laine couleur vieux rose, sa cuisine moderne intégrée bien pratique, dans laquelle aucun équipement n'est branché sur des plinthes au niveau du sol. Fran éprouve soudain une grande envie de renoncer au combat, d'emménager *illico* à Westmore Marsh et de commencer à mener une existence statique, reposante et ordonnée.

Elle prend des notes sur son bloc.

Elle adore visiter les habitations des autres en s'imaginant devenir une autre personne, née une nouvelle fois. Elle serait tout à fait différente, c'est sûr, si elle vivait dans un appartement modèle comme celui-ci. Il n'est peut-être pas trop tard pour essayer.

Dans la salle commune, deux hommes et deux femmes sont regroupés autour d'une table basse : les hommes lisent les journaux, l'une des femmes s'occupe avec un iPad tout en couleurs, l'autre fait des mots croisés dans un magazine de jeux. Ils saluent Valerie avec ce qui semble un mélange de respect affectueux et de condescendance sociale, puis, en remarquant sa carte de visite qui porte le nom d'Ashley Combe, ils font remarquer à Fran en plaisantant qu'elle a choisi un mauvais jour pour faire du tourisme. Fran explique le pourquoi de ses bottes en caoutchouc, ainsi que l'état de la route d'accès campagnarde. Oui, elle a été emmenée ici en tracteur, toute une aventure ! Ils parlent de la météo, du long hiver que ç'a été, du changement climatique, de dragage et du Parrett, des inondations locales. Westmore Marsh a bien résisté, lui disent-ils. Ils ne semblent pas grandement s'intéresser à l'originalité de son architecture.

La cruciverbiste ne prête aucune attention à la conversation sur le temps, mais intervient pour lire une de ses définitions à Fran et Valerie : « Je bloque vraiment sur celle-ci, dit-elle, et eux, ils ne peuvent pas m'aider, ils sont zéro, qu'en pensez-vous ?

— Moi aussi, je suis nulle », dit Fran, mais elle trouve miraculeusement la réponse en moins de deux. La définition, c'est *Grosse oiselle jaune*, six et sept lettres, finit par un e, la première lettre est un g. « Grande Canarie, dit Fran sans même réfléchir.

— Bien vu ! » dit la cruciverbiste, joyeuse, humble, reconnaissante, puis elle inscrit cette réponse.

Et ainsi s'écoulent les heures, et ainsi s'écoulent les jours, et ainsi s'écoulent les années.

Fran explique qu'elle a beau ne pas être très douée pour les mots croisés, les Canaries la préoccupent parce que son fils est à Lanzarote et que ce doit être pour cela que les mots lui sont venus si rapidement à l'esprit. (Elle ne décrit pas les circonstances de la visite de Christopher : ils supposeront qu'il est en vacances.) Trois membres du quatuor sont allés aux Canaries et entreprennent à qui mieux mieux de comparer les attraits de Tenerife et de Lanzarote.

« Lanzarote, une mocheté, dit la défenseuse de Tenerife.

— Pas du tout, dit la femme à l'iPad, c'est Tenerife qui est une mocheté, toutes ces tours ; Lanzarote est très bien entretenue, elle est vraiment *manucurée*, ou du moins quand j'y étais. Pas un sac plastique en vue. »

Fran n'écoute pas vraiment. Elle a envie de sortir sous la pluie pour voir comment les bassins et cuvettes aménagés supportent les eaux. Elle ne croit pas que cela intéresserait beaucoup les membres de ce quatuor douillettement bloqué à l'intérieur. Elle avait pensé que ce serait possible, mais, maintenant qu'elle les voit, qu'elle les regarde, elle voit bien que non. Elle se rend compte qu'ils ne sortent pas beaucoup.

Elle s'inquiète aussi de la façon dont elle va rentrer à Londres sans causer trop de problèmes, à elle-même ni à personne d'autre. Valerie Heritage dit que la petite route secondaire en direction de l'ouest et de l'A303 est encore ouverte. Mais cela ne lui sert pas à grand-chose, étant donné que sa voiture est coincée dans un champ à l'est. Il va lui falloir commander un taxi qui part de Taunton ou de Bridgewater, ça va coûter une fortune. Elle ne veut vraiment pas avoir à passer une nuit ici, bien que la suite pour invités soit d'un si bon rapport qualité-prix et paraisse d'un confort si alléchant. Comment diable remplirait-elle le restant de la journée ? Il n'est que midi. Elle suppose que la fondation paierait, un taxi ou bien la suite, mais elle se sent coupable, elle aurait dû prêter attention aux alertes météo, elle sait déjà qu'elle n'aura jamais assez d'audace pour ajouter une facture en raison de sa propre sottise.

Elle mourrait d'ennui, s'il lui fallait passer beaucoup plus de temps avec le quatuor à l'iPad et aux mots croisés.

En revanche, il y a quelque chose à dire en faveur de l'inspection du reste du lotissement dans ces conditions d'épreuve. Valerie lui donne un plan du site, mais, en jetant un bref coup d'œil à ses propres chaussures bien cirées, elle a le bon sens de refuser de l'accompagner ; aussi Fran s'en va-t-elle patauger toute seule, sous son parapluie, et explorer la configuration des bassins de rétention et des bassins de stabilisation, admirer les toits verts des nouvelles unités de construction, chercher la baissière verte. C'est un nouveau mot pour elle, « baissière », et il lui plaît. Le terrain semble bien s'accommoder des eaux de la nappe phréatique, mieux que la petite route de campagne avec ses roseaux, ses cardères et ses embouteillages. Il y a de l'eau stagnante dans le parking principal, mais rien de très grave. Westmore Marsh est un récent village de logements pour certains abordables, mais pour l'essentiel inabordables, construit sur ce qui était jadis un petit aérodrome secret de la Seconde Guerre mondiale. Qui peut bien choisir de vivre dans ce coin perdu et sans relief ? Existe-t-il alentour une unité de renseignements fournissant un emploi discret aux filles et fils de ceux qui ont jadis assuré le fonctionnement de l'aérodrome ? Un genre de filiale de Porton Down[1] ou du Quartier général des communications du gouvernement ?

---

1. Parc scientifique militaire fondé en 1916 et situé non loin de Salisbury.

Elle a visité, en son temps, des foyers et résidences pour seniors construits dans des endroits étranges. Il y en avait un dans un petit bourg proche d'Oxford et qui s'appelait Old Goal[1]. Elle n'avait pas trouvé ce nom très convenable pour un tel foyer. Mieux que l'Old Abattoir, qui avait jadis été proposé sans délicatesse aucune pour une cité d'immeubles de Sunderland. Mais pas si bien que ça, comme elle l'avait fait remarquer. Au moins, Westmore Marsh est une appellation inoffensive, bien que trop appropriée.

Elle trouve ce qu'elle croit être éventuellement la baissière. C'est une sorte de fossé entre deux rives couvertes d'herbes et de boue, et dont l'objectif est apparemment d'absorber et d'emporter les eaux de la nappe phréatique et l'eau de pluie loin des groupes de nouveaux bâtiments, en direction du fleuve, en direction de l'estuaire. Est-ce le même genre de chose qu'une saignée ? Est-ce que « baissière » est un nouveau nom chic pour désigner une saignée ? Un mot pêché dans le dictionnaire ? Il lui plaît, en tout cas. Ce fossé lui plaît.

Baissières et saignées. D'après Paul, qui est bien placé pour le savoir, l'une des cités de logements les plus pauvres et les plus tristement célèbres du Pays noir s'appelle Whitmore Reans. Whitmore Reans, précédemment connu sous le nom de Hungry

1. Nom qui signifie : « Vieux but ».

Leas[1]. Le lieu est toujours affamé, mais il possède des banques alimentaires, aujourd'hui.

Elle repense à Suzette et à tante Dorothy, la Belle au bois dormant. Elle est contente de les avoir rencontrées. Elle devrait envoyer une carte à Dorothy.

Debout sous son parapluie rayé aux couleurs pastel des bonbons à la réglisse, elle contemple l'eau brune. Elle sait ce qu'elle devrait faire, si elle avait du bon sens. Elle connaît quelqu'un qui saurait tout sur les baissières, les saignées, les ponceaux, les ruissellements d'eau de pluie et le rapport de Michael Pitt[2] sur les inondations, et elle sait aussi que cette personne n'est qu'à vingt-cinq kilomètres de là.

Je suis une lâche, se dit Fran d'un air abattu, sous la pluie qui ruisselle. *J'hésite à aller imposer ma présence à ma propre fille.*

*

Christopher et Ivor sont parvenus au bar de l'atrium de l'hôtel-ziggourat ; ils sont assis dans un jardin intérieur, au milieu de petits palmiers et de cactus, sous un haut dôme de lianes tropicales, de plantes grimpantes et de bougainvillées en fleur. Autour de

---

1. *Whitmore Reans* signifie : « Les saignées de Whitmore », *rhyne*, *reen* ou *rean* étant au départ des termes dialectaux désignant un petit fossé. *Hungry Leas* signifie : « Les prés affamés ».

2. Rapport élaboré par ce ministre et rendu en 2008 à la suite des inondations de l'été 2007.

leurs pieds, des poissons languissants roses, argentés et dorés nagent paresseusement dans de l'eau peu profonde. Christopher et Ivor sirotent un verre de prosecco. Ils fêtent la découverte des lunettes de Christopher. Ces lunettes s'étaient perdues et, avec quelques encouragements de la part d'Ivor, elles s'étaient retrouvées. Elles étaient dans le coffre du bureau du directeur, ainsi que certains bijoux d'assez grande valeur non réclamés depuis des mois, avait confié le jeune monsieur affable. Pas des bijoux *de voyage**, mais de vraies pierres. Il avait réussi à sembler à la fois désapprouver cette négligence et être fier des *richesses** négligées de sa clientèle. Il les avait aussi informés qu'un autre grand séisme avait eu lieu l'après-midi même à proximité d'El Hierro, et avait dit pour plaisanter qu'une nouvelle île de l'Ouest surgirait peut-être du fond de l'océan. Au fil des siècles, on a beaucoup aperçu l'île fantôme de San Borondón, la huitième Canarie, mais cette fois-ci, elle va peut-être enfin se manifester ! On prend déjà des paris sur le délai dans lequel ouvrira l'aéroport de San Borondón, une fois qu'elle aura émergé.

San Borondón, l'île de saint Brendan. C'est une chance que Bennett ne soit pas là pour leur en dire plus que ce qu'ils ont besoin de savoir. Bennett s'intéresse au fait que, lors de sa visite aux Canaries durant sa jeunesse dans les années 1830, le père d'Oscar Wilde, chirurgien, avait déclaré que les dépouilles momifiées des Guanches qu'il avait vues là-bas lui rappelaient les têtes des Celtes retrouvées dans les tumulus irlandais. « Les crânes que l'on m'a montrés de ces aborigènes appartenaient résolument à une race caucasienne : le front bas, mais pas fuyant comme celui des nègres. » Et une autorité non moindre que Sabin Berthelot avait suggéré un lien avec les Celtes sur le fondement de structures mégalithiques d'El Hierro (aussi appelée l'île de Fer, Ferro). Berthelot avait fini par croire que les habitants des Canaries avaient traversé l'Atlantique et atteint l'Amérique. Le père d'Oscar Wilde avançait comme hypothèse que les Guanches appartenaient « à une branche de la grande souche libyenne ou atlantique », dont l'histoire était « enveloppée de ténèbres ».

Bennett trouve toute cette hypothèse fascinante, et elle s'est installée pour partie dans la mémoire d'Ivor, qu'il veuille ou non qu'elle y soit. Owen England avait fait preuve d'une meilleure écoute qu'Ivor, mais il n'avait alors pas écouté autant. Owen avait particulièrement aimé les hypothèses celtes.

Christopher et Ivor sont confortablement assis en compagnie l'un de l'autre, sans aucune responsabilité envers sir Bennett, ses besoins ou ses caprices. Christopher fait part de ses problèmes avec la société de télévision qui s'est récemment dispensée de ses services et il se demande, comme Ivor avait espéré qu'il le ferait peut-être, s'il pourrait trouver un projet qui l'emmènerait de nouveau aux Canaries. C'est tellement pittoresque, tellement théâtral, tellement *pictural*, ça demande tellement à être peint et filmé, dit Christopher, mais tout ce qu'on obtient, une fois rentré, ce sont des films pour touristes et des corps sur des plages.

Exception faite, bien sûr, de cette séquence sur l'immigrant assis sur le sable de Gran Tarajal, que Sara et lui avaient regardée dans leur lit. Un genre différent de corps sur une plage. Christopher la décrit à Ivor, qui fait un geste comme pour se signer.

Pour Ivor, il est évident que Christopher n'éprouve pas l'envie d'empiéter sur le territoire des droits de l'homme, qui est celui de Sara, ni le sentiment d'y être autorisé, mais il y a beaucoup d'autres zones à explorer. C'est pendant qu'ils évoquent le cas de Simon Aguilera, Ishmael et les épouvantables peintures murales de la tour que le portable d'Ivor se met à lui lancer des bips ; d'un air contrit, Ivor répond, au cas où ce serait Bennett.

C'est Bennett. Il a fait une chute, il ne va pas bien, il a l'air faible et embrouillé, sa voix se brise et ne tarde pas à s'évanouir complètement. « Merde », dit Ivor, qui éteint son téléphone et le rallume.

« Merde », répète Ivor.

Donc c'est arrivé.

Il tente de rappeler, met Christopher au courant de ce qu'il a entendu, puis, avant de reprendre la route pour La Suerte, ils décident qu'Ivor devrait appeler une ambulance qui les retrouverait là-bas. Pendant qu'il appelle, Christopher jette quantité d'euros sur la table (la dernière chose dont il ait envie, c'est d'être poursuivi par une autre addition de Las Salinas) et les voilà partis.

Ils arrivent à La Suerte avant l'ambulance et découvrent Bennett sur la terrasse, allongé dans une position inconfortable, une jambe recroquevillée, à moitié appuyé contre une fragile table en rotin qui le soutient à peine. Il paraît conscient, mais il gémit. Il a dû réussir à trébucher sur l'une des seules marches du lieu, marche creuse qui mène des portes vitrées et grandes ouvertes du salon à la terrasse en pierre. Ou peut-être a-t-il eu une attaque, une crise cardiaque ? Il est incapable de discours pertinent. Ivor s'agenouille auprès de lui, Christopher va à la cuisine trouver un verre d'eau, au cas où un verre d'eau pourrait être utile. (Il apprend par la suite que ce verre aurait été non pas utile, mais dangereux, mais comment aurait-il dû le savoir ?)

« Qu'est-ce qui s'est passé, qu'est-ce qui s'est passé ? » répète en vain Ivor lorsqu'ils entendent la sirène bienvenue de l'ambulance partie d'Arrecife, non loin, et qui approche. Christopher a une forte impression de déjà-vu au moment où les aides-soignants contrôlent le pouls, le rythme cardiaque ou quoi que ce soit qu'ils contrôlent. Ils ont l'air de penser que Bennett s'est cassé la jambe, ou bien la hanche. Est-il prudent de le transporter ? Il n'est pas aussi lourd que certains vieillards que connaît Christopher, bien loin d'être aussi lourd que Claude, qui demeure corpulent, sustenté par les assiettes-repas de son ex-femme, par Persephone et par l'inertie. Mais ce n'est pas non plus un poids léger, et puis il n'est pas très souple. Christopher peut à peine supporter de les regarder l'installer tout doucement sur une civière et le faire pénétrer à l'arrière du véhicule d'un jaune inouï.

Ivor monte tant bien que mal avec un Bennett en position couchée. Il fait signe à Christopher de venir également. Christopher ne sait pas très bien quel doit être son rôle.

Mais il pense qu'il ferait mieux de rester avec Ivor.

Il ne veut pas se retrouver seul à La Suerte.

Peut-être qu'il pourra se rendre utile à l'hôpital.

Il sauve le livre qui s'était coincé sous le genou de Bennett lors de sa chute : *Le Radeau de pierre.* Il le met dans son sac à bandoulière. Bennett va peut-être bientôt revenir à lui et vouloir reprendre le roman de Saramago là où il s'est arrêté. On a toujours besoin d'un bon livre à lire, dans l'ennui de l'hôpital.

Quand Sara était à l'agonie, Christopher avait joui de la compagnie quelque peu déplacée d'un nouvel ouvrage très libre sur un scandale des années 1990 concernant l'imitation frauduleuse et l'attribution d'œuvres d'art, dans lequel étaient impliqués Esther Breuer – historienne d'art d'une honnêteté irréprochable, qui est une amie de sa tante Jo, tout aussi irréprochable – et certains de ses collègues à lui, plus bêtes, naïvement cupides et peu sympathiques du monde des médias et des arts visuels. Christopher avait aussi rassemblé, pour lui tenir compagnie, toute une nuée de titres – thrillers, livres sur le krach financier de 2008, biographies, mémoires de gens ayant connu la détresse – achetés quelque peu au hasard sur sa liseuse électronique.

Ce n'est pas un lecteur très acharné : il lit très vite et très mal.

Le Radeau de pierre est la première édition d'une traduction anglaise du portugais (Bennett ne lit pas facilement le portugais) et c'est un exemplaire dédicacé à « *Mon bon ami Bennett, Compagnon d'armes, La Suerte, août 2004* ». Mais Christopher ne le sait pas encore. Lorsqu'il le découvre, au petit matin, à un moment où il n'a rien de mieux à faire, il ne sait probablement toujours pas que Saramago est resté communiste jusqu'à son dernier jour. Il aura très largement le temps de se demander, sans résultat, si « compagnon d'armes » a quelque chose à voir avec l'histoire politique de Bennett ou si c'est simplement une allusion plaisante au fait qu'ils appartiennent tous deux à la profession littéraire.

Mais maintenant, alors que l'ambulance roule à toute vitesse, lui revient de manière déconcertante le souvenir d'un propriétaire de galerie d'art à l'ancienne mode, efféminé et divertissant, une vieille folle à la fière crête de cheveux blancs, qui s'était cassé le fémur. Il s'était méchamment cassé cet os énorme. Il se l'était cassé à St John's Wood, à son domicile – le domicile, cet endroit le plus dangereux –, en glissant alors qu'il foulait un magazine artistique prétentieux sur papier glacé, qu'il avait laissé en haut de son escalier. (Il l'y avait laissé exprès, a-t-il expliqué par la suite avec force détails et pédanterie, parce qu'il laissait toujours le soir *en haut* de l'escalier des choses qu'il voulait descendre le lendemain matin, donc il pouvait les retirer depuis la quatrième marche sans trop se pencher pendant qu'il *descendait* prendre son petit déjeuner. Il avait tout bien calculé, mais sa finesse l'avait perdu.)

« Très, *très* glissant », s'était-il délecté à répéter, tout en mettant sa chute sur le compte de la texture fortement laminée de la *Renaissance Review*, publication *très* suspecte.

Sa jambe avait mis longtemps à guérir. Et il était mort moins d'un an ou deux après. Il ne s'était jamais vraiment rétabli.

La mort par magazine sur papier glacé.

Christopher monte à l'arrière de l'ambulance. C'est une ascension abrupte, seule une personne en très bonne forme pourrait y arriver. Christopher est assez en forme et relativement jeune, mais se soulever est un effort.

Le monde matériel paraît soudain plus abrupt, plus intransigeant.

Ivor, Bennett et lui s'acheminent bruyamment vers l'hôpital.

La grande et paisible lumière s'évanouit en direction de l'est.

*

Tandis que sir Bennett passe des scanners et subit des examens, tandis qu'Ivor et Christopher restent assis ensemble, pleins d'angoisse, dans une salle d'attente, Fran est assise chez sa fille Poppet, dans la petite maison basse et obscure proche du canal brun-vert, et sirote un verre de whisky brun comme de la tourbe et légèrement coupé d'eau. Elle a affronté la peur/le chagrin/l'inquiétude qui l'avaient occupée à l'idée d'appeler Poppet, et la voici, non conviée, paralysée. Jim était allé la chercher, donc la voici, bien que sa voiture soit toujours à une trentaine de kilomètres, en haut de la route submergée, dans un champ situé à trois kilomètres de Westmore Marsh. Elle s'occupera de ça demain matin, avec l'aide de Jim. Mais elle va passer la nuit dans le lit de Poppet, à l'étage. Probablement avec le chat de Poppet, mais ça ne la dérangera pas.

Poppet a spontanément proposé de dormir au rez-de-chaussée sur le canapé en rotin et son offre a été acceptée.

Fran avait peur que Poppet n'ait ni nourriture, ni boisson dans sa maisonnette ; Jim s'était donc arrêté sur sa demande à la supérette du village pour qu'elle fasse des provisions : brosse à dents, dentifrice, lait hydratant, whisky, œufs, tomates, brocolis et un piment rouge.

Elle n'a pas ses médicaments sur elle, mais elle survivra une nuit sans eux. Elle sait qu'elle devrait en garder en réserve dans son sac à main, elle est toujours à conseiller aux autres personnes âgées de le faire. Mais elle, elle ne le fait pas.

Elle a rempli son rapport sur les équipements de la

partie « Vivre à la retraite » de Westmore Marsh, en cochant des cases et en ajoutant de brefs paragraphes décrivant les installations et le décor. La Fondation Ashley Combe apprécie sa prose, explique-t-elle à sa fille. Contrairement aux autorités locales, elle ne se fie pas uniquement à des croix dans des cases. Elle accueille volontiers un peu de jugement personnel.

Quand elle avait lu sur Internet son article consacré au logement, le rapport qui les avait fait se retrouver, Teresa Quinn avait été impressionnée par la qualité des réflexions de Fran. Elle avait dit à Fran combien elles lui avaient plu. Et Fran est fière de ses réflexions. Fran est fière de sa manière de percevoir. Quand elle cessera d'aimer percevoir, elle sait qu'elle sera sur le point d'être morte.

Il n'y a pas beaucoup de gens qui aiment lire des rapports sur le logement. Fran sait qu'elle a de la chance d'avoir redécouvert Teresa.

Au cours des dix dernières années, Fran a développé ses propres opinions idiosyncratiques en matière d'architecture. Tandis qu'elle sirote son whisky et pense aux maisons de retraite de faible hauteur et à faible émission de carbone, de petits éclairs ou illuminations de colère et d'indignation traversent sa conscience, accompagnés d'images de l'aspect pompeux et populiste du Centre Pompidou, et de la grandiloquence de certains des nouveaux immeubles d'habitation pour milliardaires au cœur de Londres, à Kensington et à Mayfair, construits pour des étrangers, acquis par des étrangers, loués par des étrangers, mais conçus par des architectes britanniques qui ont voté pour le Nouveau Parti travailliste et qui se disent encore socialistes. Que la peste soit de leurs nouveaux appartements de luxe, qui, durant leurs années de construction, avaient provoqué des déviations et des embouteillages, et paralysé les itinéraires des bus, empêchant les Londoniens ordinaires de mener leur existence quotidienne ! Son propre immeuble, l'immeuble dans lequel elle vit à présent, est brutal. Mais il n'est pas hypocrite.

Fran a préparé une omelette, ainsi qu'une salade de tomates et de brocolis assaisonnée d'huile de sésame et de graines de tournesol d'un âge douteux. Elle n'avait pas besoin de faire ces courses avec Jim, vu que Poppet est bien pourvue en conserves, légumes secs et condiments peu communs : l'une de ses nombreuses déformations professionnelles consiste à toujours être sur la défensive, attitude rare parmi sa tranche d'âge, mais commune parmi celle de sa mère. Néanmoins, Fran est contente d'avoir apporté sa contribution à un repas. Cela lui donne le sentiment d'être moins une intruse, plus une fournisseuse.

Fran a l'impression d'être assez détendue et d'assez bonne compagnie. La maison est sombre et intime, et le niveau des eaux ne semble pas monter. Il a enfin cessé de pleuvoir. Le décor de bois et d'osier est agréable : il est primitif sans être punitif. Le petit logis de Poppet repose avec légèreté sur la terre. Elles passeront la nuit. Poppet n'avait pas besoin de se fatiguer à monter ses trésors à l'étage. Elles parlent d'inondations, de Christopher et Sara, de la secousse sismique à proximité d'El Hierro. Fran décrit les reportages diffusés aux informations sur le petit tremblement de terre de Dudley et la petite vague qui avait déferlé dans les grottes de calcaire.

Quelque peu à la surprise de sa mère, Poppet a accepté un gobelet de scotch et l'a bien entamé. Va-t-il y avoir des confidences à suivre ? Le moment est-il venu ?

Il n'est que neuf heures, mais Fran est somnolente. La journée a été longue et stressante, bien que triomphante, et Fran s'est levée très tôt. Mais elle ne peut pas encore aller se coucher.

Elle a remarqué que l'un des sujets dont adorent discuter les vieux, quand ils sont fraîchement réunis, c'est l'heure à laquelle ils vont se coucher. Ce thème est à la fois d'un ennui indescriptible et non dépourvu d'intérêt.

Poppet, elle, n'est pas prête à aller se coucher. Elle veut allumer son programme sur la crise du climat et en démontrer les capacités. Voici qu'il apparaît, avec ses multiples options, sur son écran intelligent. Elles relèvent une météorite à Managua, des feux de forêt à Sumatra, une tornade au Texas. Elles regardent les Levels et Westmore Marsh (ce n'est pas pire qu'ici, pourtant, bien que la vallée de la Tamise se porte mal et qu'Abingdon soit désormais coupé d'Oxford). « Mets El Hierro », propose Fran, qui participe de bon cœur à la chose. Poppet inscrit donc El Hierro et se retrouve face à des gros titres intéressants, en anglais et en espagnol. Toute une nuée sismique de dizaines de petites éruptions indique une nouvelle intrusion de magma, selon les instituts de surveillance Involcan et Pelvolca. Il y a eu beaucoup d'activité durant la journée. On a enregistré un séisme d'une magnitude de 5,1. Le niveau d'alerte est passé à l'orange. C'est *élevé*, dit Poppet, impressionnée.

Poppet cherche sur son écran des graphiques, des schémas et des photographies de l'île de Fer rocheuse et de ses alentours humides et bouillonnants.

Il y a des images d'une grande masse bouillonnante, faite de bulles blanches et turquoise, semblable à une méduse géante et qui s'élève monstrueusement dans l'océan azur. Elle est très spectaculaire. Fran attend que Poppet dise à qui la faute, mais Poppet n'en fait rien. La chose a lieu, c'est tout, depuis le fond de l'océan, depuis un lieu très, très profond au sein du cœur de la planète. Elle a lieu.

Il est beau, le monstre aquatique qui défie la gravité.

« Est-ce que tu crois que Christopher est au courant de ça ? demande Fran. Est-ce qu'il peut ressentir les tremblements, à Lanzarote ? »

Au moment même où elle parle, Christopher se demande si ce n'est pas un frémissement presque imperceptible de la terre qui aurait fait trébucher un Bennett pas très stable sur le seuil de la terrasse et l'aurait renversé. On commence à avoir l'impression qu'il s'est fracturé la hanche, et il va peut-être falloir opérer. Bennett sera-t-il en mesure de donner son consentement s'il le faut ? Concernant le traitement et l'évacuation de Sara, le statut légal douteux de Christopher avait rajouté au traumatisme de ses derniers jours, et le statut d'Ivor par rapport à Bennett est tout aussi incertain. Ils avaient évoqué un mandat de protection future et des directives anticipées, mais, comme la plupart des gens, ils n'avaient jamais trouvé le temps de s'en occuper.

« J'imagine que c'est une grande nouvelle, dans les îles, répond Poppet. Mais Lanzarote est loin d'El Hierro.

— Je crois que je vais lui envoyer un texto », dit Fran.

Elle envoie à Christopher : EN RADE CHEZ POPPET TU SENS LE SÉISME ON T'EMBRASSE F

« Il va être étonné que je sois ici, dit Fran.

— C'est moi qui suis étonnée que tu sois ici, répond Poppet après une courte pause. Tu aurais dû prévoir de passer la nuit, de toute façon, c'est tellement près.

— Je n'aime pas déranger », répond Fran.

Il y a un silence, chacune méditant les raisons pour lesquelles il ne lui aurait pas été facile de s'inviter pour la nuit. Leur échange, aussi bref soit-il, est empreint de solennité.

Lourdement, tristement, Fran se surprend à dire : « Je m'inquiète vraiment pour toi, par moments, ma chérie.

— Et moi aussi, je m'inquiète pour toi, réplique rapidement Poppet. Depuis que Hamish est mort, je m'inquiète beaucoup pour toi.

— Oh, je vais bien, répond Fran. Vraiment, ma chérie, je vais très bien. Je poursuis très bien mon chemin. »

La lumière est très basse, les ombres sont profondes. Les deux femmes se voient à peine. Poppet a allumé une lampe à huile au support de cuivre, posée sur la cheminée et qui se met progressivement à luire de la flamme bleu-jaune la plus petite qui soit. Poppet aime bien cette lampe parce qu'elle est vivante. Elle lui tient compagnie.

Parfois, Poppet se dit qu'elle va mourir de solitude. Elle sait que la solitude peut tuer.

Le silence se poursuit. Fran tend la main pour prendre le whisky, elle en verse dans son verre encore plein et propose la bouteille à Poppet, qui secoue la tête.

Fran est exactement sur le point d'oser poser des questions sur Jim (Jim, qui *est-ce* ?), qui vient la chercher demain matin, lorsque son téléphone vibre.

C'est Christopher, avec un message pas très rassurant : À L'HÔPITAL ARRECIFE BENNETT CHUTE PEUT-ÊTRE DEVOIR OPÉRER AU SECOURS BIZ C.

Fran le montre à Poppet. Elles conviennent qu'il ne veut pas vraiment dire qu'il a besoin d'aide, ni qu'il croit qu'elles pourraient en proposer : c'est une exclamation, un appel à la compassion et à la solidarité.

« La vieillesse, dit Fran, c'est un putain de désastre. Et Christopher a cru que les deux vieux avaient tout réglé. »

Elle est abattue, du moins provisoirement.

« Je ne pense pas qu'Ivor soit si vieux que ça », dit Poppet.

Poppet semble en savoir plus que Fran sur les habitants de La Suerte. Fran est jalouse.

« Qu'est-ce que je dois répondre ?

— Dieu seul le sait », dit Poppet.

De manière inadéquate, Fran a essayé les mots VRAIMENT DÉSOLÉES. Ils ne semblent pas appropriés. Elle les change en un évasif ON T'EMBRASSE ON SE PARLE BIENTÔT F et elle envoie.

C'est si facile, d'*Envoyer*.

Elle se sent soudain extrêmement fatiguée, vieille et bonne à rien. Il faut qu'elle aille se coucher. Il faut qu'elle demande à Poppet si elle peut lui emprunter des chaussettes et un slip propres pour demain matin. Elle connaît les slips de Poppet. Ils sont trop souvent lavés, trop souvent portés, taillés trop petit, avec l'élastique abîmé et l'entrejambe qui s'effiloche. Poppet est maigre. Fran n'est pas énorme, mais son derrière est plus gros que celui de Poppet.

Mais elle ne supporte pas l'idée de remettre le lendemain matin les dessous qu'elle a portés une fois. Elle n'aime vraiment pas faire ça. Elle dirait qu'elle en a presque la phobie. Elle peut porter le même soutien-gorge pendant quinze jours, mais les soutiens-gorge, c'est différent.

Quand elle était petite, elle portait sa culotte plusieurs jours d'affilée, sans en changer. Les gens faisaient ça, à l'époque. À Broughborough, les ménagères avant-gardistes d'après-guerre avaient de lourdes machines à laver, les tout premiers modèles, qui se chargeaient par le haut et comprenaient de lourdes et énormes palettes en aluminium, des palettes grises datant de la guerre, en bronze à canon et semblables aux hélices d'un aéronef, mais on utilisait ces machines avec modération.

Elle pourrait avoir une conversation avec Teresa sur les jours de lessive à la machine, lors de sa prochaine visite. Les Quinn et les Robinson avaient des opinions tranchées et divergentes sur la question du jour de lessive. Les Robinson trouvaient que les Quinn faisaient trop souvent la lessive et les Quinn remarquaient que, quand les Robinson suspendaient leurs vêtements et leurs draps, ils n'essuyaient pas toujours les petites saletés sur leur corde à linge gainée de plastique. Ces jours de lessive précédaient la loi sur la salubrité de l'air[1] et, quand on ôtait de la corde les vêtements propres, il s'y trouvait souvent de la suie, en petites taches et à l'endroit des pinces à linge. Teresa et Fran étaient toutes les deux trop sur la défensive pour parler ouvertement de ces différences dans leur cave, mais chacune était au courant des positions adoptées. À présent septuagénaires, elles pourraient s'exprimer sur le sujet et en rire.

---

1. Ce *Clean Air Act*, voté en 1956, interdisait l'émission de fumée susceptible de trop polluer l'atmosphère.

C'était au matin d'un lundi que j'ai aperçu ma chérie[1]*...*

Ah, comme nous aimons nous différencier de nos voisins ! Religion, machines à laver, cordes à linge, légumes, le livreur de pommes de terre, le hardi Breton qui vend des oignons, religion.

Qui eût cru que Jacopo da Pontormo aurait attiré l'attention de David Quinn ?

Alors qu'elle tente de raccorder tous les fils, Fran commence à s'endormir, même si son cerveau est encore assez actif.

« Je vais te trouver une chemise de nuit, maman », dit Poppet, qui a remarqué les bâillements de sa mère et sa baisse d'énergie.

Il n'est que neuf heures trente. On dirait qu'il est minuit.

Fran se demande si ces charmantes personnes âgées joliment présentées à Westmore Marsh sont bordées comme il faut dans leur lit, maintenant. Ou peut-être qu'elles sont en train de jouer au Scrabble, au bridge ou au whist. Pas aux échecs, se dit-elle.

Jo joue au bridge. Fran n'a pas le temps d'apprendre à jouer au bridge. C'est trop tard.

Elle avait été perturbée par les deux visages de Valerie Heritage.

---

1. Chanson traditionnelle dans laquelle, au fil de la semaine, un homme voit une femme laver, accrocher, repasser, plier, aérer, puis porter ses vêtements.

Elle pense un court instant, avec admiration, à la vigoureuse Suzette de West Bromwich.

Dans un foyer pour personnes âgées de Sandford, une soignante vient d'être emmenée en garde à vue pour avoir, paraît-il, tenté d'empoisonner certains résidents.

Fran aurait pu être anonymement et confortablement installée dans la suite pour invités à vingt livres la nuit, avec télévision et sachets de shampooing. Exactement comme au Premier Inn.

Elle a pris un risque en venant loger chez Poppet. Elle est tellement lâche. Mais, tout compte fait, elle n'est pas fâchée d'être ici.

*

À l'hôpital de Lanzarote, Ivor a appris que, comme on s'en doutait, l'*ilustrísimo* Señor Bennett s'est cassé la hanche et qu'il faut opérer dès que possible, probablement dès demain matin. Il va devoir signer un formulaire de consentement, mais étant donné que, calmé par la morphine, il a désormais émergé de ses grognements inarticulés et semble très alerte, ce ne sera pas un problème. Il parle de manière volubile à tous ceux qui l'entourent, donc une signature ne devrait pas poser de difficulté, dit le personnel de l'hôpital à Ivor. À son chevet, seul Ivor peut dire que Bennett raconte n'importe quoi. De nombreux membres du personnel parlent anglais, mais ne sont pas capables de comprendre ce monologue baroque. Bennett fait des associations libres sur une palette de charabia impressionnante par sa qualité supérieure : il se croit de retour en Angleterre et sur le point de faire une conférence à Oxford sur Unamuno et la Phalange : « Mes notes sont prêtes, toutes sont prêtes, mais je n'aurai pas besoin de mes notes, je parle *beaucoup* mieux sans notes », dit-il d'un air joyeux, voire euphorique.

Cela fait des décennies que Bennett s'inquiète au sujet d'Unamuno et de la Phalange. Il s'inquiétera à leur sujet sur son lit de mort. Peut-être est-ce celui-ci, son lit de mort, et voilà pourquoi il s'inquiète.

« Est-ce que la voiture est en route, Ivor ? Nous ne devons pas être en retard », répète-t-il de temps à autre, plutôt avec froideur et emphase, puis il se met à citer en espagnol des propos dont Ivor suppose qu'ils viennent de cette œuvre incompréhensible : *Le Sentiment tragique de la vie.* Ils auraient pu alerter son entourage en blouse blanche quant à son état d'esprit, mais ils n'en font rien.

« *Si muero*, déclame Bennett, *dejad el balcón abierto... dejad el balcón abierto...* »

Ivor est pris dans un dilemme. Bennett signerait probablement n'importe quel papier qu'on lui présenterait. Ivor pourrait lui dire que c'est un formulaire d'autorisation de la BBC, un contrat de cinq cents livres envoyé par l'université d'Oxford ou un appel à soutenir la Fondation Terrence Higgins[1],

1. Fondation établie en 1982, qui lutte contre la propagation du SIDA et les problèmes liés à cette pathologie.

il ne poserait pas de questions, il signerait. Il laisse toujours ce genre de choses à Ivor. Mais Ivor est un homme de scrupule et exceptionnellement respectueux des lois. Du fait que son activité sexuelle avait été inéluctablement illégale[1] lors des premières années, il a pris soin de n'enfreindre aucune règle dans d'autres domaines. Il gare leur petite auto avec un soin scrupuleux, paie sans délai les factures de Bennett, compte la petite monnaie dans les magasins et rend toute somme indue, observe avec respect les codes vestimentaires. Il n'a pas envie de demander à un Bennett en plein délire de signer ce qui pourrait bien, à son âge (Ivor ne se fait aucune illusion), se révéler être son propre arrêt de mort.

Ivor s'est entre-temps suffisamment calmé pour remarquer que l'*ilustrísimo* Señor ne porte plus une partie de son dentier. Le côté supérieur gauche a disparu. Il se demande où il est passé. Bennett l'avait-il ôté lui-même, pour une heure ou deux de confort solitaire, pendant qu'il lisait et sommeillait au-dessus de son roman ? S'était-il échappé lorsque Bennett était tombé, est-il toujours sur la terrasse ou est-il en sécurité dans sa petite tasse en porcelaine, dans la chambre ?

Pendant le repas, il arrive à Bennett de sortir le dentier rose et blanc pour le poser sur sa petite assiette en majolique bleue et blanche. Il ne l'a fait qu'une fois ou deux en présence d'invités à table, mais Ivor craint

1. La première loi dépénalisant les relations homosexuelles en Angleterre (sous certaines conditions) fut votée en 1967.

qu'il ne se mette bientôt à le faire plus souvent. Ivor ne sait pas si cela le dérangera ou non.

Ce qui le dérange, en revanche, c'est quand leur vieil ami Gustavo remonte sa jambe de pantalon et exhibe un cathéter en spirale, qu'il vide ensuite, à table, en compagnie, dans une bouteille en plastique. Ivor voudrait vraiment que Gustavo s'abstienne.

Par chance, Ivor ne retrouve pas l'ombre, évanescente et juste au-delà de sa portée, d'un souvenir d'histoire d'épouvante racontée par une connaissance qui, au cours de ses ronflements nocturnes, avait inhalé une couronne détachée. Il savait qu'elle partait, mais avait négligé de la faire recoller correctement, puisqu'il craignait à juste titre d'aller voir son dentiste. Avaler des couronnes ou un bridge, ça peut aller : ils passent dans le corps et doivent être récupérés dans la cuvette des toilettes, vu qu'ils sont si chers. Inhaler, ça ne va pas. Sauver une couronne inhalée implique d'attaquer à coups de couteau la bronchiole gauche, par derrière, ou le larynx, par devant, ou quelque chose comme ça. Ou du moins est-ce ce qu'Ivor a compris. Mais il a oublié. C'est une chose à laquelle il vaut mieux ne pas penser. Donc Ivor n'y pense pas. Il en nie le souvenir.

Ivor décide de retourner dans la salle d'attente pour être en compagnie de Christopher, pour consulter Christopher. Christopher avait passé toute la durée du transit avec Sara dans ce même hôpital, et ensuite, de retour en Angleterre, il avait enduré une hospitalisation pire que celle-ci, avec le pire de tous les résultats, mais il peut néanmoins ou par conséquent lui prodiguer du réconfort ou des conseils.

Les deux hommes sont assis ensemble sur le banc en plastique jaune. Christopher s'est préparé à la longue attente en avalant une rasade de vodka à la petite bouteille qu'il transporte toujours sur lui, dans la poche intérieure de sa veste, juste au cas où. Voilà qui avait semblé être le cas où. Un verre amical de prosecco ne lui suffirait pas. Pas plus que ne lui suffira *Le Radeau de pierre*, de Saramago, dans lequel il a du mal à se plonger. C'est un livre énorme et ses phrases sont beaucoup, beaucoup trop longues. Il regrette de ne pas avoir pris son iPad. Il ne l'avait pas emporté au Grand Hôtel, il ne pensait pas qu'il en aurait besoin au-dessus d'une boisson en début de soirée et, au cœur de l'agitation, il n'avait pas pensé à le prendre quand il était à La Suerte. S'il l'avait eu sur lui, il pourrait essayer en ce moment même de faire des recherches sur les fractures de la hanche.

Ivor, lui, n'en est pas encore à la sophistication éternellement changeante et éternellement en phase de mise à jour qui est celle de l'iPad.

Christopher reconnaît le dilemme éthique d'Ivor. Ils conviennent que le vrai problème, c'est qu'ils ne connaissent pas le degré d'urgence de l'opération. Il serait peut-être judicieux d'attendre le lendemain matin pour la signature, ou bien le surlendemain, moment auquel Bennett pourrait avoir émergé de son délire, rassemblé ses esprits et être en mesure d'assumer la responsabilité de sa propre opération.

Ou peut-être serait-ce très mal avisé. Dans un cas comme dans l'autre, ils ne connaissent pas les risques. Et qu'en saurait Bennett, de toute façon ?

Dans un instant d'inspiration dictée par la vodka, Christopher décide d'appeler son père. L'expert, c'est lui. Il n'appelle pas Claude très souvent, mais il sait qu'il sera là à cette heure-ci, il est presque toujours là, à écouter de la musique, regarder la télévision, boire un verre ou deux. S'il a invité des amis à prendre un verre, ils sont partis aux alentours de huit heures, mais il n'est pas encore trop tard, selon les critères de Claude. Contrairement à Fran, Claude décroche toujours. Le soir, Fran va se coucher tôt, se réfugie dans la paix silencieuse du monde des textos et refuse de répondre au téléphone ; mais Claude, lui, décroche toujours.

Claude ne semble pas désarçonné par un appel inattendu de son fils. Il écoute, affronte la situation presque immédiatement et dit : « Mieux vaut foncer. Fais-le signer ou dis à ton ami d'imiter sa signature, mais fonce. Ne traîne pas, ils ont raison, plus tôt ce sera fait, mieux ça vaudra. Vu son âge, il faut foncer.

— Tu es sûr ?

— Oui », répond Claude à distance de façon autoritaire, irresponsable. « Mais souviens-toi de leur demander ce qu'ils utilisent. Assure-toi d'obtenir le nom de l'alliage. Le titane, s'ils en ont, c'est mieux que le chrome-cobalt. »

Il parle un peu plus longtemps de métaux, de plastique et de céramique, de leurs avantages et de leurs inconvénients, mais Christopher sait qu'il n'est capable de retenir ou de relayer aucun renseignement technique. Il reçoit le message : *Vas-y*. Il remercie son père et il raccroche.

« Il dit : "Vas-y" », rapporte-t-il à Ivor.

Donc ils y vont. Ivor n'a pas à imiter la signature de Bennett : Bennett griffonne son propre nom de bonne grâce, bien que d'une écriture illisible, au bas du formulaire bilingue, près de la croix tracée au crayon. Ivor a déjà indiqué ses dates, ses antécédents médicaux et les coordonnées de leur compagnie d'assurances, qu'il ne connaît que trop bien. Bennett semble imperturbable au moment où on l'emmène en chariot dans une salle privée afin de le mettre à son aise pour la nuit. D'ailleurs, il commence à fredonner une de ses vieilles chansons préférées, *My Very Good Friend the Milkman*, de Fats Waller, qu'il avait choisie, des dizaines d'années plus tôt, comme l'un de ses disques à emporter sur une île déserte. Il disparaît, sur son chariot, en direction de son lit. On l'opérera le lendemain matin. Le chirurgien s'appelle Manolo Zerolo Herrara.

Ivor et Christopher sont libres. Bennett est entre de bonnes mains. Ivor reviendra demain à la première heure et verra que Bennett est bien sage, qu'il n'a pas révoqué son consentement. En attendant, la soirée ne fait encore que commencer et ces jeunes gens ont besoin de manger quelque chose.

*

À Kensington, Claude, curieux, cherche sur son iPad l'hôpital d'Arrecife. Le lieu paraît satisfaisant. Les soins médicaux dans des stations balnéaires comme celle-ci sont généralement bons. Ensuite, il cherche Bennett Carpenter. Il est parvenu à retenir ce nom prononcé pendant l'appel de Christopher, sachant qu'il l'avait déjà entendu. Il pense qu'il pourrait même avoir rencontré Bennett. À une soirée ? À une cérémonie de remise de diplômes ? Au Collège royal des chirurgiens ? À Inner Temple[1] ? À Buckingham Palace ? Il cherche çà et là avec intérêt pendant une heure. Il trouve une foule de citations et de renvois, y compris les choix de Bennett en matière de disques à emporter sur une île déserte, qui avaient inclus Fats Waller, *Nights in the Gardens of Spain*, de Falla, et Maria Callas interprétant *Médée*. En vérifiant par recoupements sur le site web, il trouve très étrange que seuls trois autres naufragés semblent avoir choisi la Callas. Comparée à Brahms et aux Beatles, la Callas ne marque quasiment pas de points. Il n'arrive pas vraiment à le croire. Si on lui avait posé la question, il n'aurait choisi que la Callas. Ce site web doit être défaillant et les données, faire l'objet de renvois inexacts.

Ces recherches faites par pure curiosité l'incitent à regarder combien de chirurgiens et de médecins ont été invités à participer à cet exercice enviable, mais

1. Située dans la Cité de Londres, il s'agit de l'une des quatre *Inns of Court* ou écoles du barreau de la ville.

il en trouve très peu, et ceux qui sont répertoriés et classés ont été sélectionnés bizarrement, d'après lui. Il n'y a pas d'ailleurs beaucoup d'historiens non plus. Mais Bennett Carpenter avait toujours été connu pour s'exprimer de façon divertissante et parler avec aisance à la radio. Il aurait été un choix évident.

Il achète et télécharge *Le Moissonneur et le blé*, ouvrage majeur de Bennett sur la guerre civile d'Espagne. L'épigraphe est un bref poème de Lorca, en espagnol, intitulé *Despedida. Si muero, dejad el balcón abierto… dejad el balcón abierto…*

« Si je meurs, laissez le balcon ouvert… »

Claude lit une partie de l'introduction à l'édition revue et corrigée, puis tente de regarder les photographies et illustrations, mais elles ne sortent pas très bien sur sa liseuse électronique. Il s'endort.

*

Dans la minuscule chambre à coucher de Poppet, une fois vêtue de la chemise de nuit en jersey de Poppet – d'un bleu pâle étonnamment agréable – et emmitouflée dans une petite couverture écossaise pour se protéger de l'humidité, Fran découvre les trésors de sa fille, disposés le long du profond rebord en bois sous la fenêtre basse. Elle n'est pas censée savoir qu'ils n'y sont pas toujours, qu'ils ont été sortis, exceptionnellement – et dans l'immédiat inutilement – afin d'être sauvés des inondations, vu que Poppet n'avait eu aucune raison de le signaler.

Ils remontent à loin, ces petits objets, et leur caractère pathétique s'empare du vieux cœur de Fran. Des larmes lui montent aux yeux. Elle est très fatiguée, voilà pourquoi. Son cœur est fatigué. « Le cœur n'est qu'un muscle », lui a-t-on dit. Qui a dit cela ? Samuel Beckett ? Elle ne pense pas. Mais c'était un dramaturge. C'était résolument un dramaturge. Elle se rappellera, si elle essaie de ne pas trop y penser. Ça lui reviendra plus tard.

Elle regarde avec tristesse les enveloppes brunes pleines de vieilles photos, qu'elle n'ouvre pas, et le rond de serviette en argent massif, anachronique même lorsqu'il avait été gravé et présenté comme cadeau de non-baptême au bébé Poppy. Sa pauvre mère, grand-mère May Robinson, morte depuis si longtemps. Elle se demande si Poppet l'a gardé par sentiment ou par inertie. Elle ouvre la petite boîte en acajou, marquée d'un monogramme et qui contient les échantillons de minéraux provenant des Canaries, puis contemple leurs couleurs poudreuses, vives et pailletées, leurs formes grossières de minuscules montagnes. Et voici l'enfant Jésus, qui date du temps de l'école de Rowbridge. Donc Poppet avait gardé l'enfant Jésus. Elle avait pris conscience du miracle qu'Il était.

Fran sent monter en elle une grande envie de pleurer, un chagrin pour toutes choses, un chagrin pour sa fille et, de là, à partir de ce chagrin, un chagrin pour toutes choses. Elle avait craint de survivre à ce chagrin, craint que son cœur ne devienne maigre et froid, que le chagrin ne la quitte comme l'avaient fait espoir et désir sexuels, et une grande partie (mais non encore l'ensemble) de son optimisme en matière sociale. Quand Hamish était mort, elle avait cru qu'elle deviendrait sèche et dure, tandis qu'elle s'occupait, préparait des assiettes-repas, gravissait l'escalier en spirale, parcourait infatigablement le pays en voiture. Elle avait cru que le fait de vieillir lui apporterait le calme, l'indifférence et une nature impersonnelle. Elle savait qu'il avait peu de chances de lui apporter la tranquillité d'esprit comme il l'avait peut-être apportée à Teresa Quinn, qui était exercée à attendre la paix, mais il lui apporterait peut-être au moins une morne amnésie. Mais non ; elle est condamnée au chagrin, semble-t-il, à un puits de chagrin qui se remplit éternellement, qui s'élève depuis le centre de la terre de son corps.

Il fait bon pouvoir pleurer, songe-t-elle en s'inclinant contre le bas rebord et en regardant par la fenêtre. C'est ce qu'elle a toujours dit aux autres quand elle était appelée à les consoler. À Christopher, quand il s'est cassé le bras à l'âge de huit ans. À Poppet, quand elle avait dix ans. À Poppet, quand elle avait vingt-deux ans.

Son corps est devenu sec, mais non encore ses larmes. Elle les laisse couler.

Il a cessé de pleuvoir, la nuit est claire.

Elle pense affectueusement à Christopher, qui

monte la garde auprès d'un vieillard dans un hôpital. Qui veille de nouveau un mourant aux Canaries. C'est un bon garçon, bien qu'il n'en ait pas toujours l'air.

Christopher avait admiré l'enfant Jésus de Poppet, il sera content d'apprendre (si elle ose le lui dire) qu'il a été conservé.

Christopher a toujours été très observateur, mais il ne savait pas peindre, bien qu'il ait essayé. Ce n'était pas un créateur.

Poppet n'est plus une créatrice non plus, maintenant.

Elle a une vision sympathique et fugitive de Christopher, provoquée par l'image supposée du quatuor aux journaux et mots croisés, vu le matin, en train de faire sa partie de whist du soir à Westmore Marsh. Elle se souvient brusquement de son fils à l'âge de quinze ans, écolier désordonné, débraillé et au stade des expériences dans son collège londonien polyvalent et sans pitié où il avait appris à adopter ce style. Ses trois copains et lui avaient traversé une phase d'un an consacrée à jouer aux cartes de façon sérieuse, obsessionnelle, pour de petites mises. Ils jouaient au whist et au poker, ils jouaient contre des bandes rivales, ils en bavaient. Ils se prenaient pour des joueurs invétérés. Fran trouvait cela amusant, elle était contente qu'il ait de tels amis, elle ne songeait pas un seul instant qu'en grandissant il deviendrait un vrai joueur. Et elle avait raison. Il ne joue plus, maintenant. Son ami Brodie joue encore, mais plus Christopher. Il avait été refroidi par un groupe de vieilles dames qui organisaient des tournois de whist au Crossroads Café, en bas de la rue. Les garçons les avaient défiées sur leur propre terrain, effrontément, par plaisanterie, pour les taquiner, et ces vieilles dames avaient accepté de jouer avec eux et les avaient mis à sec.

Il faut dire en faveur de Christopher qu'il avait raconté cette histoire à sa mère, et il l'avait bien racontée. « C'était tout un tas de vieilles mères-grand, avait-il dit, elles avaient l'air tellement inoffensif, elles nous ont embobinés pour qu'on dépose notre argent et, ensuite, elles nous ont massacrés, et ensuite elles ont rigolé à n'en plus finir.

» Elles savaient jouer de façon admirable, avait dit un Christopher âgé de quinze ans. T'aurais dû les voir, m'man. Elles étaient géniales. »

Elle sourit intérieurement, contente de ce retour aux vieilles sorcières de Romley. C'était un garçon d'un naturel très doux, même en s'évertuant à être tellement branché. Il s'était lancé dans une carrière vaniteuse, mais, à sa manière, il a toujours le cœur sensible.

Vieilles mères-grand. Vieilles sorcières. Elle est l'une d'entre elles, maintenant, elle a rejoint leur compagnie hagarde, ces termes dignes de Grimm sont ses indicateurs.

Mais Christopher est un garçon doux, et gentil envers sa vieille mère.

Elle regarde les vastes eaux de crue, au-dehors. Une lune soûle, penchée, visible aux trois quarts, une lune gibbeuse et décroissante luit au-dessus d'eux. Les branches supérieures des saules à moitié immergés sont de l'argent tremblant et fantomatique au clair de lune. Et, voguant dans les champs noyés, se trouve un cygne, un blanc cygne héraldique, fier, dans sa beauté sans âme, sans signification, sans effort. Son col se courbe, sa tête se tourne lentement de part et d'autre, il vogue de manière arrogante, dédaigneuse, emblématique, et scrute le scintillant royaume de la nuit.

*

Owen England ne contemple pas la lune stupéfiante, mais en rentrant d'un dîner ennuyeux avec des universitaires, plus tôt dans la journée, il a brièvement levé les yeux et noté qu'elle s'élevait, striée de nuages, au-dessus du vieux Cambridge. À présent, il lit Wordsworth et regarde en même temps un programme d'information sur le Liban. Comme beaucoup d'autres gens plus âgés des deux sexes, il est doué pour les tâches multiples et les distractions multiples. Ces temps-ci, il n'est plus aussi doué pour la concentration productive, mais il peut encore saisir plusieurs messages à la fois.

Il n'a pas encore pris sa seconde cigarette de la journée. Il a encore quelque chose dont se réjouir par avance.

Il est quelque peu bouleversé par les passages de Wordsworth au sujet des nuages en tant que cité céleste, qu'il a si récemment découverts. Un ancien collègue de Jesus College lui avait conseillé de les chercher ; les voici, dans toute leur gloire tumultueuse. Vers après vers, ils s'élèvent, s'accumulent, submergent, comme une symphonie de Sibelius faite de montagnes qui se dressent éternellement, horizon au-delà de l'horizon. Un crescendo énorme, panoramique. Il y a longtemps qu'il aurait dû les prendre en compte. Ils apparaissent dans le second livre de *L'Excursion*, livre intitulé « Le Solitaire ». Aujourd'hui, hormis quelques spécialistes, plus personne ne lit jamais *L'Excursion.* Il ne croit pas pouvoir utiliser ces vers, mais il se sentirait bête si quiconque découvrait qu'il ne savait même pas qu'ils étaient là.

On eût dit une étoffe de diamant et d'or,
Avec dômes d'albâtre et aiguilles d'argent,
Et terrasse enflammée sur terrasse, soulevée
Haut ; ici, de sereins pavillons éclatants,
En allées disposés ; là, des tours encerclées
De remparts qui portaient sur leurs fronts agités
Des étoiles : illuminations de tous gemmes !
...
Nuages, de toutes teintes, rochers et ciel saphir,
Confondus, emmêlés, embrasés l'un par l'autre,
En fusion tous ensemble, et composant ainsi
Chacun perdu en chaque, ce merveilleux tableau,
De temples, de palais, de citadelles, immense,
Fantastique apparat de structure sans nom...

Il continue à lire, consciencieux, transporté, empli

d'une admiration si douloureuse qu'il n'arrive pas à comprendre ce que cela signifie. Qu'est-ce que cela signifie, d'éprouver un tel respect mêlé de crainte ? Il y a même une petite pointe d'agacement dans ce respect, agacement dû au fait qu'un tel génie puisse exister aussi librement, aussi facilement, et se maintienne sur de tels sommets. Qu'est-ce que cela signifie, ce respect, cet amour, cet agacement ? Peut-il interroger Josephine Drummond à ce propos ? Elle aussi, elle compte sur la poésie. Il la soupçonne d'avoir jadis tenté d'en écrire, bien qu'elle ne le lui ait jamais dit.

Goethe a affirmé un jour que la seule réaction au génie supérieur, c'est l'amour. Ou quelque chose de cet ordre.

Il se demande, non pour la première fois, à quoi diable *sert* la littérature et pourquoi il a consacré sa vie à l'enseigner et à y penser. Aucune des réponses conventionnelles ne sont satisfaisantes à quelque degré que ce soit. On pourrait tout aussi bien demander ce qu'est la vie, pourquoi on est né, quel est le sens d'une vie.

Il avait vu le Dr Leavis, petit, sec et brun comme une feuille d'automne, parler en bien de Wordsworth dans l'une des vieilles salles de conférences marron de Mill Lane. Leavis était certain de savoir à quoi servaient la littérature et le fait de savoir lire et écrire.

Owen était alors jeune et inexpérimenté, et Bennett Carpenter aussi.

Jo ne lui a pas encore rendu la première édition

du *Moissonneur et le blé.* Il se demande si elle l'a ne serait-ce qu'ouverte.

Il pense à Ivor, au loyal Ivor, qui a fait du si bon travail avec Bennett.

Personne n'a fait de bon travail pour lui et il n'a fait de bon travail pour personne.

Le Solitaire.

Mais à mesure qu'arrivait la vieillesse, Wordsworth s'était entouré d'acolytes, de flagorneurs.

Il pense au château de Zonzamas, si *suggestivo,* si implacable, si durablement impossible à connaître. Tellement massif, tellement oublié, tellement humilié.

Le château de Zonzamas est l'*arrière-pays**, l'intemporel intérieur des terres qui nous fait signe de le rejoindre.

*

Teresa sait qu'elle va de mal en pis. Elle se sent plus mal. La douleur est atroce. On ne voudrait pas vivre très longtemps à un tel degré de douleur. La douleur la mènera peut-être dans ce qu'elle envisage parfois comme les bras de Dieu, bien que sa foi ne lui permette pas de se hâter. Elle trouve cette expression – « les bras de Dieu » – réconfortante. Des textes bibliques et des expressions lui viennent en aide, ainsi que des prières d'enfance.

Elle est douée pour décoder ses échanges avec son généraliste, son oncologue, son infirmière à domicile, l'infirmière de soins palliatifs et le jeune Noir chauve et joyeusement morose venu il y a quelques jours régler son lit médicalisé fourni par le NHS.

Ça ne va pas. Il y avait eu une confusion au sujet des adaptations à la technologie du lit, qui avait eu pour résultat que Teresa avait dit au jeune homme, d'un ton acerbe : « Ne vous en faites pas ; quand je serai morte, vous pourrez le reprendre et ramasser toutes les clés à écrous, supports et autres pièces de rechange. Dans l'immédiat, vous n'avez qu'à les fourrer sous le lit, ne vous embêtez pas à dresser la liste, ils n'iront nulle part. »

Le gars n'avait pas semblé prendre note de ces remarques désagréables, mais il était très jeune.

Teresa avait regretté sa brusquerie. Mais elle était soulagée de se dire qu'il n'avait rien remarqué.

Le père Goodall, lui, avait été plus attentif.

Fran s'était trompée quant à l'attitude de Teresa envers le père Goodall et son parapluie noir encombrant et qui dégoulinait. Teresa juge touchantes les maladresses du père Goodall, elles ne l'agacent pas du tout. Elle est habituée aux prêtres. Il est vrai que ce n'est pas un homme très intelligent d'un point de vue académique, il n'a pas l'esprit très vif, mais c'est un homme de sagesse conventionnelle, et sa fidélité envers elle ainsi qu'envers leur Dieu est pour Teresa un réconfort. Lui aussi, il connaît les bras accueillants de Dieu. À présent que la mort est imminente, il ne va pas tergiverser. Il va faire son travail. Il saura quoi faire. Il aura peut-être même plaisir à le faire. Et elle a toujours été contente de procurer de la joie aux autres.

Elle a appris elle-même à aspirer à un cœur humble et contrit.

Ces propos du psalmiste la réconfortent également.

Un cœur humble et contrit.

Sa vieille amie et collègue Birdie Bardwell doit s'installer dans la chambre d'amis. Birdie et elle se connaissent depuis très longtemps. Birdie avait été membre de son personnel, son adjointe, pendant vingt ans et quelques. Birdie est une professionnelle. Teresa est à l'aise avec Birdie, mais elle sait que tous ses amis ne doivent pas l'être. Teresa préférerait être toute seule, dans son intimité coutumière, car elle aime sa propre compagnie, mais il lui faut quelqu'un dans la maison, Birdie ne dirait pas non à un petit supplément de revenus et elle n'hésitera pas à l'accepter. Birdie est corpulente, grande gueule et extravertie, et certains la trouvent envahissante, mais Teresa lui a toujours été reconnaissante de son entrain brutal. C'est le genre de femme que les gens disent solide comme un roc. Cette fille d'un éleveur de porcs, originaire du Suffolk et autrefois blonde et forte, est aujourd'hui une robuste figure matriarcale aux cheveux blancs, bien que son unique enfant soit mort depuis longtemps, atteint de l'incurable maladie des vertèbres qui avait fait découvrir à Birdie l'établissement de Teresa Quinn. C'est une bonne cuisinière et elle aime beaucoup la nourriture ; d'ailleurs, une bonne partie de sa conversation tourne autour de la nourriture et, comme Teresa est à présent d'une maigreur éthérée et qu'elle picore ses repas tel un oiseau minuscule, certes poli et plein de bonne volonté, cela pourrait paraître inconvenant. Mais Teresa, qui s'est toujours estimée incompétente à la cuisine, aime bien écouter les rengaines de Birdie sur les chefs présents dans les médias, sur la restauration rapide et la gastronomie qui prend du temps, sur les tripes et les pieds de porc. Et elle est reconnaissante du gratin de chou-fleur, de la soupe à la queue de bœuf, de la tourte au poulet et au jambon, du jambonneau parfumé au clou de girofle, du délicieux strudel à la crème fraîche, des profiteroles d'une surprenante légèreté et à la forme parfaite.

Birdie est douée en pâtisserie, et même si Teresa ne peut plus en manger beaucoup maintenant, elle applaudit et apprécie son savoir-faire.

Elle a hâte (presque, dans un sens, peut-être ?) de regarder les émissions culinaires avec Birdie. Il y en a tellement, et il ne lui viendrait jamais à l'idée de les regarder toute seule ; mais si elles l'agacent, Birdie, elle, les adore. Ce sera la petite surprise du soir pour Birdie, dont Teresa suivra les glapissements de mépris, les applaudissements occasionnels, l'ample geste pour attraper le rioja, les biscuits au charbon et les fines tranches d'emmental. (Birdie est persuadée que le charbon est recommandé dans la maladie de Teresa, et qui est censé la contredire ?) Ensuite, Birdie l'aidera à se mettre au lit et tendra l'oreille durant la veillée nocturne : elle ira la trouver si elle appelle parce qu'elle souffre ou qu'elle a besoin de quelque chose. Ses bras marbrés de matrone l'envelopperont de bonne grâce, plus présents et plus charnels que les bras de Dieu.

Et elle obtiendra plus que le salaire minimum.

Teresa n'invoque pas souvent les bras de Liam ni ceux de ses amants après lui. Mais parfois, elle y pense. Elle fait parfois un rêve sexuel, mais découvre à son réveil qu'elle est plus heureuse là où elle est maintenant. Le sexe n'a été qu'une série d'embêtements, aucun doute là-dessus.

Teresa a envoyé chercher son fils Luke. Elle lui a écrit un texto, un e-mail, et a réclamé sa présence. Elle lui dit qu'elle voudrait le voir très bientôt. Il doit savoir ce que cela signifie. Il doit sûrement savoir. Il a suivi les comptes rendus de sa maladie et il sait probablement comment les interpréter.

Il est au Mozambique, il travaille pour Médecins sans frontières. Il dit qu'il tente de réserver un vol.

Elle voudrait aussi voir son petit-fils Xavier, mais elle n'est pas certaine d'être une vision convenable pour un adolescent en bonne santé. Elle sait qu'elle a l'air décharnée. Xavier est à l'École internationale de Maputo, où il se débrouille bien. Il est bilingue. Sa mère travaille à la clinique ophtalmologique. Teresa et Xavier ont quelquefois communiqué par Skype, et Luke envoie à Teresa des photos de lui. Teresa n'aime pas beaucoup Skype : c'est frustrant, c'est déformant, ça va un peu trop loin.

Elle ne sait pas quoi faire au sujet de Liam O'Connor, son ex au Canada, père de Luke. Il ne veut probablement pas être exclu. Peut-être qu'elle devrait le voir en même temps que Luke. Ils pourraient apparaître ensemble devant son lit de mort. Elle est toujours son épouse aux yeux de Dieu, ou voilà du moins ce que lui dirait fort justement le père Goodall.

Luke et Liam s'entendent relativement bien, à ce qu'elle comprend, même s'ils ne se voient pas beaucoup, séparés comme ils le sont par la terre et la mer.

Teresa avait perdu ses cheveux en raison de la chimio, mais ils ont repoussé avec une texture plus abondante et plus drue qu'avant. À présent, ils se dressent fièrement, tout frisés, en un casque blanc et court, un halo vivace. Ils recèlent plus de force que le reste de son corps qui dépérit. Elle soupçonne qu'ils continueront à pousser dans son cercueil. Elle ne désire pas être incinérée. Elle a choisi sa parcelle de terre au cimetière de St Mary, Kensal Green, près du canal. Elle a parcouru plusieurs fois le chemin de halage, du temps de ses bonnes journées de marche, elle a entendu le chant des oiseaux dans les arbres, vu les renards flâner en toute effronterie et étudié les inscriptions sur les pierres tombales.

Liam a lui aussi plus de cheveux que jamais et ne manifeste aucun signe de calvitie masculine due à l'âge. Il a tellement de cheveux que, comme certains hommes de son âge avancé, il les a crânement laissés pousser bien en dessous des épaules, épais, longs et d'un gris magistral, tel un pénis dans le dos, et les attache avec un ruban de couleur. Il s'habille de façon classique, met des costumes et des cravates, mais il porte les cheveux longs. Elle le sait parce qu'elle voit Liam sur Internet, si elle prend la peine de regarder, et Luke et son petit-fils Xavier lui envoient parfois ce qu'elle appelle encore des « instantanés ». Elle les reçoit sur son téléphone portable, toujours prêt.

On lui dit que la queue-de-cheval argentée de Liam correspond à un style académique moderne et alternatif. Ce style lui plaît bien.

Liam a perdu la foi, il y a longtemps. Elle ne connaît pas les croyances de Luke.

Teresa ne croit pas très fermement en une vie personnelle après la mort, bien qu'il lui faille parfois simuler le contraire, parce que ça facilite tellement les choses pour tous les autres. Le père Goodall est certainement réconforté par sa profession de foi en l'arrivée dans une Jérusalem céleste, et elle ne veut pas choquer ni s'aliéner le père Goodall durant ses heures de dépendance et de besoin. Et puis, qui sait ? il peut bien y avoir un endroit meilleur.

Son amie Fran n'est pas croyante. Elle se dit parfois panthéiste, mais elle n'est pas très cohérente là-dessus. Par une belle journée, par beau temps, elle est panthéiste. Une panthéiste des beaux jours. Elle a fait remarquer à Teresa que février n'est pas un bon mois pour les panthéistes. Teresa sait que Fran brûle de voir arriver le printemps. Les perce-neige du propre jardin de Teresa et de son affreux cimetière du nord de Londres montrent déjà un blanc ivoire et un vert strié, et les aconits doivent être d'une joyeuse couleur beurre frais autour des pierres tombales, mais Teresa ne peut pas aller les voir et Fran ne sait même pas où ils sont.

Fran se trouve quelque part dans le Sud-Ouest détrempé, en rade chez sa féroce fille Poppet. Elle va bientôt rentrer, elles ont fixé un rendez-vous. Teresa va peut-être devoir présenter Fran à Birdie. Elle se demande comment elles vont s'entendre.

Son fils Luke et Birdie s'entendent très bien. Ils se connaissent depuis toujours. Ils se taquinent beaucoup. Quand Luke viendra, ce ne sera pas un problème.

Teresa a bien aimé discuter des choses ultimes avec Fran, qui, bien qu'experte en futilités, ne demande pas mieux que d'appliquer son esprit à l'eschatologie. Allongée sur son lit médicalisé, sous une couverture de voyage au joyeux motif écossais et qui a jadis fait beaucoup de route, un nouveau livre sur les Étrusques ouvert sur un genou, Teresa médite la découverte récente (pour elle) selon laquelle douleur et futilités peuvent être une diversion bienvenue à l'activité sérieuse, au bout du compte, qui consiste à mourir. La douleur modifie la perception du temps et donne envie d'être ailleurs, de faire son trajet à toute vitesse, alors que les futilités bloquent le centre des préoccupations de manière confortable et sympathique, occupent l'espace qui pourrait autrement être consacré à la prière, à la pensée, à la méditation ou au désespoir.

Les futilités : une couverture confortable, une tasse

de soupe, un texto ou deux, un jeu radiophonique, un livre sur les genoux.

Les futilités : la rencontre de trois voies, les arts inférieurs.

Le livre sur les Étrusques lui avait été envoyé par son frère David. C'est une œuvre nouvelle, prodigue mais érudite, de Massimo Vignoli, son compagnon de longue date, avec lequel il partage un appartement à Orvieto. Comme David l'avait dit dans l'e-mail annonçant l'arrivée du livre, les illustrations sont merveilleuses. Teresa n'a rien contre le sous-entendu voulant qu'elle ne soit pas en état de lire un pavé sur les Étrusques, parce que c'est presque vrai, mais pas tout à fait. Elle est heureuse de lire çà et là un paragraphe, mais plus heureuse encore de feuilleter les photographies de sarcophages, de matrones étendues auprès de leurs doux et robustes époux, de détails de peintures funéraires délicatement colorées et qui représentent des canards, des cerfs, des vignes, des hommes bronzés qui dansent et des femmes pâles. Les divinités étrusques ont des noms si étranges. Vanth, Fufluns, Uni, Turan, Turms. Quel genre de langue est-ce donc ? Des noms venus d'un *arrière-pays**. Elle aime surtout les petites huttes très anciennes des morts, à Villanova. Il y a longtemps, elle avait lu les *Croquis étrusques*, de D. H. Lawrence, et elle tend à partager son opinion d'après laquelle les Étrusques représentaient une race heureuse, heureuse dans la vie comme dans la mort, opinion non défendue par Massimo Vignoli, qui écarte Lawrence non pas avec dédain mais avec une compassion de savant. Les opinions de Lawrence sont dépassées, mais, à l'époque, il ne pouvait mieux s'y connaître.

Lawrence était mourant lorsqu'il avait visité Tarquinia, Cerveteri et Volterra. Il était mort si jeune et il avait tant détesté être à l'agonie. Il avait courageusement construit son navire de mort en prévision du flot sombre et l'avait équipé de nourriture, de petits gâteaux, de vins et de casseroles, mais il ne voulait pas mourir. Elle est trop vieille pour mourir jeune, et c'est un réconfort. Elle compte souvent sur ses doigts les réconforts qu'il lui reste.

Les huttes cinéraires des morts, en terre cuite brune, sont petites et accueillantes. Comme des maisons de poupées. Elle se dit que Fran aimerait bien les voir. Elles n'entrent pas exactement dans la catégorie de logement pour personnes âgées définie par Ashley Combe, mais entretiennent avec elle un lien métaphysique. Elle doit se souvenir de les montrer à Fran.

Le livre est lourd, sur ses genoux. Elle peut à peine le soulever sans risque pour le déplacer d'un côté de son lit médicalisé. Jamais plus elle ne pourra monter son escalier de bibliothèque pour atteindre les livres d'art sur la dernière étagère. Elle n'avait pas pensé à noter la dernière fois qu'elle s'était sentie capable de le gravir. Cette date n'avait pas semblé être un jalon, un point de repère, mais c'en était un. Même Fran, qui est en forme, robuste et nerveuse, avait trouvé le Pontormo de David lourd et peu maniable, et, en descendant prudemment l'escalier, elle s'était plainte que ses poignets n'étaient plus ce qu'ils étaient.

Teresa regarde les étagères de sa bibliothèque, toute la série de romans et de poèmes des années 1960 et 1970, dont certains ont toujours leur jaquette d'origine, ses dossiers médicaux plus récents et liés à son travail, les étagères du haut et leurs volumes de Constable et de Matisse, d'Artemisia Gentileschi et du Greco, de Rembrandt et de Rubens, de Hockney et de Hogarth, rarement compulsés et qui prennent la poussière. Elle s'étonne face aux épais catalogues d'expositions vues au fil des années. Comment avait-elle eu l'énergie d'aller aussi souvent à la Tate et à la National Gallery, à la Courtauld, à l'Ashmolean et à Kenwood ? Quand elle travaillait, et travaillait plus qu'à plein temps ? Et comment avait-elle eu la force de rapporter de tels pavés chez elle, en métro, en bus ? Elle est sidérée, à présent, de songer combien elle a vu et fait.

À présent, soulever un seul livre l'épuise, même un livre de poids moyen. C'est triste de ne pas pouvoir soulever un livre. Elle se sent parfois au stade ultime de la fatigue et souhaiterait, en toute lâcheté, pouvoir mourir dans son sommeil, sans avoir à regarder droit dans les yeux son Dieu, sa foi ni son oncologue.

Elle revoit Fran debout au sommet de l'escalier de bibliothèque, Pontormo serré contre sa poitrine maigre mais encore galbée, qui s'arrête le temps de tester prudemment son équilibre et se prépare à la descente.

Une fois redescendue sans encombre, Fran lui avait parlé d'une amie de son amie Jo, qui avait été prise d'une sévère crise de panique au sommet d'une échelle roulante vert pomme haute de trois mètres, dans l'une des salles de lecture en voûte et hautes de plafond de la Bodleian Library, à Oxford. Il lui avait fallu demander de l'aide, une main secourable pour lui éviter de perdre l'équilibre pendant la descente. Ces échelles sont comme des *machines de siège*, Jo avait-elle dit à Fran. Elles sont *périlleuses.* Elles ne sont pas sûres pour les plus vieux. Elles ont des pieds à roulettes, comme les *Daleks.*

À Broughborough, quand Teresa et Fran étaient jeunes, elles ne passaient pas tout leur temps accroupies dans la cave, telles des conspiratrices, à aspirer à des choses plus élevées. Elles jouaient à des jeux légers, tournoyaient sur l'herbe comme des derviches au point de tomber à la renverse dans un vertige extatique, faisaient l'équilibre sur les mains, des galipettes à l'envers, essayaient sans succès de faire la roue, sautaient de murs ou par-dessus des murs, grimpaient aux arbres. Durant ces quelques années de leur jeunesse, à chaque printemps, la sève montait en elles, et elles exploraient les coins semi-ruraux de la banlieue, où un poney se tenait quelquefois patiemment dans un champ délaissé. Elles suçaient le jus sucré des fleurs rouges du marronnier et mangeaient les délicates et savoureuses tiges d'herbe, blanches une fois dénudées; un jour, par défi, elles avaient posé sur leur langue les graines sèches, noires et mortellement vénéneuses de la cosse de cytise, ainsi que les baies roses translucides, luisantes et visqueuses de l'if, pour voir si elles mourraient.

Elles ne les avaient pas avalées, ces graines noires et ces baies mortelles toutes rondes et d'un rose tirant sur le rouge, elles les avaient recrachées. Évidemment. Et elles n'étaient pas mortes. Elles ne voulaient pas mourir. Depuis, il y avait eu des moments où Teresa avait souhaité mourir, mais pas quand elle était écolière à Broughborough.

Elle n'a pas le moral. Elle se déçoit elle-même. Elle en a assez d'être malade. Elle ne pense pas avoir peur de mourir et dans l'immédiat, apaisée par sa dernière dose de substance chimique, elle ne souffre pas beaucoup. Elle s'incline en arrière contre son oreiller surélevé, ferme les yeux.

Elle ne sait pas très bien ce qu'elle est censée faire, sur un plan spirituel, du reste du temps dont elle dispose. Elle n'a jamais beaucoup aimé le langage de la lutte et de la bataille, et, de toute façon, elle sait que la bataille est déjà perdue. Elle n'a pas pensé à sa relation avec son cancer en termes de combat pour la juste cause, comme le font certains. Mais ces lignes de l'Épître à Timothée lui reviennent, malgré tout : « Combats pour la juste cause de la foi, conquiers la vie éternelle, à laquelle tu es aussi appelé. »

Conquérir la vie éternelle. Combattre pour la juste cause de la foi.

Elle n'y arrive pas.

À laquelle tu es aussi appelé.

Elle en a connu qui ont perdu la foi tard dans la vie, une fois sexagénaires, une fois septuagénaires, voire octogénaires. Parce que l'histoire humaine est vraiment très décevante, parce que sa cruauté est vraiment très grande et le soin que prend Dieu de Sa création, si difficile à interpréter.

Le cas le plus triste qu'elle ait jamais connu était celui d'une vieille femme de la paroisse, une vieille femme gentille, aimable et sans péché, une voisine, catholique pratiquante mais pas particulièrement dévote et qui, durant ses dernières années, avait plongé dans un état de panique, de dépression et de culpabilité effroyables. Aux yeux de Teresa et des professionnels, cela semblait injustifié. Cette vieille femme croyait avoir commis le péché contre le Saint-Esprit, quoi que cela ait pu être. Peut-être voulait-elle simplement dire qu'elle avait perdu la foi. Elle avait été hospitalisée, puis transférée au nord de Londres dans un établissement psychiatrique hors de prix, son séjour là-bas étant financé par le fils qui avait réussi dans la City, à ce que devinait Teresa. Teresa était allée lui rendre visite une fois ou deux et avait été profondément touchée par sa maladie. Mme Taylor (elles ne s'appelaient pas par leur prénom et, pour Mme Taylor, Teresa était invariablement Mme Quinn) était dans un état de terreur extrême. Chaque jour était une épreuve insurmontable et apparemment insupportable. Son refuge se trouvait dans ses parties de solitaire – toujours le même jeu de patience, elle ne se hasardait à aucun autre –, encore et toujours, encore et toujours, sur un petit appareil de jeux numérique. Teresa n'avait pas pensé grand-chose du personnel de l'établissement, qui n'arrivait pas à développer beaucoup d'intérêt pour une patiente si âgée et si morne.

Un jour, exaspérée, elle avait déclaré à Birdie que certains membres de ce personnel n'étaient pas capables de diriger un salon de toilettage pour animaux, et encore moins une unité psychiatrique pour individus gravement perturbés.

Mme Taylor avait une amie là-bas, une patiente quadragénaire elle-même en proie aux affres d'une dépression clinique, qui écoutait et tentait d'engager Mme Taylor dans des parties de Scrabble. Teresa voyait bien que cette personne bon enfant sortirait sans trop tarder à la lumière du jour.

Elle a eu une conversation intéressante avec cette personne bon enfant, en longeant un couloir. Cette femme, qui disait s'appeler Ginnie, avait lancé à Teresa : « Vous ressemblez exactement à ma psychothérapeute. » Teresa avait bien vu que c'était un compliment. C'était une des raisons pour lesquelles elle savait que Ginnie s'en sortirait.

Le nom même de Ginnie semblait être une raison d'espérer.

Mais, à présent, penser à Mme Taylor provoque une vague de panique qui monte inexorablement en elle comme un reflux acide. Elle monte dans sa poitrine et rend sa gorge amère. Il faut qu'on la sauve.

C'est une chose terrible, lorsque Dieu, qui devrait

nous consoler, qui devrait nous donner des ailes, devient notre geôlier et notre persécuteur. C'est terrible, lorsque Son œil nous fixe, plein de colère.

Elle tient son téléphone portable dans le creux de sa main droite. Elle attend qu'il émette un signal, un bourdonnement, un éclair ou une sonnerie. Si seulement quelqu'un l'appelait ou lui envoyait un texto, n'importe qui, quelqu'un du dehors, du monde des vivants. Même ce faux message enregistré qui prétend émaner de sa banque et se répète à l'infini ferait l'affaire. Elle adjure son petit gadget de lui parler. Il garde le silence.

N'importe quel bruit la sauverait.

Ses mains sont flétries et ridées, en plus d'être affaiblies, et leur dos présente depuis quelques années les taches brun pâle de la vieillesse. Elle les regarde pour tenter de se distraire. Ces taches ne lui déplaisent pas. Elles ont un certain charme, voire une certaine élégance. Elles lui manqueront, quand elle sera morte. Si elle se souvient bien, on avait taquiné le romancier catholique Graham Greene en raison du nombre élevé de taches brunes dans ses romans tardifs.

Il n'aimait pas être qualifié de romancier catholique. Il disait être un romancier qui se trouvait être catholique. Teresa pense que c'était de la casuistique.

Quand elle était jeune, l'intérieur de sa main droite se distinguait par une marque de naissance séduisante, brun doré et assez grande, un peu en forme de cœur. Elle raffolait de ce stigmate distinctif et le regardait pendant des heures quand il ne se passait pas grand-chose : en classe, à l'église, aux arrêts de tramway, au lit, en écoutant les nouvelles à la radio avec sa famille. Dans son idée, elle devait lui porter chance. À mesure que son existence devenait plus remplie, elle oubliait de la regarder aussi attentivement ; délaissée, cette marque avait commencé à s'estomper et (elle examine l'endroit où elle se trouvait) elle a désormais entièrement disparu. Maintenant que Teresa a de nouveau le temps de la regarder, elle n'est plus là. Comme dans la fable sur la peau de l'âne. Si elle l'avait regardée de manière plus assidue, elle aurait pu vivre plus longtemps.

Elle serre son mobile, le supplie. Et il l'oblige. Elle entend et sent dans sa main son ronflement amical.

C'est mieux qu'un message de la banque. C'est un texto de son fils Luke. Il a réservé son vol. Il sera avec elle dans deux jours. « Tiens bon, maman, l'adjure-t-il. À bientôt. »

Il sera avec elle pour son anniversaire. Il ne le dit pas dans son message, mais il en est probablement aussi conscient qu'elle. On dirait comme de la chance.

Oui, c'est tout ce qu'elle a à faire. Tenir bon.

Son moral remonte en flèche. Elle peut attendre deux jours, car elle va bientôt voir son fils. Elle a été sauvée des profondeurs et de la disgrâce spirituelle, donc elle peut tenir bon.

Il est né au Canada dans un blizzard de février, envahi par la neige.

Son irritabilité et son apitoiement sur soi s'évanouissent, elle sent qu'elle s'élève et pénètre dans un endroit meilleur et plus noble. Elle ferme de nouveau les yeux et, tandis qu'elle commence à somnoler, à rêver et à dormir, elle est portée vers les hauteurs. Elle est libérée vers les hauteurs et se retrouve dans le rêve, au moment où les petites épines tenaces de la mémoire, de l'inquiétude, de la peur et de la rationalité se décrochent de la vieille étoffe solidement tassée de sa conscience pour lui permettre de s'élever de son corps. Elle est libérée et se retrouve en présence d'un paysage onirique : elle observe (mais n'habite pas tout à fait) un décor avec, au premier plan, un creux tapissé d'herbe et planté d'oliviers, et de grandes dalles fauves de pierre antique brisée. Au centre du décor, l'énorme tronc aux racines profondes d'un arbre très ancien porte vers les hauteurs, entre ses branches fourchues, une dalle de pierre semblable à un sarcophage. Au loin, à l'arrière-plan, sur les flancs de coteaux éloignés, loin au-delà et derrière, en un pays plus noble, se dresse une petite chapelle blanche. Le lieu est connu et inconnu, familier et non familier.

À son réveil, elle reconnaîtra dans ce paysage onirique une allusion aux tombes étrusques, au salut des vertueux païens de l'Antiquité et à une estampe colorée à la main, offerte une année, à Noël, par des parents reconnaissants. L'estampe montrait précisément un tel décor, mais sans la chapelle chrétienne. Les parents l'avaient achetée à Athènes « pour une bouchée de pain », comme ils disaient, à un étal dans une rue qui donnait sur l'Agora. Ils s'étaient dit qu'elle lui plairait, et elle lui avait plu. Teresa l'avait fait encadrer et elle est accrochée au mur de sa chambre.

Un lourd cercueil de pierre, un sarcophage carnivore, porté vers les hauteurs par les branches vivantes et croissantes d'un arbre.

Son rêve avait marié Jérusalem et Athènes. Elle est contente de l'inventivité de sa vie onirique.

*

Christopher et Ivor font la veillée au bar Volcan. Ils sont retournés à La Suerte et ont récupéré le dentier de Bennett, qu'ils avaient découvert posé dans sa tasse sur la table de la cuisine. Ç'avait été un soulagement infime, mais significatif. Bennett ne va pas encore en avoir besoin, mais il est bon de savoir où la chose se trouve. Elle a été déposée en toute sécurité chez le garçon de salle profondément indigène, très apaisant, à la peau très foncée, à la blouse vert foncé, qui leur dit qu'il s'appelle Bencomo et qu'ils peuvent compter sur lui. Si le señor se réveille et réclame sa denture, s'il semble bouleversé de l'avoir perdue, Bencomo le rassurera en lui disant qu'il pourra bientôt la remettre. Tout avait semblé bien pris en main. Bennett, sous sédation, ronflait confortablement.

Christopher a aussi récupéré son iPad et discrètement fait des recherches sur le chirurgien Manolo Zerolo Herrara. Il a l'air très bien, mais comment savoir ? Ils ont tous l'air très bien, sur leur site web, avec leur chemise blanche, leur excellente dentition et leur sourire confiant.

Ivor connaît beaucoup de bars à Arrecife : le Picasso, l'Astorias, le Terrazza, le Timanfaya, le Salinas. Il aime bien le Volcan : là, il est connu. Ivor et Christopher parlent du Maroc, si proche d'eux, de l'autre côté des flots de l'océan Atlantique. Christopher a un peu évoqué le projet de Sara voué à l'échec et les vaisseaux naufragés à Port-Étienne, qu'il se surprend à vraiment désirer voir, sans comprendre pourquoi, de même que Sara avait vraiment désiré les voir. Ivor décrit l'intérêt de Bennett pour le général Lyautey et raconte des histoires indiscrètes, mais pas très scabreuses, au sujet des aventures érotiques de Bennett au Maroc dans les années 1970.

À mesure que l'Europe occidentale est devenue moins homophobe, l'Afrique du Nord est devenue plus homophobe. On dirait que la tache de l'homophobie se déplace sur la carte, s'installe par-ci, s'installe par-là. Vous pouvez être coffré dans une prison marocaine à l'heure actuelle pour les choses que Bennett et Ivor avaient faites à Essaouira dans les années 1970, alors qu'aujourd'hui, en Angleterre, tout est permis.

Christopher boit, mais pas Ivor. Christopher n'est plus gêné qu'Ivor sache qu'il est buveur. Ils sont parvenus à ce stade de leur connaissance l'un de l'autre.

Dans le coin opposé du bar, un téléviseur retenu par quatre supports à un angle précaire et malcommode passe des séquences de la récente éruption volcanique à proximité d'El Hierro. C'est étrangement beau, et ils y jettent un coup d'œil de temps en temps. Le programme évolue en d'autres séquences qui montrent d'autres éruptions et coulées volcaniques, pour certaines aux Canaries. Ils n'entendent pas le commentaire. Le Vésuve, l'Etna, le Stromboli, l'île éponyme de Vulcano. Christopher n'a toujours pas visité le fragile paysage de Timanfaya.

Ivor parle à Christopher d'une émission de télévision espagnole amusante, dont Bennett raffolait, à propos d'accidents de voitures, d'accidents d'avions et autres catastrophes. Elle s'appelait *Impacto* et, comme le proclamait son titre, elle traitait d'impacts selon une interprétation assez vaste du terme. Des cailloux sur des pare-brise, des coups de feu, des carambolages sur l'autoroute, des arbres frappés par la foudre, des avions qui implosent sur des pistes, des navires de croisière qui s'échouent. L'amusement naïf que procuraient de tels moments enchantait Bennett. L'émission plaisait également à Ivor, même s'il n'arrivait pas à suivre le commentaire. Bennett disait qu'il ne ratait pas grand-chose.

Il y a de pires façons de mourir que par *impacto*, songe Christopher en se dirigeant vers les *Servicios*.

En regagnant la table à laquelle Ivor est assis, il ne se sent pas très stable sur ses jambes et découvre avec surprise qu'il trébuche quelque peu. Il est certainement loin d'avoir bu assez pour justifier sa démarche titubante. Il n'a pas titubé depuis des années. Il supporte bien plus qu'un prosecco, une vodka prise en cachette, un cognac et deux verres d'El Grifo. Peut-être est-il en état de choc. Ils feraient mieux d'aller trouver quelque chose à manger. Les habitants des Canaries ne mangent pas aussi tard que les Espagnols, mais Arrecife est plus espagnole que l'essentiel de cette île touristique et, ici, la soirée ne fait encore que commencer.

Alors qu'Ivor et lui discutent du lieu où aller prendre un repas, ils se taisent tous les deux en remarquant, fascinés, que le verre de bière vide d'Ivor glisse lentement d'un bout à l'autre du plateau en verre de la table, comme si la table commençait à pencher, comme s'ils faisaient une séance de spiritisme. Ils entendent une assiette se briser au sol, à l'autre bout de la salle. Les clients se regardent d'un air curieux et le barman éclate de rire. Est-ce la fin promise ?

Les bouteilles du barman s'entrechoquent.

Le téléviseur tremblote, l'image se raie et clignote, puis redevient normale.

Tout va bien. Bennett sera en sécurité sous sédation et sanglé à son lit d'hôpital lorsque s'ouvrira la terre, lorsque les éoliennes s'écrouleront et s'emmêleront, et qu'imploseront les cavernes crayeuses, lorsque le raz-de-marée emportera au-delà des digues de béton la ziggourat scintillante du navire de croisière norvégien amarré à Puerto Naos et qu'elle ira s'écraser dans le cœur intérieur vert et paisible du lagon. Pour Bennett, tout ira bien.

*

Chez Poppet, sans pour autant avoir été mal à son aise, Fran n'a pas beaucoup dormi. Elle était trop anxieuse à l'idée de sauver sa pauvre voiture du champ labouré. Il s'était remis à pleuvoir pendant la nuit, donc le niveau de l'eau doit être en train de monter. Elle n'est pas vraiment pressée de rentrer chez elle, mais elle n'a aucune envie de traîner chez sa fille, d'être une gêne pour sa fille. Jim va venir la chercher, ce qui est embarrassant, mais pas catastrophique. Si elle parvient à rejoindre sans encombre l'A303, tout ira très bien. Elle a promis à Poppet de tenter de repérer les grues.

*

Josephine Drummond a pris une journée à l'improviste (*une journée de quoi ?* se demande-t-elle) pour aller à Londres poursuivre les Studdert Meade jusque dans la British Library, si facile d'accès depuis Cambridge et King's Cross. Elle a fini de lire *Le Moissonneur et le blé*, de Bennett Carpenter, et devient à présent obsédée par la guerre civile d'Espagne, sujet plus traditionnel que la sœur de l'épouse défunte. Elle en sait plus sur le jeune homme mort à Jamara et, à la bibliothèque de l'université de Cambridge, elle avance dans la lecture de ses journaux et lettres inédits. On l'a orientée vers des documents conservés aux départements des manuscrits et des livres rares de la British Library, et qui l'attendront dans leurs boîtes quand elle arrivera, si la page d'ouverture de session *Explorez la British Library* a fonctionné aussi bien qu'elle le prétend. Josephine est contente d'elle, pour s'être souvenue de son mot de passe, vu qu'elle ne s'est pas connectée depuis un moment.

En découvrant des informations sur Valentine, elle en apprendra davantage sur Alice, sa mère.

La Parenté fatale a fourni un dénouement surprenant et intrigant. Le jeune couple, Olive et Vesey, n'avait pas pris l'itinéraire du mariage légal à Jersey, à Paris, en Normandie ni à Neuchâtel, comme d'autres l'avaient fait dans leur situation épineuse, en réalité comme en littérature : ils s'étaient séparés, mais seulement pour un an, espéraient-ils, en attendant l'issue des débats parlementaires sur le projet de loi concernant la sœur de l'épouse défunte. Pour ne pas être soumis à la tentation, ils avaient suivi des chemins séparés. Vesey avait pris le bateau jusqu'à New York afin d'aller travailler un an et un jour à Wall Street, tandis qu'Olive avait embarqué pour Cape Town, à bord du navire à vapeur *Ariadne*, afin de s'engager auprès de ses relations familiales quakers du monde de la banque et d'appliquer leur programme de redistribution des terres, postérieur à la guerre des Boers. La dernière fois que nous voyons Olive, elle est sur le pont du bateau, à l'instant où un orage énorme commence à se déchaîner tout près de la côte de Tenerife. « Que le dieu de cette immensité admoneste les vagues[1] »,

1. Shakespeare, *Périclès*, III, I, 1, présenté et traduit par L. Teyssandier, in *William Shakespeare, Œuvres complètes, Tragicomédies II*, Paris, Robert Laffont, « Bouquins », 2003, p. 119.

implore Olive, qui a beaucoup lu, tout en contemplant le violent Atlantique. Va-t-elle se noyer ? Qui sait ? En 1909, sur cet itinéraire, le *Waratah* a coulé sans laisser de trace et ni bâton, ni pierre, ni os qui en provînt n'a jamais été retrouvé : l'un des grands mystères de l'océan ; mais nous ne sommes qu'en 1907, année de la publication du roman, moment où, comme Jo s'en est aperçue, Alice Studdert Meade ne connaissait probablement pas l'issue du projet de loi et encore moins le sort du *Waratah*. Elle a certainement dû écrire ce roman dans un état d'incertitude. Elle écrivait un roman moderniste à conclusion ouverte. Elle était à la frontière de l'histoire. Le sort de Vesey et Olive était suspendu à un vote.

Jo s'est mise à admirer Alice ; elle est donc heureuse de se dire qu'elle a aperçu l'hypothèse intéressante d'un lien avec sa propre histoire familiale. L'une des tantes de Jo basées à Cambridge, sa tante préférée, avait été illustratrice à succès de livres pour enfants et avait aussi conçu des affiches, jadis célèbres et non encore oubliées, visant à soutenir des causes politiques progressistes : en cette époque d'accès immédiat à l'image, il est facile de trouver les motifs de Marian Heber pour le Cercle des Enfants (antenne éphémère du *Left Book Club*), ses affiches pour l'Aide médicale à l'Espagne et pour une pièce sur Goya et les atrocités de la guerre, jouée à l'Unity Theatre. Rien d'étonnant à ce que Tante Marian ait toujours été une source de livres bien choisis et fort appréciés à offrir pour Noël et les anniversaires, y compris L'*Histoire de*

Ferdinand, classique de Munro Leaf, paru en 1936, au sujet d'un taureau récalcitrant, le très coloré *Orlando, le chat marmelade*, de Kathleen Hale, en 1938, et *Mon ami M. Leakey*, de J. B. S. Haldane, tous objets d'une préférence inconditionnelle, que Jo et sa sœur Susie avaient relus maintes et maintes fois. Mais Marian avait rarement parlé de ses travaux pour adultes à ses nièces : le seul hommage à la guerre civile d'Espagne et à la Seconde Guerre mondiale qu'elles avaient connu était un livre pour enfants au sujet des évacués, qui comprenait une solide perspective gauchiste et une introduction par un historien social rattaché au projet d'observation des masses[1]. Imprimé sur du papier bas de gamme aux marges étroites, dans une palette de couleurs restreinte, il décrivait les aventures de Walter et Katie Ward, évacués de l'East End de Sheffield pour rejoindre une ferme d'élevage de moutons dans le Peak District. Jo adorait ce livre, avec ses paysages contrastés de cheminées d'usines, de carreaux de mines, de fournaises flamboyantes, de moutons, de prairies, de landes balayées par le vent et de murs en pierre sèche. Elle aimait aussi les mots « Peak District », même si elle ne savait pas très bien où était ni ce qu'était le Peak District[2].

---

1. *Mass-Observation Project* : ce projet d'ordre sociologique, conçu en 1937, visait à établir un panorama de la vie en Grande-Bretagne en relevant le comportement de citoyens interrogés individuellement.

2. Cette zone située en altitude se trouve pour l'essentiel dans le Derbyshire.

Tante Marian, dont le mari quaker venait de Hathersage, était particulièrement douée en matière de moutons. Les agneaux au doux minois bondissaient sur leurs pattes rigides toutes fines, leurs mères laineuses et bien rondes paissaient et mâchaient gravement. Jo aimait tout particulièrement la grosse brebis sur toute une page, qui regardait hors de l'image le lecteur avec une expression interrogatrice, une divine stupidité. C'étaient des animaux très réconfortants, qui acceptaient les étrangers de la ville venus les rejoindre. L'intrigue comprenait José, un petit Espagnol, qui avait lui aussi été recueilli par les fermiers bienveillants. Enfant, Josephine n'avait aucune idée de ce qu'il faisait là-bas, au beau milieu du lin des marais étranger, et c'était seulement bien des années plus tard, voire seulement la veille, tandis qu'elle lisait une note en bas de page dans *Le Moissonneur et le blé*, qu'elle avait compris que José représentait une génération de réfugiés basques envoyés de Bilbao en Grande-Bretagne à bord du *Habana* en mai 1937, peu après le bombardement de Guernica. Selon Bennett Carpenter, le gouvernement britannique désobligeant avait hésité à accepter les enfants et fait valoir que recueillir ces « bouches inutiles » irait à l'encontre du traité de non-intervention.

Le jeune José avait tout d'abord été désolé de l'absence de bétail à la ferme de Long Stone, venu comme il l'était du pays du taureau, mais il avait lui aussi fini par adorer les moutons.

Les trois enfants portaient tous des chandails en laine très plaisants et, dans le chapitre sur Noël, ils portaient des pulls à motifs de cerfs, motif très avant-gardiste pour l'époque.

Ce récit avait été populaire en son temps, mais il n'avait pas connu beaucoup de rééditions, contrairement aux histoires de Ferdinand le Taureau et d'Orlando, qui sont encore disponibles.

Jo Drummond croit plus que probable que Marian Heber ait connu les Studdert Meade. Ils avaient tous vécu une bonne partie de leur vie à Cambridge et avaient des attaches intellectuelles, religieuses et politiques similaires. Elle ne comprend pas tout à fait les liens qui devaient unir les générations : tante Marian devait être plus jeune qu'Alice, pense-t-elle, mais plus âgée que Valentine, mort à Jarama entre vingt et trente ans. Marian était morte il n'y avait pas longtemps, à plus de quatre-vingt-dix ans.

Jusqu'à une période très récente, il n'était pas venu à l'idée de Jo que Ferdinand était un taureau pacifiste et anti-Franco, mais c'était évident, une fois qu'on le savait. Elle sait à présent qu'il avait été banni d'Espagne et de l'Allemagne nazie, mais Staline l'aimait bien, apparemment.

Personne n'aurait songé à bannir les moutons de tante Marian. Ses moutons n'avaient pas de noms : ce n'étaient que des moutons. Là, tante Marian était peut-être passée à côté de quelque chose. Seuls les enfants avaient des noms : Walt, Katie et José, nom générique.

Elle avait pu se renseigner sur l'histoire politique de Ferdinand à partir d'Internet. Tout y était, accessible en quelques secondes. C'est devenu trop facile, le savoir a perdu de son côté amusant. Elle a dû travailler dur afin de trouver un prétexte pour venir passer la journée à la British Library, où elle sera heureuse et en paix quelques heures durant, dans la compagnie silencieuse des lettrés. Mais elle s'est trouvé un prétexte. Peut-être que, dans les boîtes de lettres inédites et non répertoriées de Hubert Studdert Meade, dans les papiers de sa vieille université et dans les brouillons manuscrits de ses traductions, elle trouvera quelque chose de nouveau, quelque chose qui serait passé inaperçu au sujet de son épouse Alice, romancière oubliée et aux pages non coupées.

Mais l'ombre chantait plus fort: « Et puis[1] ? »

Bien que cité par Carpenter et encore souvent cité par d'autres hispanistes en référence à Carpenter, Valentine n'a encore fait l'objet d'aucune étude indépendante majeure. Jo est légèrement surprise qu'il n'ait pas été retenu. Les journaux intimes sont tout aussi intéressants que beaucoup de textes disponibles. Valentine représente une histoire tragique, avec une

1. Propos du fantôme de Platon à l'homme qui vante ses réussites, dans le poème de W. B. Yeats intitulé « Et puis ? », *in Derniers poèmes*, présenté, annoté et traduit de l'anglais par Jean-Yves Masson, Lagrasse, Verdier, 1994, p. 39.

bonne image toute prête pour la jaquette. Il était aussi beau que Rupert Brooke[1].

Le temps de ce mercredi de février n'est pas agité, mais il est d'une humidité et d'un froid glacial qui ne se démentent pas. Les trottoirs sont rendus glissants par une fine nappe de boue marron et sale, et ponctués de pâles croûtes de chewing-gums piétinés et de squelettes de feuilles. Heureusement, le trajet à pied de King's Cross à la British Library est court et en partie abrité ; comme elle se dépêche de longer la façade restaurée de St Pancras, tout en brique rouge, et les vendeurs de *The Big Issue*[2] effarouchés sous leurs capuches, elle pense à la sagesse de ceux qui migrent vers des climats plus chauds et compte les semaines qu'il faut endurer avant de pouvoir raisonnablement attendre l'arrivée perceptible du printemps. L'hiver dans le Midwest étant désagréable, Alec et elle prenaient généralement l'avion vers le sud pour les vacances d'hiver : la Floride, le Mexique et une fois Sainte-Lucie.

Maintenant, elle ne pense même plus à fuir l'Angleterre. Il semble être de son devoir de surmonter ce gros temps jusqu'au bout. Fran et elle sont d'accord là-dessus. Elles n'envisagent pas de partir ensemble faire une croisière de veuves au soleil, bien qu'elles le puissent. Elles se rappellent leurs années difficiles

---

1. Poète anglais (1887-1915) décrit par Yeats comme étant « le plus beau jeune homme d'Angleterre ».

2. Journal vendu au bénéfice des nécessiteux et des sans-abri.

à Romley, quand les enfants étaient petits et qu'ils avaient la varicelle, que la tuyauterie gelait, qu'elles n'avaient pas les moyens de chauffer correctement leur logement et qu'il leur fallait recueillir de l'eau dans des seaux en plastique à une colonne d'alimentation. Il fait bien chaud à Athene Grange, et dans l'appartement de Fran aussi. Elles tiendront le coup.

Owen England s'était plu aux Canaries, il avait chanté leurs louanges, mais, ensuite, il avait été invité à les visiter. Ça ne devait pas être la même chose, d'y aller sans but, pour le plaisir. Owen avait été accueilli par de vieux amis.

La bibliothèque accueille Josephine. Ses documents l'attendent. Elle s'installe à son bureau, branche son mini-ordinateur poids léger et commence à parcourir le contenu du mince dossier à l'ancienne, en carton rouge foncé et retenu par une ficelle, ainsi que celui de la boîte recouverte de toile vert pâle, plus grande et plus élégante.

Cette boîte lui rappelle ses cours de reliure à l'école, durant un créneau du mercredi après-midi qui s'intitulait : « Travaux manuels ». Jo sent encore l'odeur du tissu et de la colle.

Elle sait que d'autres ont lu les lettres d'Hubert avant elle. Quelques citations de cette correspondance sont apparues sous forme imprimée dans des biographies et des études culturelles, pour établir des dates et des liens, dresser le tableau des attitudes fluctuantes envers les examens classiques de licence à Cambridge et à Oxford, la tragédie grecque et les modes en traduction. Hubert avait connu A. E. Housman, Gilbert Murray et A. W. Verrall[1], tous célèbres en leur temps. Hubert semble avoir été un homme bienveillant et aux nombreux principes, mais ses versions d'Eschyle et d'Euripide sont, de l'avis de Jo, à la fois datées et déplorables en tant que textes. Après avoir réussi à en acquérir certaines sur son Kindle, elle s'est retrouvée perplexe et amusée face à certaines erreurs typographiques qui s'y sont glissées et qui auraient certainement fait bondir le professeur Studdert Meade. Le mot « riches », par exemple, apparaît tout du long sous la forme « miches », et « corselets » sous la forme « corsets ». Comment est-ce possible ? Par quelle erreur humaine ou quel processus technologique faillible ont été introduites ces insinuations louches ? Des techniciens non anglophones, à l'autre bout du monde, avaient-ils jugé convenable d'interpréter le texte d'Euripide de cette manière ingénieuse ? Ou un quelconque scanner avait-il automatiquement réadapté au plus familier ?

Hubert ne connaissait probablement pas de telles « miches » et son fils Valentine non plus, mais il devait savoir ce qu'étaient des corsets. Alice avait sans nul doute porté des corsets. Tout le monde en portait. De même que Fran et elle portaient durant leur jeunesse

1. A. E. Housman (1859-1936) : ce poète précédemment cité enseignait aussi le latin à Cambridge. Gilbert Murray (1866-1957) : professeur de grec à Oxford. A. W. Verrall (1851-1912) : professeur de littérature à Cambridge.

ce qu'on appelait alors des « gaines », Alice et tante Marian avaient porté des corsets.

Tandis qu'elle commence à se dire qu'il est presque l'heure de s'autoriser à aller trouver de quoi déjeuner, elle découvre qu'elle est sur la piste d'un élément qu'elle était peut-être en train de chercher. On dirait une référence aux réfugiés basques.

> Cher Hubert [écrit un dénommé Jack, de Grindleford, en décembre 1938]
> Vous serez ravi d'apprendre qu'Eduardo et Manolita s'adaptent bien. Le camp fait de son mieux, mais certains enfants sont très perturbés et il est bon de pouvoir offrir un refuge provisoire dans un logement convenable. Nos remerciements à Alice pour nous l'avoir suggéré. Les enfants tiennent compagnie à Elizabeth, qui a été très déprimée. Marian est venue en visite et elle a fait de beaux croquis des enfants en train de marcher sur les hauteurs de Stanage Edge. Avez-vous vu son affiche pour l'A. I. A. ? Elle est désormais membre du Comité pour les Enfants Basques.
> Je sais qu'Alice est très occupée à œuvrer pour le Comité d'Aide aux Personnes à Charge et l'Aide Médicale. Je suis certain qu'elle trouve qu'un tel travail lui est indispensable. C'est une époque tellement difficile pour vous deux ; nous vous envoyons nos plus profondes et nos plus sincères condoléances.
> Amicalement vôtre,
> Jack.

Ce ne peut être qu'une référence à tante Marian. Il n'était pas venu à l'idée de Josephine que José représentait non seulement une génération de réfugiés basques, mais aussi un enfant réel, ou peut-être deux enfants réels. À présent, il semble que ce devait être le cas ; et pourquoi pas ?

Marian elle-même avait brièvement recueilli une famille de réfugiés hongrois durant la crise de 1956. Elle les avait invités à Cambridge, dans sa grande demeure édouardienne sous-occupée de Grange Road. Ils avaient été cantonnés chez elle par la Réunion des Quakers. Jo se souvient bien d'eux, mais elle n'a aucune idée de ce qui leur est arrivé par la suite. Ils étaient présents au moment de Noël, donc tout le monde avait dû improviser des petits cadeaux à leur intention et regarder la petite fille exécuter un numéro sirupeux de danse classique visant à épater la galerie, devant l'arbre de Noël de tante Marian, aux guirlandes argentées et qu'on ressuscitait tous les ans. Jo ne s'était pas du tout prise de sympathie pour ces Hongrois, bien qu'elle ait été d'un âge à éprouver un intérêt intellectuel pour le soulèvement. Elle voulait les aimer, mais n'y arrivait pas. Ils paraissaient trop contents d'eux, trop certains de mériter de l'attention. Son moi adolescent et désagréable aurait préféré qu'ils soient plus humbles. Ils avaient presque gâché la visite annuelle à tante Marian.

Tout cela est à mille lieues de l'intérêt de dilettante que Jo porte à l'intrigue du roman d'Alice,

La Parenté fatale. Elle a l'impression de s'être éloignée de son sujet. Alors qu'elle descend l'escalier blanc et lumineux en pierre de Portland, longe les hublots, longe les sièges classiques en travertin, longe les bustes diversement colorés des gens de lettres, longe la dérangeante tapisserie de Kitaj, elle essaie en vain de se rappeler pourquoi elle s'est arbitrairement intéressée en premier lieu aux sœurs d'épouses défuntes. Le lien a disparu.

Au moment où elle se sert en soupe rouge orangé aux poivrons grillés, elle n'est pas franchement ravie d'entendre appeler son nom. Elle avait eu hâte de prendre un déjeuner tranquille et anonyme, tout en se tenant à jour grâce à la lecture d'un nouveau roman américain sur son Kindle, et il est difficile de passer de cette perspective confortable à la convivialité. C'est sa vieille amie Geraldine qui l'appelle, de l'autre côté, près du bar à salades, où elle entasse dans son petit bol de verre une haute pile de feuilles, de lentilles et autres légumes secs dernier cri. Voilà Geraldine, avec ses cheveux orange saisissants, son pull écarlate, son foulard à paillettes. Il n'y a pas moyen de l'éviter. On ne peut pas rater Geraldine, ni faire semblant de ne pas l'avoir vue. Jo met convenablement son bol de soupe sur son plateau, change de mode, sourit et décide d'y aller : c'est toujours drôle, avec Geraldine, si on se laisse faire.

Elles trouvent une table près de la fenêtre, dans l'aile vitrée, et échangent des nouvelles tout en attaquant leurs soupe nourrissante et salade mixte.

Comme d'habitude, Geraldine est follement excitée. « Ma chérie ! » s'exclame-t-elle de temps à autre, tout en rapportant de sa voix forte, sonore et grandement modulée les divers drames et activités qui l'occupent depuis leur dernière rencontre (« ça fait un *bail* ») : de nouveaux petits-enfants, une conférence prononcée récemment à l'Institut italien, une invitation à un festival à Mantoue au printemps, une opération du pied (dont elle exhibe, sous la table, les résultats esthétiquement satisfaisants), quelques proches parents et amis, écartés en tant que morts ou mourants (Géraldine refuse d'avoir affaire à la maladie, la sienne ou celle de qui que ce soit d'autre), un flirt avec un historien d'art vénitien, une dispute avec son éditeur au sujet des livres électroniques et des droits d'auteur en cas de réimpression. Geraldine a toujours été instable et belliqueuse, et Jo a appris que l'ennemi d'aujourd'hui peut bien être le héros de demain, donc elle écoute, s'exclame, compatit et laisse le flot déferler sur elle. Contrairement à beaucoup de grands bavards, Geraldine porte aussi un intérêt insatiable à la vie des autres (toujours matière à de futurs ragots de son cru) et elle bombarde Josephine de toute une série de questions : comment va Cambridge, comment ça se passe à Athene Grange, est-ce qu'elle joue encore au bridge, est-ce qu'elle a vu la nouvelle *Tosca* à Covent Garden, qu'est-ce qu'elle écrit, comment va l'exigeante et perturbatrice Sally Lyttelton, pourquoi Jo est-elle à la British Library, comment vont les enfants de Jo, comment va cette amie à elle, comment s'appelle-t-elle, Fran, qui vivait juste à côté de chez Stella Hartleap à Highgate ? La *pauvre* Stella, *quelle* mort épouvantable ! Et est-ce que Jo a appris ce qui est arrivé à Martin Stuart ? *Trop* atroce.

Jo répond au pied levé et habilement à toutes ces questions, et ne croit pas avoir révélé trop de secrets. Geraldine témoigne d'un léger intérêt pour la nouvelle obsession de Jo concernant les réfugiés basques, dit qu'elle connaît un mot ou deux de basque et qu'elle est en plein dans la lecture d'un nouveau roman italien situé pendant la Seconde Guerre mondiale et qui comprend des éléments sur Franco et Mussolini. Mussolini, dit-elle, apparaît dans pas mal de romans ces temps-ci, c'est son tour, mais elle ne pense pas qu'elle va recommander celui-ci à ses éditeurs.

Geraldine a tellement de relations, certes sporadiques, que Jo s'attend à moitié à ce qu'elle dise connaître la famille Studdert Meade. Elle ne la connaît pas ; en revanche, après avoir fini son résumé des deux ou trois derniers mois et fait un bond vers le futur immédiat, elle déclare qu'elle part dans deux jours aux îles Canaries avec l'autre Geraldine, à Lanzarote, pour une semaine ou deux de soleil d'hiver. Est-ce que Jo est déjà allée aux Canaries ?

C'est Geraldine tout craché d'avoir une meilleure amie prénommée Geraldine. Jo croit tout savoir sur elle, de même que, sans nul doute, l'autre Geraldine croit certainement tout savoir sur Josephine Drummond.

Jo répond que non, qu'elle n'est jamais allée aux

Canaries et qu'elle avait l'impression, plutôt snob, qu'elles sont pleines d'immeubles hôteliers, de pubs anglais et de hooligans. Mais, hasarde-t-elle avec prudence, son fiancé du jeudi soir (elle a autorisé Geraldine à lui coller cette étiquette) y était allé pour Noël, il avait séjourné chez des amis expatriés et fait un très bon compte rendu du climat et du paysage de Lanzarote. À l'instant même où elle parle, elle regrette légèrement cette éventuelle contribution au stock de potins de Geraldine, et plus encore lorsque son amie semble très désireuse de découvrir l'identité de ces expatriés, et peut-être d'aller les voir. Jo hésite, elle se demande si elle doit faire semblant d'avoir oublié leurs noms et évalue rapidement les chances qu'a Geraldine de déjà connaître Bennett Carpenter. Elle connaît en effet une foultitude de gens et son domaine d'étude (fiction et cinématographie italiennes des XXe et XXIe siècles) n'est pas à des millions de kilomètres de celui de Bennett Carpenter. En plus, Geraldine n'est pas idiote, bien qu'elle s'acharne à en avoir l'air par son allure et ses propos.

Bennett serait peut-être ravi d'accueillir les Geraldine… Il semble être un homme sociable et hospitalier : elle a tout appris de sa gentillesse envers le capricieux Christopher Stubbs. Elle tente de faire diversion en demandant à Geraldine si elle voudrait qu'elle aille lui chercher un café ou un thé (usage intéressant, mais bien reconnu, de l'article indéfini), mais Geraldine ne va pas lâcher prise. Donc Jo, qui n'est pas très forte en matière de subterfuges, se surprend à faire l'offrande du nom de Bennett Carpenter, auteur du *Moissonneur et le blé* et, dernièrement, des *Ombres sur la place.* Elle fait bien comprendre qu'elle-même ne l'a jamais rencontré et qu'elle ne connaît pas son adresse, donc qu'elle n'est guère en mesure de faire les présentations, mais elle n'avait pas à s'inquiéter sur ce point délicat en particulier, car, sitôt lâché le nom de Bennett, Geraldine laisse échapper un cri de ravissement signifiant qu'elle le connaît.

« Bennett Carpenter ! » s'écrie Geraldine, ce qui fait se tourner plusieurs autres têtes dans leur direction. « Je *connais* Bennett ! Donc c'est là qu'il a atterri ! Est-ce qu'il *vit* là-bas maintenant ? Dans le temps, j'allais à leurs soirées, quand ils habitaient South Kensington. Ça fait un *bail* que je ne les ai pas vus ! »

Elle continue à bavarder avec espièglerie au-dessus d'un double express. Il est clair qu'elle va les contacter, Ivor et lui, dès son arrivée, sinon avant. À présent totalement détournée de sa recherche d'Alice, Jo se demande si elle va devoir avouer tout ça à Owen demain soir, au-dessus de bourbon et de paysages de nuages.

Il est notoire que Bennett Carpenter vit à Lanzarote. C'est dans le domaine public. Ce n'est pas un secret. Il ne se cache pas, ce n'est pas non plus un reclus. Rien de cela n'est la faute de Jo.

Geraldine est encore plus animée que d'habitude et, au moment où elles se séparent, elle pour aller dans la grande salle de lecture où elle consulte des ouvrages généraux sur la débâcle des Italiens commandés par le général Roatta à Guadalajara, et Jo pour retrouver ses lettres au département des manuscrits, elle passe les bras autour de Jo et lance : « Pourquoi tu ne viens pas, toi aussi ? Il y a plein de place dans notre appartement. Et une charmante piscine ! Imagine comme on pourrait s'amuser ! Tu pourrais amener ton fiancé !

— Je crois que *non* », répond Jo avec une gravité réprobatrice. Bien qu'une charmante piscine paraisse tout de même attrayante.

Malgré tout, elle aime vraiment Geraldine. Et elle voit bien que son style de cabotinage universitaire passerait très bien à La Suerte. Peut-être que tout est pour le mieux.

*

Fran tente de repérer les grues, comme elle avait dit qu'elle le ferait, mais elle se concentre aussi plus que d'habitude sur sa conduite, étant donné que les aventures, elle n'en veut plus. Tuée en tendant le cou comme une grue pour regarder une grue : pas une bonne épitaphe. La voiture ne paraît pas se porter plus mal après sa nuit dehors et Jim avait réussi à la sauver sans trop de difficultés. Il avait aussi donné à Fran des instructions utiles sur le meilleur endroit pour rejoindre l'A303 et il lui avait recommandé d'éviter la station-service située juste au-delà de Stonehenge et dont, selon ses dires, l'avant-cour en béton est toujours pleine d'eau, par un temps de ce genre. Construite avant la zone inondable : grosse erreur, selon Jim.

Jim est une énigme pour Fran, et cette récente rencontre n'a rien fait pour élucider qui il est ni son rôle dans la vie de Poppet. Il est fermier, mais semble avoir une activité secondaire préoccupante et contradictoire dans les antiquités et les livres d'occasion. À l'inverse de Poppet, il est profondément du coin. Il connaît les environs, il a ça en lui, de naissance et par éducation. Il est marié, il a une femme et des enfants qui sont grands, l'un est dans la restauration événementielle, l'autre est routier ; mais son attitude envers Poppet n'est pas seulement celle d'un voisin serviable. Ils semblent avoir un genre de relation de collaboration, mais Fran n'a aucune idée de sa nature. Elle ne semble pas sexuelle, bien qu'ils soient physiquement à l'aise en présence l'un de l'autre, presque intimes. Fraternelle ? Non, pas tout à fait. Quelque chose d'autre, de différent.

Christopher, le frère de Poppet, n'a jamais rencontré Jim. Mais Christopher demeure fraternel envers Poppet.

Elle se demande comment va ce pauvre vieux Bennett Carpenter.

Bien que de petite taille, Jim est un homme lourd, puissant, au nez arrondi et à la jolie tête couverte de cheveux gris roussâtres aux boucles serrées, comme un taureau. Il avait soulevé le museau de sa pauvre voiture et l'avait attaché à son câble de remorquage sans aucun problème.

Fran ne voit pas très souvent ses deux frères, mais elle n'est pas en mauvais termes avec eux ; c'est juste une relation fraternelle distante, à l'anglaise, avec mises en boîte, souvenirs et rencontres une ou deux fois par an. Son frère aîné est désormais gravement atteint de surdité, ainsi que boiteux. Il a eu une hanche malade, qu'il refuse de faire soigner, donc il ne sort pas beaucoup et n'a par conséquent pas grand-chose à dire. Son épouse loyale et lui se sont renfermés sur eux-mêmes, comme le font parfois les couples vieillissants, et ne semblent pas aussi malheureux que Fran le serait à leur place. Son frère cadet est plus vivace et plus extraverti, bien que plutôt terne (elle n'aime pas l'admettre, ne serait-ce qu'à elle-même). Il parle beaucoup, mais il parle de voitures, de golf et d'entretien de la forme physique. Fran aime bien les futilités, mais elle s'intéresse plus aux futilités féminines que masculines.

Les frères de Teresa, les garçons d'à côté, ne sont pas très proches de Teresa non plus, bien qu'elle évoque fréquemment David et son compagnon à Orvieto, comme si elle pensait souvent à eux. Des six voisins de Broughborough – les deux filles dans la cave et les quatre garçons à vélo –, c'est David qui a connu la carrière la plus illustre. Il s'est fait un nom en histoire de l'art. C'est un petit monde, mais il s'y est fait un nom.

Elle n'a pas encore trouvé le temps de demander à Christopher s'il sait quelque chose de David Quinn. Elle continue à envisager de le faire, mais, ensuite, elle continue à oublier. C'est sans importance. C'est de la simple curiosité.

Le temps a changé : le vaste ciel est à présent bleu, lumineux et sans nuages ; frêle azur hivernal haut et clair. Au bord de la route, un taillis d'arbres rose et argent parsemé de fougères cuivre fait place à un champ ouvert en pente et d'une couleur vert tendre passée, à un champ d'un rouge labouré et couleur de rouille. Le printemps gît en bas, dans la terre du Wiltshire, il attend. Les oiseaux doivent être en train de construire leur nid.

Teresa aurait bien aimé voir les perce-neige de son dernier hiver. Fran s'était demandé si elle irait lui en cueillir quelques-uns au cimetière de St Helen ; elle avait même localisé l'église, qui est au pied de la colline proche de chez Teresa, au tournant. Mais elle n'avait pas trouvé le temps de le faire. Non, ce n'était pas qu'elle n'en avait pas trouvé le temps : elle s'était ravisée. Ç'aurait été un geste trop éloquent, trop poignant. Et de toute façon, ç'aurait été du vol. Le père Goodall aurait pu la surprendre et ç'aurait été très embarrassant.

La circulation ralentit et s'interrompt un moment près de Stonehenge, à l'endroit où la route rétrécit.

Cet arrêt lui donne du temps pour admirer le paysage très ancien du Wiltshire et, quand elle l'a assez fait, pour regarder son portable. Il y a des messages : de Christopher, de Teresa, de Jo, de Paul Scobey et de diverses entreprises dont elle voudrait ne jamais avoir été cliente. Chambres d'hôtel Oméga, qui a besoin d'eux? Ils ne veulent pas la lâcher, et tout ça parce qu'il lui a fallu un jour réserver une chambre quelque part, au dernier moment, à Berwick-upon-Tweed. Et il y a d'autres messages, de diverses troupes de théâtre faisant la promotion de spectacles qu'elle paierait pour ne pas voir. Cette pièce de Beckett avait failli l'achever.

Elle ne sait pas très bien si elle a envie de voir ce que Teresa et Christopher ont à dire. Leur vie est teintée par la mort. Une aura de mort et de malheur fatal émane, froide et lumineuse, de leurs enveloppes virtuelles intactes. Il pourrait y avoir de mauvaises nouvelles dans l'un ou l'autre de ces envois, une convergence de messages fâcheux.

Elle décide d'essayer Jo comme étant la plus susceptible d'être en bonne forme, mais il lui faudra bientôt s'attaquer à Christopher, dans le prochain embouteillage.

Après tout, les derniers mots qu'il lui avait adressés étaient : AU SECOURS.

*

Jo relaie les dernières nouvelles de Bennett Carpenter à son ami Owen. Elle les tient de Fran Stubbs, qui l'a mise au courant de l'état de Bennett et du séjour prolongé de Christopher. Bennett a subi une opération de la hanche, événement majeur pour un homme de son âge et dans son état de santé ; maintenant, sans qu'on sache pourquoi, il dit vouloir rentrer en Angleterre. C'est ce qu'a rapporté Christopher. Ivor et lui ne savent pas quoi faire.

Ils ne savent vraiment pas quoi faire.

Jo et Owen sirotent leur bourbon d'un air méditatif et s'estiment heureux. Ils sont en vie, ils ne souffrent pas et, à leur connaissance, ils ne sont pas dérangés. Ils ne sont pas non plus sans domicile. Ils sont loin d'être sans domicile. Ils sont enchâssés.

Jo s'intéresse beaucoup plus à Bennett Carpenter que lors de précédentes discussions à son sujet, parce que maintenant elle a lu son livre. Le sort de Bennett est pour elle un motif d'inquiétude. Son nom est désormais entouré d'une épaisse nuée de pensées et d'associations, qui s'amassent autour du personnage, depuis les Studdert Meade jusqu'à sa tante Marian, jusqu'à la bataille de Jarama, aux réfugiés basques et au projet qu'avait Winston Churchill d'envahir les Canaries. Planent aussi autour de lui les figures contemporaines des deux Geraldine, qui ne vont pas trouver si facile de s'inviter à boire des cocktails maintenant que le vieillard est à l'hôpital et survit péniblement à une opération de la hanche.

« Il dit qu'il veut rentrer, mais vous dites qu'il n'a nulle part *où* rentrer, commence Jo.

— C'est exact », répond Owen.

Tous deux pensent égoïstement à la chance qu'ils ont d'être en sécurité, ici, à Athene Grange. Depuis qu'ils ont payé leur entrée, le prix de ces unités s'est régulièrement accru. Le coût de l'entretien aussi, mais ils peuvent suivre. Ils s'en sortent plutôt bien.

« Et je sais qu'ils avaient dit à Christopher combien les soins médicaux sont bons à Lanzarote, ajoute Jo.

— Peut-être qu'en tombant, il a eu une attaque. Peut-être qu'il n'a pas l'esprit tout à fait clair. Il avait l'air assez bien, à Noël, mais il a peut-être eu une attaque.

— Pauvre Ivor », dit Jo avec émotion. Elle est inquiète pour cet homme qu'elle n'a jamais rencontré.

« Et pauvre Christopher », dit Owen, qui n'a jamais rencontré Christopher, bien qu'il l'ait vu (mais ne l'avouerait pas facilement) à la télévision. « Il a eu ce que j'appelle une double anicroche. »

Sortant des pâles lèvres d'Owen desséchées par la nicotine, cette expression paraît si curieuse que Jo pousse un rire bref, bien qu'il n'y ait pas vraiment de quoi rire.

« Je me demande si l'assurance santé de Bennett couvrirait le rapatriement », conjecture Owen.

Jo prend une autre petite gorgée, puis, avec un chagrin complaisant, promène son regard autour de son salon au confort standard, mais au cachet personnel agréable. Elle est entourée des meilleurs vestiges sauvés de plusieurs déménagements au cours de sa longue vie, et ceci est son dernier domicile. Ses charmantes bergère et Ottomane édouardiennes en velours rouille, héritées de ses beaux-parents, maintes fois recouvertes à neuf et sur lesquelles s'empilent les coussins en tapisserie qu'elle a faits au cours des années; la petite table en marqueterie de tante Marian, qui date du XVIIIe siècle, avec ses belles incrustations en éventail ; son miroir français ovale au cadre doré, ébréché et jamais restauré, acheté pour une bouchée de pain au marché de Romley ; son élégant vase couleur rubis en verre de Bristol, offert par Alec pour leurs noces de rubis et qui contient des herbes sèches et une plume de paon ; sa bibliothèque, les éditions originales de premiers poèmes, toujours dans leurs jaquettes et qui valent probablement une fortune aujourd'hui ; sa cheminée couverte de photos, de bibelots et d'objets offerts, au fil des années, par des enfants, des petits-enfants, des étudiants pleins de gratitude. Sa petite nature morte de William Nicholson, sa gravure de Picasso, ses paysages de Petra, Smyrne et Nicopolis, par Edward Lear, délicatement colorés à la main, son cheval et son poulain dans un champ paisible près d'un mur de pierre sèche, faits au crayon par Jack Yeats, ses moutons sur Stanage Edge, par Marian Heber. Ces objets ont fait du lieu son chez-soi et c'est entourée d'eux qu'elle compte mourir.

« Peut-être qu'il veut seulement mourir en Angleterre, hasarde-t-elle.

— Peut-être », répond Owen d'un air abattu.

Ils décident d'enfreindre le protocole et de reprendre un godet.

« Mais c'était une maison tellement *bien située* dans laquelle mourir, dit Owen après un long silence. J'étais assez envieux. Athene Grange, c'est bien joli, c'est très bien, ici, mais La Suerte était une maison épatante. Elle avait peut-être été construite pour eux. Et l'espagnol de Bennett était excellent.

— *Qui* l'a conçue ? » demande Jo dans une digression.

Owen ne sait pas.

« Pauvre Ivor, répète Jo.

— Oui, pauvre Ivor, dit Owen. Il ne se plairait vraiment pas du tout ici. En Angleterre. Pas son décor du tout. Je crois qu'il en avait un, de décor, là-bas. J'espère qu'il en avait un. Pauvre Ivor. »

*

Dans son lit, comme elle médite sur les instincts de retour de Bennett Carpenter tout en essayant de s'endormir, Jo se rappelle une histoire racontée par une amie qui avait récemment visité le musée vivant de Dudley, dans le Pays noir, où des rues, des boutiques et des maisons allant de l'époque de la révolution industrielle jusqu'aux années 1930 avaient été minutieusement recréées, brique par brique. Ces répliques étaient si réalistes qu'une vieille femme désorientée, en visite dans son fauteuil roulant lors d'une sortie avec d'autres résidents de son foyer d'hébergement de West Bromwich, s'était crue enfin de retour chez elle. Elle voulait rester, ré-emménager. Quand on lui avait dit que la petite maison de l'artisan n'était qu'un semblant, malgré son fourneau, son vaisselier, son tapis en lirette et ses produits de marques d'époque sélectionnés avec soin, elle avait pleuré et refusé d'admettre cette information. Elle ne voulait plus partir. Elle ne voulait pas remonter dans le car qui la ramènerait à son foyer.

Du moins était-ce ce que la femme vêtue d'un déguisement avait dit à l'amie de Jo, qui l'avait rapporté à Jo.

C'était une histoire bouleversante.

Jo se demande dans quel but Bennett veut rentrer chez lui.

*

Ivor est plus proche de la panique qu'il ne l'a été pendant des années. Des décennies d'une calme sollicitude, soigneusement accumulées en lui pour parer à de telles situations d'urgence, commencent à s'effondrer et il ne sait pas ce qu'il doit faire pour le mieux, ni où trouver appui. À l'évidence, Bennett a perdu la tête, peut-être provisoirement, peut-être définitivement, et son insistance à vouloir rentrer en Angleterre est véhémente et irrationnelle. Il semble s'être retourné contre le personnel hispanophone de l'hôpital : il s'est même retourné contre Bencomo, d'une politesse, d'une patience et d'une obligeance irréprochables. En plus, il a fait des remarques légèrement racistes, qui valent à Ivor de se sentir brûlant et glacé de partout. Il a parlé de Franco comme s'il était encore en vie. Que diable lui est-il arrivé ? Le séisme qui a fait s'entrechoquer les bouteilles du bar volcanique a délogé une particule dans le cerveau de Bennett.

Quelque chose s'est peut-être détraqué dans l'attraction terrestre, songe Ivor.

D'un point de vue chirurgical, l'opération est une réussite, dit-on, et Bennett se rétablit dans sa chambre particulière. Les soins sont bons et il n'aura pas d'escarres le temps qu'il sera en sécurité ici. Ivor semble être la seule personne capable de percevoir qu'il n'a plus toute sa tête. Il fait part de ses inquiétudes à Christopher et tous deux examinent ensemble de possibles lignes de conduite : attendre et voir ce qui se passe ; chercher d'autres conseils d'ordre médical et psychiatrique ; faire venir d'Angleterre quelqu'un de rassurant (James Robbins pourrait venir, il avait traité avec compétence certaines urgences médicales de Bennett dans le passé, donc Bennett l'aime bien) ; rentrer en Angleterre de toute façon et essayer de lui trouver un lit à l'hôpital, comme Christopher l'avait fait pour Sara.

Christopher ne se rappelle plus comment il s'était débrouillé pour obtenir ce lit, même si tout cela s'était passé très récemment ; c'était peut-être l'équipe de télévision qui avait trouvé une combine... Ce jeune homme, Jonathan, était rudement fortiche. Quand il repense à cette période, qui semble aujourd'hui dater de plusieurs mois, c'est un flou de panique, de cette panique qu'Ivor doit éprouver en ce moment.

La plupart des amis de Bennett sur l'île sont aussi âgés et branlants que lui, donc peu susceptibles d'être très utiles, bien qu'arrivent de leur part des messages d'amitié à mesure que se répand la nouvelle de la mésaventure. Simon Aguilera téléphone pour dire que Pilar est prête à venir un moment faire du ménage à La Suerte, quand Bennett sera autorisé à rentrer chez lui. Cette proposition d'un étonnant pragmatisme remonte provisoirement le moral à Ivor, mais ce n'est guère une solution à long terme.

Christopher n'aime pas poser de questions sur les finances de Bennett et Ivor, mais il comprend sans qu'on le lui dise que vendre La Suerte ne serait pas une mince affaire, s'il fallait en arriver là, et que l'essentiel de leur capital doit être immobilisé dans la propriété. Comme Ivor l'a dit plusieurs fois, ils avaient bel et bien brûlé leurs vaisseaux en vendant le bail de leur appartement londonien. Ils vont avoir beaucoup de mal à quitter l'île.

C'est Ivor qui soulève la question, durant la troisième nuit d'hospitalisation de Bennett. Après dîner, il se lève brusquement, traverse la pièce et ouvre le vieux bureau à cylindre de Bennett. Il extrait le testament de sa case. D'un simple coup d'œil, il est évident que c'est un testament. Les testaments conservent toujours leur forme archaïque : leur longue enveloppe brune, leur écriture gothique démodée.

Ivor s'assied et respire assez bruyamment. Il a sa petite idée de ce qu'il y a là-dedans, mais sans pouvoir en être certain.

« Les revenus n'ont pas été merveilleux, dernièrement », dit-il d'un air contrit, tout en avançant lentement dans la prose juridique. « Les droits d'auteur sont au plus bas. On ne s'est jamais attaqués aux contrats pour les livres électroniques, je crois que les éditeurs l'ont mené en bateau. Il n'a jamais vraiment compris grand-chose aux livres électroniques. Et du fait qu'on se déplaçait beaucoup, il ne s'est pas vraiment constitué une bonne retraite. Il n'était pas très attentif aux affaires d'argent. Et l'assurance santé nous coûte une fortune. »

Christopher voit bien qu'en matière d'argent, Ivor n'est pas très renseigné non plus. En dépit de toutes leurs manières suaves et de tout leur charme mondain, ç'avaient été deux innocents rejetés par les flots sur leur île au soleil. Presque aussi incapables de naviguer ou de nager que les habitants d'origine, tous ces siècles auparavant.

Ivor lit ; il fronce les sourcils en lisant. Autant que Christopher puisse en juger, il a l'air plus soulagé que perturbé par ce qu'il découvre, il pousse brusquement un rire et secoue la tête, mais plus sous l'effet de l'amusement que du chagrin ou de la colère.

« Il a laissé à Owen England un choix d'ouvrages de sa bibliothèque et cinq mille livres pour l'entretien du bassin à poissons rouges de Haycombe House, plus que ce qu'il a laissé à la Fondation Terrence Higgins. Et il veut que ce soit Owen qui récupère ses grandes assiettes Picasso.

— Mais il t'a laissé à l'abri du besoin ? » Christopher se sent-il obligé de demander. Il n'a pas vraiment envie de savoir quoi que ce soit des poissons rouges. Il est trop tard pour remonter aussi loin.

Il a une vision soudaine de son père, corpulent dans son lit. Pour ce qui était de gagner de l'argent, ç'avait été un chef. Combien ira à la famille de sa seconde femme ? Selon Christopher, il doit le total à Fran, envers laquelle il est doublement endetté aujourd'hui. Sans compter que Poppet et lui ne l'ont pas totalement négligé.

Ou bien si ? Peut-être que si.

Fran est une femme fière et elle dira probablement qu'elle ne veut rien ni n'a besoin de rien. Et ce doit être vrai.

« Oui, dit Ivor, il m'a laissé la maison, ses droits d'auteur, ses investissements. »

« Investissements » est un terme grandiose, se dit Ivor, pour ses petits dépôts çà et là auprès de sociétés de crédit immobilier, ses plans d'épargne défiscalisés et ses bons d'épargne et obligations à prime. Un terme grandiose et trompeur pour les actions de Bennett dans Eurotunnel, qui lui rapportaient régulièrement dix-huit pence par an environ. Bennett n'était pas habile en matière de valeurs mobilières, mais l'idée d'un tunnel sous la Manche lui plaisait. Leur ami Jack Stringer, ancien directeur de Gladwyn College et à présent Lord Stringer de Medmenham, était plus intelligent pour s'occuper de finance que pour traiter son sujet d'histoire du XVIIIe siècle ; il mourrait en homme riche, sans héritier. Durant sa vieillesse, Jack était éternellement au-dessus de son ordinateur, à acheter et à vendre, à faire des opérations de bourse en ligne. Il avait donné un tuyau ou deux à Bennett, mais le seul qu'il avait suivi s'était avéré un désastre et Bennett s'était souvent demandé, à voix haute, si Jack ne le lui avait pas fourni par méchanceté.

Si Jack perd la tête, combien de temps continuera-t-il à faire des opérations de bourse avant que quelqu'un ne le remarque ? Il vit une vie très solitaire, bien méritée.

Contre toute attente, Bennett avait gagné un peu d'argent grâce aux cinq cents livres investies dans la nouvelle piscine du club, qui ne se portait que trop bien avec le mauvais genre de membres : Bennett adorait nager, mais, comme il désapprouvait sans humour aucun la clientèle de la nouvelle piscine, il avait vendu ses parts et réalisé un bénéfice d'une ampleur étonnante. Ivor, lui, aimait assez les nouveaux membres, bien qu'il ait été trop vieux et trop ancré dans ses habitudes pour profiter de tels clients. C'était un autre motif pour lequel Bennett avait pris cette piscine en aversion.

Bennett veut être incinéré et, quand ce testament avait été rédigé avec, pour témoins, un notaire anglais d'Arrecife et un Simon Aguilera non bénéficiaire, il avait demandé à ce qu'Ivor disperse ses cendres dans le cratère de Monte Corona. Si Bennett ne meurt pas bientôt, Ivor ne pourra pas monter là-haut pour ce faire et il lui faudra déléguer la tâche. Et maintenant que Bennett est désenchanté par l'île, il ne voudra peut-être pas être dispersé dans un cratère des Canaries, en territoire espagnol. Comment peut-on deviner ce qu'il veut, dans cette disposition d'esprit déséquilibrée et incohérente ?

Ivor lit à Christopher les phrases portant sur la crémation, les cendres et la cérémonie civile dont Bennett avait imaginé qu'elle se tiendrait dans le jardin d'euphorbes, avec des lectures de W. H. Auden, de Cecil Day-Lewis et de Lorca. Lorca avait fourni à Bennett le titre de son livre le plus célèbre, emprunté à un poème dont Ivor sait que le titre signifie « Adieu », et c'est le poème qu'il souhaite qu'on lise. Celui de Day-Lewis est un extrait héroïque du *Nabarra* et le poème d'Auden devait être « Action de grâces pour un habitat » :

> Territoire, rang
>
> et amour, chantent les oiseaux, voilà ce qui importe :
> ce que je n'osais espérer, ou lutter pour obtenir,
> est à moi dans ma cinquantaine[1]...

Ivor n'aime pas *Le Nabarra*, mais il connaît par cœur ces vers d'Auden et ils lui font toujours monter les larmes aux yeux.

Longtemps plus tôt, leur ami Piers Carline avait aussi promis à Bennett de chanter l'adaptation par Britten du poème de Yeats : « Au bas des jardins de Saules », mais Piers était mort entre-temps, donc il ne pourra pas le faire.

Ivor décrit le volcan de Monte Corona et les fleurs

---

1. Voir W. H. Auden, Poésies choisies, traduit de l'anglais par Jean Lambert, préface de Claude Guillot, Paris, Gallimard, « Du Monde entier », 1976, p. 157.

pourpres qui s'épanouissaient au printemps sur ses pentes les plus basses. Durant leur première année ici, Bennett et lui avaient été assez en forme pour escalader tant bien que mal les pentes glissantes, faites d'éboulis, afin de parvenir au cratère, puis pour regarder à l'intérieur de sa gueule minérale incrustée de lichen. L'idée de l'ascension du volcan avait suffisamment plu à Ivor pour qu'il surmonte sa tendance au vertige et il avait bien aimé entendre Bennett, à son sommet, vociférer contre Empédocle[1].

Leur moral remonte, maintenant qu'Ivor a affronté son destin et découvert qu'il n'a pas été déshérité. Il ne le dit pas à Christopher, mais il a aussi trouvé, soigneusement insérées dans les codicilles et les clauses, des formulations affectueuses qui ont réchauffé son cœur loyal. *Territoire, rang et amour...* La peur panique de l'avenir immédiat, du déplacement, des agents immobiliers et du déménagement des meubles, est tempérée par un sentiment que sa vie en a valu la peine, après tout, et que Bennett l'a aimé, certes de manière fantasque et parfois impérieuse et égoïste. La fin peut être imminente, et elle peut être horrifiante dans ses détails, mais le voyage qui y a conduit en a valu la peine.

En évoquant jusqu'au petit matin l'avenir immédiat, tous deux supposent que Christopher va

---

1. Ce philosophe grec (v. 483 v. 424) se serait suicidé en se jetant dans l'Etna.

rester pour y assister entièrement. Il n'a rien de mieux à faire, pas vrai ? Un genre d'hilarité lugubre les envahit à mesure qu'ils discutent des hypothèses macabres qui les attendent. Et, à mesure qu'ils parlent, Christopher prend plus pleinement conscience que sa liaison avec Sara n'allait nulle part : Sara était belle, douée, puissante, sérieuse, trop sérieuse pour lui et à un autre niveau d'engagement dans sa carrière. Les sujets qu'elle traitait étaient trop grands pour lui. La politique saharienne, Ghalia Namarome, le mur de la Honte, Port-Étienne, les frontières tracées dans le sable, les navires rouillés, les embarcations de fortune qui coulaient, les *immigrantes* enveloppés dans des couvertures de survie dorées, la Croix-Rouge de Puerto del Rosario. Elle était de trop pour lui, comme Bennett avait toujours été de trop pour Ivor. Il n'était pas à son niveau. Mais, contrairement à Ivor, il n'avait pas su embrasser un rôle de soumission. Sara était une femelle alpha et elle l'avait surclassé. Avec le temps, voilà qui aurait fini par fortement lui déplaire. Mais le temps ne leur avait pas été accordé.

Bennett et Ivor ont passé toute une vie ensemble. « Presque cinquante ans », dit Ivor en se rappelant leur première rencontre. Ils s'étaient connus à Oxford, dans un salon de thé où Ivor faisait le service pour dépanner sa tante Rosie qui manquait de personnel. Il venait de quitter l'école, venait d'avoir dix-sept ans et il était sur le point d'accepter un travail modeste à la municipalité de Reading. Bennett était assis à une petite table près de la fenêtre, avec un personnage d'Oxford à l'air important, en toge, plongé dans la conversation, et ils avaient commandé des scones beurrés, à ce qu'Ivor avait compris. Mais quand il était revenu avec le plateau requis de Darjeeling, tasses en porcelaine, serviettes et scones beurrés, l'hôte de Bennett avait protesté avec humeur et véhémence qu'il avait demandé non pas des scones, mais des *toasts* beurrés. Face à cette explosion mesquine, Bennett avait adressé un clin d'œil imperceptible à Ivor et déclaré : « Mais, mon cher Frazier, je vous ai clairement entendu demander des scones ! »

Dans sa volonté d'apaisement, Ivor avait filé remplacer les scones par des toasts et, lors du départ de ces clients, il s'était vu remettre un joli pourboire.

Bennett, qui était revenu prendre le thé à plusieurs occasions par la suite, n'avait pas revu le serveur embauché provisoirement ; mais, non découragé, il avait retrouvé sa trace en demandant effrontément à tante Rosie comment le contacter. Elle avait été obligeante et l'éducation informelle d'Ivor avait commencé, qui allait durer toute une vie.

Tante Rosie tirait fierté de son rôle dans cette histoire et profitait pleinement des célèbres soirées de Nouvel An organisées par Bennett.

« Presque cinquante ans », répète Ivor.

Si Bennett a vraiment perdu la tête, il ne saura pas s'il est rentré en Angleterre ou non, pas vrai ?

L'Angleterre est tellement inconfortable, tellement

humide, tellement exiguë. Ivor ne pourra pas l'affronter, plus jamais. Il s'est habitué à la chaleur, à l'espace et à un vaste ciel limpide. Il aime bien la petite chapelle blanche où nul ne le connaît sinon Dieu.

*

Teresa Quinn exulte. Elle avait tenu bon, ainsi que le lui avait ordonné son fils Luke, et le voici à son chevet. Il n'a pas réussi à emmener son fils Xavier, mais cela ne dérange pas Teresa du tout ; en fait, elle aime autant que Xavier ne la voie pas dans cet état-là. Voir Luke lui suffit. Une Birdie récemment installée a eu la délicatesse de se présenter de nouveau, puis la délicatesse de disparaître en leur laissant du thé et des toasts.

« Mon beau, beau garçon, dit Teresa, admirative.

— Ma superbe, superbe mère », dit Luke.

Et superbe, elle l'est : décharnée, mais noble, éthérée.

Il est robuste et très brun de peau. Il apporte avec lui la vigueur du plein air, de l'extérieur. Sa chevelure foncée, tout comme celle de son père, ne montre aucun signe d'amenuisement et, contrairement à celle de son père, ne comporte pas une seule mèche grise. Il est dans la fleur de l'âge. Sa solidité physique est pour elle un réconfort. Cette solidité va la porter.

Ils se tiennent la main et parlent de l'Afrique, d'Ébola, du travail de Luke, de sa femme Monica, de la clinique, de Xavier et de la scolarité de Xavier.

Ils parlent des degrés de douleur et des traitements. Luke est un professionnel, il est facile de lui parler de la douleur, ce sujet ne le gêne pas. La douleur est sa familière. Il passe en revue ses boîtes en plastique, dont il entend s'entrechoquer le contenu, ses piluliers bien compartimentés, ses bouteilles de sirop, examine les étiquettes, la soumet à un interrogatoire sur ce qu'elle prend et quand, juge qu'elle sait parfaitement suivre un tel régime et remarque qu'il y a tant de variétés de médicaments qu'elle n'a pas vraiment saisi lesquels sont des antalgiques, lesquels sont des sédatifs et lesquels sont des régulateurs de l'humeur. Ce n'est probablement pas plus mal, pourvu qu'elle respecte les heures de prise et le dosage. Il en touchera un mot à Birdie plus tard et à l'infirmière à domicile demain matin.

L'infirmière s'appelle Connie et Birdie affirme qu'elle est bien, et assez fiable. Connie aime bien Teresa, ce qui est heureux.

« Mais qui ne l'aimerait pas ? » ajoute Birdie, amoureuse de Teresa, et ce depuis des années.

« Donc tu es revenu pour ton anniversaire », dit Teresa à Luke d'un air jovial, lors d'un petit silence triste qui s'interpose entre eux. Il sourit. Il est content qu'elle s'en soit souvenue, qu'elle n'ait pas profondément sombré dans sa maladie comme le font certaines personnes d'un certain âge.

« Tu es tellement adulte », dit Teresa, tout en lui racontant une fois de plus la vieille histoire familière de sa naissance, de la tempête de neige, les glaçons longs d'un mètre vingt, l'hiver canadien, la panique bien maîtrisée de son père, la sage-femme, la jatte à pudding pour le placenta, et le ragoût d'agneau, plein d'os. En la racontant pour la dernière fois, elle se rappelle un détail qu'elle avait presque oublié : cette petite liseuse blanche en laine et aux rubans de satin, tricotée et offerte par grand-mère O'Connor comme si ç'avait été une pièce de trousseau. Une « douillette », était-ce comme ça que ça devait s'appeler ? Les rubans blancs brillants avaient été passés de façon si charmante dans l'encolure ronde de la laine. La mère de Liam raffolait de Teresa. La séparation avait été difficile des deux côtés.

Les femmes ne portent plus de liseuses, ces temps-ci. Les jeunes ne doivent même pas savoir ce que c'était. Les mères ne restent plus douillettement se reposer, elles sortent tout de suite du lit avec leur nouveau-né et vont le lendemain faire du shopping chez Sainsbury's, comme des kangourous, à bon droit également.

Elle ne sait plus vraiment quel âge a Luke, bien qu'elle connaisse sa date de naissance : elle est gravée dans sa mémoire, parce que Teresa l'utilise comme élément de son code de sécurité bancaire. Il est né en 1962. Ça lui fait quel âge, aujourd'hui ? Entre cinquante et soixante, sûrement. Parfois, elle oublie elle-même son âge.

Un âge assez avancé. Elle a vécu au-delà de son temps de trois fois vingt années plus dix.

Assez.

Ils se tiennent la main. On a le droit de faire ça, quand on meurt.

*

Dans la maison du nord de Londres qu'elle possède depuis presque cinquante ans et habite depuis nombre de ces années, Maroussia Darling se regarde dans le miroir de la salle de bains. Elle est encore et a toujours été une belle femme. Elle a bien porté ce fardeau.

Elle songe qu'à la fin du parcours, qui est imminente, elle donnera sa dernière représentation dans le rôle de Winnie, entendra encore une salve d'applaudissements et rentrera chez elle prendre sa dose de Nembutal. Voilà ce que, dans une attitude de défi, elle se dit qu'elle fera. Elle enverra un ou deux e-mails à transmission différée et ensuite elle fera sa sortie. Elle sourit en songeant aux gros titres qu'elle ne lira jamais. Ce sera bien fait pour Beckett. Elle l'a bien servi et de façon loyale, et mérite donc un final grandiose à ses dépens. Il l'a mis en scène pour elle.

Pauvre vieille Winnie ! Oh les beaux jours !

*

On arrive tout près de la fin, mais nous ne sommes pas encore à la fin. Ivor, Christopher, Geraldine et Geraldine sont assis à une table de café, à l'angle, dans la petite oasis de palmiers de Harfa. En compagnie de quelques touristes sagaces et d'une foule de gens du coin, ils attendent le passage du défilé de carnaval. Ces jours-ci, les villes et les îles échelonnent les festivités sur plusieurs semaines, afin de tirer le meilleur parti d'une période prolongée de Mardi gras. La rue est ornée de fanions, le café est égayé par des fleurs et lanternes en papier, et de faux canaris chantent dans des cages qui clignotent. Le quatuor de spectateurs est bien placé pour voir passer le cortège. Le thème de cette année est : « Pirates du Pacifique », dont Ivor prédit qu'il sera un mélange bizarre de Johnny Depp, de Christophe Colomb et de légendes locales. Messire Lancelot, dont certains croient qu'il a donné son nom à Lanzarote, s'avancera peut-être à cheval, vêtu d'une cotte de mailles tricotée et d'une armure en carton, ainsi, peut-être, que la maîtresse médiévale de Zonzamas, en travesti spectaculaire. Ivor décrit les parades des dernières années et le rire malheureux à l'instant tragique où le jeune homme est tombé de l'estrade lors des festivités de Las Palmas, à Grande Canarie. « Bennett avait espéré que sa mère ne regardait pas », leur dit-il.

Ivor s'est montré à la hauteur en ajoutant un petit brillant nacré bleu saphir à ses cheveux blanc or et un patch noir de jais, en forme de cœur, qui couvre la tache légèrement inquiétante dont la nature l'a récemment doté. Si Geraldine Première n'a pas besoin d'aller bien loin au-delà de son extravagance habituelle, elle a fait de son mieux pour ajouter un supplément de gaieté, grâce à une tiare couverte d'étoiles violet électrique, qui clignote et scintille. L'autre Geraldine, plus jeune de quelques années et beaucoup plus corpulente que son amie, est confortablement vêtue d'une robe parasol ; quant à Christopher, il porte sa plus belle chemise à rayures roses et jaunes, achetée dans Jermyn Street.

Ce soir, on a beaucoup parlé de Josephine, la tante de Christopher, et de la rencontre fortuite à la British Library, qui a indirectement fait découvrir les Geraldine à Ivor Walters. Elles n'ont évidemment pas rencontré Bennett, bien qu'il ait repris des forces et soit en meilleure forme, sans quoi Ivor ne serait pas assis ici au coin de la rue à faire semblant de s'amuser. Bennett est toujours à l'hôpital et il n'a toujours pas les idées claires, mais sa hanche guérit bien et la fièvre de son désir de rentrer en Angleterre semble avoir baissé. Ivor craint qu'elle ne revienne, mais, dans l'immédiat, Bennett semble heureux d'envisager de retrouver sous peu les agréments de La Suerte. Il s'est départi de son agressivité et a retrouvé son moi plus habituel, aux bonnes manières. Comme on pouvait s'y attendre, il a été reconnaissant et courtois envers le serviable Bencomo, il a même retenu son nom et lui a demandé s'il l'avait reçu en souvenir d'un chef de clan guanche.

Tel était le cas.

Bennett et Bencomo s'adressent désormais l'un à l'autre par leurs prénoms. Bennett ne semble pas y voir d'inconvénient du tout.

Bencomo, *Acaymo*, *Pelicar*, *Tegueste*, *Pelinor*, se

dit mystérieusement Bennett dans un murmure, de temps à autre, comme un mantra. Il a peut-être perdu une partie de sa tête, mais il n'a pas oublié (*hélas!* songe Ivor) son *Histoire des Canaries.*

Christopher Stubbs avait presque jugé qu'il ne pouvait plus rester traîner à rêvasser; il avait fait quelques tentatives avortées pour réserver un billet de retour lorsque les Geraldine étaient arrivées devant la porte de chez Ivor, sans prévenir, avec une énorme gerbe de fleurs perroquets et gueules-de-loup emprisonnées dans de la Cellophane et du papier d'alu qui piquait. Elles n'avaient été que légèrement effrayées de découvrir que leur hôte était à l'hôpital. Un petit problème comme celui-ci n'allait pas les décourager de rechercher de la compagnie. Elles ont vite changé de comportement, passant de fêtardes grégaires et poids léger qui adoraient s'amuser à des servantes apportant leur soutien: cela s'est fait en un clin d'œil, tandis qu'elles étaient sur le seuil de La Suerte à tenir leur bouquet encombrant. On les a invitées à entrer, puis mises au courant, on leur a donné de l'espace pour s'exclamer et compatir, donné du temps pour décliner leur identité (Ivor se souvenait vaguement de Geraldine Première, à l'époque où même les départements de publication des presses universitaires aspiraient au glamour) et on les a accueillies comme complices dans le déroulement de la situation. Geraldine Deux a été pleine de bons conseils sur les remplacements de hanche, pour en avoir elle-même subi un deux ou trois ans plus tôt. Geraldine Première, en revanche, tient beaucoup à parler à Bennett de Franco, de Mussolini et de Gabriele D'Annunzio. Ivor lui a expliqué que ce n'est peut-être pas le moment, mais Geraldine n'a pas abandonné l'espoir d'une discussion sérieuse avec le *maestro*. Elles ont encore trois jours à passer sur l'île, durée qui laisse à Bennett beaucoup de temps pour se remettre. Elle adorerait entendre son avis sur ce qui est réellement arrivé aux Italiens à Guadalajara.

Et voici qu'arrivent les chars, avec leurs groupes hétéroclites et hauts en couleur de pirates, de reines pirates, de *conquistadors*, d'envahisseurs normands et de princesses guanches vêtues de peaux de chèvre. Il y a même ce qui ressemble à un hommage aux *immigrantes*, sous la forme d'un bateau de pêche dangereusement perché sur un tracteur et contenant quelques personnages obscurs enveloppés d'une couverture de survie dorée, qui gesticulent et portent d'immenses rameaux et frondes de palmiers couleur d'or ; est-ce un signe d'acceptation, d'intégration ou bien de contestation politique ? C'est difficile à dire, mais le matériau doré scintille, les yeux sombres étincellent derrière les masques et le maladroit navire de mort avance par à-coups. Les véhicules de fortune, colorés à la peinture, passent à grand bruit et titubent le long des rues, les jeunes hommes dansent, l'air ivre, et jettent des feuilles et brindilles dorées parmi la foule, comme des confettis. Ce n'est pas plus mal que l'île ait cessé de trembler, sans quoi tous passeraient par-dessus bord et tomberaient de leur char.

Une branche dorée atterrit sur la table du café, pile devant Christopher Stubbs, destinée à Christopher Stubbs. Il la ramasse et la plante dans la troisième boutonnière de sa chemise à rayures.

Aucun d'entre eux n'est censé savoir que l'histoire des *immigrantes* est loin d'être terminée, elle n'en est d'ailleurs qu'à ses débuts. Au fil des années à venir, ils seront moins nombreux à risquer une traversée de l'Atlantique en partant de l'Afrique du Nord, mais ils seront de plus en plus à s'entasser en Méditerranée orientale sur des vaisseaux mal équipés, à mesure que la violence au Moyen-Orient et en Libye les mènera à un désespoir croissant. Ils se dirigeront vers la Grèce, Malte, la Sicile, l'Italie, et milliers sur milliers se noieront, à mesure que l'Europe se renforcera, cessera d'envoyer des missions de secours, laissera couler les bateaux visibles depuis le littoral. Plus il y aura de gens qui se noient, espère l'Europe, plus il y aura d'immigrants découragés et moins il y aura de bouches à nourrir en Europe.

Mais ça ne va pas se passer comme ça. Le raz-de-marée ne va pas être endigué.

Certains atteindront encore les Canaries, finiront sur des plages touristiques et apporteront avec eux la peur d'Ébola, mais ils seront de moins en moins nombreux à embarquer au Sahara occidental et à Port-Étienne. Le cimetière de Gran Tarajal ne sera pas surpeuplé. La tragédie dérive vers l'est. Et Sara ne sera pas là pour la suivre. Personne ne sait comment elle finira. Le projet inachevé de Sara hantera Christopher. Il ne pourra pas l'oublier. Ce projet grandira et enflera dans son esprit.

Ivor regarde le défilé. Son esprit est en proie au tourment. Il ne se sent apte à prendre aucune des grandes décisions inéluctables qui l'attendent. Ce n'est pas comme s'il n'avait pas vu venir la chose, il la redoutait depuis leur arrivée sur cette île belle et aride. Mais il était dans le déni de son propre avenir depuis des années. Il ne sait même pas quoi faire, en cet instant, ce jour, demain, de ces deux femmes extrêmement bêtes qui sont arrivées sans crier gare sur son territoire. Bennett et lui avaient toujours été sujets et exposés à des visites fortuites, dont certaines avaient été indésirables, mais cette invasion ressemble à une parodie de toutes les visites précédentes.

Les filles estiment à l'évidence qu'elles procurent une distraction bienvenue et, dans un sens, c'est vrai. Elles ont même fait rire Ivor deux ou trois fois ; quant à Christopher, il a l'air de les trouver amusantes. Elles ne tarissent pas d'anecdotes. Geraldine Deux leur raconte que, du temps où elle était une actrice sous-employée, elle avait jadis travaillé comme aide ménagère ; elle a donc beaucoup d'indiscrétions à partager au sujet des personnes âgées dont elle s'était occupée, dont une était en fait morte pendant sa garde, morte dans son lit alors qu'elle était dans la cuisine en train de sortir du four le plat livré à domicile et mis à réchauffer. Quel choc, quelle surprise !

Pas un bruit n'était sorti de sa bouche, dit-elle, pas un murmure. Quand elle était retournée dans la chambre meublée avec le hachis, il était parti. Aussi doucement que quand on s'endort, un réconfort, vraiment, de savoir qu'on peut franchir si facilement la barrière. Indolore, silencieuse, paisible : une mort très douce.

Elle ne remarque pas qu'Ivor se signe au moment où elle raconte cette histoire. Mais Christopher, lui, le remarque.

Christopher admire Ivor. Il a trouvé un endroit où exister, se dit-il.

Ç'avait été un choc pour elle, tout de même, a dit Geraldine Deux, et ça l'avait conduite à accepter un rôle dans un spectacle de Noël à Sheffield, au Lyceum. « Dans *Cendrillon*, si vous voulez savoir », dit-elle, et elle rit de bon cœur, secouée de tremblements. « J'étais une petite bonne au service des méchantes sœurs, je dansais dans le chœur et je volais dans le ballet volant ! Notre vedette, c'était Jax Conan, vous vous souvenez de Jax ? C'était notre Boutons[1]. Un peu peloteur, notre Jax, mais il était très rigolo. Un peu de pelotage, ça ne nous gênait pas, à l'époque. En fait, on aimait plutôt ça, mais on n'a plus le droit de le dire maintenant.

» Mort, maintenant, bien sûr. Pauvre vieux Jax ! »

Trop de conversations sur la mort, se dit Christopher. Il ne signale pas que son père avait opéré avec succès l'œsophage de Jax, mais s'empare du

1. Serviteur du père de Cendrillon.

divertissement théâtral pour entamer un débat plus grandiloquent sur les traditions antiques de transvestisme et de déguisement des hommes en femmes, sur la pantomime et le carnaval, et sur Danny La Rue[1], qu'il avait vu un jour sur scène, paré de toutes ses plumes, à l'Hippodrome de Golders Green. Mais il remarque qu'Ivor ne semble pas très satisfait de ce sujet de conversation non plus.

Ivor a l'air distrait, préoccupé.

Il est de retour dans la chambre de ses parents, dans Oxford Road, à Staines, dans leur maison en mitoyenneté à deux portes du marchand de journaux, en train d'essayer la robe de cocktail bleu paon chatoyante de sa mère. Sa mère ne sortait quasiment jamais, ne la portait quasiment jamais. Année après année, cette robe restait suspendue dans l'armoire, sur son cintre rembourré. Une si jolie robe, pensait-il. Elle avait été si jolie, sa mère, mais elle n'avait pas eu une vie formidable.

Alors que Bennett et lui avaient vu le monde.

*

Fran s'inquiète au sujet de presque tout le monde et de presque tout. Elle s'inquiète au sujet de Poppet, de Jim, des eaux de crue et de l'enfant Jésus, elle s'inquiète au sujet de Christopher qui traîne là-bas,

---

1. Artiste britannique (1927-2009) particulièrement célèbre pour ses performances en tant que travesti.

aux Canaries, elle s'inquiète au sujet du changement climatique et du retard qu'a le printemps, elle s'inquiète au sujet de Paul Scobey, elle s'inquiète au sujet de Teresa.

Elle a reçu un texto de Paul lui disant que sa tante Dorothy était morte, ce qui ne devrait pas la bouleverser, étant donné qu'elle n'a rencontré cette femme qu'une seule fois et qu'elle était malade dans un foyer d'hébergement depuis des années, accablée par une quelconque forme de démence et une poche de colostomie, mais c'est néanmoins un message déroutant. Elle est contente qu'il ait pris la peine de le lui dire, et elle est aussi contente d'apprendre que Dorothy avait reçu sa carte de remerciements pour ses images coloriées. Elle avait failli ne pas se donner la peine de l'envoyer en se demandant si Dorothy se rappellerait qui elle était, mais elle est à présent ravie de l'avoir fait. Pourtant, l'apparente insignifiance de la fin de sa vie est pour Fran incompréhensible au point d'être inquiétante, et la force de cette insignifiance lui revient. Elle soulève de grandes questions métaphysiques que Fran ne sait même pas formuler et auxquelles elle sait encore moins répondre. Dorothy avait été si extravertie, si engageante, si merveilleusement tournée vers l'extérieur, et cependant tellement coupée de tout.

Elle aurait voulu discuter de ces aspects de la vie et de la mort de Dorothy avec Teresa, qui s'était vivement intéressée à l'histoire de la rencontre de Fran avec Dorothy et à l'énergique Suzette, vêtue de couleurs vives, mais Teresa a brusquement et en peu de mots annulé ou repoussé leur prochaine rencontre. Ce n'est pas très surprenant, mais ce n'est pas bon, et Fran en retire un sentiment de rejet. Teresa n'a même pas proposé de chercher une autre date. Fran sait que Luke, le fils de Teresa, était sur le point de venir en Angleterre, donc voilà probablement la cause. De façon irraisonnée, elle se sent exclue, et elle a honte de se sentir exclue.

Elle s'inquiète au sujet de Bennett Carpenter et d'Ivor Walters, bien qu'elle ne les ait jamais rencontrés.

Elle s'inquiète au sujet des freins de sa voiture. Elle devrait les faire contrôler, après toute cette station dans l'eau, après la nuit humide qu'a passée la voiture dans un champ labouré, mais elle n'en a pas trouvé le temps et elle sait qu'elle ne va probablement pas se donner la peine de le faire. L'inertie profonde qui consiste à ne pas se donner la peine s'est installée dans sa mentalité.

Elle n'avait pas vu les grues. Ç'aurait été réjouissant, de voir les grues.

Elle s'inquiète au sujet de sa vue, qui est trouble. Maintenant, sa cataracte doit être quasiment opérable et Fran n'a pas du tout hâte d'y être. Elle s'inquiète au sujet du poulet élevé en plein air, qui a décongelé pendant la nuit sur la planche à pain. Elle s'inquiète au sujet d'une intoxication de son ex-mari Claude au campylobacter. Elle a décidé de faire du poulet au citron pour sa prochaine visite, mais elle n'a pas de citrons. Elle sait que, au vu de cette insuffisance, elle devrait changer le menu qu'elle a programmé, mais elle n'imagine rien d'autre à cuisiner. Le concept de poulet au citron a occupé toute la partie de son cerveau consacrée aux assiettes-repas. Il va bientôt falloir qu'elle sorte prendre des citrons.

Le long trajet en voiture depuis le Sud-Ouest l'avait mise sur les genoux et à présent, deux jours plus tard, elle n'a toujours pas l'impression d'avoir retrouvé sa force. Elle reste allongée au lit une heure de plus, avec le sentiment d'être coupable et épuisée. *De décliner. De perdre les pédales.* Elle lit son quotidien en ligne, elle est trop fatiguée pour descendre en acheter un chez le marchand de journaux situé au coin de la rue, derrière des grilles et des barricades.

L'auxiliaire de vie âgée de vingt-trois ans qui avait volontairement empoisonné ses malades avec des produits blanchissants a été reconnue coupable et mise en détention provisoire, en attendant sa condamnation. Un permis de construire a été accordé sur un terrain nu litigieux, dans le Warwickshire. Un poète très admiré par Jo Drummond est mort. Le Moyen-Orient est meurtrier. Il y a une superbe photographie sur deux pages d'un arbre sans feuilles, dans le Yorkshire, accompagné de propos courageux et rebelles d'un David Hockney sans âge, sur la beauté des arbres en hiver.

Mais Fran, il lui faut les feuilles.

Elle regrette de ne pas être de retour au Premier Inn, à proximité immédiate du confort que représente un œuf à la coque parfait.

Le jaune d'œuf sur le revers de la robe de chambre.

Jo a tout bien organisé. Elle est à l'aise dans sa Grange, qui a son cadran solaire et ses petites haies de buis bien taillées. Elle peut même se faire livrer son journal à la loge du quasi-gardien.

À l'époque de Romley, Christopher Stubbs et Nat Drummond avaient partagé une tournée de journaux. Les rues de Romley étaient alors sûres, même si ce n'était pas un quartier très chic. Pas de couteaux, pas d'armes à feu, pas beaucoup de drogues.

Nat fait des articles sur le cricket et parle de cricket à la radio. Fran ne s'intéresse pas beaucoup au cricket, mais elle est toujours contente d'entendre sa voix, en souvenir du passé.

Allongée là avec sa grande tasse de café et son journal en ligne, tandis qu'elle plie consciencieusement les chevilles et exerce les articulations de ses doigts grâce à un gadget spécial acheté sur Internet, son portable bourdonne. C'est un texto qui arrive. Par superstition, elle ne veut pas le regarder. Il y a tellement de mauvaises nouvelles qui circulent.

Mais elle le regarde, bien sûr.

C'est un message envoyé d'un numéro inconnu : il est de Birdie Bardwell, la femme qui s'est installée pour aider à s'occuper de Teresa. C'est grave, mais pas aussi grave qu'elle l'avait craint. Il dit : *Teresa a fait une chute, elle vous réclame, pouvez-vous m'appeler ? Amitiés, Birdie.*

C'est grave, mais Fran retrouve un peu le moral, provisoirement, égoïstement. On l'a réclamée.

Elle imagine Teresa qui tombe ou qui trébuche en essayant tant bien que mal de quitter son lit médicalisé ou de longer péniblement le couloir. Mais ça ne s'est pas passé de cette façon.

Birdie paraît affligée et nerveuse. « On ne sait pas comment c'est arrivé, dit-elle. Elle a dû tenter de monter l'escalier de bibliothèque, Dieu sait pour quoi faire. Et vous savez comment elle est, elle est si frêle. On n'arrive pas à s'imaginer ce qui lui a pris. Elle a fait une chute. J'étais dans la cuisine, je l'aurais entendue si elle avait appelé. »

Fran entend que Birdie se sent coupable, responsable.

« En tout cas, dit Birdie, elle va bien, elle est encore en observation à l'hôpital et se fait soigner le poignet. Mais elle ne peut pas écrire de texto et elle craignait de vous envoyer un message incomplet, elle comptait vous donner des explications sur la visite de Luke, mais l'infirmière de soins palliatifs venait d'arriver et elle a appuyé sur ENVOYER sans vraiment le vouloir. Mais elle va bien, répète Birdie, et Luke est toujours ici. »

Teresa, elle, n'a pas l'air d'aller très bien, selon Fran qui n'a pas écouté très attentivement cette explication dans laquelle Birdie s'embrouille et se disculpe. Fran comprend qu'on lui dit qu'elle n'est pas censée se rendre à l'hôpital. Cela ne la dérange pas, elle n'aime pas beaucoup se rendre dans les hôpitaux, mais c'est trop triste.

Monter l'escalier de bibliothèque ? Pour quoi faire ?

Une chute faite en mourant.

Je t'appelle : viens à l'antique escalier en spirale…

« Je ferais mieux de me lever », se dit Fran à voix haute. Mais elle ne bouge pas. Elle sent que la partie du cerveau qui ordonne à son corps de bouger ne fonctionne pas encore comme il faut : elle tente de le faire se lever, mais n'y arrive pas. Il tente d'agir par une secousse, puis s'immobilise, puis tente une nouvelle fois et s'immobilise une nouvelle fois. Fran n'est pas aussi coincée que Winnie dans son tas de sable, mais elle en prend le chemin. Il faut rendre ça à Beckett, c'est une sacrée bonne image, une sacrée bonne métaphore, ce tas de sable. Elle aurait dû être plus reconnaissante quand elle a remercié Jo pour les billets difficiles à obtenir : elle avait probablement eu l'air un peu bougon dans ses propos et peu enthousiaste quant à cette sortie. Elle s'est fait d'autres réflexions sur Beckett depuis ce soir-là, elle doit essayer de se les rappeler pour la prochaine fois qu'elle verra Jo.

Va-t-elle bouger, maintenant ? Elle avait récemment entendu à la radio un débat sur le fait que toutes nos actions, aussi futiles soient-elles, sont prédestinées et qu'on peut les lire, bien avant qu'elles n'aient lieu, sur un scan détectant ce qui est sur le point de se passer et son potentiel de préparation. Le fait de lever la main, d'ouvrir un œil, de sortir du lit. Les neuroscientifiques soutiennent que ce phénomène abolit la notion de volonté, mais ce sont des balivernes. Il signifie simplement que nous pouvons apprendre à lire plus clairement les pré-séquences de l'action. Fran est assez douée pour retrouver les endroits de son cerveau qui commandent l'action et la décision, bien qu'elle ne sache pas comment elles s'appellent. Comme si les lobes et les zones se détachaient les uns des autres, comme si les voies se connectaient moins rapidement.

Intéressant.

Toujours allongée là, elle contemple par sa haute fenêtre son paysage urbain menaçant et se demande si elle ne devrait pas tenter de lire un long article sur les parcs d'éoliennes, lorsqu'elle reçoit un appel sur son téléphone fixe. Voilà qui la fait bel et bien sortir du lit, puisqu'elle ne peut pas l'atteindre depuis son chevet.

Il n'y a pas beaucoup de gens à l'appeler sur sa ligne fixe. À Tarrant Towers, la réception est excellente, c'est l'un des rares mérites de cet immeuble, comparable et en accord avec son paysage, donc Fran compte sur son portable.

C'est Claude. Elle voit bien qu'il n'a appelé que pour faire la causette. Il semble aller parfaitement bien. Elle est soulagée de l'entendre. Ils ont une conversation animée au sujet de Poppet, d'un éventuel poulet au citron, de la nouvelle hanche de Bennett Carpenter et du choix de Bennett en matière de disques à emporter sur une île déserte. Claude dit qu'il aurait choisi « *Vissi d'arte, vissi d'amore* » par la Callas, si quelqu'un lui avait jamais posé la question, ce qui ne s'était pas produit, mais il ne voit vraiment pas pourquoi. Il dit cela pour plaisanter, donc il est de bonne humeur, quelque chose lui a fait plaisir. Fran choisit une date et une heure pour passer avec le poulet pas encore cuisiné. Elle a retrouvé le moral.

Elle se met en branle.

Si on lui avait demandé de participer à l'émission *Disques à emporter sur une île déserte*, l'aurait-on laissée choisir *I Can't Get No Satisfaction* ? Ce n'est pas aussi élevé que *La Tosca*, ce n'est pas au niveau de « la vie pour l'art » et de « la vie pour l'amour », mais c'est fichtrement satisfaisant, tout de même.

Jo dit que, d'après son amie Eleanor, quand Maroussia Darling était une étoile montante à l'époque du vieux Roy Plomley des *Disques à emporter sur une île déserte*, elle n'avait pas été autorisée à choisir *Gloomy Sunday*, par Billie Holiday, car cette chanson figurait sur la liste de surveillance des suicides de la BBC. Elle se demande s'il est possible que ce soit vrai.

Elle se sent beaucoup mieux.

Les zones se sont reconnectées, sa détermination est revenue.

Elle descend acheter les citrons décidés au hasard.

*

Les Geraldine sont rentrées chez elles par le vol inclus dans leur voyage organisé, après avoir eu droit, de façon inattendue, à une pause divertissante et pleine de théâtre ; quant à Christopher Stubbs, il a enfin réservé son vol pour Gatwick. Bennett

Carpenter continue à raisonnablement se remettre, du moins physiquement, et on dirait qu'Ivor ne va pas avoir à lever le camp, à préparer leurs bagages et leurs meubles, ni à trouver un nouveau logement, ou pas tout de suite. Il s'inquiète outre mesure au sujet du secrétaire incongru en acajou et à cylindre, dont Bennett fait si grand cas. Mais un sursis a été accordé sur cette douce île de rémission. Où mieux se rétablir qu'à La Suerte ?

Pendant qu'Ivor conduit Christopher à l'aéroport, Ishmael pousse le fauteuil roulant de Bennett sur le modeste embarcadère du petit port de pêche d'Arrieta. Il le fait avancer en direction de la Maison de l'Afrique, avec ses murets blancs, ses jolis fleurons et ses petits lions en pierre. Le phare de sa coupole regarde vers l'est, vers le Maroc, la Mauritanie et le territoire non reconnu du Sahara occidental, où Ghalia Namarome maintient sa position politique rebelle. Elle s'est remise de sa grève de la faim, mais n'a pas renoncé à la cause, bien que nous ne lisions plus rien là-dessus dans la presse occidentale.

Le phare attire par ruse les marins vers leur mort ou bien leur délivrance.

Les os de géant d'Antée sont enterrés quelque part de l'autre côté, de l'autre côté des eaux. Selon Pline – ou était-ce Plutarque ? –, le noble général romain Sertorius les avait vus de ses propres yeux. Des os de géant, d'éléphant, de baleine.

« Bencomo, Acaymo, Pelicar, Tegueste, Pelinor », murmure Bennett.

Bennett adore cette étendue de front de mer, même si ses rouleaux l'ont un jour attaqué et renversé. Bennett et Ishmael forment un couple saisissant : l'un, si vieillot, si distingué et si rubicond, avec sa crinière de cheveux blancs, ses sourcils broussailleux, son vieux panama et sa chemise bleu pâle ; l'autre, si beau, si foncé et si élégant dans son jean de marque et son pull marin. Bennett a, étalée sur les genoux, une vieille couverture bleu marine sympathique et bordée d'un réconfortant point de feston rouge. Un vent saharien sec et brûlant souffle en provenance de l'Afrique, de Port-Étienne, de la patrie d'Ishmael, et les deux hommes arborent des lunettes noires pour se protéger de la poussière et du sable. La denture de Bennett est solidement remise en place et il sourit avec une sorte d'extase, à mesure qu'on le fait avancer bon train.

Bennett est dans un bon endroit. Il a dépassé l'envie panique d'être rapatrié, les accès de xénophobie et les hallucinations dues à la morphine, et pénètre dans l'intemporel. (La xénophobie est l'un des effets secondaires de la morphine insuffisamment consignés.) Ishmael le pousse vers la frontière de l'éternité, vers le bord du grand cratère. Et Bennett voit s'élever immensément, s'élever silencieusement, loin au large, la grande vague qui l'accueillera bientôt et le portera vers la huitième île. Il est satisfait de cette vision. Il a toujours ardemment désiré cette vague, que ce soit une vague de la mer ou de la terre. Il a traversé un espace confiné et sombre, un espace inconfortable, médical, intérieur, mais il s'élance à présent dans la lumière, avec Ishmael pour guide. Il est heureux. Ah, qu'il en soit ainsi ! Ah, son cœur s'élève. Bennett sourit face au soleil et au vent salé.

Ishmael parle sur son portable, il s'adresse à sa mère en wolof. Bennett écoute avec bienveillance ce bavardage animé dans une langue inconnue. Ces îles sont pleines de merveilles.

Bennett ne sait pas tout à fait où il est, ni qui est Ishmael. Mais cela ne semble plus avoir d'importance. Il sait qu'ici, il se plaît. Ishmael le change agréablement d'Ivor. Un sang neuf. Ivor a paru assez fatigué dernièrement.

*

Liam O'Neill est agenouillé au chevet de Teresa. Sa tête grisonnante repose sur le léger monticule, caché par une couverture, que forment les genoux décharnés de son ex-femme. Son épaisse tresse grise lui descend presque à la taille, corde grise qui se détache sur le vert foncé de sa veste en velours côtelé. Il a les mains jointes et il se murmure des mots à lui-même, donc peut-être qu'il prie. C'est une figure médiévale, désuète, contrite, figure sortie d'un obscur tableau de chagrin, de remords ou peut-être de réconciliation. Il a posé sur la taie d'oreiller bleu foncé un petit bouquet de perce-neige cueillis dans le jardin même de Teresa.

Liam est arrivé trop tard. Teresa est morte alors qu'il était encore à des kilomètres d'altitude au-dessus du milieu de l'Atlantique, et il maintiendra pendant plusieurs années à venir, jusqu'à la fin de sa longue vie, qu'il a entendu une corde se briser, éprouvé un pincement à l'instant où elle est partie. Il est assez facile, avec du recul, d'imaginer que l'on sent de tels moments de trépas, mais Liam continuera à soutenir qu'en plein ciel, dans sa propre chair, il a senti et entendu l'esprit de Teresa quitter son corps.

Teresa ne s'était jamais vraiment remise de sa chute, mais on l'avait autorisée à quitter l'hôpital pour mourir chez elle, ainsi qu'elle devait le souhaiter. À la fin, Birdie Bardwell et Luke se trouvaient tous les deux avec elle. À ce moment-là, Birdie était plus affligée que Luke, car elle avait l'impression d'avoir manqué à son devoir et désirait impatiemment avoir sa bien-aimée Teresa pour elle toute seule pendant au moins quelques soirées, pendant tout le temps qu'il faudrait, afin de régler les choses entre elles, de partager leurs derniers secrets.

Luke est soulagé que sa mère soit morte. Non pas content, mais soulagé. Il ne pense pas au prix du billet d'avion, bien que cette considération entre en jeu, ni tout à fait à la douleur croissante de Teresa et à sa tolérance décroissante des traitements, bien qu'elles entrent en jeu également. Il est content de l'avoir accompagnée. Il avait reconnu qu'elle n'en avait plus pour longtemps et il est satisfait d'avoir judicieusement planifié sa visite. Elle avait envoyé les signaux qu'il fallait et il avait répondu comme il fallait. Elle avait toujours eu beaucoup de bon sens.

Donc il ne sait pas pourquoi elle avait tenté de monter la fragile petite spirale en bois de l'escalier de bibliothèque. Il ne s'imagine pas qu'elle ait envisagé de précipiter sa fin, bien qu'en réalité elle l'ait fait. Il n'avait été absent qu'une heure, il était sorti plutôt honteusement s'acheter des cigarettes et jeter un coup d'œil au vieux quartier, mais Birdie surveillait, donc comment cela a-t-il pu se produire ? Il a essayé de deviner quel livre elle tentait d'atteindre, et pourquoi. Le gros volume du compagnon de son oncle David à propos des tombes étrusques reposait (et repose encore) sur sa table de chevet, ainsi que sa bible, sa concordance biblique dorée sur tranche et reliée en cuir, sa liseuse électronique et, chose incongrue, un thriller scandinave en livre de poche, récent et d'une violence notoire. Elle n'aurait jamais essayé de monter jusqu'à la dernière étagère comprenant des catalogues d'expositions et les lourds volumes de Matisse et de Constable ; essayait-elle d'atteindre les étagères inférieures, ses romans des années 1960 et 1970, Saul Bellow, Updike, Angus Wilson ou Iris Murdoch ? Ou bien Winnicott, Freud, Jung et R. D. Laing, et sa petite collection de théoriciens récents de l'étude des handicaps, sur les étagères au-dessus ? Ou bien le réconfort d'Elizabeth Bennett ou de Dorothea Brooke ? Personne ne le saura jamais. Elle a emporté ce petit secret avec elle et l'emportera sous peu dans sa tombe du cimetière de St Mary, Kensal Green.

Teresa repose désormais calmement, très légère sous sa couverture, les yeux fermés ; ses cheveux, un halo d'argent, démêlés par Birdie sur son oreiller bleu. Elle avait dit à Luke que ses cheveux avaient repoussé en abondance, mais il ne s'était pas attendu à cette profusion de boucles.

Les croque-morts viendront la chercher demain matin. Le jeune gaillard reviendra prendre le lit médicalisé fourni par le NHS, les supports et les clés à écrous dès que cela sera décent, et peut-être plus tôt.

Luke a vu beaucoup de morts, mais peu qui soient aussi paisibles que sa mère. Il ne croit pas au paradis ni à une vie dans l'au-delà, et ne sait pas non plus si elle y croit ou y croyait, mais de telles considérations semblent sans importance. La préparation des obsèques, les annonces dans la presse, le réseau, la traversée des quelques jours à venir sont plus urgents. Il va désormais quitter la chambre pour laisser ses père et mère seuls tous les deux un moment. Plus tard, son père et lui sortiront prendre un repas à l'hôtel de son père, dans Charlotte Street, Liam deviendra terriblement ivre et larmoyant, et s'excusera à n'en plus finir d'avoir oublié l'anniversaire de son fils, de l'avoir oublié année après année. Il commencera à parler à Luke des autres femmes dans sa vie, et Luke ne saura pas s'il doit essayer de l'arrêter ou non.

À la fin, il le laisse radoter et le laisse commander une autre bouteille. Qu'y a-t-il à perdre, à ce stade du jeu ? Il explique à son père ce qu'est le mésothéliome et le fait qu'il n'avait rien à voir avec le tabagisme.

Il écoute son père lui décrire la nuit neigeuse de sa naissance. Ça, au moins, il ne l'a pas oublié, et son récit concorde avec celui de Teresa. La sage-femme, la jatte à pudding, le placenta jeté aux chiens, le ragoût d'agneau. Teresa lui a raconté maintes fois cette histoire, une narration rituelle, mais c'est d'après lui la première fois qu'il l'entend de la bouche de Liam, et Teresa n'avait pas été si brutale quant au sort du placenta.

Ni Liam, ni Teresa n'ont eu d'autres enfants. Il est leur unique héritier et Xavier, leur seul petit-fils. C'est sur lui que repose le fardeau.

Luke n'est pas un très gros fumeur, mais à mesure que le repas et les confidences s'éternisent, il se surprend à avoir envie d'une cigarette.

Il a le paquet dans sa poche, le paquet qu'il achetait lorsque Teresa est tombée. Il n'en a fumé que douze sur les vingt et il a envie de prendre la treizième. Il s'est juré de les faire durer jusqu'au jour des obsèques. Il touche le paquet pour se réconforter.

Birdie a déjà commencé à éplucher le vieux carnet d'adresses de Teresa pour essayer de trouver qui doit être convié à St Helen, l'église de sa paroisse, à St Mary, Kensal Green, à la réception prévue dans la demeure de Teresa, mais Liam et elle savent tous deux que les carnets d'adresses sont plus ou moins obsolètes, que tous ses contacts les plus récents doivent être sur son compte e-mail et dans son téléphone portable. Au-dessus de leur second double express, Liam et Luke commencent à dresser une liste. David et Peter Quinn, frères de Teresa, et Massimo Vignoli, compagnon de David. La femme, les enfants et petits-enfants de Peter. Des cousins du côté Quinn. Il faudrait inviter la sœur de Liam, qui était restée en contact avec Teresa, mais elle ne viendra probablement pas. Qui d'autre au Canada et aux États-Unis? C'est à Liam qu'il reviendra de travailler là-dessus. Des collègues du nord de Londres, des parents, des survivants parmi les anciens étudiants de l'école de Teresa, des amis du quartier; « il y a une dénommée Ginnie dont elle a parlé, dit Luke, je ne me rappelle plus ce qu'elle vient faire là-dedans, mais, en creusant un peu, je la retrouverai peut-être. Je sais que Teresa l'aimait beaucoup. Et il y avait une Mme Taylor? Ensuite, il y a Fran Stubbs, qui connaissait maman il y a longtemps, à l'époque de Broughborough. Maman a beaucoup vu Fran au cours des deux ou trois derniers mois.

— Parfait, parfait », dit Liam, qui fixe d'un air abruti, mais non douloureux, la peinture murale éclatante qui orne le restaurant de l'hôtel de Charlotte Street.

Cette peinture murale est la raison pour laquelle il a pris une chambre dans cet hôtel. Liam connaît quelqu'un qui connaît quelqu'un qui connaît quelqu'un qui l'a exécutée. Elle est aussi belle qu'on le lui avait dit. Il est content de séjourner ici. L'Angleterre, Londres, Fitzrovia: ici, il se passe encore quelque chose.

Il dit à Luke, de manière impulsive: « Pourquoi tu

ne restes pas ici pour la nuit ? J'ai un grand lit pour deux personnes. King size. Les oreillers sont divins. Tu n'as pas envie de passer la nuit là-bas, dans cette morgue, si ? »

Luke ne sait pas s'il doit être ému ou non. Il n'a aucune intention de passer la nuit au lit avec son père, mais rend hommage à l'invitation. Elle est originale et, à sa façon, elle est inspirée. Il l'admire.

« Non, papa, répond-il, mais merci quand même. Ça fait plaisir de te voir. La morgue m'ira très bien. Elle n'est pas beaucoup du genre morgue, maman, si ? Je suis dans ma vieille chambre. J'y suis très bien. Je pense que c'est là que je dois être. »

Cette formulation prétentieuse est irrécusable.

Luke est ici très poli, et du moins à demi sincère.

« Embrasse-la de ma part pour lui souhaiter bonne nuit », dit Liam.

Une banalité profonde, une profondeur banale les unit au moment où ils s'étreignent maladroitement pour se dire au revoir sur le trottoir de Charlotte Street.

Liam monte se coucher en titubant et, fatigué par le décalage horaire, s'endort dans le lit king size.

*

À minuit, dans le jardin froid du domicile de sa mère, debout parmi les perce-neige froids et clos, Luke fume sa treizième cigarette. L'air est humide, glacé, et dégage une odeur intense et sucrée de miel, un arôme hivernal ténu mais puissant, qui lui parvient par petites bouffées d'un arbuste invisible à floraison précoce. Les hellébores sont pleins de bourgeons violet sombre. Le jardin a l'air bien entretenu et avec amour, donc quelqu'un a dû s'en occuper.

Il y a une vue vers l'est, sur la ville. Les lumières innombrables scintillent en contrebas.

Luke a décidé de ne pas faire venir Monica et Xavier. Les contre-courants seraient trop perturbants, trop incontrôlables. Liam lui donne assez de fil à retordre. Il ne voudrait pas que Monica soit obligée de s'entendre avec Liam. Sa mère avait été « merveilleuse » avec Monica, bien sûr, mais Liam, lui, ne l'avait jamais rencontrée. Il ne serait pas bon qu'ils se rencontrent pour la première et la dernière fois dans un cimetière.

Il ne peut chasser de son esprit l'image de Liam à genoux.

Birdie prévoit déjà les plats chauds pour les funérailles. Elle est douée pour ce genre de choses. Elle y pense probablement depuis des semaines, sinon des mois. Elle prendra plaisir à tout faire bien.

Luke doit encore rencontrer le père Goodall, qui voudra s'informer sur le Mozambique, l'église, les missions et les opinions de Luke sur le pape.

Il repense aux nombreux textos et e-mails qu'il a reçus de sa mère au cours des deux ou trois derniers mois, et à sa conversation avec sa nouvelle ancienne amie Fran, avec laquelle il avait brièvement parlé ce matin-là. La voix de Fran avait paru sinistre, comme celle de sa mère, et il se demande si elle ne gardait pas une trace persistante et masquée d'un accent de Broughborough, ou peut-être les deux femmes avaient-elles pris chacune les inflexions de l'autre durant ces deux ou trois derniers moins de rapprochement intense. Ou peut-être était-ce un élément lié à l'âge : leurs voix avaient vieilli ensemble, en parallèle, et convergé vers le même ton, le même registre.

Ils avaient parlé de Teresa et du moment auquel prévoir les obsèques : oui, Fran peut venir samedi, et bien sûr qu'elle sera là. « J'ai hâte de faire votre connaissance », avait dit Fran d'une voix encourageante, réconfortante, larmoyante.

« Elle m'a tellement parlé de vous.

— Pas *trop*, j'espère, avait dit Luke.

— Non, non, avait répondu Fran. Je ne me lassais jamais d'entendre quoi que ce soit dont elle avait envie de parler. Vous savez ce que je pense, quand je pense à votre mère ? Qu'elle n'a jamais dit un mot ennuyeux. Jamais ! Durant toutes les années où je l'ai connue, et je l'ai connue toute ma vie ! Ça, c'est une épitaphe ! Jamais un mot ennuyeux ! »

Luke inhale le miel, le tabac, l'air glacial. Il est assailli par la douceur délicatement pénétrante d'un jardin londonien bien entretenu. Il devrait peut-être ne pas tarder à rentrer chez lui, pendant qu'il est dans la fleur de l'âge. Il est persuadé qu'il va hériter de cette maison, bien que sa mère ait évidemment pu la laisser à l'une de ses bonnes causes. Et alors soit, si c'est ce qu'elle a fait.

Il devrait faire valoir sa position dans cette belle ville monstrueuse et changeante, centre en pleine expansion de tout ce qui est sur le point d'exister. Chaque fois qu'il revient d'Afrique, il trouve qu'elle s'est transformée une fois de plus, en davantage de verre, de tessons et d'éclat, en davantage de terreur et de gloire. L'Afrique exhale encore un souffle chaud, un souffle chaleureux, avec son odeur de végétation, avec ses routes rouges, sa terre rouge, ses horizons immenses, ses distances bleues. Ici, les horizons sont escarpés, abrupts et proches. Ce sont les falaises de la chute.

*

Claude et Fran partagent le poulet au citron exempt de chlamydiae. Fran ne mange pas souvent avec lui, mais elle a estimé que le repas a une odeur tellement délicieuse et qu'il est si copieux qu'elle va rester prendre un dîner bien tranquille et un verre de bon vin avec cette vieille bête, au lieu de refaire un pénible trajet en métro pour avaler une boisson assassine et un repas froid à Tarrant Towers. Elle a besoin de réconfort. Une fois décongelé, le poulet s'est avéré une excellente volaille : dodue, la chair d'une saine et exquise couleur jaune, la peau désormais croustillante, couleur de miel et couverte de citron. Ç'aurait été dommage de le congeler, soutient Fran.

Claude révèle qu'il est content de lui parce qu'il a gagné un prix consistant en un voyage de trois jours à Vérone, à l'occasion d'un jeu sur Classic FM.

Il ne pourra pas y aller, évidemment, il faudra qu'il le rende pour le remettre dans la cagnotte, mais il est tout de même content de lui. Il ne s'est jamais donné la peine d'appeler avant, on vous demande souvent d'envoyer un texto, et les textos, il n'en écrit pas, mais cette-fois ci, ils avaient aussi donné un numéro de téléphone et comme il connaissait toutes les réponses, il s'était dit : pourquoi pas ? Il ne sait pas vraiment si le prix peut être cédé à quelqu'un. Fran voudrait-elle aller à Vérone ? Non, il s'était dit que non.

Il sait qu'on ne vous laissera plus appeler bien longtemps sur des lignes téléphoniques.

Fran propose de lui acheter un portable bon marché et de lui apprendre à envoyer des textos, mais il n'a pas l'air emballé par cette idée du tout. « Ce n'est pas à mon âge qu'on apprend des nouveautés », dit-il. Il a l'air très content de lui en disant ça.

Ils parlent de Poppet, des grues, et Fran promet de faire contrôler ses freins. Claude ne s'intéressait pas aux grues, mais il avait bien aimé l'histoire de la voiture dans le champ labouré.

Elle lui annonce la mort de Teresa et ils parlent du mésothéliome, de la punaise et du clou de fer à cheval. Fran se plaint qu'elle avait encore tellement de questions à poser à Teresa, dont certaines de la plus grande profondeur (la vie après la mort, le coma et le sommeil profond) et d'autres de la plus grande futilité (les machines à laver des années 1950).

Fran est à la fois légèrement embarrassée et légèrement fière de s'être souvenue d'apporter, cachée dans son sac à main, une huile pour meubles renforcée à la cire d'abeille, ce pour oindre le coffret à javelots. Pourquoi devrait-elle se soucier du bois mort ? Mais elle le fait. Elle va tenter de laisser le flacon dans la cuisine, où elle pourra le retrouver la prochaine fois, et de frotter le chêne pâle et desséché pendant que Claude ne regardera pas. Elle pense qu'il pourrait se fâcher contre elle pour avoir essayé de nourrir son coffret à javelots non entretenu.

Pourquoi est-ce qu'elle devrait s'inquiéter de savoir si Claude est fâché contre elle ou non, putain ?

Quand elle était enceinte de Christopher, son premier-né, elle frictionnait son ventre arrondi avec de la lanoline industrielle prise dans un grand pot en verre brun. Une recette pour éviter les adhérences, et aussi quelque chose de prophylactique. On ne pouvait pas s'offrir de lotions corporelles de luxe, à l'époque, ou peut-être qu'elles n'avaient pas encore été inventées. La lanoline avait une odeur répugnante, de mouton et de viande, et elle était d'un affreux jaune foncé et graisseux. Elle la sent encore aujourd'hui. Était-ce Jo qui la lui avait recommandée ? Elles avaient été enceintes en même temps, de Nat et de Christopher.

Le vernis à la cire d'abeille, en revanche, sent délicieusement bon.

Dans le jardin de Teresa, au cimetière de Kensal Green, sur les petits parterres coquets d'Athene Grange, les abeilles parfument le printemps.

*

Fran avait dit poliment qu'elle avait hâte de faire la connaissance de Luke à son arrivée de Mozambique ; mais, toute réflexion faite, elle n'en est plus si certaine. C'est un adulte, un homme adulte solidement charpenté, bronzé, aux épaules larges et qui joue au tennis, un homme à l'apogée de son importante existence et expert dans l'art de mettre les gens K.-O. Elle a vu des photos de lui, qui avait l'air puissant. Elle reconnaît qu'elle devient peut-être plus à l'aise, ces temps-ci, avec les handicapés et les affaiblis, ce qui est une idée mortifiante, peut-être humiliante. Elle a eu avec Luke une conversation téléphonique agréable, mais elle ne finira jamais par le connaître, et ce sera un effort que de sourire et de dire les choses qu'il faut quand ils se rencontreront.

L'effet énergisant d'une transfusion de Paul, de Julia et de Graham commence à se dissiper, bien que Fran l'ait reçue il y a seulement deux semaines. Elle a peut-être besoin d'un autre séjour au Premier Inn, d'un autre verre de merlot noir, d'éclatantes langoustines à l'agent orange.

Elle espère que son Christopher ne va pas tarder à rentrer. C'est un homme adulte, mais elle peut arriver à s'occuper de lui, il est la chair de sa chair. Elle voudrait le voir, l'entendre la taquiner, l'appeler par les surnoms idiots qu'il a pour elles : Manman, Frankie, Frangipane, Mamie Frannie.

Par égard pour Teresa, elle se sait obligée d'aller à ses obsèques, mais il n'y aura pas beaucoup de gens qu'elle connaît; elle se sentira donc probablement mal à l'aise et indésirable. Elle n'a jamais rencontré Birdie, qui a pris le relais sur le front domestique, ni le père Goodall, qui officiera lors de la messe de funérailles avant que le cortège ne parte pour le cimetière. Elle n'a jamais mis les pieds à St Helen, église de la paroisse de Teresa, et elle n'a jamais assisté à aucun genre de service catholique romain. Elle ne saura pas où s'asseoir, quoi porter ni quoi faire. Elle soupçonne à juste titre que Birdie est d'une possessivité tyrannique en ce qui concerne Teresa et qu'elle se verra comme gardienne de la flamme, ainsi que comme source d'assistance et de subsistance. Fran n'est que légèrement curieuse de rencontrer David Quinn et Massimo Vignoli, et plus légèrement curieuse encore de connaître le frère cadet de Teresa, dont elle n'a quasiment aucun souvenir. Soixante ans, c'est une période très longue, et leur connaissance avait d'emblée été très mince. La pensée même de ces jeunes garçons d'à côté, dans les années 1940, l'attriste tout comme la pensée de ses propres frères avec leur surdité, leurs hanches malades, leur golf et leurs BMW.

Dans sa tour, Fran succombe enfin à la tentation de rechercher des images de Maybrook Park et de la rue dans laquelle ils avaient habité. Et la voici, peu changée, si l'on excepte l'ajout de quelques jardins d'hiver et les prix des maisons. Malgré tous ses efforts pour s'en débarrasser, ces prix, dont certains frôlent le demi-million, ne cessent d'apparaître dans la marge de l'écran. Mais il y a le bâtiment même dans lequel Teresa et elle s'amusaient. Les caves des deux résidences mitoyennes ont été transformées en garages, dont l'avant fait face à la route ; mais sinon, tout paraît fort identique. Quelqu'un a planté dans le jardin du numéro 26 ce qui est à présent un très grand conifère, certainement une erreur, mais sinon, c'est une profonde stagnation banlieusarde qui semble prévaloir. Fran est assez contente de vivre loin de là-bas ces temps-ci. Même Romley valait mieux ; quant à Clapham et Highgate, c'était le paradis. Et Tarrant Towers, eh bien, c'est Tarrant Towers, rebelle et rudimentaire, qui fait sa propre déclaration d'opinion corrosive.

Luke ne sera jamais allé à Broughborough. Les enfants de Fran non plus, quand on y pense. Qu'est-ce qui pourrait bien les faire aller là-bas ?

Teresa n'avait pas vécu assez longtemps pour montrer à Fran l'ouvrage sur les tombes étrusques et les petites urnes des huttes en terre cuite des morts de Villanova. Elle ne les verra plus jamais.

Lors des obsèques, Fran aura une conversation avec David Quinn, mais ce ne sera pas au sujet des Étrusques, ni de Jacopo da Pontormo, ni de la vie après la mort. Ce sera au sujet des vieux itinéraires de tramway en direction du centre-ville et de la couleur dont étaient les trams. Ni l'un ni l'autre ne pourront s'en souvenir. David pense qu'ils étaient vert foncé, mais Fran pense qu'ils étaient d'un genre de couleur crème sale, avec un intérieur bleu. Ils ne peuvent pas demander à Teresa de se prononcer, étant donné qu'elle est déjà sous le sol glacial.

*

Christopher rentre bel et bien en Angleterre, et, tel un bon fils, il le fait savoir à sa mère quasiment dès son retour. Il avait été informé par plusieurs textos de la mauvaise nouvelle concernant Teresa, et il a beau savoir qu'elle n'était en rien inattendue, il sait aussi que sa mère n'a d'autre choix que d'être accablée, aussi s'arrange-t-il pour l'emmener dîner dehors. Il essaie de penser à un endroit réconfortant et drôle, mais c'est tellement difficile de savoir ce qu'elle voudrait. Elle éprouve cette affection bizarre pour les Wetherspoons et les Premier Inn, et il n'a pas le courage pour ça. Donc il choisit le coûteux restaurant de poisson à proximité de Piccadilly, où il avait déjeuné avec Simon Aguilera : l'établissement est toujours là, toujours élégant, mais traditionnel, pas trop outré, et facilement accessible pour tous les deux. Et puis sa mère aime le poisson.

Il s'était dit qu'il n'y aurait pas de berniques au menu, mais il y en a. Ce doit être la dernière nouveauté. En entrant, ils passent devant de grands plateaux de *fruits de mer**, qui forment de hauts tas sur la plaque en marbre du poissonnier : des montagnes de berniques, de couteaux, de palourdes, de crabes, de moules, d'oursins, d'huîtres, la totale, tous drapés de varech et de goémon, et bordés avec goût d'une frange de criste marine vert émeraude.

Fran a l'air d'aller, il voit bien qu'elle a fait un effort. Elle porte ce dont il peut dire que c'est une veste onéreuse à rayures grises, beiges et noires, faite d'une lourde soie côtelée, mais quand il la complimente à son sujet, elle gâche quelque peu l'effet en lui disant qu'elle l'avait achetée très bon marché pendant les soldes chez Harvey Nichols. Cependant, cette veste a l'air vraiment bien et Fran est contente qu'elle lui plaise.

Au-dessus de la bisque, il lui parle de Lanzarote et de l'étrange parcours de Bennett Carpenter, via la xénophobie, pour retrouver le calme, la paix et l'amabilité. Fran est captivée mais non surprise par ce récit. De par sa profession, elle connaît plusieurs formes d'aberration mentale chez les vieillards et réplique donc en racontant l'histoire de la femme de l'hospice de St Frideswide, qui ne cessait de s'écrier qu'elle voyait le visage d'un Noir dans le miroir de sa salle de bains : on n'avait pu la guérir de cette illusion qu'en lui disant que ce n'était pas le visage d'un Noir, que c'était un archétype jungien. Universitaire d'Oxford de son état, elle avait été satisfaite par cette explication.

Christopher décrit Ishmael, puis Simon Aguilera, puis la tour de la Faim. « Tu t'es baladé au milieu des archétypes », dit Fran, et elle regrette immédiatement le mot « baladé », mais Christopher ne semble pas l'avoir mal pris.

La sole est très bonne. Ça fait longtemps que ni lui ni elle n'ont mangé de sole. Fran est légèrement surprise qu'elle existe encore. Ils conviennent que c'est un poisson pour les restaurants. Les rares tentatives de Fran pour en cuisiner avaient été une catastrophe exorbitante et dévastatrice. La sole doit arriver tout entière sur une assiette, tel un présent divin, face au dîneur tranquillement assis.

Une description de l'incursion animée des Geraldine les conduit à parler de Jo Drummond, d'Owen England et du récent intérêt de Jo pour les Studdert Meade et la guerre civile d'Espagne. « Jo se trouve toujours de nouveaux projets, dit Fran d'un air un peu triste et délaissé.

— Mais tu as un boulot correct, dit son fils.

— Oui, répond Fran, mais il est parfois assez déprimant, mon boulot. C'est un combat perdu d'avance, tu sais, la lutte contre le processus de vieillissement. On voit et on entend des choses terribles.

« Jo appelle le grand âge « *La Vieillesse** », ajoute Fran, et elle explique pourquoi.

— J'ai toujours admiré tante Josephine », dit Christopher d'un air sentimental.

Et voilà que, enhardie par une demi-bouteille de sauvignon, Fran énonce ce qu'elle s'est plusieurs fois retenue de dire au cours des dernières semaines : « Il y a pire que mourir jeune, beau, aimé et au milieu d'un grand projet. »

Christopher est ému.

« Je sais, maman, je sais », dit-il, puis il tapote sa

main pâle, hivernale, veinée de bleu et affamée de soleil.

« Mais toi, tu as l'air très bien, poursuit-il. Tu continues merveilleusement ton chemin.

— Contre toute attente, ton *père* aussi », reprend Fran ; et au-dessus de café et de truffes au chocolat blanc, ils bavardent à propos de Claude, de Persephone et de Maria Callas. Ils se remémorent la tragédie médicale de Jax Conan et le panier garni, puis Christopher parle à Fran de Jax en train de jouer Buttons dans *Cendrillon*, le spectacle de Noël, avec l'autre Geraldine. De manière perfide et collusoire, ils passent au sujet du second mariage de Claude, et disent en toute indiscrétion des méchancetés sur cette Jean au bon chic bon genre intolérable, avec son cachemire, ses bottes luisantes et son étrange accent aristo, nasal et gémissant. Ils rient beaucoup, et tous les deux se sentent mieux. Fran se ragaillardit en se rappelant et en décrivant sa prochaine mission pour Ashley Combe, qui comprend la visite d'une résidence pour seniors actuellement en chantier près de Blackpool et la présence à des réunions avec des travailleurs sociaux, des médecins généralistes et des administrateurs. « Ça va être rigolo, dit Fran. Je ne connais pas cette partie du monde, ça va être une aventure.

— Tu vas y aller en voiture ? demande Christopher. C'est un long trajet, tu conduis des tonnes.

— *J'aime* conduire », répond Fran, mais à l'instant même où elle l'affirme, elle se rappelle qu'elle n'a toujours pas fait contrôler ses freins. Il faudrait vraiment qu'elle fasse réviser la voiture avant de se lancer dans ce trajet de trois cents ou cinq cents kilomètres. Elle se promet de le faire, pendant que Christopher l'aide à sortir, hèle un taxi pour sa mère et indique au chauffeur un code postal pas franchement chic.

Elle va très bien, songe Christopher au moment où il regagne par le métro bruyant de la ligne de Bakerloo son appartement de Queen's Park, vide et bêtement hors de prix.

Il *va très bien*, songe Fran au moment où elle appuie sur le bouton de l'ascenseur et découvre avec bonheur que son appel est pris en compte, non sans hésitation et grand bruit. Ce soir, elle aurait emprunté l'escalier sans se laisser démonter, grâce à Christopher et à la sole, mais elle est contente de ne pas avoir à le faire.

*

Arrive lentement le printemps tardif. Il n'a jamais été aussi tardif, se disent les gens en Angleterre, alors que les brindilles noires et nues des haies se mettent enfin à bourgeonner, alors que les eaux baissent sur les terrains plats, révélant de la boue et du chiendent broussailleux, alors que les inflorescences qui oscillent et les somptueux saules blancs se parent de leur plumage jaune argenté de mars et que les chélidoines ouvrent leurs pétales éclatants. La Météo nationale dit que ce retard n'a rien d'exceptionnel ; le *Daily Express* dit qu'il est sans précédent. Certains disent que cette tendance climatique confirme le réchauffement de la planète, d'autres prétendent que c'est la preuve d'un nouvel âge de glace. Les Anglais ont toujours parlé du temps qu'il fait, mais ils en parlent actuellement de manière plus obsessionnelle, plus polémique, plus agressive que jamais. Bien que ce soit un sujet brûlant, il manque à la fois d'urgence, paradoxalement. Les gens n'arrivent pas à concevoir les durées impliquées.

Plus loin vers le sud, au-dessus des profondes montagnes de l'Atlantique, les flots des fontaines agitées du temps qui passe se sont apaisés et les îles Canaries ont été rendues à leur dormance apparemment éternelle. L'Atlantide sommeille et, assis dans son fauteuil roulant au soleil de l'après-midi, Bennett Carpenter somnole et rêve de temps en temps à de gros poissons d'eau douce. Il arrive à faire quelques pas, maintenant, s'il a un bras sur lequel s'appuyer. Les petits canaris jaunes en cage ne prophétisent plus de catastrophes dans leurs chants et pépiements inquiets. Les bouteilles d'El Volcan ne s'entrechoquent plus et le téléviseur du bar n'est pas tombé de sa perche. *Impacto* poursuit sa course, ajoutant des catastrophes aériennes plus sensationnelles et plus inexplicables à son répertoire de violence, mais à Lanzarote, près des contreforts étendus des volcans et dans les mers proches d'El Hierro, tout est calme.

Sur la colline, dans la petite chapelle peu fréquentée, Ivor fait offrande de ses remerciements circonspects.

À Athene Grange, le jaune et le violet humides et déchiquetés des crocus illuminent les bordures et se répandent en désordre à partir de l'herbe qui pousse sous les saules. Jo Drummond gagne à bicyclette la bibliothèque de l'université afin de poursuivre la lecture des journaux de Valentine, et se demande si elle ne devrait pas proposer d'en établir le texte à un de ses contacts du monde de l'édition universitaire. Qui détiendrait les droits de reproduction ? Ou bien auront-ils expiré ? Elle lit un poème de Hardy avec sa classe, celui qui commence par : « Je regarde dans mon miroir/ Et vois ma peau desséchée », et est impressionnée quand M. Pennington est désireux d'interpréter la formule « pulsations de midi » comme preuve de la puissance sexuelle pré-Viagra d'un Hardy vieillissant. Certaines femmes ont l'air gêné, mais la plupart sont amusées. C'est une bonne classe, dont elle est fière, et elle établit déjà le programme de l'automne prochain : ce serait bien de faire de la prose ou du théâtre, la fois prochaine, y en a-t-il parmi eux qui seraient partants pour Samuel Beckett ? Ou bien elle pourrait suggérer qu'ils fassent de la prose et de la poésie de la guerre civile d'Espagne : Orwell, Hemingway, Lorca, Auden et Day-Lewis ?

Des hommes, des hommes, trop d'hommes. Elle doit tenter de penser à des femmes dont elle veut enseigner l'œuvre. Caryl Churchill ? Margaret Atwood ? Toni Morrison ? Doris Lessing ? Elle a fait Lessing, mais pas pendant des années, et pas avec qui que ce soit de ce groupe.

Elle a parfois songé à proposer un cours de

poésie française avec des textes bilingues : Baudelaire, Verlaine, Rimbaud, *les poètes symbolistes**. Mais on ne la laisserait probablement pas faire ça, ce serait transgressif. Elle n'est pas réellement qualifiée. Et là aussi, ce sont tous des hommes.

Jeudi, Owen laisse entendre qu'elle pourrait construire un programme autour de *Beowulf*, *Messire Gauvain*, John Cowper Powys et Kazuo Ishiguro. Quand elle lui fait remarquer que ça aussi, c'est une distribution entièrement masculine, il suggère d'ajouter Angela Carter. Elle dit qu'elle va y réfléchir. Elle ne voit pas franchement le rapport, mais, connaissant Owen, il y en a forcément un.

Elle aime bien établir des programmes. Elle est contente que l'Institut lui donne carte blanche. Elle a toujours une classe pleine.

Poppet Stubbs se rend à une vente aux enchères à Tiverton, en compagnie de Jim, et achète pour cinquante pence une étrange passoire en céramique. Cette passoire a un vernis intéressant, couleur crème et vert terreux. Elle pense qu'il pourrait s'agir d'un article en porcelaine de Saintonge et, quel qu'il soit, à un prix pareil, c'est une bonne affaire. Jim ne voit vraiment pas comment cet objet a pu arriver dans le Devon. Il peut être en état de fonctionner ou non. Poppet l'essaiera en rentrant chez elle.

Jim achète une paire de chandeliers en argent de Sheffield, une écritoire et une série presque complète du magazine *Horizon*. Il a des granges pleines de bric-à-brac, pleines de trésors.

Tous deux aiment bien ces sorties, vu qu'on ne sait jamais ce qu'on va trouver. Des articles provenant de fonds soldés avant liquidation, de champs labourés, de la préhistoire.

Fran rédige son rapport sur le projet de Westmore Marsh et organise son prochain voyage dans le Nord-Ouest. Ashley Combe se moque du moment où elle part, dans les deux ou trois prochains mois, pourvu qu'elle leur donne une semaine ou deux afin d'organiser une réunion, et quelque chose en elle lui dit qu'elle devrait attendre une meilleure météo, le printemps, la période de Pâques. Mais elle aime faire avancer les choses. Il y a un vide dans son existence, maintenant que Teresa n'est plus. Elle ne l'avait pas vue très souvent, mais elle avait fait partie de l'étoffe, fait partie du motif, fait partie de la routine. C'est une époque de l'année tellement terne et tellement vide. Elle pourrait tout aussi bien appuyer sur le champignon pour prendre la M40 et la M6 plus tôt et non plus tard. Elle se dit qu'elle pourrait passer une nuit à Blackpool. Elle n'est jamais allée à Blackpool. Cette ville a l'attrait de ce qui est vraiment désespéré et effroyable. *Blackpool*, « l'étang noir ». Elle a un vilain nom, mais elle est peut-être très jolie quand on y arrive.

Oui, elle pense qu'elle pourrait faire un saut à Blackpool. Voilà ce qu'elle se dit au moment où elle s'endort. Cette perspective est séduisante. Oui, voilà ce qu'elle va faire.

*

Fran se réveille de bonne humeur, se lève facilement et, ce matin, sans douleur, ayant omis le dialogue fastidieux avec les neurones des processus de prise de décision ; puis elle retourne confortablement au lit avec sa grande tasse de café et son guide du Lancashire. Blackpool, lui dit-il, n'a absolument aucune valeur architecturale. Elle a hâte de découvrir ce que son livre snob décrit comme étant sa « laideur suprême ».

Le ciel est encore sombre, mais chaque jour il s'éclaire et s'éclairera. L'année a changé et enfin nous pouvons commencer à sentir son évolution. Fran a bien chaud dans son lit, avec son livre.

Elle se demande si elle ne prend pas l'habitude de se lever plus tard et, dans ce cas, si ce ne serait pas une mauvaise chose, ou si cela n'a aucune importance du tout.

Elle est un peu surprise lorsque son téléphone portable, posé sur sa table de chevet, dérange sa lecture. Personne ne l'appelle si tôt, il n'est pas encore neuf heures. Elle tend le bras pour l'attraper au milieu du fouillis de médicaments, de crayons, de bloc-notes, de Post-it, de trombones, de bagues et de bracelets, puis elle prend l'appel. C'est probablement une arnaque, se dit-elle, bien qu'elle n'ait quasiment jamais d'arnaques ces temps-ci. Elle a réussi à les filtrer, avec l'aide d'un des jeunes champions de la technologie d'Ashley Combe.

Mais ce n'est pas une arnaque. C'est Nat Drummond.

Il n'a pas besoin de dire quoi que ce soit. Dès qu'elle entend sa voix dire : « Fran ? », elle sait. Ce qu'elle éprouve est le cognement sourd de la connaissance. Ce n'est pas un très joli mot, « cognement », mais voilà ce que c'est. Un cognement.

Elle ne pourra jamais imaginer de meilleur terme.

« Fran, dit-il, dit cet homme qu'elle connaissait avant qu'il ne naisse, Fran, il faut que je vous le dise. Je suis tellement navré, je suis tellement navré, je ne peux pas y croire. »

Il lui annonce que Jo Drummond est décédée dans la nuit.

« Elle n'avait rien qui clochait, dit-il plus d'une fois.

— Où es-tu ? » demande Fran quand elle trouve quelque chose à dire.

Il est à King's Cross. Cela explique le bruit en arrière-plan. Il est en route pour Cambridge.

« Il fallait que je vous le dise.

— Bien sûr, répond-elle. Est-ce que je viens ? »

Il dit qu'il l'appellera en arrivant à Athene Grange.

« Je suis tellement navré, je suis tellement navré, répète-t-il. On pense que c'était un arrêt cardiaque. Elle est morte dans son lit, on pense que c'était en fin de soirée.

— Je pourrais venir, répète-t-elle.

— J'avais besoin de vous le dire, répète-t-il.

— Tiens-moi au courant, Nat, et s'il y a quelque chose que je peux faire… »

Sa voix s'estompe. Qu'y a-t-il à faire ? Voilà la

fin. Voici la fin. Ce n'était pas ce à quoi elle s'était attendue, comme façon de finir.

« Merci, Fran, dit-il. Vous pourriez transmettre à Chris. Et à Poppet.

— Je vais le faire », répond-elle.

Il raccroche. Ils ont affiché son numéro de voie. Il faut qu'il se dépêche de monter dans son train. On ne vous donne pas beaucoup de temps, ces jours-ci.

*

Durant la journée, Fran arrive à accepter ce qui semble avoir eu lieu à Athene Grange. Arythmie cardiaque, rapporte Nat. Il appelle de la propre ligne fixe de Jo, à un moment du long après-midi qui n'en finit pas. Mais elle n'arrive pas à accepter ce que l'événement signifie, pour elle, pour les enfants de Jo, pour sa vision du monde, pour l'avenir encore plus solitaire. Bien sûr, nous pouvons tous nous attendre à mourir n'importe quand, comme Jo et elle se l'étaient tranquillement dit maintes fois l'une à l'autre. Mais c'est différent quand ça arrive sans prévenir.

Claude lui donne son opinion sur les arrêts cardiaques. Inévitablement, il dit que c'était une bonne façon de partir, comme doit le dire tout le monde. Oui, convient Fran, docile. Ce n'est pas une façon très agréable, cependant.

Il a l'élégance de paraître ébranlé. C'était une sacrée bonne femme, dit Claude.

Il s'était entiché de Josephine Drummond. Elle était

belle, dans sa jeunesse, et jusque dans sa vieillesse. Ça, il ne le dit pas à Fran, mais elle lui est reconnaissante de son ton compréhensif.

*

Ô toi que j'eusse aimée, ô toi qui le savais[1] !

Parfait exemple du plus-que-parfait du subjonctif, comme aurait dit Josephine Drummond.

*

Ils l'avaient découverte parce que ses lumières étaient restées allumées et que sa radio avait passé de la musique toute la nuit, jusque dans les ténèbres du matin. Une voisine de l'autre côté de la cour, mise en alerte par ce schéma inhabituel et qui partait prendre un train très tôt, avait toqué en passant, n'avait reçu aucune réponse, était prudemment entrée (Jo ne fermait jamais sa porte à clé le soir) et avait découvert Josephine Drummond morte dans son lit. À Athene Grange, on ne restait pas longtemps allongé sans se faire repérer comme on le pouvait dans certaines cités de logements à Londres. Comme on le pouvait à Tarrant Towers.

Fran ne semble pas pouvoir pleurer. Elle pleure facilement, prise d'une mini-rage, quand elle est

---

1. Dernier vers du poème de Baudelaire intitulé « À une passante ».

fatiguée, en retard et qu'elle vient de rater un bus, quand elle n'arrive pas à trouver ses clés et qu'elle se dépêche, quand elle écope d'une amende pour excès de vitesse et de points de pénalité supplémentaires sur son permis de conduire. Elle peut pleurer lorsqu'elle lit un poème triste ou qu'elle entend une tragédie humaine banale qu'on répète à la radio. Elle avait pleuré, infiniment, tristement, joyeusement, au-dessus des reliques de Poppet, tandis que la lune brillait au-dessus des eaux. Mais elle a désormais les yeux secs. Elle n'avait pas pu pleurer pour Hamish non plus, pendant longtemps après sa mort, et elle avait alors pleuré en raison de l'égoïsme de la solitude. Tout comme la maladie et la mort de Hamish, cette situation est trop grave pour les larmes.

Elle attend des instructions concernant les obsèques. Sa consolation, c'est que Nat, et à présent Andrew semblent vouloir rester constamment en contact avec elle. Aux funérailles, elle ne sera pas de trop, elle ne sera pas une intruse : elle ne sera pas obligée de parler des itinéraires de tramways dans les années 1950. Ils ont besoin qu'elle soit là.

Elle reporte son voyage à Blackpool et modifie ses dates.

Elle refuse de prononcer un éloge. Elle refuse de lire un poème. Mais elle dit aux garçons que quelqu'un devrait lire du Yeats. Jo raffolait de Yeats.

*

Sally Lyttelton avait proposé d'organiser à Charteris Hall ce qui aurait été une réception grandiose après la crémation, mais cela n'avait semblé une bonne idée à personne, hormis Sally. Elle aurait pris l'ascendant, mené les gens à la baguette, fixé un niveau trop élevé, mis mal à l'aise les autres anciens étudiants de Jo. Athene Grange était équipé pour des événements de cette nature, mais on convenait que cela aurait été trop institutionnel, trop lugubre. Nat et Andrew avaient donc opté pour un terrain neutre et réservé un hôtel coûteux, efficace, moderne, anonyme et un peu à l'écart de la ville. C'est là qu'ils se retrouveraient, mangeraient des canapés, boiraient jusqu'à l'abrutissement s'ils le voulaient, et certains d'entre eux le voudront.

Assis avec sa mère au deuxième rang de la chapelle du crématorium, Christopher Stubbs a l'impression qu'il y a eu trop d'obsèques, récemment, et espère que celles-ci sont les dernières de la série. Dieu merci, Fran n'est pas frêle ni souffrante, mais elle paraît brusquement toute petite. Il avait remarqué combien elle était petite quand il l'avait retrouvée à la gare de Cambridge. Elle avait semblé minuscule à côté des foules de jeunes gens en pleine santé qui affluaient des quais, fourmillaient dans le hall et faisaient la queue pour prendre un taxi. Et maintenant, elle est assise ici à côté de lui, convenablement, bien comme il faut, vêtue d'un manteau d'hiver noir qui paraît l'engloutir. Elle a l'air diminuée.

Assis aussi loin à l'avant dans la nef de la chapelle,

il ne peut pas vérifier sans se faire remarquer qui d'autre est là, mais il a déjà parlé à Nat et à Andrew, au premier rang, et à Poppet, assise de l'autre côté de Fran. Mais c'est une assistance nombreuse, la chapelle est pleine. Il voit des amis et des collègues de Cambridge et de Norwich, des étudiants et des proches, impossibles à reconnaître individuellement pour Christopher, dans l'ensemble, mais génériquement faciles à situer, bien qu'il y ait un ou deux invités plus jeunes qu'il semble connaître de vue mais trouve difficiles à identifier. Il croit avoir peut-être aperçu une connaissance : l'historienne d'art Esther Breuer. Il l'admire et il espère qu'elle est ici.

Il n'aime pas se dire que c'est le véritable cercueil de tante Josephine, couvert de fleurs et de couronnes, et qu'elle est sur le point de partir dans les flammes. Son esprit retourne à l'époque de Romley, à l'école, aux moments où il jouait avec les fils Drummond près des marais, fumait et buvait sous les abribus, descendait la colline en roue libre et faisait des parties de whist au Crossroads Café.

Il y a des discours, mais pas trop : un professeur venu de Norwich, un cousin quaker de Cambridge, Nat lui-même. Une poétesse âgée, aux cheveux frisottés et à la voix râpeuse, lit un court poème de Yeats intitulé « La Roue », ce qui fait sortir à Fran un bon tas de mouchoirs en papier et se moucher à plusieurs reprises, mais Christopher n'arrive pas à se concentrer sur les mots et n'arrive pas à comprendre de quoi ça parle. Il pense désormais à Ivor et Bennett, et aux minutieux projets de Bennett pour ses propres adieux, dont il semble qu'Ivor n'aura pas à les organiser pendant un moment. Bennett s'est bien rétabli, il est sur un plateau paisible, il pourrait continuer pendant des années. À La Suerte, tout est calme.

Mais Josephine, elle, avait été prise au dépourvu et n'avait pas eu le temps de prévoir quoi que ce soit.

Owen England, le vieil ami de Bennett, doit être ici quelque part, mais Christopher ne le reconnaîtrait pas s'il le voyait. Il le rejoindra plus tard. Il n'a encore vu aucune des deux Geraldine, qui avaient si étrangement fait irruption dans sa vie de rêve à Lanzarote, mais elles doivent sûrement être ici. Elles n'iraient pas rater une réception.

Son père Claude avait exprimé le désir d'assister à la cérémonie en souvenir du passé, mais Christopher ne croit pas qu'il ait dit cela sérieusement.

Et pourtant, quand ils arrivent aux Willows, il y a Claude dans son fauteuil roulant, le premier des convives, assisté de Persephone Saint Just et déjà un verre de vin à la main. Il s'est dispensé du service, des discours et des sermons pour venir directement à la réception dans une Mercedes conduite par un chauffeur et désormais garée dans le spacieux parking de l'hôtel. Christopher, Fran et Poppet ne savent pas s'ils doivent être contents ou ennuyés de le voir. Il n'est pas tout à fait aussi importun que Sally Lyttelton, dans son tailleur anthracite, qui tente déjà sans grand succès de dominer un groupe de professeurs de Cambridge pas très élégants, mais il occupe en revanche beaucoup d'espace.

De l'espace, il y en a. C'est une grande salle de réception, avec d'immenses fenêtres bien recouvertes de tentures et qui donnent sur une pelouse bien entretenue du côté d'un ruisseau bordé de saules, affluent de la Cam, de l'Ouse ou de la Granta. Le champagne coule à flots. (Claude n'aime pas le champagne.) Fran écluse un verre ou deux. Elle n'a pas à s'inquiéter du fait de boire et conduire, puisqu'elle passe la nuit dans la suite pour invités d'Athene Grange : elle y a déjà laissé son nécessaire de voyage. Le lendemain matin, les garçons et elle vont aller faire un tri dans les affaires de Jo.

Il y a ici beaucoup de monde à qui elle devrait parler. Owen England se présente et lui rappelle poliment qu'ils s'étaient précédemment rencontrés à la soirée d'anniversaire de Jo. Ils disent combien Jo avait été une bonne amie pour tous les deux et combien elle va leur manquer. C'est un homme très *petit*, se dit Fran, il lui arrive presque au niveau des yeux ; il paraît encore plus petit que la dernière fois qu'elle l'a vu. Mais c'est bien, car cela signifie qu'elle l'entend plus facilement pendant qu'ils bavardent des jeudis soir, des sorties pour aller voir Beckett, des sœurs d'épouses défuntes et de Bennett Carpenter. Elle n'entend plus les gens très grands quand elle est dans une foule, mais à ce niveau inférieur elle se connecte bien avec Owen, intimement, presque sur le ton de la conspiration.

« Nos jeudis vont me manquer, répète tristement

Owen. J'avais prévu un gin-citron vert pour la semaine prochaine. »

Fran veut bien le croire, que Jo va lui manquer. Il a toutes les caractéristiques extérieures d'un homme seul. Elle dit qu'elle va aller trouver Christopher pour le lui présenter et laisse Owen planté là, avec son verre de Laurent-Perrier, à regarder les pelouses. Mais en allant voir où est son fils, elle est arrêtée par Eleonor Masters. Eleonor est l'amie de Maroussia Darling, donc elles parlent de sa performance dans le rôle de Winnie, dans *Oh les beaux jours*, de la longue maladie de Maroussia et de la santé robuste de Jo. Elle oublie Owen.

Owen reste là à regarder les pelouses. Il a remarqué, à mi-distance, dans le crépuscule qui s'épaissit, un délicat petit cerf muntjac qui paît gracieusement parmi les crocus, les scilles et les muscaris du printemps. C'est une charmante petite créature beige, une apparition semblable à un faune. Il serait tentant de se dire que c'est un esprit, une âme, un messager de l'autre monde, de l'*arrière-pays**. Peut-être que l'*arrière-pays**, c'est cette inoffensive pelouse bien entretenue. Peut-être qu'il n'y a pas à aller plus loin. Si tel est le cas, il est un peu décevant.

Christopher retrouve Esther Breuer et ils échangent leurs impressions au sujet de scandales dans les salles des ventes, du Turner Prize[1], du récent débat sur le

1. Prix de 25 000 livres, décerné chaque année par la Tate Gallery à un artiste britannique âgé de moins de cinquante ans.

tableau à l'huile de Delacroix représentant un lit non fait, le tableau qui est accroché dans la petite maison parisienne transformée en musée. Esther étoffe ses éloges de Delacroix par des remarques désobligeantes sur Tracey Emin[1], mais Christopher est trop malin pour se laisser avoir par cette méthode. C'est bien joli, pour Esther, à son âge et avec sa réputation, d'être grossière en parlant de l'art en vogue, mais ce serait dangereux pour lui de se lancer dans le débat, surtout quand il est provisoirement au chômage. Il ne compterait pas sur Esther pour ne pas transmettre ses remarques aux mauvaises personnes. Elle a la dent dure et pourrait faire des dégâts : il n'a pas oublié cette affaire déplorable avec les féministes et Pauline Boty. Il l'écarte du sujet en lui demandant ce qu'elle pense de l'œuvre de l'artiste Manolo Millares, originaire des Canaries, et il est content qu'elle dise n'avoir jamais entendu parler de lui. En revanche, il découvre qu'elle connaît Simon Aguilera, qui s'avère être un vieil ami de Robert Oxenholme, son époux ; elle est curieuse d'entendre parler de son musée, une ancienne usine de sardines à Fuerteventura, et de la majestueuse représentation de sainte Hélène qui avait rappelé Josephine Drummond à Christopher. Elle dit qu'elle aimerait bien aller y jeter un œil, et Christopher lui

---

1. Artiste britannique (1963-) dont l'installation « My Bed » (un lit défait au pied duquel se trouvent entre autres des préservatifs usagés et des mégots), jugée scandaleuse, s'est vendue en 2014 pour près de 3 millions d'euros.

répond qu'il est sûr qu'elle serait la bienvenue, vu que Simon est en grande forme et paraît content d'avoir des hôtes et des visiteurs.

Oui, convient Esther, Josephine avait certes une présence imposante. Esther connaissait Josephine depuis les années 1980, quand elle l'avait rencontrée, ainsi que son mari, lors d'un congrès à Boston. Elles étaient restées en contact et devenues amies. Ils avaient tous bien aimé cette sortie pour aller voir ensemble l'exposition Crivelli au musée de Fort Worth, à l'époque où les Drummond habitaient dans le Midwest. Esther avait prononcé le discours liminaire, puis invité Jo et Alec à une réception vraiment grandiose, où il y avait des guirlandes comestibles et des festons raffinés, inspirés de Crivelli et composés de fruits, fleurs, fruits à coque et légumes véritables.

Elle n'a jamais entendu parler d'un tableau représentant une *Madonna del Nido.* Elle dit à Christopher qu'elle va étudier la question.

Pendant ce temps, Claude a identifié deux proches endeuillés, et qui en ont le moins l'air, comme étant deux ex-joueurs de cricket au niveau international. L'un est basané et barbu, l'autre est blanc et rasé de près. Ils parlent de matches dans lesquels ils ont joué et qu'il a regardés. Ils s'avèrent être de vieux amis de Nat. Ils avaient espéré engager la belle Persephone dans la conversation, mais elle ne s'intéresse pas du tout au cricket. Ni personne au Zimbabwe, déclare-t-elle d'un air arrogant et provocateur. Tous rient beaucoup.

Contrairement à Claude, Persephone aime le champagne et elle s'amuse.

Claude porte une rose blanche à la boutonnière.

Le cerf muntjac se nourrit parmi les hyacinthes.

Finalement et inévitablement, Fran se retrouve le dos au mur, plongée dans une conversation à moitié sérieuse avec Sally Lyttelton : elles parlent de Thomas Hardy, de Shakespeare, de l'état lamentable du financement de l'enseignement pour adultes et de la formation continue, de la valeur des humanités et de la façon habile dont Jo dirigeait sa classe. C'est un sacré travail, mais cela vaut bien mieux qu'une conversation sur les itinéraires de tramways à Broughborough. Sally révèle que Géraldine, l'amie de Jo, qu'elle connaît également assez bien, n'est pas venue à la fête vu qu'elle a d'autres chats à fouetter : elle est à Venise, où elle entretient une liaison avec un Américain dénommé Gerry, professeur émérite, dans un appartement grandiose qui donne sur le Grand Canal.

Fran suppose que c'est une bonne chose que la vie continue, donc elle suppose qu'elle admire cette dénommée Geraldine pour avoir l'énergie d'entretenir une liaison, à son âge, et elle suppose que Jo n'en aurait rien eu à battre de la présence ou de l'absence de Geraldine pendant sa veillée funèbre. Mais Sally est fatigante, de même que Susie, la sœur de Jo, qui apparaît en cet instant, écarte Sally d'un coup de coude et fait savoir qui elle est. Fran a l'impression d'avoir rencontré Susie au fil des années, mais ne garde d'elle aucun souvenir significatif (elle n'avait certainement pas été présente à la grande soirée d'anniversaire de Jo) et découvre qu'elle n'arrive pas à se mettre au diapason avec elle. Susie n'est que coups de coude. Elle ressemble à une parodie de Jo. Elle est pointilleuse à l'excès, tandis que Jo n'avait trouvé qu'amusement et intérêt dans les usages grammaticaux ou démotiques non orthodoxes, et elle porte volontiers des jugements (comme Jo), mais ce n'est sûrement pas le moment d'être caustique au sujet de la poétesse vieillissante qui a lu le poème de Yeats en y mettant, selon Fran, le sentiment qu'il fallait.

> Tout au long de l'hiver nous invoquons le printemps,
> Et tout au long du printemps invoquons l'été…

Fran ne peut faire face à l'agressivité de Susie. Elle se sent prête à défaillir. Elle est vite parvenue à l'idée que Susie n'était pas à la soirée d'anniversaire de Jo parce qu'elle n'avait pas été invitée, et pour cause. Ce n'est pas une personne engageante ni qui réchauffe le cœur.

Vous pouvez ne pas inviter des gens à votre soirée d'anniversaire, mais vous ne pouvez pas exclure des membres de la famille de vos obsèques. Les obsèques sont des événements publics, donc les gens viennent, c'est tout. Ils viennent, c'est tout, bien qu'ils ne sachent peut-être pas toujours trouver le chemin qui mène au champagne.

Ce sont là des pensées mesquines.

Fran s'excuse, dit qu'elle doit aller aux toilettes et part se plonger dans l'arrière-pays de l'hôtel, dont les dispositifs d'aménagement spatial, les démarcations, écrans et antichambres provisoires sont d'une adaptabilité déconcertante. Dans une antichambre tout près d'un couloir, elle est surprise d'apercevoir Poppet et Andrew Drummond assis sur une banquette vert pâle, chacun un bras autour de l'autre. Le visage de Poppet est enfoui dans l'épaule d'Andrew et elle paraît sangloter. Qu'est-ce qui peut bien se passer ici ? Un terrible souvenir de Romley, une scène primale de Romley est en train de se rejouer. Fran file devant eux à toute vitesse, n'ayant aucune envie d'interrompre ni d'être vue qui observe, et trouve refuge dans la salle en marbre noir et blanc toute scintillante des W-C pour dames.

En sortant de la cabine supermoderne, après s'être assurée que ses dessous sont en ordre, elle s'avance vers une rangée de lavabos blancs rutilants, mais s'y trouve vaincue par la manœuvre consistant à faire couler l'eau pour se laver les mains. C'est un mécanisme rationalisé et d'apparence simple, mais incompréhensible et qu'elle n'a jamais vu auparavant : tourne-t-on quelque chose, appuie-t-on sur quelque chose ou agite-t-on les mains à une certaine distance sous l'orifice ? Il n'y a rien d'aussi évident qu'un robinet, et elle est sur le point de perdre espoir lorsqu'une autre femme plus âgée arrive à côté d'elle et partage provisoirement sa perplexité, puis résout le problème en tournant habilement un robinet discret, situé plus bas. Fran sourit, imite ce geste avec succès et reconnaissance, puis leurs regards se croisent dans la glace.

« Merci », dit Fran au reflet.

C'est un moment bizarre et intense, un angle bizarre de communion indirecte. Elles se sourient, deux vieilles femmes triomphant du mystère du flux de l'eau de la vie, flux qui se dirige vers elles à partir d'un aqueduc invisible, d'une montagne enneigée. L'autre femme dit timidement, tout en peignant sa chevelure blanche : « Je crois que nous nous sommes rencontrées à la soirée de Jo... Vous ne vous souvenez probablement pas de moi, je suis Betty Figueroa.

— Bien sûr, répond Fran, vous êtes Betty. Jo parlait souvent de vous. Et moi, je suis Fran Stubbs. »

Ensemble, elles regagnent lentement la foule.

Il y a quelque chose d'extraordinairement courageux et touchant chez Betty, la survivante, la noble athée de gauche. Elle approche des quatre-vingt-dix ans et pourtant elle rayonne d'un éclat non diminué, qui va croissant. Elle rayonne, comme Teresa, mais elle avance plus loin sur le chemin que Teresa, et sans espoir ni attente de résurrection. Fran et elle trouvent deux chaises près de la fenêtre, puis restent assises ensemble un moment à bavarder tranquillement de petites choses dont elles se souviennent. Fran n'aurait su dire, ne saura pas dire ce qui lui parle à travers Betty Figueroa, qui a parcouru les océans du vaste monde et est rentrée se poser chez elle à Cambridge. C'est une lumière venue d'un autre monde, d'une autre rive, d'une montagne lointaine. Un calme immense et triste descend sur Fran. Il ne va pas durer, elle sait qu'elle va bientôt être reconquise par le chagrin, la colère et l'agitation, mais, assise un moment avec Betty, dans le même havre, au beau milieu des bavardages, des miettes et des débris de plus en plus nombreux, elle est quasiment en paix.

*

Alors que Fran roule vers le nord pour se rendre à la réunion qui a été reportée, les primevères sont sorties sur les bas-côtés de l'autoroute et les haies sont en fleurs. Son calme s'est mué en une sorte de désespoir de qualité inférieure et bien établi, état plus habituel pour Fran. Elle tente de ne pas dépasser la limite de vitesse.

Elle se dirige vers le site de la nouvelle résidence, aux abords d'une petite commune rurale de la Fylde[1]. Son code postal n'a pas encore été attribué. La destination de Fran n'a pas de code postal. La destination de Fran n'existe pas encore.

Mais sur le chemin qui y mène, les bas-côtés en pente bourgeonnent de primevères et, même en venant de la M6 à cent quinze kilomètres à l'heure, on voit les massifs épars de fleurs jaune pâle dont oscillent les têtes délicates. Et, dans le terre-plein

1. Plaine côtière de l'ouest du Lancashire.

qui sépare les deux chaussées, il y a un tapis de blanc et de gris-vert, une basse couverture de denses et minuscules fleurs blanches qui poussent, de fleurs maritimes qui aiment le sel et qui, au cours des dernières années, ont envahi les autoroutes de Grande-Bretagne. Le sable salé de l'hiver leur réussit et elles s'épanouissent fièrement au printemps. Elles viennent de l'est et se sont installées ici.

C'est une meilleure période pour les athées, comme elle l'avait dit à Teresa, dans l'attente, plusieurs mois auparavant. Mais Teresa n'avait pas attendu pour voir une météo plus clémente. Elle n'avait pas attendu Pâques ni le printemps.

Josephine non plus. Elle n'avait même pas eu le temps de dire au revoir. Fran a essayé de comprendre quelque chose à la soudaineté du départ de Jo, mais c'est difficile. Elle se dit que Jo est morte d'une mort parfaite, mais cela fait reposer le fardeau de la vie entièrement sur elle. Il faut qu'elle poursuive son chemin. Il n'y a rien d'autre à faire. On continue jusqu'à ce qu'on ne puisse plus aller plus loin. Et on ne peut pas compter sur la mort parfaite au terme du parcours.

Elle avait été décontenancée par le suicide spectaculaire de Maroussia Darling. Les journaux n'en avaient que pour lui et les chroniqueurs avaient mis le paquet sur l'éthique de l'autodestruction chez les célébrités. « Mêlez-vous de vos putains de fesses, putains de vautours ! » leur avait hurlé Fran en lisant les gros titres et en tournant les pages. C'était encore pire que toute cette merde sur Stella Hartleap. Elle aurait aimé discuter de la question avec Jo, mais évidemment elle ne peut plus le faire. Elle envisage même d'écrire une lettre de condoléances à Eleonor Masters, l'amie de Maroussia, mais évidemment elle ne le fera pas. Elle ne la connaît pas assez. Elle ne va pas intervenir. Ce n'est pas son affaire non plus.

Bien que chaque décès, chaque survie semble être son affaire.

*

Elle a repris l'ouvrage que Jo n'avait pas terminé. À présent, il est dans son nécessaire de voyage. C'est un ouvrage à fleurs conventionnel, rose, or et vert, probablement offert à Jo par l'un de ses petits-enfants à Noël. La tapisserie, c'est facile, le premier imbécile venu peut faire du gros point, du petit point et du Bargello.

En outre, sur l'insistance de Nat, elle avait aussi emporté chez elle, dans sa tour, deux coussins achevés. Un réalisé très tôt, datant de l'époque de Romley et légèrement aminci par l'usure, et un plus tardif, plus rebondi, qui remonte au temps de l'Illinois.

Elle avait passé une heure chez Owen à Athene Grange, à parler de Christopher, de Bennett, d'Ivor et de Lanzarote. Ivor n'est certainement pas en mesure d'achever la monographie de Jo sur les sœurs d'épouses défuntes. Personne ne saura plus jamais dans quelle direction vagabondait son esprit, à quelles petites révélations la menaient ses recherches. Ça n'a absolument aucune importance, comme Jo aurait été la première à le dire, mais c'est triste. Owen a dit qu'il évoquerait avec Bennett la possibilité et l'opportunité de publier les lettres et journaux de Valentine, bien qu'il doute que Bennett soit en état de faire de sérieuses manœuvres sur ce front. Mais Ivor en touchera peut-être un mot à l'agent de Bennett. Et, en soulevant la question, Owen aura accompli son devoir envers Jo.

Owen ne dit pas à Fran qu'il perd son intérêt pour les nuages. Ils ont commencé à lui sembler une préoccupation inutile. La quantité qu'il fume s'est envolée et il se demande s'il doit ou non explorer le monde des cigarettes électroniques. Il est aussi indistinct que de l'eau dans de l'eau. Il continue de penser à ce petit cerf muntjac qui se nourrissait au bord de l'eau.

Fran est censée passer la nuit dans le Premier Inn de Blackpool, avant de pointer le lendemain matin à la réunion avec les services sociaux, les représentants du NHS et un autre administrateur d'Ashley Combe, dans la petite commune rurale dite « charmante » où doivent être construits les nouveaux logements. Elle espère que Paul Scobey s'y rendra peut-être, mais il ne l'a pas confirmé. Cette ville se trouve dans la Fylde, plaine non différente des Levels du Sud-Ouest de Poppet ; sur certaines images fournies par la Toile, elle a l'air assez charmante, mais Fran soupçonne qu'elle ne l'est peut-être pas. Ils doivent se retrouver dans les bureaux d'un géomètre qui avait joué un rôle dans l'achat du terrain. Elle regardera le site cet après-midi, bien qu'à ce stade il n'y ait pas grand-chose à voir. De la démolition, un trou dans le sol.

Poppet dit que la Fylde est une zone inondable. Une fois encore, malgré tout ce qu'ils savent, ils envisagent de construire en zone inondable. Fran devrait les interroger là-dessus pendant la réunion.

Elle regardera au fond du trou. Elle verra si elle sent l'eau qui monte. Ensuite, elle mettra le cap sur le Premier Inn.

*

Quand elle quitte l'autoroute, l'itinéraire de son GPS lui fait dépasser un moulin à vent kitsch et restauré à l'excès, mais probablement historique, puis longer des chemins étroits et traverser lentement un terrain plat en partie agricole, en partie post-industriel, en partie à l'abandon. C'est un *no man's land.* Elle est orientée vers un système à sens unique qui traverse directement le centre de la charmante commune rurale et elle note que c'est le fouillis ordinaire de salons de tatouage, cliniques pour animaux, bars à ongles, magasins liés à des associations caritatives, boutiques de curry à emporter, vendeurs de *fish and chips*, restaurants thaïs, vieux pubs et pharmacies délabrés. Le site se trouve de l'autre côté de la ville ; elle passe entre des logements suburbains des années 1920 et 1930 qui pourraient exister n'importe où en Angleterre, puis s'arrête à côté d'un cratère proche d'un court de tennis, marqué par des pelleteuses, des bennes, des bétonnières et des balles de filet orange. Il ne semble pas y avoir grand intérêt à se garer pour regarder un trou dans le sol entouré d'une clôture en grillage, mais elle le fait.

Il bée de façon peu spectaculaire. Elle fixe les tranches de terre jaunâtre, les tas de gravats, les fondations mises au jour, les tuyaux coupés et les égouts des immeubles que l'on a démolis pour faire place à la nouvelle vague de vieux résidents. Vers la fin de l'année prochaine, il y aura des serrures de sécurité conçues pour malades d'Alzheimer, de jolis tapis dans des tons pâles, des stores et rideaux commandés par des boutons, des cuisines intégrées. Il y aura des jardins modestement aménagés, comprenant – si les propositions de Fran sont retenues – des plates-bandes surélevées où les résidents pourront faire quelques plantations et du désherbage. Il y aura des appartements témoins et une suite pour invités. Et, en temps voulu, un accès par les transports publics aux pubs et aux salons de tatouage. Les animaux de compagnie seront autorisés, donc les cliniques pour animaux s'avéreront peut-être utiles. Et la ville aura un nouveau code postal, le dernier code postal de la vieillesse.

Fran s'incline contre un mur et contemple l'intérieur de la terre crue. Elle soupire. Ensuite, elle remonte dans sa voiture et règle de nouveau son

GPS sur Blackpool. Il y aura peut-être un peu plus de vie à Blackpool qu'ici, sur l'étendue sans relief de la Fylde.

*

Fran longe le bord de mer, mais le vent est glacial. Sur les bas-côtés, les primevères sont sorties ; Pâques et l'anniversaire de la mort de Hamish sont passés, mais il ne fait pas encore très chaud. Elle a laissé sa voiture près d'une South Beach pas très chic, dans le parking d'un terrain vacant, pour un prix d'une modicité inquiétante, mais elle est résolue à faire une heure ou deux d'exploration avant de rentrer retrouver le confort et la sécurité du Premier Inn. Mais il fait froid, froid, et la mer a la couleur du ciment. Elle n'a pas le courage d'affronter grand-chose de tout ça. Il y a de nombreux foyers d'hébergement dans les rues transversales et, au bord de la mer, des pensions de famille en ruine, ainsi que beaucoup de friteries. Il y a ici une population vieillissante. Devant elle, la vieillissante tour de Blackpool est prisonnière d'échafaudages. Fran est fatiguée, la route a été longue. Elle ne peut pas marcher beaucoup plus loin, mais elle voudrait aller jusqu'à la tour, dire qu'elle est parvenue à la tour.

Voir Blackpool et mourir.

Je suis une vieille tête de mule idiote, se dit-elle.

Elle remarque qu'elle avance le long d'une ligne de tramway et voit approcher un tram qui se dirige vers Fleetwood, au nord ; elle y monte d'un bond, découvre que sa carte gratuite londonienne n'est pas valable, mais paie volontiers une livre cinquante au gentil conducteur pour se mettre à l'abri du vent. Il est de son devoir d'explorer la « laideur suprême » de cette célèbre ville d'illuminations, donc elle persévère.

Il y a des sculptures, pour ainsi dire, des trains fantômes, des restaurants en forme de crânes et d'épaves de navires pirates, et des décorations de rues représentant des sirènes. Un triste petit poney à robe pie trotte à côté du tramway, tirant un petit carrosse rose et vulgaire de Cendrillon, en forme de citrouille et couvert d'un dôme en plastique, dans lequel sont blottis un parent et un petit enfant. Fran est triste. Ce n'est pas censé être comme ça, c'est censé être drôle. Ses yeux sont larmoyants, mais elle ne pleure pas à cause de la mort de Hamish, ni de la mort de Teresa, ni de la mort de Joséphine. Ses yeux sont larmoyants en raison de la brutalité du vent anglais.

Elle descend à la tour, regarde d'un air désolé ses niveaux inférieurs enveloppés comme d'un linceul et s'engage dans l'intérieur des terres, à l'écart des rafales, vers le centre-ville piéton. Elle avance consciencieusement d'un pas lourd, longe des affiches qui vantent des parcours touristiques, des pantomimes et concerts passés depuis longtemps ou bien encore à venir, et identifie un ou deux éléments architecturaux qu'elle s'était dit de chercher : l'opéra (fermé), le Winter Gardens[1], en faïence blanche, des immeubles de bureaux de style Art déco et l'imposant bureau de poste en pierre de Portland, dont deux statues d'Atlas, recroquevillées et à genoux, soutiennent d'un air las le lourd baldaquin.

Chose surprenante, le bureau de poste semble encore fonctionner en tant que tel. Ce doit être l'un des rares bureaux de poste grandioses et spécialement conçus qu'il reste dans le pays. Elle se demande combien de temps il va survivre.

Devant le bureau de poste, un couple d'un certain âge lui demande son chemin. Il veut trouver W. H. Smith. « Je ne peux pas vous aider, répond-elle, je suis moi-même une étrangère ici. » Ils hochent la tête et se sourient poliment, tous sont perdus, tous sont désorientés.

Elle ne trouve pas la vieille Maison de convalescence des mineurs, dont son guide dit qu'il est le plus bel édifice de la ville. Il doit être plus loin sur North Beach. Fran ne va pas aller aussi loin.

Elle en a assez. Elle se redirige vers le tramway en espérant qu'elle se rappellera où descendre, en espérant qu'elle se rappellera où elle a laissé sa voiture. C'est presque l'heure du dîner. Elle est fatiguée et elle a faim. Le Kentucky Fried Chicken de la station-service sur l'autoroute ne lui avait pas vraiment plu, mais il n'y avait pas beaucoup de choix.

---

1. Complexe dans lequel sont présentés de nombreux spectacles.

Elle avait perdu un fragment d'un de ses plombages sur l'os d'une aile, mais, même lors de sa brève promenade dans Blackpool, elle a eu le temps de remarquer qu'être édenté, ici, c'est plutôt la mode.

*

Le Premier Inn est familier et sûr. L'auberge des jours heureux. À la réception, le jeune homme grassouillet et blond-roux l'accueille avec chaleur, comme une vieille amie, ou du moins comme une vieille cliente, et lui assure que si tout ce qu'elle veut pour son petit déjeuner complet, c'est un œuf à la coque, régler juste un petit déjeuner continental ira très bien. Elle traîne donc bruyamment son sac à roulettes par une porte sécurisée, puis dans un couloir et jusqu'en haut d'un petit escalier. C'est là que se trouve l'espace familier et infaillible : la chambre, avec sa moquette à pois, son décor à pois, ses oreillers blancs et tous ses logos et messages violets. Cela peut-il faire deux mois seulement que Paul, Julia, Graham et elle avaient mangé des langoustines, du travers de porc à la sauce barbecue et bu du merlot au Premier Inn du Pays noir ? Elle jette un œil à la salle de bains et se félicite de ne pas avoir oublié d'apporter un savon correct, reste d'un coffret-cadeau offert par Ella à Noël. Elle ne raffole pas vraiment du produit liquide de style hospitalier qu'on fournit ici, mais c'est là son seul reproche.

Ces deux mois ont été très longs. Elle était

beaucoup plus jeune, il y a deux mois. Elle avait traversé la soixantaine et dépassé les soixante-dix ans en marchant régulièrement sur un plateau des années durant, mais, maintenant, elle a brusquement descendu une marche. Voilà ce qui se passe. Elle sait tout là-dessus. Elle a été avertie plusieurs fois de l'existence de cette marche vers le bas, de cet étage inférieur. Ce n'est pas une falaise de la chute, mais c'est une descente vers un nouveau genre de plateau, vers un niveau inférieur. On espère rester sur ce terrain plat encore quelques années, mais on peut ne pas avoir cette chance.

Durant les décennies de l'âge moyen, on est sur des montagnes russes. En haut, en bas, parfois sans être prévenu. Quand on est septuagénaire, ce n'est plus vraiment exact.

Elle se verse un whisky de sa petite bouteille de voyage, finit de remplir son verre à l'eau du robinet, envoie valser ses chaussures, monte sur son lit, relève les pieds, allume la télévision et découvre les nouvelles régionales. Ces lits paraissent vraiment plus hauts qu'avant, mais c'est parce qu'elle rapetisse.

Après le froid de sa promenade touristique, elle se réchauffe bien. Et voici devant elle, sur l'écran, *La Vie dans le Nord-Ouest*. Cette émission lui tiendra compagnie dans sa solitude finale, dans son sentiment de désespoir qui gagne rapidement du terrain. Elle est peut-être proche de la fin de la route, mais *eux* ne le sont pas – non, ils le sont tous, affairés comme jamais, l'aide à domicile empoisonneuse qui a altéré la solution saline avec de l'insuline, les passionnés d'avions arrêtés dans les Émirats arabes unis, le politicien qui récite son texte sur le plateau de *Coronation Street*, le jeune homme qui a fui en Syrie et qu'on a ramené de force, les parents qui font une pétition pour boucher la carrière dans laquelle s'est noyé leur enfant, les filles qui rassemblent des fonds pour leur mère, atteinte d'une forme rare de cancer de la vésicule biliaire, l'entraîneur de football qui s'excuse pour son équipe, le chien qui n'est pas mort dans l'incendie. Il y a les chercheurs de l'université de Lancaster, qui exhibent fièrement leurs nouvelles inventions, et la femme qui élève des abeilles.

Il n'y a aucun reportage aussi curieux ni aussi réjouissant que cette interview de la femme sur sa péniche, qui avait survécu au petit tremblement de terre et au raz-de-marée de Dudley, mais ce sont de bonnes infos tout de même.

Elle est au désespoir, mais elle ne peut s'empêcher de s'intéresser un peu à ce qui se passe là-bas et à la manière dont on le lui transmet. Cela fait partie d'elle et elle en fait partie. Sa vie a été remplie d'échecs, de défaites, de futilités et de petits tracas, et Fran craint parfois qu'elle ne s'achève tristement. Son courage s'épuise, son énergie s'épuise. Elle a vécu par procuration, dans les petits tracas des autres. Les sujets plus vastes l'abandonnent.

Elle fixe l'écran. Elle a les yeux secs.

Mais là-bas, ils continuent, les inconnus du Nord-Ouest.

Elle va dîner au restaurant. Il doit y avoir au menu des repas sans frites. Les frites du KFC étaient comme des bâtons d'allumettes tout secs, elle en avait mangé quelques-unes mais l'avait regretté. Elle n'a pas le courage de reprendre des frites. Les ailes de poulet étaient très bien, étonnamment bonnes, mais elles lui avaient cassé une dent.

Au Premier Inn, c'est la soirée curry, la soirée curry au long bar-buffet, donc il est facile d'éviter les frites. La grande salle est pleine, mais peu de ces dîneurs sont des hommes ou femmes d'affaires. C'est une tranche de population différente de celle de West Bromwich. Il y a beaucoup de familles avec enfants, vestige des vacances de Pâques. À la table voisine, il y a un couple d'âge moyen avec une petite fille blonde et un adolescent pâle dans un fauteuil roulant adapté pour les tables, à qui la mère porte la plus délicate attention. Le teint blême et les cheveux bruns, le garçon est d'une beauté à la Byron, malgré ses épaules voûtées, sa main paralysée et sa position maladroite et avachie. Sa mère se penche vers lui, l'aide à prendre des cuillerées de riz et de *dahl*, lui essuie le menton avec sa propre serviette en papier, fixe chacun de ses gestes avec tendresse et sérieux. Le père paraît plus détaché : il boit sa bière, blague avec sa fille, fait plier et craquer ses *poppadoms.* Mais il est attentif à son garçon et à l'intense dévouement de sa femme. Rien ne lui échappe. Quant à la petite fille, elle lance de temps à autre des coups d'œil approbateurs à son frère et paraît contente qu'il apprécie son dîner.

De temps à autre, le garçon laisse échapper un étrange gémissement aigu, mais qui semble signifier le plaisir plutôt que la détresse.

Fran ne regarde pas cette famille, puisqu'on l'a élevée à ne pas regarder, mais alors qu'elle engloutit son *saag paneer*, son riz et son poulet, et qu'elle sirote son merlot, elle comprend et applaudit l'énergie, le soin et l'amour mis dans ce repas de vacances, dans la création et le maintien du fragile équilibre de ce quatuor. Des années et des années ont été investies dans ces instants. Cette famille de quatre est indépendante, triomphante dans sa façon de surmonter les difficultés, et profite d'une soirée à l'extérieur.

De l'autre côté, presque trop près de Fran, est assis un duo à une table de deux, impossible à ignorer et qui réclame d'ailleurs son attention. Elle croit tout d'abord que c'est une mère avec son petit garçon, mais ensuite elle se dit que non, que c'est une grand-mère et son petit-fils. Les femmes ont leurs bébés jeunes, par ici, comme dans le Pays noir, et elles sont encore jeunes, encore quadragénaires lorsqu'elles deviennent grands-mères. Cette grand-mère est aussi prévenante que la mère à la table de quatre, mais se fait bien plus entendre, tout comme l'enfant. Il est métis, âgé d'environ quatre ans, il a les cheveux bouclés et un large sourire. Il est débordant de vie. Il a du mal à tenir en place. Sans arrêt il gigote, bondit, fait balancer sa chaise et joue avec ses couverts, bavarde et pose question sur question. C'est un petit enfant enchanteur, extraverti, tout à fait persuadé d'être adorable et qui fanfaronne de la façon la plus attachante qui soit. Il est extrêmement content de lui et de tout ce qui l'entoure. Il est même content de Fran. Sa bonne volonté déborde et franchit le petit intervalle qui sépare leurs tables. Il attire l'attention de Fran, joue pour elle, son public, éveille son attention. Elle ne peut s'empêcher de lui sourire.

Il est impossible de ne pas entendre leur conversation tandis qu'il interroge sa mamie sur les excursions qu'ils peuvent faire le lendemain, les jeux auxquels ils peuvent jouer, les frites qu'ils peuvent manger et le sucre d'orge qu'ils peuvent acheter à sa mère. Il brûle d'envie de voir les requins et les raies dans l'aquarium, et il connaît le nom des dauphins. Il est fou amoureux de l'aquarium et il est clair que sa grand-mère a par avance nourri sa curiosité et son enthousiasme. Et puis il brûle passionnément de lui faire jurer de lui permettre d'aller sur les montagnes russes. Elle rechigne, elle ne sait pas si on permet d'y aller à des petits bouts de chou comme lui, elles sont vraiment immenses, elle-même, elle aurait peur d'y aller, elles montent très haut dans le ciel, elles montent dans les nuages, elles vont à quatre-vingts kilomètres à l'heure ! « Oh, allez, mamie, il faut qu'on y aille, insiste-t-il. Tu as *dit* qu'on pouvait. Tu as *promis.* »

Fran voit bien qu'il obtiendra ce qu'il veut.

Il a vu ça à la télé, dans cette publicité très connue pour les magasins d'optique Specsavers qui se passe sur des montagnes russes, une réclame qui parle de vieux, avec une intrigue si compliquée que Fran n'a jamais été capable de la suivre. Mais lui, si.

« Vroum, vroum », dit-il en faisant avancer bruyamment et à toute vitesse sa petite voiture en plastique sur la table, puis monter sur le bord du menu plastifié, puis sur sa petite assiette, puis sur les plats en argent de chutney, puis sur les restes de chapatis, puis à l'écart du rebord de la table, où elle fait un atterrissage forcé sous la chaise de Fran. Au moment où Fran la récupère et la lui rend, il y a beaucoup de sourires fiers et contrits. Fran a l'impression qu'elle devrait exprimer sa reconnaissance des parfaites qualités de ce petit enfant, mais ne trouve rien à dire, hormis : « Tu es le meilleur ! » quand elle lui restitue son véhicule jaune. Il rit, parce qu'il le sait, mais il réussit à avoir l'air un peu timoré en même temps.

« C'est le roi ! » dit sa grand-mère.

C'est un instant infime, mais il l'accompagnera de manière plus joyeuse le lendemain matin, sur le chemin de la destination inconnue. Y assister jusqu'au bout, voilà le mieux qu'elle puisse faire.

ENVOI

Fran a achevé la tapisserie de Jo en l'espace de quelques semaines, beaucoup plus vite que Jo ne l'aurait fait. D'une façon mélancolique, elle a bien aimé y travailler, et elle s'est même demandé si elle ne s'achèterait pas son propre kit de tapisserie. Elle ne l'a pas fait, mais elle y a parfois songé.

Owen England n'a jamais écrit son article sur les nuages en forme de dragon, mais il s'est en revanche lié d'amitié avec une autre résidente d'Athene Grange, qui était contente de partager ses jeudis soir et de parler poésie. Il s'est vu confier par Nat Drummond l'ordinateur de Jo et il a localisé son travail sur *La Parenté fatale* et les Studdert Meade, mais estimé qu'on ne pouvait rien en faire. Il s'est envolé une fois de plus pour les Canaries, où Ivor a semblé heureux de le voir et où Bennett a semblé le reconnaître ; mais il savait que ce serait la dernière fois.

L'avenir d'Ivor Walters a semblé un peu morne à Owen.

Quand Bennett est mort, Ivor a tout vendu et grandement à perte, puis il est rentré en Angleterre, où il mène désormais une vie paisible et sans histoire dans un foyer tenu par des moines, à l'ombre d'une cathédrale du Sud-Ouest. C'est un sympathique prêtre espagnol de Las Palmas qui lui a trouvé ce foyer. Le fauteuil roulant de l'oncle Ivor est poussé dans l'enclos et sur la pelouse par toute une série de frères lais. Ce qu'il en pense, nous ne le savons pas. Mais les choses pourraient être bien pires, pour Ivor.

Owen England a survécu à Bennett Carpenter, à Fran Stubbs, à Claude Stubbs et à Simon Aguilera. Ils sont tous morts, à présent. Nous n'insisterons pas sur l'ordre ni la manière de leur disparition. Owen allait être déconcerté par la façon dont il avait tranquillement survécu à tant de monde.

Poppet Stubbs vit toujours et se porte bien. Elle ne change pas beaucoup. Quand Fran est morte, Poppet a retiré son œuf pourri et abandonné du pot de fleurs posé sur le rebord de sa fenêtre, puis l'a lâché tout doucement dans le canal, un soir d'été. Elle l'a glissé dans l'eau verte en se demandant s'il coulerait ou s'il flotterait. Il a flotté un peu de travers, puis, très lentement, il a dérivé avec le courant et il a disparu.

Christopher Stubbs et Ishmael Diatta, toujours dans la fleur de l'âge, ont continué à naviguer. Ils se sont solidement attachés au mât, ils ont traversé les détroits exigus de l'Atlantique en partant de la Maison de l'Afrique et ils sont arrivés ici, à Nouadhibou, anciennement Port-Étienne, dans le soleil sec et brûlant. C'est une scène aussi étonnante, aussi définitive, aussi apocalyptique que Sara l'avait imaginée. Les voici, devant la dernière palissade, avec une équipe qui installe ses caméras dans la dernière redoute. Devant eux, le cimetière qu'envahit la rouille et les navires de mort. Derrière eux, les nombreux kilomètres de sable du désert.

Ces camarades ignobles[1] raconteront cette histoire ou mourront en essayant. Ils achèveront le projet de Sara et ils achèveront le projet de Bennett Carpenter. Ils ont déjà dans la boîte des séquences actualisées sur Ghalia Namarome. Ils raconteront l'histoire des dernières traversées, des couvertures de survie dorées et du rameau d'or, des tisons sauvés des flammes et des marins sauvés des eaux.

Ils raconteront le dernier chapitre de l'Histoire des îles des Bienheureux avant qu'elles ne soient englouties sous les vagues montantes.

---

1. Ces « camarades ignobles » renvoient à un vers de « Thalassa », du poète irlandais Louis MacNeice (1907-1963).

REMERCIEMENTS

Je voudrais remercier Robert Nye pour m'avoir autorisée à citer son poème intitulé « Poursuivre ». Je remercie également Sowon Park pour m'avoir fait découvrir un robot domestique et le DVD de Leonard Cohen sur *Le Livre des morts tibétain.*

J'ai une dette considérable envers *The Long Life*, de Helen Small (2007), qui m'a beaucoup donné à réfléchir et m'a fourni une liste de lectures utiles. Son livre est un digne successeur de *La Vieillesse*, ouvrage classique de Simone de Beauvoir sur le sujet.

Ma gratitude aussi à toute l'équipe de Canongate et à James Gill, mon agent.

Du même auteur
chez Christian Bourgois éditeur :

UN BÉBÉ D'OR PUR

PAPIER À BASE DE
FIBRES CERTIFIÉES

Le Livre de Poche s'engage pour l'environnement en réduisant l'empreinte carbone de ses livres. Celle de cet exemplaire est de :
500 g éq. CO_2
Rendez-vous sur
www.livredepoche-durable.fr

Composition réalisée par Soft Office

Achevé d'imprimer en décembre 2018, en France sur Presse Offset par
Maury Imprimeur – 45330 Malesherbes
N° d'imprimeur : 232489
Dépôt légal 1re publication : janvier 2019
LIBRAIRIE GÉNÉRALE FRANÇAISE – 21, rue du Montparnasse – 75298 Paris Cedex 06

87/0425/1